왜 지금 샌프란시스코 체제에 주목하는가?

동아시아와 한반도의 냉전 체제 형성 과정을 해부하다

왜 지금 샌프란시스코 체제에 주목하는가?
동아시아와 한반도의 냉전 체제 형성 과정을 해부하다

초판 1쇄 인쇄 2025년 7월 15일
초판 1쇄 발행 2025년 7월 22일

지 은 이 박문수
펴 낸 이 정연호
편 집 인 정연호
디 자 인 이가민

펴 낸 곳 도서출판 우리겨레
주   소 서울시 은평구 연서로 304-1 3층
문의전화 02.356.8417
F A X 02.356.8410
출판등록 2002년 12월 3일 제 2020-000037호
전자우편 urikor@hanmail.net
블 로 그 http://blog.naver.com/j5s5h5
인스타그램 instagram.com/urikor0927
페이스북 facebook.com/urigyeorye

Copyright ⓒ 박문수 2025

ISBN 978-89-89888-38-3 (03340)

이 책은 저작권법에 따라 보호받는 저작물이므로 무단전재와 무단복제를 금합니다.
이 책의 전부 또는 일부를 이용하려면 반드시 저작권자와 도서출판 우리겨레의 동의를 받아야 합니다.

왜 지금
샌프란시스코
체제에
주목하는가?

동아시아와 한반도의
냉전 체제 형성 과정을 해부하다

박문수 지음

도서
출판 우리겨레

책을 내면서

1991년 소련 해체로 동서 대결로 상징되던 냉전이 해체되었다. 이로 말미암아 세계 대부분 지역이 탈냉전 시대로 진입하였다. 그런데 세계에서 유일하게 동북아에서만 냉전적 갈등이 계속되고 있다. 심지어 날로 고조되는 중이다. 내가 이 주제에 관심을 가지는 이유다.

이 주제에 관심을 두기 이전에도, 나는 한반도의 분단이 해결되지 않는 이유에 대해 여러모로 고심하고 있었다. 하지만 기회가 주어지지 않아 마음속으로만 품고 있었을 뿐이었다. 그러던 차에 가톨릭 내에서 이 주제와 관련한 공부 모임에 참여하는 기회가 생겼다. 나를 제외하고는 이 분야 최고 전문가들이 참여하는 모임이었다. 이분들 덕에 많이 배울 수 있었는데 일방적으로 얻어만 가는 게 늘 아쉽고 민망했다. 언젠가 나도 이 모임에 도움이 되어야겠다고 생각하던 차에 시간과 장학금이 마련되어 북한대학원대학교 박사과정에 입학할 수 있게 되었다. 2017년 3월이었다.

그로부터 학위를 마칠 때까지 3년 반을 이 학교에서 보냈다. 논문 주제는 입학 전 공부 모임에서 추천을 받아 정하였던 '샌프란시스코 체제'였다. 그러나 가톨릭 신학자인 필자에게 사회과학의 벽은 높고 두터웠다. 나름 종교사회학에 조예가 깊다고 자부했는데 정치학, 특히 국제정치학은 전혀 다른 영역이었다. 게다가 필자가 관심을 가진 '샌프란시스코 체제'는 동아시아 근현대사에 대한 이해가 선행되어야 했다. 북한에 대해서도 잘 알아야 했다. 이 때문에 박사학위 과정에서 나는 새로운 분야의 낯섦, 자신의 무지와 싸워야 했다. 힘들게 그 기간을 보내고 나서야 논문 주제에 대해 풍월을 읊을 수 있었다. 이제 논문만 쓰면 되었는데 시간이 나지 않았다. 그래서 언젠가 시간이 되면 쓰겠다며 미루고 있었는데 코로나 팬데믹이 닥쳤다. 팬데믹은 위기였지만 기회이기도 하였다. 일, 사람과의 접촉이 강제로 끊긴 덕에 절대 시간을 확보할 수 있었다. 이렇게 마련된 반년의 시간을 투자하여 논문을 마무리하고 두 번째 박사학위를 받을 수 있었다.

정작 논문을 쓰고 나니 분단 해결에 대한 자신감은커녕 좌절감이 몰려왔다. 우리의 처지가 안쓰러워 우울해지기까지 했다. 문제 해결 대신 더 큰 숙제만 떠안은 꼴이었다. 약간 우울한 상태로 일 년을 보냈다. 이 기간에 샌프란시스코 체제에 대해서는 나의 논문이 가장 자세하고 친절한 안내서가 될 수 있으니 출판하자는 제의가 여러 곳에서 들어왔다. 기존에 출판된 책들은 번역서가 대부분이고 주로 자유주의 진영의 시각만 담고 있는데 내 논문은 북한과 당시 사회주의 진영의 입장까지 담았으니 장점이 될 수 있다는 이유에서였다. 솔깃했다. 하지만 책을 내고픈 마음까지는 아니었다. 솔직히 그 시점에 이런 주제가 무슨 도움이 될 것인지 자신이 없었다. 이런 생각으로 출판을 미루다 3년이 더 흘렀다.

이제 출판은 포기해야겠다고 생각하고 있을 무렵 국제정세가 요동쳤다. 특히 미·중 간의 대결이 점입가경이었다. 트럼프는 재집권하였다. 현상 유지를 바라는 미국과 현상 변경을 바라는 중국 간의 대결이 동아시아 국제질서의 근본을 뒤흔들고 있었다. 이는 분명 위기로 가는 징후였지만 새로운 미래가 열리는 기회가 될 수도 있다는 생각이 들었다. 70년 이상 지속해 온 '동아시아 국제질서(샌프란시스코 체제)'의 근본을 변경할 수 있는 새로운 문이 열릴 수 있다는 판단이었다. 70여 년 전 미국이 이 지역에서 자국 중심으로 형성했던 국제질서와 지금 형성되는 국제정세의 차이를 비교하면 우리에게 운신의 폭을 넓힐 기회가 생길 수 있으리라는 생각도 한몫했다. 이렇게 생각을 정리하고 있을 무렵 '우리겨레'를 만나게 되었다. 이번에는 내가 먼저 제안했는데 '우리겨레' 편집진에서 긍정적인 답을 주었다. 이미 여러 차례 수정에 수정을 거듭하며 학위논문 틀을 벗겨내고 있던 터여서 원고를 바로 넘길 수 있었다.

  그럼에도 여전히 두려움이 남는 것은 어쩔 수 없다. 출판인이시기도 한 어느 철학자께서 직원들에게 말했다는, "책을 만들 때 이 책이 나무를 벨 만한 가치가 있는지 생각해 보라!"는 조언이 떠올랐다. 무서운 말씀이다. 이는 편집자만이 아니라 저자도 새겨야 할 말이다. 그래서 두렵다. 그럼에도 '우리겨레' 편집진의 우직하고 날카로운 안목을 믿고 용기를 내보았다. 부디 이 책이 독자 여러분에게 '나무를 벨 만한 가치가 있는 책'이 되기를 바란다.

2025년 6월
고양 연구실에서

책을 내면서 _5

1장 | 왜 샌프란시스코 체제인가? _13

1절 샌프란시스코 체제에 주목하는 이유 _15
1. 샌프란시스코 체제란? _17
2. 샌프란시스코 체제와 북한 _21
3. 샌프란시스코 체제로 파생된 문제 _25
4. 샌프란시스코 체제와 관련해 밝혀야 할 질문 _28

2절 샌프란시스코 체제 연구 동향 _31

3절 샌프란시스코 체제를 어떻게 분석할 것인가? _37
1. 연구 범위와 방법 _37
2. 연구 자료 _38
3. 역사제도주의 _40
4. 역사제도주의를 활용한 분석틀 _45
5. 본 연구의 분석틀 _49

2장 | 균열 요소를 내포하고 있던 '사전 조건' _55

1절 미국과 동아시아의 만남 _60
1. 미국의 대외 팽창주의 역사 _60
2. 미국과 동아시아의 관계 _66

2절 냉전의 시작 _71
1. 냉전 초기 미국의 대공산주의 정책 _73
2. 동아시아에서의 냉전 전선 _83

3절 미국의 일본 점령정책 전환 _89
    1. 점령 초기 미국의 대일 정책 _90
    2. 미국의 대일 정책 전환 _93

4절 북한의 제국주의와 전쟁 세력 반대 노선 _98
    1. 북한의 대미(對美) 인식 _98
    2. 미국의 대일 강화에 대한 북한의 입장 _101

5절 내장된 균열 속성은 냉전의 원인 _104

3장 | 미·소의 대립 격화로 증폭되는 균열 _109

1절 동아시아에서 동서 대립구도 형성 _114
    1. 중화인민공화국 탄생과 중·소 동맹 출범 _114
    2. 소련의 핵실험 성공과 미국의 핵독점 붕괴 _120

2절 서유럽 봉쇄정책을 동북아로 확대 이전한 미국 _123
    1. 국가안전보장회의 각서(NSC) 48-2 _123
    2. 군사적 격퇴 전략으로 전환한 NSC-68의 수립과 시행 _126
    3. 미국의 대일 강화(講和) 협상 준비 _130

3절 북한의 높아진 대미, 대일 위협 인식 _142
    1. 대미 불신 증폭 _142
    2. 북한의 냉전과 국제 정세 이해 _144
    3. 유럽 냉전에 대한 북한 인식 _147

4절 내장된 균열은 균열을 제도화하는 단계로 이행 _152

4장 | 적대적 충돌로 파생된 균열과 그 대응으로 등장한 샌프란시스코 체제 _155

1절 적대적 충돌이 최고조에 이른 6.25 전쟁 _159
1. 전개 과정 _159
2. 6.25 전쟁의 영향 _162
3. 6.25 전쟁으로 드러난 양 진영의 속성 _167

2절 위기 수습과 진영 결속을 위한 준비 _168
1. 일본의 재무장화와 미군 기지 획득을 위한 대일(對日) 강화 준비 _169
2. 샌프란시스코 평화회의와 그 조약의 쟁점 _191
3. 미국의 일방적 의지가 관철된 미·일 안전보장조약 _204
4. 북한의 6.25 전쟁 입장 _213
5. 미국의 일방적 단독강화 추진에 대한 북한의 저지 투쟁 _215

3절 샌프란시스코 체제로 진영 간의 대립 가속화 _223

5장 | 진영 간 분리의 제도화를 촉진한 샌프란시스코 강화회의 _229

1절 분리의 안정화 시도 _231
1. 미국의 대일 강화 후속 조치 _231

2절 6.25 전쟁 종결과 한미상호방위조약 체결 _241
1. 휴전 협정 협상 과정 _242
2. 휴전 협정의 내용과 특성 _247
3. 한미상호방위조약 체결 _249
4. 북한의 한미상호방위조약 비판 _252

3절 샌프란시스코 체제가 제네바 회의에 미친 영향 _254
1. 제네바 회의 준비 과정 _254
2. 주요 참가국의 입장 _258
3. 제네바 회의의 영향 _268

4절 동남아시아조약기구 설립으로 아시아에서 냉전 체제 본격 가동 _271
  1. 창설 배경 _272
  2. 추진 과정 _274

5절 샌프란시스코 체제에 대한 북한의 대응 _277
  1. 북한의 중국 밀착과 공동 대응 _277
  2. 대사회주의 포위망 비판 _280

6절 샌프란시스코 체제는 미국의 동아시아 대공산주의 봉쇄망 _283

6장 | 샌프란시스코 체제의 유산과 극복 가능성 _289

1절 샌프란시스코 체제 구축 과정 개괄 _291

2절 샌프란시스코 체제 연구 동향에서 제기된 질문에 대한 답변 _296
  1. 샌프란시스코 체제 형성에서 미국이 주도적 역할을 한 이유 _296
  2. 샌프란시스코 체제에 대해 관심이 적은 원인 _298
  3. 북한의 샌프란시스코 체제 대응 _298
  4. 샌프란시스코 체제 형성 과정에서 일본의 역할 _299

3절 샌프란시스코 체제의 기원과 형성 _300
  1. 샌프란시스코 체제 형성에서 미국 중심성의 배경 _304
  2. 샌프란시스코 체제와 냉전, 6.25 전쟁과의 관계 _307

4절 샌프란시스코 체제의 부정적 유산과 극복 가능성 _310
  1. 중국 봉쇄와 일본의 아시아로부터의 이탈 _313
  2. 샌프란시스코 체제의 극복 가능성 _314

참고문헌 _317

1장

왜 샌프란시스코 체제인가?

샌프란시스코 체제에 주목하는 이유

 유럽에서는 1991년 12월 26일 '소비에트 연방(이하 소련)'이 해체되면서 냉전이 종식되었다. 유럽의 전후(戰後) 질서를 규정한 '얄타(Yalta)' 체제의 붕괴였다. 그러나 동아시아에서는 '탈냉전(post cold-war)' 시기인 지금에도 역내에서 분단, 대립, 갈등이 계속되고 있다. 심지어 신냉전이 도래하는 게 아닌가 하는 우려까지 제기되고 있다.
 이러한 우려의 먼 원인은 중국이 6.25 전쟁에 참전하면서 미국이 중국을 봉쇄 대상으로 삼은 74년 전 역사에서 비롯되었다. 이때부터 1970년대 중반까지 이어지던 대결의 분위기는 미국이 중국과 관계를 개선하면서 180도 달라졌다. 이후 30여 년간 미·중은 데탕트라 불리는 밀월 관계에 들어갔다. 그러나 미국은 중국이 자신이 구축한 질서에 편입되는 대신 현상 변경을 시도하자 '아시아로의 회귀(pivot to asia)'를 선언하며 오바마 1기 때부터 중국 견제로 돌아섰다. 전문가들은 미국의 대중 압박이 계속되면 자칫 전쟁으로 비화하지 않을까 우려한다. 이처럼 현재 전개되는 미·중의 전략적 대결 상황이 우려의 둘째 원인이다.[001]

---

[001] 동아시아에서 경제적 상호 의존성이 높아졌기에 군사적 긴장은 낮아져야 할 것인데

역내에서 고조되는 이러한 긴장은 제3차 세계대전으로 이어질 위험성을 내포하고 있다는 게 중론이다. 소수지만 제2차 세계대전 종전 후 미국이 주도하여 구축한 동아시아의 국제질서 변경 가능성을 주장하는 의견도 제시되고 있다. 위기와 기회가 공존하는 상황이다.

이에 따라 샌프란시스코 체제의 변화 필요성을 강조하는 입장, 더 나아가 변화의 가능성을 거론하는 입장까지 등장하고 있다.[002] 그러면서 동아시아인에게 70년 이상 동북아 국제질서를 규정해 온 샌프란시스코 체제의 존재 이유도 따져 묻게 만들고 있다. 과연 이 체제가 어떻게 구축되었기에 우리에겐 통일이 여전히 먼 미래의 일이고, 역내 국가들은 불완전한 주권 국가로 살아가야 하는가?[003] 무엇보다 이

오히려 더 높아지는 현상이 나타나는 것은 이와 관련이 있다. 정성철, "아시아 패러독스?-동아시아 경제협력과 안보 갈등", 서울대학교 국제문제연구소 편, 『동아시아의 보편성과 특수성』(서울: 사회평론, 2015); 이승주, "아시아 패러독스를 넘어서: 경제적 상호의존과 제도화의 관계에 대한 비판적 검토", 『한국정치외교사 논총』 제36집 2호, 한국정치외교사학회(2015), pp. 107~137; Robert A. Manning, "The Asia Paradox: Toward a New Architecture", *World Policy Journal* Vol. 10 No. 3, Duke University Press(1993), pp. 55~64.

[002] 이남주, "동아시아 질서의 변화와 새로운 지역협력의 모색: 샌프란시스코 체제의 동학을 중심으로", 『경제와 사회』 2020년 3월호(2020), pp. 15~16; 죠셉 S. 나이(Joseph S. Nye), *Is the American Century Over?*, 이기동 역, 『미국의 세기는 끝났는가?』(서울: 프리뷰, 2015).

[003] 전문가들은 소련 붕괴 후 탈냉전 상태로 진입한 유럽과 달리 현재 동아시아에서 전개되는 모순적 양상이 샌프란시스코 체제에서 기원한다고 보고 있다. 이들은 탈냉전 시기 동아시아에서 유럽과 궤(軌)를 달리하는 이러한 양상이 나타나는 문제의 근원을 샌프란시스코 체제에서 찾으려 한다. 이삼성, 『한반도의 전쟁과 평화』(파주: 한길사, 2018); Kimie Hara, The San Francisco System and Its Legacies: Continuation, Transformation and Historical Reconciliation in the Asia-Pacific(Routledge, 2015); John Dower, The San Francisco System: Past, Present, Future in U.S.-Japan China Relations, The Asia Pacific Journal, Vol. 12(2014); 우케루 미고사키(Ukeru Magosaki), Sengoshi No Shoutai 1945~2012, 양기호 역, 『미국은 동아시아를 어떻게 지배했나』(서울: 메디치, 2013); 서울대학교 국제문제연구소 편, 『국제사회론과 동아시아』(서울: 논형, 2009); 워런 I. 코헨(Warren I. Cohen), America's Re-

체제는 변화가 불가능한 것인가?

미국의 패권은 공고할 것이라는 믿음이 강한 한국 사회에서 이 질문은 낯설고 심지어 두렵기까지 할 것이다. 역설적이지만 이런 믿음이 한국 사회와 동아시아에 존재한다는 것 자체가 이 질문의 당위성과 필요성을 말해준다. 특히나 미국의 영향력이 약화하고 있고, 이것이 역내에서 추세로 이어질 가능성이 높은 현시점에선 더욱 그러하다. 최소한 연구자들만이라도 이런 질문을 던지고 현상 변경에 필요한 지혜를 얻으려 노력해야 할 것이다.

필자는 샌프란시스코 체제 구축 과정을 분석하면 현재 역내에서 일어나는 현상과 비교할 수 있는 경험이나 시사점을 얻을 수 있고, 이를 근거로 새로운 가능성, 즉 현상 변경을 시도할 수 있는 실마리를 찾을 수 있으리라 생각해 이 질문을 던졌다. 연구자들의 이런 고민과 연구 결과가 쌓이다 보면 현상 변경 시도가 활발히 시작될 수 있을 것이라는 기대를 안고서였다. 반드시 좋은 결실이 있으리라 믿는다. 그러면 이제부터 동북아를 규정해 온 샌프란시스코 체제가 무엇인지부터 답해 보고자 한다.

1. 샌프란시스코 체제란?

'샌프란시스코 체제'라는 용어를 처음 사용한 학자는 미국 시카고대학교 역사학과 교수 이리에 아키라(Iriye Akira)다. 그는 이 용어를 1966년에 출간한 자신의 저서 『일본의 외교(日本の外交)』에서 처음 사용하였다. 그는 이 체제를 "일본의 주권 회복과 어느 정도의 재

---

sponse to China: A History of Sino-American Relations, 하세봉·이수진 옮김, 『미국은 동아시아를 어떻게 바라보는가』(서울: 문화디자인, 2008)

군비, 그리고 일본 본토와 오키나와에서의 미국 군사력의 유지를 기조로 하고, 남조선·대만·필리핀·오스트레일리아·뉴질랜드를 포함한 군사 체제로 소련·중국·북조선의 군사력에 대치하는 것"[004]으로 정의하였다. 그는 1974년에 간행한 "The Cold War in Asia"에서 이 체제를 "샌프란시스코 평화조약을 통해 형성된 미·일 사이의 새로운 레짐(regime)"[005] 정도로 간략히 정의하였다.

이리에 아키라 이후 여러 학자가 샌프란시스코 체제에 대한 정의를 시도하였다. 첫째 범주는 미·일 관계를 중심으로 보는 정의다. 캘더(Kent E. Calder)는 "태평양 양편에 있는 두 국가(미국과 일본)의 국내적, 정치경제적 이익의 수렴에 따라 형성되어 안정성이 보장된 기제"로 정의하였다.[006] 신욱희도 이와 유사하게 "미·일 군사동맹의 성격을 넘어 두 나라 간 정치·경제·사회 등 넓은 영역에 걸친 관계 구조"로 정의하였다.[007]

둘째 범주는 법률적 정의다. 최철영은 샌프란시스코 체제를 "카이로 선언, 포츠담 선언, 그리고 이를 수락한 일본의 항복문서, 연합국 총사령부(SCAP)가 제정 공포한 법적 구속력 있는 명령들(instruments)

---

[004] 入江 昭, 『日本の外交』, 이성환 역, 『日本의 外交』(서울: 푸른미디어, 2002), p. 199.

[005] Irye Akira, The Cold War in East Asia: A Historical Introduction(Englewood Cliffs: Prenticehall, 1974), p. 47, 93~97, 182. 이 정의를 참조한 연구자들은 그가 샌프란시스코 체제의 의미를 샌프란시스코 강화조약 내용에만 한정하였다고 비판한다. 이남주가 대표적이다. 그는 이리에 아키라가 "샌프란시스코 강화조약이 고립된 사건이 아니라 제2차 세계대전 종전 이후 세계적 차원, 지역적 차원에서 전개된 역사적 흐름에서 체결된 점을 고려하지 못하고 있다"고 비판한다. 그러나 이리에 아키라는 "日本の外交"에서 그가 부족하다고 비판한 내용을 대부분 담았다. 이남주, "동아시아 질서의 변화와 새로운 지역협력의 모색", pp. 15~16.

[006] Kent E. Calder, 'Securing Security through Prosperity: The San Francisco System in Comparative Perspective', The Pacific Review, 17/1(2004), pp. 138~139.

[007] 신욱희, 『삼각관계의 국제정치: 중국, 일본과 한반도』(서울: 서울대학교출판문화원, 2017), p. 67.

과 샌프란시스코 평화조약, 그리고 이후 국제적 합의와 관행을 포함하는 국제법적 합의 체제"로 정의하였다.[008]

셋째 범주는 첫째 범주에 역사적, 지역적 맥락을 포함시킨 정의다. 키미에 하라(Kimie Hara)는 "한반도의 분단과 전쟁으로 아시아 지역에서 얄타 체제를 대체하여 등장한 체제"로 정의하였다.[009] 구민교는 세계 냉전 체제를 구성하는 두 개의 하위체제인 얄타 체제와 샌프란시스코 체제 가운데 하나로서, "전후 동아시아 지역에서 소련의 팽창 억제를 목적으로 전승국 미국과 패전국 일본의 양자 간 동맹체제에 기초하여 재편한 동아시아 국제질서"로 정의하였다.[010] 이남주는 다음 네 가지 내용을 포괄하는 현상으로 이 체제를 폭넓게 정의하였다. "첫째, 미국이 아시아-태평양 지역에서 사회주의 진영의 영향력 확대를 제어할 목적으로 2차 세계대전 이후부터 1950년대 중반까지 점진적으로 구축하게 된 안보 체제. 둘째, 이 안보 체제에서 주요한 제도적 기초가 된 것은 미국 중심의 양자(bilateral) 동맹. 셋째, 식민주의와 (민족해방) 전쟁에서 비롯된 갈등 요인이 제대로 해결되지 않음으로써 분단, 역사 화해, 영유권 갈등이 생산하는 대립과 적대가 이 체제를 작동시키는 중요한 기초. 넷째, 지역적으로 볼 때 아시아 태평양 지역 전체를 포괄하지만 주로 동아시아에서 구현된 것" 등이다.[011]

이상에서 샌프란시스코 체제에 대한 정의의 주체는 주로 아시아 연구자, 특히 한·일 두 나라 연구자들이 시도하였음을 알 수 있다. 이

---

[008] 최철영, "샌프란시스코 평화조약과 국제법원의 영토주권법리", 『독도연구』 21, 영남대학교 독도연구소(2016), p. 45.

[009] Kimie Hara, "Rethinking the Cold war in the Asia Pacific", *The Pacific Review*, 12, No. 4(1999), pp. 29~33.

[010] 구민교, "미·중 간 패권경쟁의 심화에 따른 새로운 해양역학의 등장과 우리나라의 대응", 전재성 편저, 『미·중 경쟁 속의 동아시아와 한반도』(서울: 늘품플러스, 2015), p. 20.

[011] 이남주, 앞의 글, pp. 16~17.

는 샌프란시스코 체제가 구미(歐美) 연구자에게 관심이 적은 분야이고, 설사 그들이 관심을 가진다 해도 '미국 외교사'나 '미국 대외정책사'의 한 부분, 또는 냉전사의 곁가지 정도로 다룬 데서 비롯한다.[012] 이는 이리에 아키라가 지적하였던 것처럼 이 분야에 대한 동아시아 연구자들의 연구가 구미(歐美) 학계에 제대로 소개되지 않은 탓이기도 하다.[013] 일본 학자들은 이 체제를 '일·미 동맹사'의 한 시기로, 즉 강화회의 준비 과정과 그 과정 안에서 이루어지는 미국과 일본의 관계로만 국한해 보는 경향이 있다. 그러다 보니 이 체제를 동아시아와 지구적 맥락과 연결해서 바라보려는 시도가 부족하다.[014]

이상의 정의들을 반영하면 샌프란시스코 체제를 "미국이 일본을 단독 점령하면서 독점하게 된 힘과 제2차 세계대전을 거치면서 얻은 패권적 지위를 활용해 동아시아 지역에서 일본을 앞세워 대소(對蘇), 대(對)공산주의 봉쇄 전략의 일환으로 구축하게 된 자유주의적 국제질서"로 포괄적인 정의를 내릴 수 있다. 이 질서에는 군사적 측면 외에 정치, 경제, 사회문화적 측면도 포함된다. 신욱희는 이 체제를 "두 나라 간의 정치 경제 사회 등 넓은 영역에 걸쳐 있는 관계 구조"로 정의하였는데[015], 이 체제는 미국이 구상한 동아시아 전후 국제질서 안에서 일본과 그 주변국을 구속하는 모든 제도적 장치와 제 부문 간

---

012 Steven W. Hook, *U.S. Foreign Policy: The Paradox of World Power*, 이상현 역, 『미국외교정책: 강대국의 패러독스』(서울: 명인문화사, 2014); Michael E. Hunt, *Ideology and U.S. Foreign Policy*, 이현휘 역, 『이데올로기와 미국 외교』(부산: 산지니, 2007); James E. Dougherty et al. *American Foreign Policy: FDR To Reagan*, 이수형 역, 『미국외교정책사: 루스벨트에서 레이건까지』(서울: 한울아카데미, 1997)

013 Iriye Akira, *The Cold War in East Asia: A Historical Introduction*, pp. 1~7.

014 外岡秀俊 外, 『日米同盟 半世紀: 安保と密約』, 진창수·김철수 역, 『미·일동맹: 안보와 밀약의 역사』(파주: 한울아카데미, 2006); 西村熊熊, 『サンフランツスコ 平和條約·日米安保條約』(東京: 中公文庫. 1999); 竹前榮治, 『占領前後史』(東京: 岩波書店, 1992)

015 신욱희, 『삼각관계의 국제정치』, p. 67.

관계의 집합체라 할 수 있다.

2. 샌프란시스코 체제와 북한

그러면 당시 동아시아 공산주의 진영, 특히 북한은 이 체제를 어떻게 보았을까? 북한에서는 이제껏 공식적으로 '샌프란시스코 체제'라는 용어를 사용한 적이 없다. '샌프란시스코 평화조약'이라는 용어도 드물게 사용했다.[016] 대신 북한은 미국 또는 미국과 영국이 일본에 강요하여 체결한 '대일 강화조약', '대일단독강화조약'이라는 용어를 사용해 샌프란시스코 체제의 성격을 간접적으로 드러내려 하였다.[017]

북한은 1970년에 간행한 『정치용어사전』의 '대일단독강화조약' 항목에서 이 조약의 성격을 다음과 같이 서술하며 샌프란시스코 체제의 윤곽을 드러내 보여주었다. 대일단독강화조약은 "일본 군국주의 재생과 그(일본. 필자 강조)의 급속한 재무장을 합법화하였으며 미제 침략군의 영구적인 일본 주둔과 일본 전역의 군사기지화를 로골적으로 규정히였다. 또한 이 비법(非法)적인 조약은 전시 일제가 략탈한 일부 령역들을 비법적으로 미제의 식민지로 전변시켰으며 일본 주변에 있는 여러 섬들도 미제의 군사기지로 리용되도록 확인하였다. 미제의 조종 밑에 꾸며진 '대일단독강화조약'은 미제의 아세아 침략의 직접적인 산물로서 일본을 전초기지로 삼고 우리나라를 비롯한 아세아 나

---

[016] 사회과학원법학연구소, 『국제법사전』(평양: 사회과학출판사, 2002), p. 167.
[017] 여기서 '단독강화'는 북한에게 제2차 세계대전 당시 연합국에 참여했던 나라들 전체가 아니라 미국을 추종하는 나라만 참여시켜 억지로 협정에 조인하게 만든 효력을 인정할 수 없다는 의미에서의 일방적인 국제조약을 가리켰다. 이 회의에는 실제 소련, 중국, 폴란드 등 사회주의 국가들은 물론 신생독립국가였던 인도, 미얀마도 참여하지 못하였다. 사회과학원법학연구소, 『국제법사전』, p. 167.

라들을 반대하기 위한 침략조약이다."[018]

　북한의 이 입장은 미국의 대일정책을 비판하기 시작하는 1947년부터 대일평화조약이 체결되는 1951년 9월까지 공간물(公刊物)을 통해 지속적으로 표명해 온 내용을 압축하고 있다.[019] 북한은 1947년부터 미국이 일본에서 시행하는 점령 정책을 '일본의 군국화 정책'이라며 비판하기 시작했다.[020] 1948년부터는 이 비판 논조를 더욱 강화하였다. 이를테면 "미국의 대일본정책은 극동지역과 동남아시아 인민들을 착취하기 위한 미 독점자본가의 기지로 만드는 것이고, 일본 군국주의를 소생시켜 그들을 아시아 침략 전위대로 만들려는 시도이며, 동아시아와 소비에트 동맹의 인민들을 반대하는 방향을 가진 군사동맹을 구축하기 위한 것",[021] 미국이 구라파 서쪽에서 침략 목적을 띤 "반민주주의 군사정치 블록(Bloc)"을 구축한 것처럼 동방에서도 같은

018　조선민주주의인민공화국 사회과학원, 『정치용어사전』(평양: 사회과학출판사, 1970), p. 178. 1973년 사회과학출판사에서 간행한 『정치사전』, 사회과학원법학연구소가 간행한 『국제법사전』에서도 같은 맥락으로 서술되고 있다. 이에 따르면 북한이 생각하는 샌프란시스코 평화회의는 '미국이 패전국 일본에 군국주의 부활과 재무장을 허용하고, 일본을 미군의 군사기지화하여 사회주의 국가들과 민족해방 운동이 활발한 동남아시아 국가들을 침략할 때 일본을 도구로 이용하는 것을 정당(합법)화하기 위하여 취한 대책'이다. 북한은 미국이 일본과 강화조약을 서둘러 맺은 이유를 이렇게 이해하였다. 일본을 점령 상태에 두면 포츠담 회담의 결정을 따라야 하는데, 이 결정을 따르면 소련과 중국이 간섭을 받이야 하느로 미국 의도대로 일본을 처리하려면 일단 일본을 독립시켜 놓고 주권 국가 간의 조약 형태로 강요해야 자국이 원하는 바를 실현하는 데에 유리했기 때문이라고 보았다. "미제는 단독대일강화조약을 왜 조급히 체결하려고 하는가?", 『로동신문』, 1951년 4월 10일.

019　북한은 1947년 6월 19일 극동위원회에서 미국이 소련의 대일강화 제안을 거부하면서부터 미국을 비판하는 입장을 취하기 시작했다. 물론 북한은 소련과 무관하게 미국을 이전부터 불신하고 있었다. 일시적으로 소련이 취하는 미국에 대한 협조 입장을 따르는 모양을 취하였을 뿐 일본을 재무장시키려는 미국을 애초에 환영할 수 없었다.

020　"일본의 군국화는 어떻게 실현되고 있는가", 『로동신문』, 1947년 4월 8일.

021　"인민들 간의 견고한 평화를 위한 쏘련의 투쟁", 『로동신문』, 1948년 8월 11일; "중·소우호동맹조약 체결 3주년을 맞이하여 논평", 『로동신문』, 1948년 8월 14일.

목적을 가진 "방공 블록"을 구축한 것,[022] 또는 "일본을 미국 방위선의 제1선으로 만들려는 시도"라고 지적했다.[023] 북한은 이때부터 미국을 '미제국주의'라 부르며 비판 수위를 높이기 시작했다.[024]

1948년 9월 10일에는 조선민주주의공화국 정부 정강을 발표하며 대외 정책 방향을 밝혔는데 앞서 살펴본 문제의식의 일단이 일곱째 항목에 나타난다. "일본 제국주의의 재생은 우리 민족의 독립을 위협하는 것이므로 일본을 다시 제국주의 침략 국가로 재생시키려고 기도하는 제국주의 국가들은 모두 다 우리 민족의 원쑤로 인정할 것입니다. 공화국 정부는 일본 군국주의 세력을 청산하고 일본을 민주화할 데 대한 포츠담 회담의 결정을 실현할 것을 강력히 요구할 것입니다."[025]

북한은 이 조항에서 일본의 전후 처리에 대해 관계 당사국이 포츠담 회담 결정에 따라야 함을 강조했다. 이는 회담 당사국의 협의에 따른 일본 문제 해결을 의미했다. 북한은 이 조항 전반부에서 미국이 일본을 제국주의 침략 국가로 재생하려 기도(企圖)하고 있음을 암시하였다. 이는 북한이 이미 이때부터 미국과 일본이 하고자 하는 바를 간파했음을 의미한다.

북한은 미국이 대일 강화를 서두르기 시작한 1950년 초부터 대일 강화가 체결된 1951년 9월까지 공간물에서 대일강화조약을 비판하

---

022 "동아 제 인민들의 자유와 독립을 옹호하는 쏘련의 대외정책", 『로동신문』, 1948년 8월 15일.

023 "미국은 일본을 원동에 대한 침략적 도구로 전화시키고 있다", 『로동신문』, 1949년 2월 24일.

024 북한에서 미국을 미제국주의로 처음 부른 시기는 1946년 7월경이었다. 그러나 미국과의 관계 악화를 우려한 소련의 지시로 이 용어를 억제하다 유럽에서 냉전이 시작되는 1948년 1월부터 본격적으로 사용하기 시작하였다. 김광운, 『북조선실록』제17권(서울: Korea Data Project, 2019), p. 111.

025 김일성, 『김일성 전집 8권』(평양: 조선로동당출판사, 1994), p. 273.

는 기사를 양산하였고 비판 논조도 점차 높여 갔다. 이 시기 북한 공간물에 게재된 미국의 대일단독강화 시도를 비판한 기사의 핵심 논조와 내용은 『정치용어사전』 '대일단독강화조약' 항목에 잘 드러나 있다. 북한이 당시 '미국의 대일정책', '대일강화조약'에 대하여 표명한 입장은 대체로 소련, 중국 공산당에 보조를 맞춘 것이었다. 그러면서도 일본 제국주의의 피해 당사국으로서 독자 입장을 표명하려는 태도를 포기하지 않았다.

당시 소비에트 동맹이 표명한 견해에 비춰보면 그들에게 샌프란시스코 체제는 그저 사회주의 국가들과 동남아에서 민족해방을 추구하는 나라와 세력들을 침략하기 위해 미국이 주도하고 미국에 동조한 '미·일 중심의 반동 국가들이 연합한 반공 동맹'에 불과하였다. 이 때문에 북한은 자신을 침략하고 봉쇄하기 위해 당사자를 배제하면서 미국이 자신의 동맹국들을 줄 세운 대일 강화를 환영할 수 없었다. 무엇보다 북한은 "미국이 1945년 미·소 양국의 한반도 분할점령 훨씬 이전부터 아시아와 한반도에서 제국주의적 이익을 추구한 부정적 이미지를 가진 국가였다고 강조하면서 미국을 부정적으로 보아왔다."[026] 일본과는 수십 년간 싸워왔다. 이것이 북한이 소비에트 동맹과 보조를 맞추면서도 독자적 입장을 고수한 이유였다.

이런 북한 입장까지 고려하여 샌프란시스코 체제를 정의하면 "미국이 소비에트 동맹에 대항하기 위해 일본을 앞세워 샌프란시스코 평화조약 전후로 일본 주변 나라들과 양자(兩者) 혹은 다자(多者) 동맹을 맺음으로써 형성한 동아시아 자유주의 국제질서"라 할 수 있다.[027] 이

---

[026] 백학순, "북미관계", 세종연구소 북한연구센터 엮음, 『북한의 대외관계』(서울: 한울아카데미, 2007), p. 25.

[027] 1954년에 체결된 '동남아시아 집단방위조약(SEATO) 가맹국들까지 대일강화조약의 자장(磁場) 안에 들어간다. 이는 미국의 '전후 구축(post-war rebuilding)'이 군사

를 더 확장하면 "동아시아에서 샌프란시스코 평화회의를 계기로 자유주의 진영과 공산주의 진영 간에 형성된 대결 구도"라 할 수 있다.

3. 샌프란시스코 체제로 파생된 문제

샌프란시스코 체제가 동아시아 평화와 이 역내 국가들의 이해관계를 우선 고려하는 체제가 아니다 보니 이 때문에 파생한 문제가 적지 않았다. 이 문제들은 미국이 6.25 전쟁 발발로 대일 강화 추진을 서둘렀고, 이 과정에서 역내 국가 간의 이해관계가 얽힌 복잡한 과제들을 제외하거나 의도적으로 모호하게 처리하였기에 충분히 예견된 일이었다.[028]

첫째, 미국은 소련, 중국, 북한, 그리고 소비에트 동맹에 우호적인 국가들과 중립을 표방하는 국가들을 배제하고 단독강화를 추진하여 평화회의 취지를 무색하게 만들었다. 이는 대항 동맹에 속한 공산주의 국가들을 배제함으로써 동아시아에 평화 대신 대결 구도를 형성하는 데 영향을 주었다.[029]

적 측면에서 시작해, 이후 점차 정치, 경제, 사회문화 영역으로 확대되며 군사, 정치, 경제, 관념(이념)적 동일성을 추구하는 자유주의 동맹으로까지 발전한 역사적 사실을 근거로 한다.

028 미국이 서두른 이유 가운데 하나는 한반도가 공산화될 경우 일본도 공산화될 위험에 처할 것이고, 일본의 공산화는 태평양 지역의 공산화 위험을 높여 미국의 안보에 직접적인 영향을 줄 것을 우려했기 때문이다. 주재우, 『팩트로 읽는 미·중의 한반도 전략』 (서울: 종이와 나무, 2018), p. 36.

029 1951년 6월 4일 자 『로동신문』에 수록된 "대일강화조약에 관하여 미국 정부에 보낸 쏘련 정부의 각서"에서 소련은 (1) 대일강화조약은 대일전쟁에 참가한 나라는 모두 조약 준비와 조인에 참여할 수 있어야 한다는 전면강화 원칙. (2) 대일강화조약은 카이로선언, 포츠담선언, 얄타협정에서 합의된 바를 따라 추진되어야 한다는 원칙. (3) 대일강화조약에 대한 현존 초안들을 심의하기 위하여 자기 무력으로 대일전쟁에 참가한 모든 나라 대표들의 강화회의가 1951년 7월 또는 8월에 소집할 것을 미국에 제안하였

둘째, 미국은 관대한 강화를 추진해 피해 당사국이 일본으로부터 보상을 받을 수 없게 하거나, 받더라도 최소화하도록 압력을 행사했다. 일본의 부활을 두려워하는 태평양 전쟁 피해국들과의 안보조약 체결을 통해 양자 동맹을 맺고 이들의 주권을 제약하였다.[030] 하위 동맹국들끼리는 미국을 통해서만 연결하도록 해 미국의 주도권을 유지하려 했다.

셋째, 미국은 영토 문제를 모호하게 처리하여 당사국 간의 분쟁 소지를 남겼다. 미국은 대일 평화조약 초안에서는 오늘날 제기되는 영토 문제를 달리 해석할 여지 없이 비교적 명확히 표시하였다. 영토 경계와 소유권을 분명히 하였다. 그러다 일본의 로비와 석연치 않은 이유로 복잡한 문제들을 제외하거나 소유권을 명시하지 않음으로써 해당 국가 간의 갈등 소지를 남겼다.[031] 미국과 별도로 평화조약 초안을 만들었던 영국은 영토에 대한 이해가 부족하여 처음에는 오류가 있었으나 2차 초안에서는 이를 수정하였다. 그러나 영국이 수정한 의견은 미국

다. 그러나 미국은 소련의 이 제안을 일축하고 단독강화를 추진하였다. 미국은 이 제안을 수락할 경우 전쟁 중인 한반도의 후방기지로 일본을 활용할 수 없고, 강화 후에도 일본에서 미군의 장기 주둔을 보장받을 수 없으며, 무엇보다 일본이 중립화되거나 공산주의에 기울면 미국의 안보에 직접적인 피해가 올 것이라 염려했기 때문이다.

[030] 소련과 중국(당시는 국민당 정부)은 일찍이 1947년 9월 18일 대일 강화조약 체결을 위한 4개국 회의를 제안하였다. 이 제안 1항에서 두 나라는 "일본이 정식으로 강화조약에 조인한 후 어떤 방법으로든 강화조약에 포함된 조건들을 이행하지 않을 경우 4개국이 일본에 대하여 일정한 이권을 보장하는 방법으로 제정할 것", 5항 "일본의 비군국주의를 철저히 실시할 것" 등을 제의하였다. 소련과 중국은 이를 통해 미국이 일본을 자국의 독자적인 전리품으로 생각하고 자국에 일방적으로 유리하도록 강화조약을 체결하는 것을 제어해 보려 하였다. "대일강화조약문제에 대한 4개국 회의를 제창, 중국민족정치회특별위원회 결의", 『로동신문』, 1947년 9월 26일.

[031] 전재성 편, 『미·중 경쟁속의 동아시아와 한반도』, p. 21; Kimie Hara, Introduction: The San Francisco System and Its Legacies in the Asia-Pacific, in Kimie Hara ed., The San Francisco System and Its Legacies(London and New York: Routledge, 2015), pp. 4~5.

과의 최종 초안 조율 과정에서 묵살되었다.[032] 이렇게 해서 나타난 문제가 현재 동아시아 국가 간에 진행되고 있는 다섯 개 지역의 영토분쟁, 역사 화해를 둘러싼 갈등, 그리고 동맹체제 문제 등이다.[033]

존 다우어(John W. Dower)는 이 체제에서 주목해야 할 부정적 유산으로 여덟 가지를 들었다. ① 오키나와와 '두 개의 일본', ② 한국, 중국, 러시아, 동남아 등 이웃 나라들과의 영토분쟁[034], ③ 일본 내 미군기지, ④ 일본의 재무장, ⑤ 역내 국가 간의 역사 문제, ⑥ 일본의 미국 핵우산 체제 종속, ⑦ 중국 봉쇄와 일본의 아시아로부터의 이탈, ⑧ 일본의 '예속적 독립' 등이다.[035]

북한은 이 외에도 "관대한 강화로 피해국 인민에게 갚아야 할 전쟁 배상액을 줄이거나 생략한 점, 일본의 경제 복구를 돕는다는 명목으로 막대한 재원을 투자해 재무장을 시도하여 주변국을 위험하게 만든 점, 다수 전범을 석방해 군국주의 부활을 조장한 점" 등을 문제로 지적하였다.[036] 이러한 문제가 필자는 물론 대부분의 연구자가 샌프란시스코 체제를 오늘날 다시 호명하는 이유라 하겠다.[037]

---

032 정병준, "영국 외무성의 대일강화조약 초안 부속지도의 성립(1951.3)과 한국: 독도 영유권의 재확인", 『한국독립운동사연구』 24집(2005a) 참조.

033 이종원, "샌프란시스코 체제의 지속과 변용", 서울대학교 아시아연구소 학술회의, 「중국혁명, 6.25 전쟁, 동아시아 지역질서」(2013) 참조.

034 "미국은 줄곧 전후 동아시아 영토분쟁의 원인 제공자이자 간접 이해 당사자의 역할을 해왔다. 한국 전쟁의 발발로 서둘러 일본과 강화조약을 체결하기 원했던 미국 정부는 조약의 초안을 만들 때부터 당사국 간 입장 차이로 골머리를 앓던 분쟁도서의 영유권 문제를 의도적으로 명시하지 않음으로써 어려운 문제를 비켜가고자 했다." 전재성 편, 『미·중 경쟁속의 동아시아와 한반도』, p. 21.

035 John Dower, The San Francisco System: Past, Present, Future in U.S.-Japan China Relations, *The Asia Pacific Journal, Vol. 12(February, 2014)*.

036 사회과학원법학연구소, 『국제법사전』, p. 168.

037 미국과 영국은 종전 후 동서 냉전이 본격화하고, 1950년 6월 한반도에서 전쟁이 발발하자 서둘러 일본을 서방세계(자유주의 진영)에 편입시킬 필요성에 공감하였다. 본래

4. 샌프란시스코 체제와 관련해 밝혀야 할 질문

필자는 이 책에서 다섯 가지 질문에 답하려 한다. 첫째, 샌프란시스코 체제 형성 과정에서 미국이 주도적 역할을 담당하게 된 이유는 무엇인가다. 미국은 전후 동아시아에서 일본을 단독 점령한 것을 제외하고는 대부분의 전후 처리 과업에 실패했다. 일례로, 미국이 오랜 공을 들여왔던 중국이 공산화된 경우를 들 수 있다. 한반도 소련과 위도 38도선을 경계로 분할 점령하는 데 그쳤다. 그럼에도 미국은 6.25 전쟁 발발 직후부터 1955년까지 주도적으로 움직였다. 이때 미국은 대항 동맹은 물론 동맹국들로부터도 견제를 받지 않았다. 북한도 미국의 이러한 움직임에 대하여 성명을 발표하거나 집회를 통해 자신의 의사를 표현하는 정도에 그쳤다. 이는 당시 형성되었던 대항 동맹과 미국 간의 관계는 물론 같은 진영 내 다른 국가들과 미국과의 관계 사이에 존재하는 현저한 힘의 격차에서 비롯하였다.

둘째, 샌프란시스코 체제 형성기에 대해 왜 거의 대부분 미국, 일본, 한국 연구자들만 관심을 갖고 있는가다. 일본은 당사자로서 이 주제에 가장 많은 관심을 보여 왔다. 미국 학자들은 일부를 제외하고 거의 관심이 없었다. 한국 학자들은 독도 문제나 70여 년간 지속하는 분단을 타파하기 위한 목적에서 최근에야 관심을 갖기 시작했다.

미국은 전후 동아시아에서 일본뿐 아니라 가능한 한 다수의 태평양 섬을 장악하여 장차 발전의 발판으로 삼거나 혹은 잠재적 적국이 되지 않도록 관리하는 것 정도를 목표로 삼았다. 다만 "태평양 지역의 지배를 위해 미국의 주력 함대와 공군 기지가 될 섬을 확보하려는 의도는 분명하였다. 미국의 이 의도는 제2차 세계대전 승리의 대가로 일본을 단독 점령하면서 쉽게 해결되었다. 미국은 "(일본을 단독으로 장악함으로써) 광대한 영공과 해군기지를 손에 넣을 수 있었고, 이로써 이 지역에서 미국의 안전을 위협하는 모든 요소들을 제어할 수 있었다." Warren I. Cohen, *America's Response to China*, pp. 36~38.

그러나 북한과 중국에서는 이에 대한 연구 결과를 거의 찾아볼 수 없다. 심지어 북한에서는 샌프란시스코 평화회의라는 단어도 쓰는 것을 기피하고 있는 정도다. 이는 이들 국가가 샌프란시스코 체제의 본질이 애초 자신을 적대하기 위해 형성된 것이었고, 현재까지도 그 본질이 달라지지 않았으며, 앞으로도 달라질 가능성이 적다고 보는 데서 비롯한 것일 수 있다.

셋째, 샌프란시스코 체제 형성기에 북한은 상대 진영의 움직임을 어떻게 파악하고 있었고, 그에 따라 어떠한 대응 전략을 취했는가이다. 이 시기 북한은 소련의 영향권에 들어 있어 독자 입장을 갖지 못하였다는 생각이 지배적이다. 대부분 북한이 소련 입장을 맹목적으로 추종하였으리라 추정하는 것이다. 하지만 이러한 추정과 달리 북한은 당시 국제정세를 정확히 파악하고 있었다. 동맹과 보조를 맞추면서도 자국의 입장을 적극 개진하였다. 과연 북한이 이렇게 행동할 수 있었던 배경은 무엇인가?

넷째, 샌프란시스코 체제는 전적으로 미국이 주도하고 일본은 수동적 입장에서 끌려가기만 한 것인가다. 일본 연구자들은 일본이 미국의 요구를 수용하면서도 자국의 입장을 최대한 관철하면서 샌프란시스코 체제를 미·일 공동 작품으로 만들었다고 주장한다. 물론 이때 미국과 일본의 지분(支分)이 동일하였다는 뜻은 아니다. 둘 사이에 현저한 힘의 비대칭이 존재하였으나 일본도 나름의 전략으로 미국 요구에 대응했다는 것이다. 과연 이 시기에 일본은 자국의 이익을 극대화하기 위해 어떤 전략을 사용했는가?

마지막으로, 요즘 이 체제를 다시 호명하는 이유와 맞닿은 것으로 이 체제는 극복이 가능할 것인가다. 학자들은 이 체제가 부분적으로 변경될 가능성은 인정하면서도 근본적 변화는 어려울 것으로 전망한다. 이들이 이렇게 보는 근거는 이 체제가 처음에 가졌던 성격에서 찾는다. 과연 이 체제가 성립되는 처음의 본질적 속성은 무엇이었고, 이것들은 추후 어떻게 경로의존성을 띠게 되었을까? 그리고 제도주의에서 말하는 경로의존성은 변경 불가능한 것인가?

2절
샌프란시스코 체제 연구 동향

이 주제에 대한 국내외 연구자들의 접근은 크게 세 가지 범주로 나눌 수 있다. 첫째 유형은 샌프란시스코 평화조약의 미비한 조문(條文)들이 한·일 간의 영토분쟁(독도)과 일본에 대한 청구권(請求權) 문제에 빌미를 제공했다고 보고, 이를 다룬 경우다.[038] 이 연구들은 당시 미국과 영국이 작성한 평화조약 초안과 수정 초안을 검토하면서 이 문제의 기원이 미국의 의도적이고 왜곡된 조약문 작성, 또는 관대한 강화 추진 방침에서 비롯되었음을 밝힌다. 이어 관련 조약문들이 갖는 국제법적 문제를 지적하며 이에 대한 해법을 제시한다. 물론 이들이 제시한 해법은 원칙론에 불과해 실현 가능성이 낮은 경우가 대부분이다. 국내연구에서 가장 많이 찾아볼 수 있는 유형이다. 이 연구들은

---

038 강병근, "샌프란시스코 평화조약에 따른 'Korea/조선'의 독립 승인과 한일 간 청구권 해결에 관한 일 고찰", 『동북아법연구』 제10권 3호, 전북대학교 동북아법연구소 (2017); 김채형, "샌프란시스코 평화조약의 법적 체제와 주요 국가의 입장 분석", 『인문사회과학연구』 Vol. 17 No. 2, 부경대학교 인문사회과학연구소(2016); 정재민, "대일강화조약 제2조가 한국에 미치는 효력", 『국제법학회논총』 58(2), 대한국제법학회 (2013); 전재성 편저, 『동아시아 지역질서 이론: 불완전 주권과 지역갈등』(서울: 사회평론아카데미, 2018); 최철영, "샌프란시스코 평화조약과 국제법원의 영토주권법리", 『독도연구』 21, 영남대학교 독도연구소(2016); 현무암, "샌프란시스코 체제의 전환과 한미·일 의사 동맹 관계", 『황해문화』 Vol 83, 새얼문화재단(2014)

미시적 측면을 상세하게 다룬다는 점이 장점이나 조약문 분석에만 치중해 이 체제가 동아시아나 동아시아 국제질서, 지구적 냉전 질서와 관계 맺는 것 같은 넓은 맥락을 간과하는 점은 한계다.

둘째 유형은 미·일 동맹 틀로 동아시아 지역 질서를 검토하는 연구들이다. 이는 주로 정치·외교학자들이 수행하였다. 이 연구들은 샌프란시스코 체제를 정의하는 과정에서 보았듯이 미·일 동맹에만 초점을 맞춰 포괄하는 범위가 협소하다. 이 때문에 역내(域內)에 존재하는 미국과의 다른 양자 동맹 간의 관계를 충분히 고려하지 못하고 있다. 특히 일부를 제외하고는 체제 형성 과정보다 결과에 대한 해석에 초점을 맞추고 있는 형편이다.[039]

셋째 유형은 한·미·일 삼각 동맹을 다루며 동맹 범위를 넓히거나, 동아시아 전체를 분석 단위로 하여 거시적 조망을 시도하는 연구들이다. 대체로 이들은 샌프란시스코 평화회의의 영향 범위에 속하는 국가들까지를 대상으로 삼는다.[040] 이 가운데 신욱희는 "협력과 갈등에 대한 유인과 제약이 지속적으로 존재하는 상호의존적인 세 국가 간의 관계로 보는 삼각관계의 개념적 틀을 활용하고 위협 전이론과 양

---

039 김국신 외, 『미·일 동맹 강화에 따른 동북아정세 변화와 한국의 안보정책 대응전략』(서울: 통일연구원, 2007); 김남은, "강화와 안보를 둘러싼 미·일교섭과 일본의 전략-요시다 시게루를 중심으로", 『일본근대학연구』 Vol. 56, 한국일본근대학회(2016); 김성철, 『일본외교와 동아시아 국제관계』(서울: 한울아카데미, 2015); 전재성 편저, 『동아시아 지역질서 이론: 불완전 주권과 지역갈등』(서울: 사회평론아카데미, 2018)

040 유지아, "전후 일본의 안보체제와 집단적 자위권: 안보조약과 신안보조약을 중심으로", 『일본학』 Vol. 39, 동국대학교 일본학연구소(2014); 유지아, "전후 대일강화조약과 미·일안보조약 과정에 나타난 미군의 일본 주둔과 일본 재군비 논의", 『일본학연구』 Vol. 41, 단국대학교 일본학연구소(2014); 신욱희, 『삼각관계의 국제정치: 중국, 일본과 한반도』(서울: 서울대학교출판문화원, 2017); 이삼성, 『한반도의 전쟁과 평화』(파주: 한길사, 2018); 정재호 편, 『미·중 관계 연구론』(서울: 서울대학교출판문화원, 2014); 최정준, "미국의 6.25 전쟁전략과 샌프란시스코 체제의 형성", 『동아연구』 제30권 1호, 서강대학교 동아연구소(2018).

면 안보 딜레마라는 새로운 이론적 논의"를 전개한다.[041] 이삼성은 중국 대륙과 미·일 동맹 사이의 긴장과 갈등을 '대분단의 기축(基軸)'으로 정의한다. 반면에 한반도, 대만 해협, 그리고 1975년까지 베트남에 존재한 분단 상태를 민족분단 또는 '소분단'으로 정의한다. 그리고 두 측면의 구성 요소들 사이의 상호작용 상태를 논한다. 그는 "대분단 기축의 긴장을 구성하는 세 차원(지정학적 긴장, 정치사회적 체제와 이념의 긴장, 역사 심리적 간극)이 결합, 상호 상승 작용하여 구성된 동아시아 질서의 고유성은 전후 유럽 질서와 비교를 통해 더 명확히 해명할 수 있다"고 본다.[042]

그러나 이 연구들은 대부분 미국이나 자유주의 진영의 입장만 다루고 있어 당시 공산주의 진영이 미국이 추진하는 동아시아 전후 구축(構築) 시도에 어떤 입장을 가졌고, 또 어떻게 이에 대응하였는지 보여주지 못하는 약점이 있다. 특히 북한이 이 시기에 샌프란시스코 체제 형성에 어떤 입장이었고, 또 이에 어떻게 대응하려 하였는지 전혀 다루지 않았다.

이에 필자는 셋째 유형의 논점을 따르면서도 당대 북한의 공간물을 통해 매 시기 북한이 보여준 입장을 살펴보고자 한다. 때로는 대항 진영의 입장이 자기 진영이 은폐하려는 측면을 더 예리하게 드러내 주는 법이기 때문이다. 당시 북한은 해외 정보 가운데 유럽 관련 정보는 소련을 통해, 중국과 일본에 대한 정보는 직접 수집하거나 소련과 중국 공산당을 통해 전달받았다. 이 때문에 유럽에서 일어나는 상황에 대해서는 소련 입장과 보조를 맞추고, 동아시아에서 일어나

---

041 신욱희, 『삼각관계의 국제정치: 중국, 일본과 한반도』, p. v.
042 이삼성, "전후 동아시아 국제질서의 구성과 중국: '동아시아 대분단 체제'의 형성과정에서 중국의 구성적 역할", 『한국정치학회보』 제50집 5호, 한국정치학회(2016), pp. 165~166.

는 일에 대해서는 독자적인 목소리를 냈다. 이 연구의 대상 시기는 동아시아 지역에서 냉전 분위기가 고조되는 때였으므로 북한의 공간물에서 자유주의 진영의 움직임과 그 움직임이 갖는 성격에 대해 다루었던 내용들이 더 선명하게 드러난다. 이 측면은 자유주의 진영의 입장에 경도된 연구자들에게 균형적인 시각을 제공할 것이다.

이 범주에 속하지 않는 일본학 연구자, 일본인 연구자, 미국에 거주하는 일본 역사학자들의 연구가 있다. 일본학 연구자들은 샌프란시스코 평화회의 준비 과정에서 나타난 미국과 일본 간의 동학(動學)적 측면에 초점을 맞추는 경향이 있다. 이들은 당시 일본 총리, 외무성 관리들이 일본의 국익을 위해 미국과 펼친 외교 과정과 그 결정 내막에 초점을 맞춘다. 이러한 연구들은 당시 조약 추진 과정의 배경, 일본 측의 대응을 이해할 수 있는 정보들을 풍부하게 제공해 준다.[043]

해외에선 일본인 학자들이 주로 이 주제에 관심을 보였다. 이들은 대체로 동맹 간의 불평등 관계에 주목하면서 미국이 자신의 의도를 일본에 관철한 과정의 이면을 분석하였다. 이 연구들은 일본이 미국에 취하는 태도에 따라 다시 둘로 나뉜다. 하나는 일본의 자주성에 초점을 맞춰 미국이 점령 시기부터 현재까지 자국에 보여 온 패권적 태도를 비판하는 입장이다.[044] 다른 하나는 당시 미국을 상대한 전직 정치인들과 외무성 관리들이 취하는 입장으로 미국의 압력 속에서도 일본이 실리를 취했다고 보거나 그런 주장을 비판한 경우들이다.[045]

---

[043] 김남은, "강화와 안보를 둘러싼 미·일 교섭과 일본의 전략-요시다 시게루를 중심으로", 『일본 근대학연구』 Vol. 56, 한국일본근대학회(2016)

[044] Ukeru Magosaki, Sengoshi No Shoutai 1945-2012, 양기호 역, 『미국은 동아시아를 어떻게 지배했나』(서울: 메디치, 2013); 波多野澄雄, 『サンフラソッスコ 講和條約體制 と 歷史問題』, 심정명 역, 『샌프란시스코 강화조약 체제와 역사문제』(서울: JNC, 2014)

[045] 吉田茂, 『回想十年 2』(新潮社, 1958)

일본 언론인들도 이 시기의 역사를 다룬 연구를 내놓았는데 이들은 미국에 대한 자주적 태도에 기초하여 미국과 일본 관리들 모두를 비판하였다.[046]

미국 학계에서는 미·일 동맹이나 미국의 동아시아 전략이라는 관점에서 이 지역을 관심 영역으로 삼을 뿐 샌프란시스코 체제 자체를 주제로 삼는 경우는 드물었다. 일부 연구자들은 이러한 현상이 발생하는 이유를 미국이 동아시아 역내 자유주의 진영에 관철한 헤게모니 전략에서 찾는다. 이로 인해 이 주제가 금기시되거나, 미국이 한국과 일본(중국을 포함하여) 각각에 대해 차별화된 대응 전략을 펼침으로써 해당 국가의 국민이 그 본질을 간파하지 못하는 일이 발생했다고 보는 것이다. 이는 또한 일본인 연구자들의 주장대로 미국이 전면에 나서지 않고 각국 정부를 통해 미국에 유리한 정책을 펴게 만듦으로써 마치 각국이 독립 주권 국가로서 권한을 행사한 것처럼 보이게 만들었기 때문일 수 있다.[047]

이렇게 기존 연구들은 샌프란시스코 체제의 한 측면, 냉전사의 한 부분으로만 다루는 경향이 있다.[048] 행위 주체는 미국이나 일본 가운데 하나를 선택하는 경우가 대부분이었다. 연구에 임하는 태도도 미국이나 일본 어느 하나를 비판하거나 양비(兩非)론이었다. 무엇보다 대부분의 연구자가 당시 북한과 공산주의 진영의 입장을 전혀 다루

---

046 外岡秀俊 外,『日米同盟 半世紀: 安保と密約』, 진창수·김철수 역,『미·일 동맹: 안보와 밀약의 역사』(파주: 한울아카데미, 2006)

047 John Dower, The San Francisco System: Past, Present, Future in U.S.-Japan China Relations, *The Asia Pacific Journal, Vol. 12(2014)*; Irye Akira, *Partnership: The Unites States and Japan, 1951-2001*(Kodansha Amer Inc., 2001)

048 Nagai Yonosuke et al., *The Origins of the Cold War in Asia*(New York: Columbia University Press, 1977); David Rees, *The Age of Containment: The Cold War*(New York: St Martin's Prss, 1967)

지 않았다. 그러다 보니 미국의 일본과 동아시아의 전후 구축(post-war building) 과정을 미국 중심으로 보는 경향이 강하였다. 이에 필자는 샌프란시스코 체제 형성 과정을 미국과 공산주의 진영 간의 상호 연루, 대응 양상에 따라 네 개의 시기로 나누어 서술함으로써 이러한 기존 연구 경향을 넘어서고자 한다.

3절
샌프란시스코 체제를 어떻게 분석할 것인가?

1. 연구 범위와 방법

 필자는 본 연구 대상 시기를 1947년에서 1954년까지 8년간으로 잡았다. 출발점을 1947년으로 정한 것은 정병준의 연구에 힘입은 바 크다. 정병준은 샌프란시스코 체제 초기 형성사를 크게 3단계로 나누었다. 준비 과정과 조약 성격 변화를 기준으로 한 구분이었다. 그는 맥아더(Douglas MacArthur)가 1946년 하반기부터 대일강화조약준비를 시작하고 그해 7월 극동위원회 회원국에게 대일강화조약 조기 체결을 제의하여 최종적으로 조기 강화 방침을 천명한 1947년 3월부터 동아시아에서도 냉전이 본격화하는 1948년까지를 1단계로 보았다. 그리고 미국이 대일 정책을 '역코스(Reverse Course)'로 전환하고, 중국이 공산화하면서 일본의 전략적 중요성이 커지기 시작하는 1948년 말에서부터 1950년 3월까지를 2단계로 설정하였다. 마지막 3단계는 덜레스(John Foster Dulles)가 대일 평화조약 담당 대통령 특사가 되는 4월부터 실제 평화조약이 체결되는 시기인 1951년 9월까지로 설정하였다.[049] 미국이 중심이 되는 체제였던 만큼 미국의 행위와 의도

---

049 정병준, 『샌프란시스코 평화조약의 한반도 관련 조항과 한국 정부의 대응』(서울: 국립

에 초점을 맞춘 것이다. 이에 필자는 샌프란시스코 평화회의까지는 정병준의 3단계 구분을 따르되, 그에 추가하여 평화회의 이후 미국이 일본과 동아시아 여러 국가를 상대로 추진하였던 정책이 대부분 실현되는 1954년까지를 4단계로 설정하고자 한다.

김학재는 역사제도주의에 기초하여 국면 분석틀을 구성하였는데, '사전 조건→ 균열 구조→ 결정적 국면/초기 포섭→ 유산 → 균열과 위기→ 차별적 전개' 단계로 구성되는 틀이다. 그는 유럽 냉전과 6.25 전쟁의 전개 양상을 이 분석틀을 이용하여 서술하였다.[050] 그의 방법론은 지역 간 비교를 전제로 하였고 냉전 시기 전체를 다루고 있어 필자의 연구에는 '차별적 전개' 단계를 뺀 '사전 조건→ 균열 구조→ 결정적 국면/초기포섭→ 유산' 등 네 국면이 적절하다고 판단하였다.

정병준의 3단계 구분법에 필자가 마지막 단계를 추가하여 4단계로 구분한 방식은 김학재의 국면 분석틀과 대체로 조응(照應)한다. 또한 그가 설정한 국면은 비교를 전제하고 있어 자유주의 진영과 공산주의 진영 간에 동아시아 질서 구축을 둘러싸고 벌어지는 역동성을 잘 드러낼 수 있는 장점이 있다.

2. 연구 자료

이 시기 미국의 일본 점령사를 연구할 때, 특히 미국을 행위자로 볼 때 가장 중요한 1차 자료는 FRUS(Foreign Relations of United States)다. 필자가 주로 참고한 '국가안전보장회의(NSC: National Security

---

외교원외교안보연구소 외교사연구센터, 2019), pp. 22~26.
050 김학재, "냉전과 열전의 지역적 기원: 유럽과 6.25 전쟁의 비교역사사회학", 신욱희·권헌익 엮음, 『글로벌 냉전과 동아시아』(서울: 서울대학교출판문화원, 2019), pp. 37~41.

Council) 문서들이 FRUS에 들어있다. 이 자료들은 미국 국무부 디지털 아카이브에서 참조하였다. 냉전에 관련된 자료들은 Wilson Center 의 Cold War Archive의 자료를 참조하였다.

공산주의 진영과 북한 입장을 살펴볼 수 있는 자료들은 1945년에서 1954년 사이의 북한 공간물을 활용하였다. 해방 직후 짧은 기간 동안 발행되었던 『정로(正路)』, 정로를 이어 로동당 공식 기관지로 발행되던 『로동신문』,[051] 논문집에 해당하는 『근로자』[052]와 기타 정부 기관에서 발간하던 잡지 『민주조선』[053], 『민주청년』 등이다.

이 시기에 발행된 북한의 공간물은 결본(缺本), 결자(缺字)가 더러 있고, 자료를 찾을 수 있는 경우에도 글자가 희미하여 판독이 불가능하거나 글자가 작고 편집이 조밀해 판독이 쉽지 않았다. 다행히 Korea Data Project에서 당시의 대표적인 문서들을 편년체로 『북조선실록』에 수록하였고, 수록하지 않은 자료들은 온라인 서비스를 하기 위해 데이터베이스를 구축하는 중이었다. 판독이 불가능하거나 어려웠던 자료들은 이 프로젝트의 책임자인 김광운 교수로부터 도움을 받

---

[051] 조선로동당 중앙위원회 기관지로 북한을 대표하는 신문이다. 1945년 11월 '북조선공산당 중앙위원회' 기관지 「정로」로 출발하였다. 이후 북조선로동당이 발족하면서 당명에 맞춰 「로동신문」으로 명칭을 변경하였다. 조선로동당의 대내외 정책을 주민들에게 선전하여 조직을 동원하고 정책을 전달하여 관철시키는 것을 목적으로 한다. 이주철, "북한연구를 위한 문헌자료의 활용", 『북한연구 방법론』(서울: 한울, 2003), p. 123.

[052] 1946년 10월 25일 북조선로동당 창립대회(1946년)의 결정에 따라 창간되었다. 조선로동당 중앙위원회 기관지로 당 최고기관의 노선과 정책을 대변하는 정치이론 잡지다. 월간지로 시작해, 1962~65년 동안은 월 2회 발간되었다. 수시로 제기되는 로동당 시책과 이를 관철할 수 있는 방도를 제시하고 당 노선과 정책을 선전하여 김일성 유일사상 체계 확립과 공산주의 교양 등을 당 간부와 당원에게 교양시키는 데 목적을 두고 있다. 이주철, "북한연구를 위한 문헌자료의 활용", p. 126.

[053] 1946년 6월 4일에 '북조선임시인민위원회' 기관지로 출범하였다. 1948년 9월부터 '최고인민회의 상임위원회'와 내각의 기관지가 되었다. 「로동신문」보다 권위가 낮다. 이주철, "북한연구를 위한 문헌자료의 활용", p. 124.

앉다. 북한 사전류와 단행본은 북한대학원대학교 도서관 특수자료실 소장본을 참조하였다.

이 시기 북한 공간물에 실린 기사들은 체제 선전의 성격을 띠고 있지만 1970년대 이후 발간된 자료들과 달리 역사적 사실에 대한 왜곡과 재해석을 하지 않고 있다. 거의 수정을 하지 않아 당시 상황을 제대로 파악할 수 있다.[054]

필자의 연구 대상 시기에 북한이 활용한 해외 정보, 특히 유럽 관련 자료들은 대부분 소련 '타스(Информационное агентство России TACC)' 통신사나 소련의 주요 신문사들이 제공한 기사에 의존하였다. 북한은 중국과 일본 정보는 중국 통신사와 독자 채널을 활용하였다. 이로 인해 이 시기 북한 공간물에 실린 미국, 일본, 그리고 자유 진영에 대한 기사는 소련의 공식 입장일 경우가 대부분이었다. 다만 일본 정보는 북한이 독자 운영하는 채널도 존재하였기에 북한 고유의 시각을 반영하고 있다. 중국 정보는 중국 공산당에서 계속 제공하다 중화인민공화국 출범 뒤인 1951년부터는 중국이 독자 통신사를 설립하고 이를 통해 북한에 국제 정보를 제공하였다. 따라서 이 시기 북한 공간물에 소개되는 해외 정보들은 소비에트 동맹 입장을 대체로 따르면서도 중국과 북한의 독자 입장을 반영하고 있다.

3. 역사제도주의

필자는 샌프란시스코 체제 구축 과정을 미국이 동아시아 국제질서를 규정하는 제도화 과정으로 보고 이를 설명하는 틀로 역사제도주의를 선택하였다. 역사제도주의는 행위자와 제도 간의 상호 관계를

---

[054] 정규섭, 『북한외교의 어제와 오늘』, p. 20.

시간의 흐름에서 파악하고, 사회 집단들 간의 길항(拮抗)과 협력 양상을 드러내 주는 데 장점을 가진 분석이론이다.[055] 일부 연구자는 역사제도주의가 특정한 역사적 사건이나 현상을 설명하는 데는 유용하지만, 질적 연구에 주로 의존하고 각 사건의 고유성을 강조하는 경향이 강해 이론보다 '하나의 접근법 혹은 시각'으로 보는 게 타당하다고 평가하기도 한다.[056] 그러나 다양한 변수가 다중·복합적 맥락에서 인과관계를 형성하는 역사적 사건들을 해석할 때는 이론보다 분석적 서술이 더 유용한 측면이 있다. 무엇보다 역사제도주의는 '비교 관점'을 전제하고 있다. 특정 시점에 제도가 수행하는 기능이나 영향에만 주목하지 않고 시간 차원까지 고려함으로써 더 폭넓고 다양한 인과관계와 변화의 동학, 궁극적으로는 서로 다른 역사적 경로의 전개 과정을 포착하는 강점이 있다.[057]

역사제도주의는 인과관계를 설명할 때 변수 간의 인과관계가 항시 '맥락(context)'에서 형성된다는 점을 강조한다. 이 때문에 동일한 변수가 결합하는 경우에도 그 요인이 결합하는 역사적 시점과 상황에 따라 전혀 다른 결과가 나타날 수 있다고 본다. 인과관계의 다중복합성, 설명변수 결합의 우연성, 인과 관계의 맥락성 등을 중시하는 것이다. 이처럼 다양한 요인의 결합을 중시하여 사회현상 설명 모형을 몇 개의 독립변수로 분할하지만, 이들 독립변수 각각의 영향력을 측정하는 데에는 관심이 적다. 대신 특정 역사 현상을 해석하는 데만

---

[055] 조찬수, "전후 국제경제질서의 국내정치적 기반, 내장된 자유주의에 대한 하나의 역사제도주의적 설명", 『한국정치학회보』 37(2), 한국정치학회(2003), pp. 310~311.

[056] G. J. Ikenberry, "Conclusion: An Institutional Approach to American Foreign Policy", in G. John Ikenberry et al. eds. *The State and American Foreign Economic Policy*(Ithaca: Cornell Univ. 1988)

[057] 김학재, "냉전과 열전의 지역적 기원", p. 37.

주안점을 두려 한다. 이처럼 역사제도주의가 채택하는 '맥락적 인과모형'은 역사를 통해서만 설명이 가능하다.

반면 충분한 비교 연구가 뒷받침되지 않으면 설명하려는 사례의 고유성과 독특성만 강조하게 되어 설명을 증명하기 어려운 문제가 있다. 제도가 인간 행위를 어느 정도나 제약하는지, 제도와 행위 간의 정확한 인과적 연결고리는 어떻게 되는지 제시하지 못하는 단점도 있다.[058] 그럼에도 필자는 이 분석법의 장점에 주목하였다.

가. 역사제도주의에서 '제도'

역사제도주의는 "제도를 중심 개념으로 삼아 정치 경제 사회현상을 설명하는 학문 분파"인 신제도주의의 한 갈래로 등장하였다. 주로 "거시적 연구, 즉 정치경제학적 혹은 역사 구조적 연구 정향"을 갖는 것이 특징이다.[059] 역사제도주의는 제도가 인간 행위를 형성하고 제약하는 맥락으로 기능하는 점과 이러한 맥락을 형성하는 역사적 과정을 중시한다. 이러한 특징 덕에 역사제도주의를 활용한 연구는 역사적 시각과 거시 구조적 분석을 통합하여 국가 간의 정책에서 차이가 나타나는 점, 한 국가 안에서 특정 정책 패턴이 지속성을 띠는 이유를 효과적으로 서술할 수 있다.[060]

역사제도주의자들이 말하는 제도는 좁은 의미에서 "장기간에 걸친 인간 행동의 정형화된 패턴", 넓은 의미에서 "국가와 사회관계를 정의하는 규범"이다.[061] 홀(Hall)은 두 가지 의미를 포괄하여 "정치와 경제 각 부문에서 개인들 간의 관계를 구조화하는 공식 규칙, 순응 절

---

058 정용덕 외, 『신제도주의 연구』(서울: 대영문화사, 1996), p. 32.
059 같은 책, p. 9.
060 같은 책, p. 10.
061 정용덕 외, 『신제도주의 연구』, p. 16.

차, 표준화된 관행"으로 정의한다.[062] 역사제도주의자들은 행위자들 간의 권력관계를 구조화하는 '국가와 사회의 모든 제도'도 이 정의로 설명하는 경향이 있다.[063] 물론 이때 제도주의자들은 제도 그 자체보다 개인 행위와 행위자들 간의 상호작용을 제약하고 규율하는 제도의 영향력과 관계적 측면에 더 관심을 기울인다.

이들이 보는 제도의 역할은 크게 네 가지다. "첫째, 제도는 정책을 형성하고 집행하는 정부 능력을 제약한다. 둘째, 정치 경제적 행위자들에게 기회를 제공할 뿐 아니라 그들의 행위를 제약한다. 셋째, 정치 경제적 행위자들 간의 권력 배분에 영향을 미쳐 궁극적으로 행위자들이 정책 결과에 미칠 영향력을 결정한다. 넷째, 행위자들의 이익 혹은 선호를 정의하는 방식에 영향을 주어 행위자들이 추구하는 목적을 구체화한다."[064]

나. 역사제도주의의 특징

역사제도주의가 갖는 특징을 다섯 가지로 요약할 수 있다. 첫째, 개인 행위를 제약하는 공시적, 비공식적 제도의 영향력을 강조한다. 인간 행위가 개인의 계산이나 통제 범위를 넘어서는 구조적, 제도적 요인에 영향을 받아 형성된다는 점을 강조하는 것이다. 둘째, 개인의 선호와 의사결정도 제도의 산물(artifact)이고, 제도적 규칙과 과정이 그 선호와 의사결정을 다양하게 왜곡시킬 수 있다고 본다. 셋째, 행위를 제도적 구조의 내재적 산물로 본다. 넷째, 역사적 발전 과정의

---

062 P. A. Hall, *Governing the Economy: The Politics of State Intervention in Britain and France*(New York: Oxford Univ. Press, 1989) p. 19.

063 K. Thelen & Sven Steinmo, "Historical Institutionalism in Comparative Politics", in Sven Steinmo et al. eds, *Structuring Politics: Historical Institutionalism in Comparative Politics*(Cambridge: Cambridge Univ. Press, 1992), p. 6.

064 정용덕 외, 『신제도주의 연구』, p. 18.

복잡성과 비효율성을 강조한다. 또한 현존 제도적 구조를 과거의 산물로 이해하고 과거의 선택이 이후의 역사 발전경로를 제약할 수 있다고 본다. 이른바 경로의존성이다. 다섯째, 정치와 경제의 제도적 모습을 각 국가 간의 상이한 정책 결과와 그 정책 결과의 불평등을 설명할 수 있는 요인으로 본다. 정책을 설명할 때 각국이 갖는 고유한 맥락, 그리고 그러한 맥락을 형성하는 주요인인 역사의 중요성을 강조한다.[065]

역사제도주의는 행위자를 역사의 객체로서뿐 아니라 역사의 주체로 개념화하기도 한다. 이는 역사의 산물인 제도가 인간의 행위를 제약하면서 동시에 제도 자체가 의도적이든 혹은 의도적이지 않든 간에 전략, 갈등, 선택의 산물이 되는 것이기도 함을 뜻한다. 제도를 행위와 구조적 제약 요인 간의 변증법적 관계로 파악하려는 것이다.[066]

다. 경로의존성

제도주의에서 경로의존성(path dependence)은 't 시점'에서 그 사회의 기능적 요구에 따라 형성된 특정 제도가 처음 형성될 때의 사회환경이 변하고, 그에 따라 새로운 기능적 요구가 제기되는 't+1 시점'에 이르렀을 때도 애초의 속성을 유지하려는 관성을 나타내는 것을 가리킨다. 't 시점'에서 형성된 제도가 't+1 시점'에 있는 행위 주체의 선택과 방향에 제약을 가하게 된다는 것이다.[067] 이로써 역사 발전 과정에서 한 행위 주체가 특정 경로를 선택하면 현재 직면한 문제를 해

---

065 정용덕 외, 『신제도주의 연구』, pp. 12~16.
066 Theda Skocpol, *Vision and Method in Historical Sociology*, 박영신 외 역, 『역사사회학의 방법과 전망』(서울: 대영사, 1986) p. 4.
067 제도의 모습은 't 시점'에서는 '종속변수'지만, 't+1 시점'에서는 '독립변수' 역할을 수행한다.

결하는 데 더 효율적이고 기능적일 수 있는 다른 경로를 취할 가능성이 크게 제약된다는 것이다.[068] 이 때문에 기존 제도에서 형성된 권력관계가 새로운 제도를 형성할 때 각 행위자의 영향력에 차이를 만들어내게 된다는 것이다.[069]

역사제도주의는 제도의 지속성을 강조하는 동시에 제도의 변화와 발전을 설명할 때 의도하지 않은 결과도 중시한다. 역사제도주의는 제도가 의도적으로 만들어질 뿐 아니라 효율적이라는 시각에서 현재 문제를 해결하는 데에서 처음 형성된 제도로 인해 발생하는 의도하지 않은 결과와 제도의 비효율성도 강조한다. 환경 변화와 제도 변화 간의 괴리, 최적의 결과와 실제 결과와의 괴리, 그리고 역사의 비효율성과 우연성을 강조하는 것이다.[070]

4. 역사제도주의를 활용한 분석틀

김학재는 역사제도주의의 개념들을 빌려 유럽과 동아시아의 냉전 분석을 시도하였다. 그는 역사제도주의의 결정적 국면(critical juncture), 균열 구조(cleavage structure), 초기 포섭(initial corporation) 개념을 차용해 '결정적 국면 분석틀'을 구성하였다. 그는 이 세 가지 개념을 베린스 콜리어(Ruth Berins Collier)와 데이비드 콜리어(David Collier)가 결정적 국면 개념을 중심으로 남미 정치를 분석하기 위해 정리하였던 다섯 가지 개념에서 빌려 왔다.[071]

---

[068] S. Krasner, "Sovereignty: An Institutional Perspective", *Comparative Political Studies* 21/1(1988), pp. 67~82.
[069] P. A. Hall & C. R. Taylor, "Political Science and the Three New Institutionalism", *Political Studies Vol. 44(1996), p. 954.*
[070] 정용덕 외, 『신제도주의 연구』, pp. 29~30.
[071] 김학재, "냉전과 열전의 지역적 기원", p. 38.

그가 베린스 콜리어와 데이비드 콜리어로부터 차용한 '결정적 국면' 개념은 본래 노르웨이 정치사회학자 슈타인 로칸(Stein Rokkan)과 미국의 정치사회학자 세이무어 립셋(Seymour M. Lipset)이 처음 구성한 것이다. 그들은 결정적 국면을 혁명이나 전쟁같이 사회적 격변이 발생하는 '매우 중요하고 근본적인 결정과 급격한 변화가 이루어지는 시기'로 정의하였다. 베린스 콜리어와 데이비드 콜리어는 이 개념을 수용하여 "(결정적 국면을) 보통 다른 조건에서 고유한 방식으로 나타나며, 나름의 특징적인 유산을 만들어내는 시기로 가정"하였다.[072] 이는 기존 제도주의가 제도의 오래 지속되는 측면, 즉 경로의존성을 강조한 것과 달리 매우 짧은 순간에 '극적인 변화(dramatic change)'가 일어날 수 있다고 본다는 점에서 새롭다.[073]

베린스 콜리어와 데이비드 콜리어는 이 결정적 국면에서 생성된 유산이 다시 나타날 '결정적 국면'의 '사전 조건(antecedent condition)'을 구성한다고 주장했는데, 이 유산은 향후 선택과 방향을 제약하는 '경로의존성'으로 기능하게 된다. 다만 그의 주장은 제도주의의 기본 가정으로 다시 돌아가는 것을 의미해 신제도주의의 약점을 드러낸다는 비판을 받을 가능성이 있다.[074]

---

[072] Ruth Berins Collier & David Collier, *Shaping the Political Arena: Critical Junctures, The Labor Movement, And Regime Dynamics in Latin America*(Princeton: Princeton Univ. press, 1991), p. 29.

[073] Giovanni Capoccia & Daniel Kelmen, The Study of Critical Junctures: Theory, Narrative, and Counter-factuals in Historical Institutionalism, *World Politics Vol. 59, No. 3(Apr, 2007)*, p. 341. 제도주의에서는 '먼 인과(distal causation)'를 강조한다. 이는 먼 과거가 현재에 미치는 영향을 가리킨다. 그러나 역사제도주의에서는 '먼 인과'의 영향에서 비교적 자유로운 갑작스러운 변화의 가능성을 강조한다.

[074] Philip M. Nichols, "Historical Institutionalism and Sociological Institutionalism An Analysis of the World Trade Organization", *University of Pennsylvania Journal of International Law Vol 19/2(2014)*, p. 478.

이들에게 '균열 구조'는 위기(crisis) 개념과 같은 뜻이었는데 이 국면은 '큰 변화가 발생하는 시기인 결정적 국면을 촉발하는 시기' 정도로 설정된다. '초기 포섭'은 결정적 국면에서 일어나는 균열과 사회세력 출현에 대한 대응 방식으로 간주된다. 이 시기에는 '결정적 국면'에서 일어난 균열과 도전이 새로운 방식들로 제도화하고 법제화된다.[075]

김학재는 이들의 이 다섯 가지 개념을 차용하여 【그림 1-1】에서처럼 '사전 조건'→ '균열 구조'→ '결정적 국면/초기 포섭'→ '유산(legacy)'→ '균열과 위기'→ '차별적 전개' 등 여섯 단계로 이어지는 결정적 국면 분석틀을 구성하였다.[076]

【그림 1-1】 역사제도주의 접근의 결정적 국면 분석틀[077]

사전 조건	⇒	균열 구조	⇒	결정적 국면. 초기 포섭	⇒	유산	⇒	균열과 위기	⇒	차별적 전개

이 틀에서 '유산'은 '결정적 국면'의 결과로 나타난 변화가 축적되고 지속적으로 재생산되어 안정성과 지속성을 갖춰나가는 단계로 이해할 수 있다. 이때 유산은 한 번에 또는 여러 단계를 거치면서도 생산될 수 있다. 일단 이렇게 형성되면 이 제도의 주요 행위자들의 행위로 뒷받침되고 이를 통해 지속성과 안정성을 띠게 된다. 결정적 국면

---

075 김학재, "냉전과 열전의 지역적 기원", pp. 38~39.
076 여기서 사전 조건은 결정적 국면과 이로 인해 새로운 유산이 만들어지기 전의 상태를 가리킨다. 유산은 초기 포섭을 통해 형성되는 결정적 국면의 유산을 가리킨다. 같은 글, pp. 38~39.
077 김학재, "냉전과 열전의 지역적 기원", p. 39. 김학재는 베린스 콜리어와 데이비드 콜리어의 도식화된 분석틀이 본래는 이처럼 단순하고 선형적이지 않은데 임의로 이렇게 도식화하였음을 밝혔다.

【표 1-1】유럽과 동아시아의 냉전 전개에 대한 결정적 국면 비교 분석틀

구분(단계)	유럽	동아시아
사전 조건	• 제2차 세계대전 종식 • 전후 처리 • 독일 문제 처리	• 태평양 전쟁 종식 • 탈식민 독립국가 건설
균열 구조	• NATO와 WTO 수립 • 동서독 4개국 분할점령 • 베를린 분할	• 남북한 미·소 점령과 분단 • 중국 공산화 • 미국의 일본 점령
결정적 국면, 초기 포섭	• 베를린 위기 • 쿠바 위기 • 다자주의적 포섭	• 6.25 전쟁 발발과 유엔 가입 • 차별적 위계적 포섭 • 양자 동맹
추가 위기	• 베를린 위기 • 쿠바 위기 • 핵 경쟁	• 중·소 분쟁 • 베트남 전쟁 • 중국 핵 개발
차별적 대응과 결과	• 데탕트 • 엘리제 조약 • 동방정책 • 유럽통합, 독일통일	• 중국식 점진적 개방 • 한국 분단 지속 • 북핵 개발 • 동아시아 양극화

에서 파생한 결과가 다시 제도화를 통해 안정화하는 과정이다.[078]

'균열과 위기'는 이렇게 안정화된 제도가 내부 행위 주체들 간의 갈등으로 균열을 경험하고, 다시 위기를 맞는 단계다. '차별적 전개'는 이 균열과 위기 국면에서 제도 내 집단들이 각사 나른 선택을 통해 지역, 국가 간 차이를 보이면서 독자 제도를 형성하는 과정으로 이해할 수 있다.[079] 냉전 시기 유럽과 동아시아가 각기 다른 경로를 거쳐

---

[078] Giovanni Capoccia, *Critical Junctures*, in Karl Orfeo et al. *The Oxford Handbook of Historical Institutionalism*(London: Oxford Univ. press, 2016), pp. 101~102; 김학재, "냉전과 열진의 지억석 기원", *p. 39*.
[079] 김학재는 이 국면에 대하여는 자세히 설명하고 있지 않다. 그리고 이 단계를 선형적으로 보지도 않았다. 다소 임의적 구성이다. 조작적 정의로 이해하면 될 것이다.

차별적 양상을 띠게 된 것을 이 틀로 분석할 수 있다.

김학재는 유럽과 동아시아에서 각기 다르게 전개된 냉전을 분석하기 위해 국내 정치 대신 국가들을 분석 단위로 삼고, 국가 간의 관계와 지역별 차이를 비교하는 틀을 【표 1-1】과 같이 구성하였다.[080]

그는 이 분석틀을 통해 종전 후 탈냉전 시기까지를 다루며 양 지역에서 전개된 냉전의 공통점과 차이점을 비교하였다. 실제로 두 지역은 유사하면서도 독자적인 전개 양상을 보였다.

역사제도주의와 그의 이 분석틀은 왜 같은 시기에 지역과 국가에 따라 이러한 차이가 나타났는지를 밝히는 데 유용하다. 마침 그가 설정한 국면은 필자가 구분한 시기와 거의 겹친다. 그의 분석틀 가운데 '추가 위기 국면'과 그 이후의 국면을 제외하면 본고의 대상 시기와 겹치는 것이다. 이에 그의 분석틀을 차용하여 각 시기의 양상을 서술하려 한다.

5. 본 연구의 분석틀

김학재는 사전 조건 국면의 기점을 1945년으로 설정하였으나 필자는 1947년까지는 미·소 간의 협조 체제가 지속된 점을 감안하여 출발점을 1947년으로 잡았다. 2년여 기간 동안 진행된 과정의 성격이 대체로 유사하다고 판단했기 때문이다. 균열 구조 국면은 이전 단계부터 일어나고 있었으나 동아시아에서도 냉전이 본격적으로 시작되며 미·소와 자유·공산 두 진영이 분열되기 시작하는 1948년부터 6.25 전쟁이 발발하는 1950년 상반기까지로 설정하였다. 그리고 이때부터 대일 강화가 있었던 1951년 9월까지를 '초기 포섭' 국면, 평

080　김학재, "냉전과 열전의 지역적 기원", p. 40.

화회의 효력 발생 시부터 1954년 말까지를 '유산 국면'으로 설정하였다.([표 1-2] 참조)

[표 1-2] 본고 연구 시기에 적용한 4개 국면

국면	사전 조건	균열 구조	결정적 국면/초기 포섭		유산
대상 시기	1945~ 1947년	1948~ 1950년	1950년 6월 / 7월 ~1952년 4월		1952년 5월~ 1954년 12월
주요 특징	미·소 협력	대립 심화	충돌 6.25 전쟁	미	법제화·제도화	제도의 안정화
					샌프란시스코 강화회의 준비	샌프란시스코 체제 강화
				북	소-중, 중-북, 소-북 관계 강화	중-북 동맹 강화

필자에게 '사전 조건' 국면은 일본의 항복으로 아시아–태평양 전쟁이 종결되고 동아시아에 새로운 국제질서가 구축되기 시작하는 단계인 1945년 말부터 1947년 말까지의 상황이다. 이 시기에 일본과 동아시아는 미국의 압도적 영향 아래 있었다. 그러나 미국이 얄타 협정을 의식하여 소련과 직접적 대결을 회피함으로써 외적으로는 미·소가 협조하는 양상으로 나타났다. 실제 물밑에서는 미·소 간의 상호 탐색과 대결이 치열하게 전개되었다. 본고에서는 1945년에서 1947년까지의 진행 양상이 유사하다고 보아 1947년을 기점으로 삼았다.

둘째, '균열 구조' 국면은 1947년 말부터 1950년 6.25 전쟁이 발발하는 시기까지다. 사전 단계에서 태동한 균열이 확대·심화하는 단계다. 미국은 1947년 말 대소 봉쇄정책을 국가 전략으로 공식화하고, 이를 유럽에서부터 적용하기 시작했다. 이 흐름은 약간의 시차를 두고 동아시아로 이어졌다. 동아시아는 유럽만큼 위협적으로 인식하지

않았으나 미국은 이곳 또한 당연히 소련과 공산주의가 세력을 확장하는 것에 대비해야 한다고 생각했다. 1947년 말부터 유럽에 감돌던 냉전의 기운이 약간의 시차를 두고 동아시아로 번져왔다. 미국은 이때부터 일본의 점령 정책에 변화를 주기 시작했다. 역행(逆行)에 가까운 변화였다. 이 과정이 얼마나 급격했던지 일본인들은 이를 '역(逆)코스(Course)'라 불렀을 정도였다. 실제로 미국은 점령 직후부터 진행하던 민주개혁을 중단하고, 방향을 180도 선회하여 공직에서 추방했던 전범과 부역자들을 다시 정부에 불러들였다. 반면 공산주의자들은 공직에서 축출하였다(Red Purge). 점령 비용을 줄이기 위해 일본의 경제 부흥에 주력하겠다는 취지였다.

이 점령 정책의 방향 전환도 미국의 전후 구축 구상의 일환이었다. 1948년 후반에는 한반도에서 남북이 각각 국가를 수립하여 분단이 확정되었다. 1949년에는 중국에서 공산당이 국민당을 제압하고 공산화에 성공하였다. 같은 해 소련은 핵실험에 성공하면서 미국이 4년 동안 유지하였던 핵(核) 독점을 깨트렸다. 1950년 2월에는 소련과 중국이 '중·소 우호동맹 상호원조조약'을 체결하였고, 6월에는 한반도에서 전쟁이 발발하였다. 불안하게 유지되던 양 진영 간의 평형이 군사적 대결로 치달았다.

셋째, 결정적 국면은 6.25 전쟁 발발부터 중공이 참전하여 전세를 역전시키는 1950년 11월까지로 설정하였다. 이전 국면에서부터 고조되던 위기는 마침내 전쟁으로 결정적 국면에 이르렀다. 이 전쟁을 통해 이전에 내재하였던 두 진영 간의 균열이 표면화되었고, 두 세력이 공식 분리되었다.

'초기 포섭' 국면은 6.25 전쟁 발발부터 샌프란시스코 평화회의에서 조약문에 조인한 국가들에서 의회 비준이 모두 끝나는 1952년 4월까지다. 이 시기에는 분리된 두 집단이 각자 전쟁으로 빚어진 위기를 새로운 제도를 통해 수습하기 위해 활발히 움직였던 시기다. 한반도에서는 전선이 교착되면서 양 진영 모두 확전을 자제하였다. 이와 함께 미국이 주도하는 자유주의 진영은 샌프란시스코 평화회의를 통해 이 위기를 수습하기 위한 제도화·법제화 과정을 진행하였다. 소련이 주도하는 소비에트 진영은 '소-중-북' 간의 결속을 강화하면서 상대 진영의 영향력을 약화하기 위해 부심(腐心)하였다.

넷째, 유산(legacy) 국면인데 이는 결정적 국면에서 일어난 새로운 균열 상황과 새로운 사회세력 출현에 대응한 단계다. 이 시기에는 '균열과 도전이 새로운 방식들로 제도화, 법제화된다.'[081] 미국은 평화회의 이후 일본의 재군비를 촉진하여 1954년 7월 1일 일본에 자위대를 출범시켰다.

제네바 회의에서는 한반도와 인도차이나반도의 분단을 확정하였다. 동남아에서는 동남아시아조약기구(Southeast Asia Treaty Organization: SEATO)를 출범해 동아시아 공산주의 봉쇄선 구축을 완료하였다. 이렇게 대일평화조약과 관련한 조치들이 대부분 마무리되면서 현재까지 지속되는 샌프란시스코 체제의 대략적 윤곽이 드러났다. 사회주의 진영은 소련이 동아시아의 주도권을 중국에 넘기고 형식적으로는 동아시아에서 퇴장하는 모습을 보였다. 소련은 이와 함께 강대국이 된 중국을 국제무대에 등장시켜 그동안의 부담을 줄이는 방향으로 움직였다.

북한은 국가 수립 이후 한국 전쟁 이전까지는 소련의 영향을 크게 받았다. 그렇다고 북한이 자율권을 전혀 행사하지 못했다는 뜻은 아니다. 대외 정책 측면에서만 보면 북한은 소련의 위성국가라 할 수 있을 만큼 소련 통제를 받는 것처럼 보였다. 이는 북한이 국제정세를

---

081 김학재, "냉전과 열전의 지역적 기원", p. 39.

파악하고, 그에 기초하여 정책을 수립하는 데에서 소련의 영향이 지대했다는 의미다.[082] 따라서 북한은 사전 조건 국면에서 결정적 국면에 이르기까지는 소련의 큰 영향 아래 움직였다고 볼 수 있다.

1950년 11월, 즉 중국이 6.25 전쟁에 참전하면서부터 북한에 대한 중국의 영향력이 커졌다. 전쟁 후에는 소련보다 중국의 영향력이 더 커지는 상황이었다. 북한에게 이러한 조건은 한편으로는 간섭 주체가 늘어나는 것을 의미했지만 다른 한편으로는 향후 등거리 외교를 통해 운신의 폭을 넓힐 수 있는 계기가 되는 것이기도 했다. 북한은 이러한 조건에서 공산주의 진영과 보조를 맞추는 진영 외교를 펼쳤다. 이는 북한이 선택한 체제의 성격, 당시 급속하게 전개되던 냉전 분위기에서 불가피한 선택이었다.[083]

이 때문에 각 국면에서 공산주의 진영 전체의 움직임과 북한의 움직임이 대부분 일치하였고 제한적인 경우에만 독자성을 띠었다. 이러한 특징을 갖고 있기는 하였으나 미국에 대하여 일본이 했던 것처럼 그런 조건에서도 북한은 자신의 영향력을 확대하고자 하였다.

본고에서는 이 측면을 고려하여 각 국면마다 북한이 선택한 사항을 별도로 서술하여 미국의 의도를 더 분명히 드러내고자 하였다. 또한 이러한 접근과 서술을 통해 다른 연구와 차별화하고자 했다.

---

082 정규섭, 『북한외교의 어제와 오늘』, p. 27.
083 같은 책, p. 27.

1장 왜 샌프란시스코 체제인가?

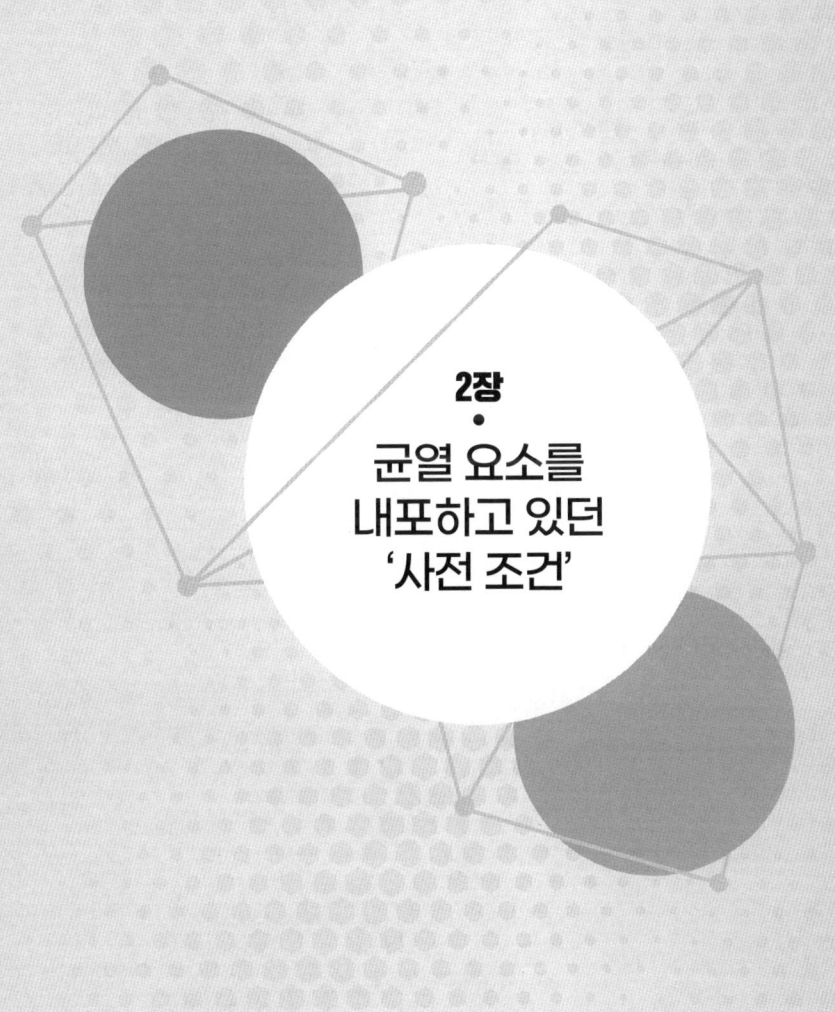

2장

균열 요소를
내포하고 있던
'사전 조건'

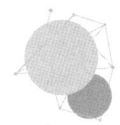

'사전 조건' 국면에는 두 가지 특징이 있다. 하나는 제도 구축에 참여하는 주체들이 이전부터 가지고 있던 속성을 '내장한(embedded)' 채 구축 작업에 나서는 점이다.[001] 다른 하나는 대립하는 행위 주체가 상반되는 속성을 따라 움직이면서 다음 국면에 본격화할 균열이 점차로 일어나기 시작하는 것이다. 이 때문에 사전 조건 국면에서는 외양(外樣)은 평화로우나 내부에서는 치열한 갈등이 전개된다.

전후 동아시아의 '사전 조건'도 이와 유사한 면이 있었다. 전후 동아시아에서 가장 시급한 문제는 일본의 전후(戰後) 처리였다. 이 일본 문제는 미국이 일본을 단독 점령한 데 힘입어 독자적으로 처리하였다. 여기에 2차 세계대전 종전으로 탈식민화한 중국이 바로 내전

---

[001] 이 '내장' 개념은 John Gerard Ruggie의 'embedded liberalism'에서 차용하였다. 러기는 폴라니(Polany)가 19세기 영국에서 등장한 시장경제 개념의 독창성을 논의하기 위해 사용한 연계(embedded)와 이완(disembedded)이라는 서술적 구분을 분석적 구분으로 발전시켰다. 본고에서 필자는 그가 사용한 의미와 달리 유전자처럼 행위 주체 혹은 제도에 이미 의도와 속성이 내장되어 이것이 행위 혹은 이후 과정에서 발현될 가능성이 높은 상태로 보고자 했다. John G. Ruggie, "International Regimes, Transactions, and Change: Embedded Liberalism in the Postwar Economic Order", *International Organization Vol 36, No. 2(Spring, 1992), pp. 379~415*.

2장 균열 요소를 내포하고 있던 '사전 조건' **57**

에 돌입했고, 한반도는 미·소가 38도선을 경계로 남북을 분할 점령하였다. 이 두 사태 모두 양 진영 간의 균열 조건을 내장하고 있었다.[002] 게다가 미·소는 상호 '화해 불가능한' 체제를 가지고 있었다. 미·소는 제2차 세계대전 시기 전체주의 타도를 위해 일시적으로 동맹 관계를 맺었으나 공동의 적이 사라지고 난 뒤 '내장된' 속성을 오래 감출 수 없었다. 이러한 사전 조건 국면에서 미·소는 얄타 회담, 모스크바 3상 회의의 결정에 충실하는 듯한 모양새를 취하면서 물밑으로는 자국에 유리한 전후 처리를 위해 경쟁하였다. 미·소가 이렇게 물밑 경쟁을 이어가던 1945년에서 1947년까지의 기간이 '사전 조건' 국면이다.

미국은 1947년 말부터 유럽에서 시행하기 시작한 대소 봉쇄정책을 동아시아로까지 확장하기 시작했다. 미·소는 그 이전부터 중국 내전에서 각각 국민당과 공산당을 지원하였고, 분할 점령한 한반도에서는 각자의 체제를 이식하기 위해 경쟁하였다. 이 때문에 미·소 공위(共委)는 공전을 거듭할 수밖에 없었다.

미국이 단독 점령한 일본은 미국이 1947년 말부터 기존 점령 정책을 180도 전환하며 자유주의 진영으로 포섭하기 위한 조치를 본격적으로 취하기 시작했다.[003] 소위 역코스라 불리는 미국의 이 대일본 정책은 일본 경제를 성장시켜 점령 비용을 줄이고, 일본의 재군비를 통해 안보 부담을 경감하려는 목적이었다. 더 나아가 일본이 미국을 도

---

002 김학재, "냉전과 열전의 지역적 기원", p. 40.
003 이를 일본에서는 역(逆)코스라 불렀다. 그 진행 방식과 내용은 이러했다. "민정국이 중심이 되어 진행하였다. 문서가 아니라 구두 지시로 이뤄졌다. 이 일로 민간 기업에서 약 1만 1천 명, 정부 기관에서 약 1,200명이 추방되었다. 이미 이전에 행정 정리 명목으로 국가 공무원의 상당수가 추방된 상태였는데 이들까지 합하면 매우 많은 노동자가 해고된 셈이었다. 전국적인 규모의 레드 퍼지는 교사들을 대상으로 실시되었다. 1949년 10월에 열린 전국교장회의에서 내밀히 논의된 후 전국 각도, 부, 현에서 전격 실시되었다.", 竹前榮治, 『占領前後史』(東京: 岩波書店, 1992), p. 246.

와 태평양 지역 국가들의 안전보장에 참여하게 만들려는 목표도 있었다.[004] 일본을 미국식 자유주의 질서를 따르는 동아시아 반공 거점 국가로 만들고자 한 것이었다.[005] 이의 실현을 위한 필수 관문이 '대일 강화(講和)'였다. 미국은 일본과의 강화를 통해 일본을 주권 국가로 만들고, 그다음 주권 국가 간의 조약 형식으로 미군의 일본 주둔과 기존의 미군 기지 사용을 국제적으로 공인받아야 했던 까닭이다.

소련도 대일 조기(早期) 강화를 원하였다. 1947년 7월 11일 미 국무부가 극동위원회를 통해 조기 대일 강화 방침을 밝히자, 소련은 조기 강화에는 찬성하면서도 미국이 일방적으로 추진하는 방식에는 반대했다. 중국도 원칙적으로는 강화에 찬성하면서도 포츠담 회의 참가국으로서 거부권을 행사할 수 있기를 바라며 미국에 비우호적 입장을 취했다.[006] 소련은 미국의 일방통행을 협상과 중국과의 협조를 통해 제어하려 하였다. 당시 소련의 이러한 사정은 1947년 발행한 북한의 공간물에서 잘 드러난다.[007] 북한은 소련의 이러한 대일 강화 방침

---

004 FRUS 1947: The Far East Vol.1, pp. 775~776.
005 이는 동아시아에 대소(蘇), 대(對)공산주의 봉쇄 거점을 구축하는 것을 의미했다.
006 FRUS, 1947: The Far East Vol. VI, pp. 489~450.
007 "따스의 보도",『로동신문』1948년 5월 30일. 소련은 미국이 1947년 7월 제안하고 나서부터 외무상 성명을 통해 일본과의 신속한 평화조약체결과 점령군(미군) 철수를 주장하기 시작했다. 이 기사는 이에 대한 소련 입장을 반영하고 있다. "이 경우에 있어서도 그 평화조약준비는 포츠담 결정에 예견된 그대로 반드시 실행되어야 할 것이다. 그 결정에 의하면 모든 적국 그중에는 일본과의 평화조약도 해당한 성원들 즉 이 경우에 있어서는 중국의 참가 하에서 외상회의가 반드시 준비하여야 될 것이었다. 그다음에는 일본과의 평화조약을 심의하고저 관심하는 모든 국가들의 회의를 반드시 소집하여야 할 것이었다. 미국 정부는 포츠담 결정에 완전히 모순되게 평화조약준비를 외상회의에서 진행함을 반대하였다." 소련은 미국처럼 신속하게 강화를 맺는 것에는 동의하였으나 방법과 내용은 달랐다. 소련은 미국이 일방적으로 대일 강화를 주도하는 것을 제어하고 궁극에는 일본을 중립화하여 소련에 위협이 되지 않게 하는 데 관심을 가졌다.

을 지지하였다. 북한은 미국이 일본을 점령하고 나서부터 일본을 소련, 북한을 비롯한 중국 내전의 한 당사자인 중국 공산당을 공격하기 위한 전초기지로 삼고 있다며 경계를 게을리하지 않았다. 일본이 미국 의도대로 이렇게 재생되는 것이 북한에는 치명적 안보 위협이 될 것이기 때문이었다.[008] 1947년 말로 가면서 미·소 간에는 그나마 보이던 형식적 협조 태도마저 점차 대결적 성격으로 변화하였다. 사전 조건 국면이 균열 국면으로 전환하기 시작한 것이다.

이 장에서는 이러한 '사전 조건' 국면에서 미·소가 상호 관망, 탐색하던 1945~46년간을 제외하고, 균열 국면으로 전환하는 1947년부터 시작한다. 1947년 말은 냉전이 유럽에서 시작되던 시기다. 이에 샌프란시스코 체제를 지구적 냉전 체제의 하위체제, 즉 냉전의 동아시아 버전(Version)으로 보려는 필자로서는 유럽에서 전개된 이러한 상황을 사전 조건으로 고려하지 않을 수 없었다. 또한 샌프란시스코 체제 구축의 주체인 미국이 사전 조건 국면에서 보인 속성도 '내장하고' 있어 미국이 당시 보였던 행위를 설명하는 '사전 조건'의 사례로 적합하다고 보았다.

---

[008] "국제 정세 개관 미국 무기로 재편성", 『로동신문』, 1947년 4월 23일; "미·일 공동으로 국민당 군대 훈련", 『로동신문』, 1947년 8월 26일. 이 두 기사를 비롯하여 이 시기 공식 언론에 보도한 내용을 살펴보면 미국이 중국 내전에서 국민당을 지원하고 있고, 일본 처리 문제에서 소련을 견제하거나 적대적 입장을 취하고 있음을 비판한다.

1절
미국과 동아시아의 만남

1. 미국의 대외 팽창주의 역사

모든 국가는 외교정책을 결정할 때 국익(national interests)을 기준으로 삼는다. 국익은 "국가의 자기보존, 국가의 번영과 발전, 국위(國威) 선양, 국민이 소중히 여기는 가치와 체제 보존 및 신장, 호의적 또는 유리한 국제환경 조성 및 국제질서 창출 등"을 내용으로 한다.[009]

미국은 국익을 크게 네 가지로 정의하고, 이를 기준으로 대외 정책을 수립하고 집행하였다. 이 네 가지는 '일반적(general), 본원적(intrinsic), 유도적(derived)과 제작된(created) 이익' 등이다. '일반적 이익'은 네 가지 가운데 가장 중요한 것으로 미국의 본토 수호 같은 절대적 국익을 가리킨다. '본원적 이익'은 일반적 이익 다음으로 본토 안보에 일차적으로 중요한 지역이 가진 이익이다. 이를테면, 일본이 현재 미국에 군사, 정치, 경제적으로 제공하는 이익과 같은 것이다. '유도된 이익'은 본원적 이익을 수호하는 데 필요한 이익이다. '제작(=생성)된 이익'은 이 네 가지 가운데 가장 비중이 작은데 과거 자국이 타

---

009 배정호, 『일본의 국가전략과 안보전략』(서울: 나남출판, 2006), p. 22.

국에 했던 군사적 약속을 이행하기 위해 지켜야 하는 이익이다.[010]

일부 학자들은 이 네 가지 외에 '예외주의(exceptionalism)'를 추가하기도 한다. 이 예외주의에는 미국이 지난 200년 동안 외부 세계로 자신이 지리적, 경제적, 이념적으로 팽창해 나간 것을 당연히 여기고, 또 이를 정당화한 '우월주의'와 미국의 가치와 제도로 인류를 구원할 수 있다고 믿는 '십자군주의'도 포함된다.[011] 권용립은 이 예외주의 외에 미국 내 정당정치가 대외 정책에 미치는 영향도 추가해야 한다고 본다. 미국은 태생적으로 선거의 나라여서 외교정책까지 선거 전략으로 이용하는 속성을 갖기 때문이라는 것이다.[012]

---

010 구영록 외, 『미국과 동북아』(서울: 서울대학교 미국학연구소, 1984), pp. 66~67.
011 이 입장은 19세기 말 이후 미국이 외부 세계로 팽창해 나간 것을 과거와 단절로 보지 않고, 건국 이후 북미 대륙 내부에서 팽창을 지속했던 모습의 연장으로 본다. 대표적인 학자들로는 Michael Hunt, Albert K. Weinberg, Frederick Merk, Charles Vevier 등이 있다. Hunt는 다음 세 가지 특징이 미국의 외교정책을 결정하는 데 중요한 역할을 하였다고 본다. 첫째, 가장 중요한 것으로 자유의 증진을 소명으로 삼는 위대한 나라를 건설해야 한다는 관점이다. 이는 십자군주의에 가깝다. 헌트는 이 이념이 미국 역사에서 발생한 3개의 대논쟁, 즉 1790년대, 1840년대, 그리고 1890년대에 각기 발생한 대논쟁에서 대두했던 세 번의 정치적 저항을 극복한 이후 19~20세기의 세기 전환기를 거치면서 확고하게 자리를 잡아 왔다고 본다. 둘째, 인종적 위계질서(racial hierarchy) 이념이다. 이는 미국 백인이 다양한 지역 조건에 맞춰 자신의 우월성을 확보하고 또 이를 유지하기 위해 투쟁하는 과정을 통해 형성한 것이다. 헌트는 이 인종적 편견이 미국 외교정책의 핵심 이념 중 가장 두드러지는 것이라 평가한다. 셋째, 타국에서 일어나는 정치 및 사회변혁 운동의 허용 한계치 관념이다. 미국인들은 혁명이 사회 개선을 위한 유용한 힘이 될 수 있지만 쉽게 위험한 방향으로 전개될 수 있다는 신념을 확고하게 갖고 있다는 것이다. 헌트는 이 태도가 인종 편견과 마찬가지로 18세기 내내 일관되게 유지되었다고 본다. 다만 인종적 태도와 달리 이 생각은 1910년대에 이르러서야 미국 외교정책 이념에서 확고한 자리를 차지하고, 또 강력한 영향력을 행사하기 시작했다고 보았다. 헌트는 이 셋이 서로 긴밀히 연결되고 또 강화하면서 미국 정치지도자에게 세계, 그리고 그 세계에서 미국이 차지하는 위치를 명료하고 조리 있게 이해할 수 있는 시각을 제공하였다고 본다. Hunt, *Ideology and U.S. Foreign Policy*, p. 27.
012 권용립, 『미국 외교의 역사: 1776~2000』(서울: 삼인, 2013), p. 20.

이렇게 모든 국가가 국익을 기준으로 대외 정책을 결정하고, 이를 실행에 옮긴다는 것은 국제정치에서 대인(對人) 윤리와 같은 박애, 자선 등의 가치를 기대할 수 없음을 뜻한다. 실제로 모든 국가는 자신의 생존(안보)을 최우선 가치로 삼고 자국 이익을 극대화하기 위해 행동한다. 따라서 한 나라가 다른 나라에 보여주는 도덕적이고 우호적인 행동은 실상 자국의 이익을 실현하기 위한 수단에 불과하다.

미국사(美國史)에 대한 일반적 시각은 미국이 19세기 말까지 고립주의를 고수하다 20세기 초반 이후 개입주의로 전환하였다고 보는 것이다. 하지만 미국의 외교 기조는 시대 상황과 조건에 따라 늘 변해왔다. 겉으로는 정파, 부서에 따라 입장이 달라 보이지만, 국익 추구에서는 정당, 정파 간의 차이를 넘어 일치하고, 모든 시대에 이 태도를 일관성 있게 유지하는 경향을 보여왔다. 그렇다면 외부 세계와 거리를 유지하면서 타국에 모범을 보여준다는 20세기 미국의 교정외교(개입주의)는 사실상 포장에 불과한 셈이다.[013]

미국은 1783년 영국에서 독립을 쟁취한 이래 1945년까지 지속적으로 진 세계를 대상으로 영토를 확장하고, 정치, 군사, 경제적 영향력을 확대해 왔다. 일례로, 미국은 19세기 들어 북미 지역에서 광활한 영토를 헐값에 사들였고 자국민이 정착할 수 있도록 협상을 진행하였다. 이 방법이 통하지 않을 때는 무력 점령을 감행하였다. 미국은 북미 지역에 있던 영국, 프랑스, 러시아, 스페인 등의 식민지 전초기지들도 차례로 점령한 뒤 '미국-스페인 전쟁(1898년)'의 승리를 계기로 지역 패권도 장악하였다.[014]

---

013 같은 책, p. 19.
014 Steven W. Hook, *U.S. Foreign Policy: The Paradox of World Power*, 스티븐 H. 훅, 이상현 역, 『미국외교정책: 강대국의 패러독스』(서울: 명인문화사, 2014), p. 31.

미국은 1846년 영국으로부터 오레곤 지역을 획득하면서 사실상 서부 개척 시대를 마무리하고 아시아로 눈을 돌리기 시작했다. 방대한 아시아 시장에 접근하여 경제적으로 큰 이득을 얻으려는 목적이었다. 이때 미국이 아시아에서 처음 만난 나라가 일본이었다. 미국은 일본에 접근할 때 북미에서 취했던 강압 방식과 달리 예비 교섭 형태를 취하며 접근하였다. 미국은 애초 생각과 달리 일본이 순순히 협조하지 않자 군함을 파견해 당시 아시아 지역에 진출한 다른 서구 열강들이 중국에 강요한 방식으로 조약을 체결하였다. 이로써 미국은 1854년 일본과 우호조약을 맺고 일본 시장에 진출하게 되었다.[015]

19세기 말에는 태평양에 소재한 섬들을 미국 군함에 석탄을 공급할 목적으로 점령하였다. 1898년에는 이 섬들을 방어한다는 명목으로 아시아와 태평양 중간에 위치한 하와이를 합병하였다. 같은 해 스페인과 전쟁을 벌여 필리핀과 괌을 점령하였다. 1899년에는 유럽과의 교역에서 생기는 이윤을 중국이 침해하지 못하도록 문호 개방정책도 실시하였다.[016]

20세기 들어서는 자국 영향권 아래 둔 라틴 아메리카에 관심을 보이기 시작했다. 미국은 1903년 북부 콜롬비아에서 일어난 폭동을 진압하였고, 신생 파나마 공화국을 승인하며 파나마 운하를 건설해 임차하는 조약을 맺었다. 루스벨트 대통령은 '먼로 독트린'에 더하여 '루

---

015 Hook, *U.S. Foreign Policy*, p. 34.
016 미국이 중국과 교역하는 열강 사이의 기회균등 원칙을 보장하고 중국의 영토적 행정적 보전을 위해 취한 외교 선언(1989, 1900)이다. 미국 국무장관 존 헤이가 영국·독일·프랑스·이탈리아·일본·러시아에 발송하는 회람 서한 형식으로 발표했다. 이 정책은 미국에서 거의 전폭적 지지를 받았고 40년이 넘도록 미국 외교정책의 기초가 되었다. 1899년의 문호 개방 서한 내용은 다음과 같다. "① 각국은 자기 세력 범위 내의 조약항(港)이나 투자자산에 자유로이 접근할 수 있다. ② 중국 정부만이 무역 관세를 징수할 수 있다. ③ 세력 범위를 가진 어떤 나라도 입항세나 철도세를 면제받을 수 없다." 등이다. Hook, *U.S. Foreign Policy*, pp. 34~35.

스벨트 추론(Corollary)'을 발표하고 이 논리에 따라 도미니카 공화국 (1904), 온두라스(1905), 쿠바(1906), 파나마(1908)에 차례로 군사적 개입을 하여 이 나라들을 미국의 영향권 아래 두었다.[017]

제1차 세계대전 때는 개전 후 2년이나 관망하고 있다가 독일이 본격적인 잠수함전을 시작하고 그 피해가 자국에까지 미친 1917년에야 비로소 참전을 결정하였다. 미국은 이 전쟁에서 독일의 공격으로 수세에 몰린 동맹국에 대량의 무기, 탄약, 의료 물품을 수송하였다. 신세대 장갑 탱크, 장거리포, 자동화기를 동원해 전세를 역전하는 데 결정적으로 기여하였다. 미국은 참전 후 영국군과 프랑스군을 지원하기 위해 유럽 서부전선에 미군을 배치해 역습을 시도했고 1918년 11월 독일을 항복시켰다. 이로써 미국은 서구 여러 열강 가운데 하나에서 가장 영향력 있는 국가로 부상하였다.[018]

미국은 제2차 세계대전 때도 자국이 직접 공격을 받기 전까지 참여를 주저하였다. 유럽에 직접 참전하는 대신 1941년에 영국과 '무기대여협정(Lend-Lease Agreement)'을 맺어 영국과 러시아에 군사원조를 제공하는 방식을 취하였다. 이는 직접 파병에 못지않은 역할이었다. 실제 이 지원 효과는 커 연합국에 전쟁 목적과 전후 구축 목표에 관한 합의를 도출하는 데 도움이 되었다.[019] 미국의 직접 참전은 1941년 12월 7일 일본이 하와이 진주만의 해군기지를 공격하고 나서였다. 미국은 참전 후 유럽과 태평양 두 개의 전선에서 전쟁을 치러 1945년 5월 히틀러의 독일을 먼저 굴복시켰다. 미국은 일본이 항복하기 직전

---

017 Hook, *U.S. Foreign Policy*, p. 35.
018 같은 책, p. 36.
019 G. John Ikenberry, *After Victory: The Origins, Crisis, and Transformation of the American World Order*, 존 아이켄베리, 강승훈 역, 『승리 이후: 제도와 전략적 억제 그리고 전후의 질서구축』(서울: 한울아카데미, 2008), p. 267.

인 7월 16일 핵폭탄 실험에 성공하였고, 이 무기를 사용하여(8월 6일 히로시마와 8월 9일 나가사키) 일본을 항복시켜 마침내 8월 15일 제2차 세계대전을 종결하였다.[020]

미국은 제2차 세계대전 참전을 통해 유럽과 세계 다른 지역에서 주도권을 쥐었다. 아이켄베리는 종전 후 미국이 패권적 지위를 얻게 된 상황을 다음과 같이 묘사하였다. "미국은 세계 경제 생산의 절반을 점유하고 있었고, 독일과 일본이 지니고 있던 패권주의에 기초한 지역적 야심을 제거했으며, 영국의 제국주의적 질서가 실현될 가능성도 현저히 감소시켰다. 미국은 세계를 압도하는 군사력과 첨단기술을 가지고 있었고, 석유생산과 식량 생산으로 큰 이익을 얻고 있었다. 경제적 지배력을 늘려온 미국의 강대함은 전후 시기 대국들의 경제 규모와 비교할 때 확실히 두드러진다."[021]

실제로 제2차 세계대전을 거치면서 미국과 경쟁하던 국가들과 그 동맹국이 모두 몰락하였다. 유럽의 동맹국도 전쟁으로 심각한 타격을 입어 미국의 도움 없이 재건은 불가능했다. 이로 인해 유럽 국가들은 전후 안전보장과 지속적인 경제 지원을 얻기 위해 미국이 유럽을 떠나지 못하게 붙잡으려 하였다. 유럽을 포기하지 않도록 압력도 가했다. 이 때문에 미국은 이들을 안심시키기 위해 경제적, 군사적 지원을 늘려야 했다. 역설적이지만 이 지원은 연합국이 미국의 선후 구상을 억지로라도 수용하게 만드는 수단이었다. 미국은 전후 이 비대칭적 우위를 유지하기 위한 외교정책을 적극적으로 펼쳤고 자국 우위를 지키기 위해 공세적 현실주의 입장으로 일관하였다.[022]

---

020 Hook, 앞의 책, p. 39.
021 Ikenberry, *After Victory*, p. 264.
022 에드워드 허먼(Edward S. Herman)외, *The Politics of Genocide*. 박종열 역, 『학살의 정치학』(서울: 인간사랑, 2011), p. 22.

미국 역사를 이상화하는 역사가들이 더러 있으나 대부분의 역사가는 미국의 지난 200년 역사의 특징과 성격을 '팽창주의(expansionism)'로 규정하는 데 이의가 없다.[023] 그리고 이 팽창주의를 '곤봉(棍棒) 외교'라며 비판적으로 평가한다. 노암 촘스키(Noam Chomski)는 투키디데스의 말을 인용해 다음과 같이 미국의 대외 정책을 비판하였는데 이 평가와 잘 어울린다. "강한 자는 자신이 하고 싶은 대로 행동하고 약한 자는 당하고 있을 수밖에 없다. 국제관계에서는 이것이 행동 원칙이다."[024]

2. 미국과 동아시아의 관계

미국은 함포(艦砲) 외교를 통해 동아시아에 진출하였다.[025] 미국은 1854년 일본과의 수호조약을 시작으로, 1882년 5월 22일에는 조선과 제물포에서 '한미수호통상조약'을 체결하였다.[026] 중국과는 1899년에 발표한 문호개방정책에 따라 중국에 진출한 열강들을 견제하였다. 미국은 이 정책을 1949년 중국이 공산화할 때까지 지속하였다.

미국은 러·일 전쟁(1904~05년) 때 영국과 함께 러시아 견제에 나섰다. 러·일 전쟁은 조선과 만주 지배를 둘러싸고 벌어진 군사적 제국

---

023 차상철, "아이젠하워, 이승만, 그리고 1950년대 한미관계", 『미국사연구』 13집, 한국미국사학회(2001), p. 13.

024 Herman & Peterson, *The Politics of Genocide*, p. 18.

025 미국이 동아시아에서 취한 정책 역시 앞의 정신에 충실하였다. 러일 전쟁 때 일본을 편들었고, 태프트-카스라 밀약에서는 일본의 한국 지배를 승인했으며, 중일 전쟁 때 일본에 전쟁 물자를 제공하였다. 그러다 태평양 전쟁 때는 적국(敵國)이 되었고 일본의 제압을 위해 소련과 손잡았다. 공산 중국을 지지하다 다시 대만 지지로 돌아섰다. 이념적으로는 일관성이 없어 보이는 행보지만 국익 실현 측면에서는 일관된 것이었다.

026 미국은, 한국이 최초로 공식 외교관계를 맺은 서구 국가였다.

주의 국가 간의 패권 다툼이었다. 러시아의 남하(南下) 정책과 일본의 대륙 진출 정책이 충돌한 결과였다. 당시 러시아는 만주를 점령하고 곧이어 한반도 북부까지 점령하여 이 지역을 중립화하려 했다. 일본은 러시아를 방치하면 자국의 이익선(利益善)인 조선을 잃을 위험이 클 뿐 아니라, 중국에 대한 영향력 행사에도 방해받을 것을 우려해 전쟁에 나섰다.[027] 마침 일본은 러시아가 주도하는 3국 간섭으로 청·일 전쟁 때 획득한 요동 반도를 빼앗겨 러시아에 악감정을 품었던 터였다.

영국은 이 전쟁에서 영·일 동맹조약에 근거하여 일본을 적극 지원하였다. 미국은 엄정 중립을 선언하였으나 실제로는 영·일 동맹 배후에서 영국보다 더 적극적으로 반(反)러시아 입장을 취하였다.[028] 러시아가 중국 동북부를 점령하고 이를 기반으로 계속 남하를 계속하면 자신의 이익이 침해될 것이라 염려하였다. 이에 영국과 미국은 1904년 4월에서부터 1905년 5월까지 네 차례에 걸쳐 일본에 7억여 엔에 이르는 차관을 제공했다. 이는 일본이 사용한 전비의 약 40%에 해당하는 액수였다. 또한 영국은 러시아의 북해 함대가 이 지역으로 오는 동안 아프리카, 아시아의 자국 식민지 항구에서 러시아 함대의 정박(碇泊), 석탄 공급을 거부토록 해 일본이 대한해협 해전(海戰)에서 승리하는 데 결정적인 도움을 주었다.[029]

---

027 석화정, "러일전쟁", 문정인·김명섭 외, 『동아시아의 전쟁과 평화』(서울: 연세대학교 출판부, 2006), p. 157.

028 "료동 반도의 반환을 요구하는 '3국 간섭'을 계기로 만주와 한반도에서 러시아 세력이 한층 강화되었다. 러시아 세력이 남하하자 북상을 기도하던 영국과 충돌하게 되었다. 당시 아시아 태평양 지역으로 세력을 확장할 계획을 품고 있던 미국 역시 러시아 세력 남하에 우려를 표명했다. 그리하여 동아시아를 둘러싸고 점차 영국, 미국, 일본을 한 편으로 하고 러시아 프랑스 독일을 다른 한편으로 하는 강대국 간의 패권 경쟁 구도가 형성되었다." 한중일3국공동역사편찬위원회, 『한중일이 함께 쓴 동아시아 근현대사 1』(서울: 후마니스트, 2017), p. 102.

029 석화정, 앞의 책, p. 178.

미국과 영국은 러일 전쟁 중에 일본을 지원하면서 당사국 러시아와 일본에 전쟁 범위를 더 이상 확대하지 말 것과 북중국을 포함한 중국 전토에서 중립을 지킬 것을 요구하였다. 이는 만주에 대한 러시아의 기득권을 부정하기 위해서였다.[030] 결국 일본이 전쟁에서 승리하였고 일본은 이 승리를 통해 동아시아에서는 물론 세계적 강국으로 부상할 수 있었다. 역사학자들은 이때가 미국이 처음 일본을 경쟁 상대로 보기 시작한 시기라 평가한다. 미국이 태평양 지역뿐 아니라 동아시아에서 일본을 경쟁 상대로 보기 시작한 때가 이즈음이었다는 것이다.[031]

이후 미국은 일본을 경계하면서도 일본이 동아시아 지역에서 영향력을 확대하는 것을 방조하였다. 일본이 1931년 만주사변을 일으키고, 중·일 전쟁을 치르는 동안에도 미국은 일본에 전쟁 물자와 연료를 계속 수출하였다. 그러면서도 중국 시장점유를 위한 장기 포석으로 교육, 의료 활동을 전개해 중국인에게 호감을 사려 하였다.

1939년으로 접어들며 유럽 정세가 긴박해지자 영국은 중국 문제에 영향력을 행사하는 데 한계를 느끼기 시작했다. 이에 영국은 미국에 자신을 대신해 중국 문제에 개입해달라고 요청하였다. 실제로 처칠은 일본의 진주만 공습이 있기 전까지 루스벨트에게 중국 문제에 관심을 가져줄 것을 요청하는 전문(電文)을 여러 차례 보냈다. 미국은 이러한 영국의 요청을 받아들여 1939년 7월 미·일 통상 조약 파기를 일본에 통보하고 언제든 군수물자 공급을 중단할 태세를 갖추었다.[032] 이 일

---

030 Asahi Shinbun, "150 years in Esat Asia" reporting Team, REKISH WA IKT-TEIRU, 백영서·김항 역, 『동아시아를 만든 열가지 사건』(파주: 창비, 2008), p. 78.
031 석화정, 앞의 책, p. 187.
032 김명섭, "아시아·태평양전쟁", 문정인·김명섭 외, 『동아시아의 전쟁과 평화』(서울: 연세대학교출판부, 2006), p. 203.

로 궁지에 몰린 일본은 1940년 9월 27일 독일, 이탈리아와 삼국 추축국 동맹을 맺어 아시아 지역에서 미국과 영국에 대항하기 시작했다.

1941년 7월 23일 일본은 프랑스 비시 정부와 협력한다는 명목으로 프랑스령 인도차이나 남부에 진주해 군사기지를 건설하기 시작했다. 일본의 이 도발은 이 지역에 식민지를 가진 미국, 영국의 반발을 불렀다. 이 일은 미국이 일본에 석유 금수조치를 내리는 결정적 계기가 되었다. 미국은 이전까지 일본이 중국을 위협하고 있음에도 소련에 대한 방파제로서 갖는 전략적 이점 탓에 방임하는 태도를 보였으나, 이렇게 자국 식민지를 직접 위협하는 지경에 이르자 더 이상 방관할 수 없었다.[033]

미국이 석유금수 조치를 내리자 일본은 중대한 결정을 내려야 했다. 석유 고무 등 주요 전략물자를 확보하기 위해 네덜란드령 인도네시아, 영국령 말레이시아 등을 무력 제압하고 장제스 정권을 타도하기 위해 영국, 미국과 전면전을 벌일 것인지, 중국에서 철수하라는 미국의 요구를 수용할 것인지 두 가지 중 하나를 선택해야 했다. 궁지에 몰린 일본은 미국의 요구를 수용하는 대신 1941년 12월 8일 영국령 말레이반도 코타바루에 상륙을 감행하였다. 하와이 진주만을 공격하기 한 시간 전이었다. 미국이 석유 수출을 중지하자 원료와 물자를 자급자족하는 체계를 구축하기 위해 영국 식민지를 무력 제압하고자 했던 것이다. 일본은 한 시간 뒤 진주만도 공격했다.[034]

일본이 진주만을 공격하자 미국은 전격적으로 제2차 세계대전에 참전하였다. 미국은 본토에서 수천 마일 떨어진 두 개의 전선에 군대를 파견하며 전쟁을 개시하였다. 미국은 태평양에서 해군 전력을 회

---

[033] 같은 책, p. 209.
[034] Asahi Shinbun, "150 years in Esat Asia" reporting Team, REKISH WA IKT-TEIRU, p. 206.

복하여 1943년에는 필리핀, 말레이시아, 싱가포르, 베트남으로까지 전선을 확장하던 일본을 격퇴하고 전세를 역전시켰다. 1945년 8월 6일과 9일 각각 히로시마와 나가사키에 핵폭탄을 투하하며 일본을 항복시켰다.

미국은 태평양 전쟁에 사활을 걸었는데 여기엔 두 가지 이유가 있었다. 첫째, 미국이 대서양과 태평양을 국경으로 삼는 나라였기 때문이다. 미국은 20세기 이전엔 태평양에 거의 관심을 기울이지 않았다. 자국 안보에 그리 위협이 되지 않는다고 판단했기 때문이다. 그런데 태평양 지역에서 일본으로부터 공격을 받았다. 둘째, 연합국이 아시아 태평양 지역 식민지들에 대해 갖는 이해관계 때문이었다. 미국은 이러한 두 가지 이해관계에 따라 동아시아에 개입했다.[035]

제2차 세계대전의 승리를 계기로 미국은 유럽에서와 마찬가지로 동아시아에서도 주도권을 쥐었다. 지구적 차원에서도 미국은 이미 유일 세계 강국으로 부상한 터였다. 전후 미국은 4년에 불과했으나 한동안 핵무기를 독점할 수 있었고, 경제 생산에서도 미국을 제외한 전 세계 다른 국가의 것을 모두 합친 양보다 더 많이 생산했다.

그러나 이 지배적 지위는 오래 가지 못했다. 상당한 양의 실질적, 잠재적 자원을 보유한 소련이 세력 균형을 깨트리면서 전략 경쟁에 나섰기 때문이다. 동독에서부터 알래스카 접경까지 이르는 광활한 영토를 가진 소련은 세계 최대 규모의 재래식 전력을 보유하고 핵무기 경쟁에서도 이내 미국을 따라잡았다. 동맹국 숫자를 늘리는 경쟁에도 나섰다. 두 초강대국이 상대방을 이기기 위해 국경 너머에 더 많은 동맹국을 확보하는 경쟁에 뛰어들었다. 냉전의 시작이었다.[036]

---

[035] 김명섭, 앞의 책, p. 233.
[036] Hook, 앞의 책, pp. 39~41.

2절
냉전의 시작

    1947년 초부터 그리스와 터키에서 좌익 활동이 활발해졌다. 그럼에도 이 지역에서 오랜 기간 영향력을 행사하던 영국은 전쟁 피해로 비용 부담을 느껴 1945년 가을 미국에 원조를 요청하였다. 미국은 1년이 지난 1946년 말에야 그리스에 기술원조단을 파견함으로써 영국의 요청에 화답했다. 견디다 못한 영국은 1947년 2월 그리스에서 철수하겠다는 결정을 미국에 통보하였다. 이에 트루먼(Harry S. Truman) 정부는 영국을 대신해 그리스에 개입하기로 결정하였다. 미국은 그리스에 2억 5천만 달러의 경제·군사원조 제공을 의회에 요청했다. 미국은 이 무렵 터키에도 소련의 압력이 커지고 있다고 판단해 1947년 3월 2일에는 터키에도 1억 5천만 달러를 원조해 줄 것을 의회에 요청하였다. 트루먼은 원조를 요청한 이날 의회에서 트루먼 독트린으로 알려진 미국의 외교정책 기조를 발표하였다.037

    소련의 위협에 대한 미국의 군사적 봉쇄정책이었던 트루먼 독트린 발표로 미·소 간의 대립은 군사적 성격을 띠어가기 시작했다. 미국은 트루먼 선언이 지닌 정치적, 군사적 성격의 처방만으로는 전후 유럽의

---

037 이삼성, 『세계와 미국』(서울: 한길사, 2006), pp. 226~227.

피폐한 경제를 재건하는데 역부족이라 판단하였다. 이에 후속 조치로 대유럽 통합정책인 마샬 플랜을 기획하고 집행하기에 이르렀다.[038]

소련은 미국의 이러한 조치를 자신과 자기 진영에 대한 공격으로 받아들였다. 소련은 종전 이후부터 미국을 팽창 의도를 가진 국가로 인식하고 있었고 공포심과 두려움도 가지고 있던 터였다. 소련은 미국의 행동을 위협으로 인식하고 그에 대응할 필요를 느꼈다. 미국이 소련에 가진 적대감만큼이나 소련도 미국에 대한 적대감이 컸던 것이다.[039]

이렇게 미국은 소련을 공격적인 국가로 인식하며 대항하려 했다. 이를 위해 자국과 서부 유럽 국가들의 안전을 보장하는 조치로 군사력 증강을 추진하기 시작했다. 소련은 소련대로 미국을 공격적 국가로 인식해 소련, 동유럽 사회주의 국가들의 생존을 위해 핵무기 개발 등으로 맞대응하기 시작했다.[040] 상호 불신과 의심, 그로 인한 공격적 대응의 결과가 군사 대결로 이어져 마침내 냉전으로 전화한 것이다.[041]

---

[038] 남정옥, "미국 트루만 행정부의 대유럽 정책: 마샬 플랜을 중심으로", 『사학지』 Vol. 82 No. 1, 단국사학회(1999), pp. 186~187.

[039] 이근욱, 『냉전』(서울: 서강대학교출판부, 2012), p. 31; John Lewis Gaddis, *Strategies of Containment*, 루이스 개디스, 홍지수·강규형 역, 『미국의 봉쇄전략』(서울: 비봉출판사, 2019), pp. 47~51.

[040] Gaddis, 같은 책, pp. 57~59.

[041] 현실주의자들은 냉전의 시작 시기를 1940년대 말과 1950년대 초로 본다. 이들은 냉전의 원인을 "이데올로기 간의 충돌이 아니라, 전통적인 권력 갈등과 국가 이익 추구 과정에서 촉발된 것으로 보았다. 현실주의자 대부분은 종래 단일 국가에 의해 동·중 유럽이 지배되는 것을 방지하기 위한 투쟁을 냉전에 비유하였다. 두 적대국이 각자의 방식으로 국익 달성을 원했는데, 이를 실현하는 수단끼리 상승작용이 일어나는 바람에 우연히 냉전이 초래된 것이라 보았다.

냉전을 바라보는 세 가지 견해로 정통주의, 수정주의, 현실주의가 있는데 이들의 공통점은 미·소가 이상적으로 생각하는 전후 질서가 서로 양립하기 어려운 이념적 갈등을 안고 있다는 점을 인정하는 것이다. 미국은 소련이 공산주의라는 이데올로기에 따라 움직이는 잔혹한 국가로 세계혁명 및 지배를 지향하고 있고, 스탈린을 위시한 지도자가 자유세계 파괴라는 궁극적 목적 달성을 위해 공격적 팽창 정책을 전개하고 있다고

1. 냉전 초기 미국의 대공산주의 정책

가. 봉쇄정책

제2차 세계대전이 마무리되자 연합군으로 참전했던 미국과 소련의 사이가 벌어지기 시작했다. 독일에 대항하기 위해 임시로 연합했던 두 체제가 목적을 달성하고 나서 본래 가지고 있던 차이를 드러내기 시작한 것이다.

미국은 그리스 내전에서 소련이 무기를 공급하는 것과 같은 방식으로 개입하진 않았으나 정치 외교적으로 공산 세력을 지지하는 행동을 서방에 대한 공격으로 인식했다. 소련이 1946년 1월부터 핵 개발에 나선 것도 자신에 대한 도전으로 받아들였다. 체코에서 일어난 쿠데타와 공산화, 마샬 플랜 가입 거부도 같은 맥락에서 공격적 행동으로 인식했다.[042] 한반도를 분할 점령하고 북측을 사회주의화해 결국 단독정부를 수립한 일도 미국이 소련을 팽창적 국가로 인식하는 데 일조하였다. 무엇보다 1948년 6월 24일에 있었던 베를린 봉쇄가 결정적이었다. 이는 독일 점령국인 미국과 영국의 권리에 대한 정면 도전으로 비쳤다. 미국은 소련의 이러한 행동 모두를 위협으로 인식하였다.[043]

인식했다. 소련도 미국을 평화에 가장 큰 위협이 되는 나라로 보았다. 소련은 미국이 2차 대전을 통해 최강국으로 등장한 이래 자본주의적 세계질서의 이상형을 제국주의적 방법으로 추구하고 있다고 보았다. 이렇게 양 강대국 간의 상호 불신과 의혹이 냉전을 야기하였다. 박재규, 『냉전과 미국의 대아시아정책』, pp. 13~14.

042 소련이 전후 나치 독일로부터 자국이 해방시킨 동유럽 국가들을 자신의 영향권 아래 두기 위해 부심한 것은 사실이다. 독일이 소련을 침공하기 위해 교두보로 이용했던 나라들도 자국의 지배 아래 두고 서유럽과의 완충지대로 삼으려 시도했기 때문이다. 이 와중에 동유럽 일부 국가들은 자발적으로 공산주의를 선택하고 있었다. 유럽 전반에서도 기아, 빈곤, 경제회복 둔화, 전시 연합국 간의 분열, 해결되지 않은 독일 문제로 위기가 심화되고 있었다. Hook, 앞의 책, p. 41.

043 이근욱, 앞의 책, p. 34.

미국의 정책 당국자들에게 소련의 행동은 미국의 경제 번영에 부정적 신호였을 뿐 아니라 소련이 유럽을 지배할 경우 미국에 가장 큰 이해관계가 걸린 유럽을 소련에 빼앗기는 것을 의미했다. 이는 어렵게 싸워 얻은 평화와 국제질서가 다시 붕괴하는 것을 의미했다. 미국은 소련이 힘의 공백 상태인 유럽으로 팽창의 손길을 뻗친다고 인식하였고, 유럽이 겪는 위기 때문에 자본주의까지 공멸할 수 있으리라는 위기감을 가졌다. 이로 인해 유럽의 총체적 위기 상황과 소련의 팽창주의에 대응하기 위한 근본 처방의 필요성을 절감하였다.

미국은 1946년부터 대책 마련을 서둘렀다. 그 결과 첫 번째로 제시한 처방이 그때까지 유지하던 소련에 대한 협조 정책을 봉쇄정책으로 전환하는 것이었다.[044] 봉쇄정책은 당시 모스크바 주재 미 대리공

---

[044] 봉쇄(containment)는 미국의 냉전 정책 중 하나로, 공산주의의 확장을 적극적으로 억제하는 것을 가리킨다. 미국은 2차 대전 이후 소련과 중국의 사회주의가 팽창하지 못하도록 묶어 두는, 이른바 '봉쇄 전략'을 채택했다. 이 전략은 케넌이 1947년에 창안했다. 케넌은 1920~30년대에 확고해진 그의 소련관, 즉 소련에 대한 적대적 태도와 재래 미·소 관계에 대한 비관적 견해에 기초하여 제2차 세계대전이 끝나기 전부터 이 원리를 제시하였다. 그의 봉쇄정책 원리는 1944년 9월부터 46년 2월 사이에 쓴 네 편의 중요한 문서들, 즉 "소련-7년 후", "대독전 종결 시 소련의 입장", "미국과 소련", 그리고 유명한 "장문의 전문", 특히 이 가운데서도 장문의 전문에 잘 드러난다. 이때 기초가 확립된 그의 봉쇄정책 원리는 『Foreign Affairs』 1947년 7월호에 'X'라는 익명으로 실린 그의 "소련외교 정책의 원천"으로 구체화되었다. 그는 이 논문에서 소련의 서방세계에 대한 도전의 성격을 밝히고 이러한 소련의 도전에 대한 미국의 대응책을 제시하였다. 그는 "공산주의는 내부의 부패로 붕괴할 것"이니 확산을 억제할 필요는 있으나 붕괴나 변화를 시도할 필요는 없다고 주장했다. 이 전략은 억지 전략(deterrence policy)과 함께 냉전 시대 미국의 대외정책 기조로 자리 잡았고, 소련이 붕괴할 때까지 유지되었다. 김진웅, "케넌의 봉쇄정책의 대두", 『환태평양연구』 제1집, 경북대학교 환태평양연구소, (1988), p. 159. 그의 봉쇄정책은 두 가지 성격을 띠고 있었다. 첫째, 군사적 대응보다 경제적 대응을 강조한 점이다. 둘째, 유럽과 아시아에 대한 미국의 영향권 확립을 주장한 것이 아니라 소련과 미국으로부터 다 같이 독립적 권력 중심을 세계의 주요 산업지역에 확립하는 것을 돕자는 것이었다. 따라서 그는 강력한 군사력을 유지하는 데는 찬성했지만 그 군사력을 해외에 파견하고 주둔하는 데는 회의적인 입장이었다. 이런 맥락에서 케넌이 기획한 유럽에 대한 마샬 플랜은 미군의 유

사였던 조지 F. 케넌(George F. Kennan)이 입안하였다. 케넌은 1946년 2월 미 국무장관 번스(James F. Byrnes)에게 소련의 외교 특성을 분석하는 장문의 전문(電文)을 보냈다. 케넌은 이 전문에서 "러시아의 팽창주의 경향을 장기적으로 끈기 있게, 그러나 항상 경계를 늦추지 않고 확고히 억제함으로써 소련 정권이 좀 더 온건해지거나 붕괴하기를 기대할 수 있다"고 주장했다. 그러면서 "소련을 직접 공격하지는 않으면서도 더 이상 공세적 정책을 펴지 못하도록 봉쇄하는 방안"을 제시하였다.[045]

마침 그해 중반 대소 강경책을 주장하던 공화당이 연방 의회를 장악하고, 트루먼 정부도 대소 정책 변화를 고려하고 있던 터라 자신들의 생각을 뒷받침하는 논리를 담은 케넌의 전문을 반겼다.[046] 여기에 1946년 봄 미국이 주도하는 브레튼우즈(Bretton Woods) 체제에 소련이 불참하겠다는 선언, 1946~47년간 미·소 양국 모두에서 협상파 세력이 약해져 강경파가 외교정책을 주도하게 된 점 등이 영향을 주었다.[047] 물론 미국이 케넌의 이 전문만으로 봉쇄정책을 택한 것은 아니었다. 이 제안 이전부터 미국 행정부와 의회는 유럽에서 보이던 소련의 움직임에 위기의식을 느끼며 대응책 마련에 부심하고 있었다.[048]

럽 주둔은 포함하지 않는 것이었다. 극동에 대히여도 케닌은 오키나와 필리핀 등 주로 도서 지역 중심으로 미군을 주둔시킨다는 더글러스 맥아더의 개념을 지지했다. 이삼성, 『세계와 미국』, p. 219.

045 권용립, 『미국 외교의 역사: 1776~2008』, p. 422.

046 1946년 미국 중간 선거 이후 미국 내 정치 상황이 결정적으로 변화하였는데, 1946년 중간 선거 결과 공화당이 1932년 이래 연방 의회를 다시 장악했기 때문이다. 이로 인해 미국의 대외정책에서 공화당 우파들의 입김이 강해졌다. 권용립, 『미국 외교의 역사: 1776~2008』, p. 424.

047 소련의 이란 철군 연기 결정에 대해 미국이 강경하게 대응하면서 소련군이 철수하기까지의 사례를 말한다.

048 그의 이론이 1940년대 후반 미·소 냉전 과정에서 수행한 역할의 본질은 소련과의 화

소련도 1946년 9월 27일 미국 주재 소련 대사 노비코프(Nikolai Novikov)가 외상 몰로토프(Vyacheslav Molotov)에게 미국에 대한 판단을 담은 장문의 전보를 보냈다. 노비코프 전문은 8,770 단어로 케넌 전문보다 길었다. 이 몰로토프의 전문은 냉전 초기 소련의 대미 인식에 부정적 영향을 주었다. 노비코프는 레닌의 제국주의론에 바탕을 두고 독점자본가가 통제하는 미국은 소련에 매우 적대적이고, 또 다른 전쟁을 통해 전 세계를 장악하려 하고 있으며, 이를 위해 군사력을 증강하고 있다고 평가하였다. 자본주의 최후 단계가 금융자본이며, 이러한 금융자본은 자본을 수출할 지역을 확보하기 위해 세계를 식민지로 분할하려 한다고 주장하였다.[049] 이 전문은 스탈린에게 전달되었다.

이 시기 미·소 양측은 이처럼 서로를 위협으로 인식하고 있었다. 미국은 소련의 공격적 행동에 자국이 수동적으로 대응하는 과정에서 냉전이 시작되었다고 주장했다. 소련도 미국의 공격적 행동이 자신들의 방어적 행동의 원인이었다고 주장했다. 이렇게 미·소는 서로를 팽창적 국가로 인식하며 행동하였고 이후 서로에 보인 행동 때문에 이러한 의혹을 더 강화하였다.

나. 트루먼 독트린

트루먼 행정부는 유럽의 위기 상황과 소련의 팽창을 저지한다는 명목으로 종합적 처방 마련에 나섰다. 이를 위해 마샬 플랜 주창자인

해 가능성에 대한 환상이나 이상주의를 버리고 힘을 바탕으로 미국의 국익을 위한 현실주의적 정책을 펴나갈 것을 주장한 데 있다. 그리고 그러한 방향으로 전개되고 있던 미국의 실제 외교기조를 철학적 이론적으로 정당화해 준 데 있다. 이 때문에 케넌의 현실주의적 처방은 소련과의 타협과 평화적 공존의 열린 가능성을 미리 차단하고 갈등과 냉전의 어두운 세계사를 현실화하는 이데올로기로 기능할 수밖에 없었다. 이삼성, 『세계와 미국』, pp. 222~223.

[049] 이근욱, 『냉전』, p. 33.

조지 C. 마샬(George C. Marshall) 장군을 국무장관으로 임명하였다. 마샬은 임명을 받고 난 후 봉쇄정책을 실행에 옮기기 시작했다. 그가 행동에 옮기기 시작한 미국의 경제 봉쇄정책은 트루먼 선언과 마샬 플랜 두 가지였다.[050]

케넌의 봉쇄정책은 먼저 1947년 3월 2일 트루먼 대통령이 의회 연설에서 밝힌 '트루먼 선언'으로 구체화하였다. 트루먼 선언은 소련과 소련이 지원하는 공산주의의 위협으로부터 서구, 중동을 포함해 세계 모든 지역을 보호하겠다는 내용을 담았다. 봉쇄정책을 세계 모든 지역으로 확장하려는 의도를 담은, 이른바 '봉쇄의 세계화 선언'이었다. 이 선언은 이후 '서구와 중동, 그리고 제3세계에서 미국에 대한 모든 외교적 도전에 어떻게 대응할 것인가'에 대해 방향을 제시하는 전후 미국의 외교 원칙으로 기능했다.[051]

트루먼은 이 선언에서 "미국 외교정책의 기본 목표 중의 하나는 우리와 다른 국가들이 강압으로부터 자유로운 삶을 영위할 수 있는 환경을 조성하는 일"이라고 전제하고, "전체주의 정권을 강요하려는 침략적 활동에 대항하여 자유로운 제도와 국가 보전을 유지하려는 자유 국민들을 도와줄 의향"을 토대로 "다수의 의사를 바탕으로 하며, 자유 제도, 대의정치, 자유선거, 개인 자유의 보장, 언론 및 종교의 자유, 그리고 정치적 억압으로부터의 자유를 특징"으로 하는 삶의 방식을 그리스와 터키가 선택할 수 있도록 지원하는 것이 급선무라 주장하였다. 그리고 연설 말미에 "전체주의 정권의 씨앗은 고통과 궁핍을 먹고 자라납니다. 이 씨앗은 빈곤과 싸움이라는 나쁜 땅에서 퍼지고

---

050 남정옥, "미국 트루먼 행정부의 대유럽 정책: 마샬 플랜을 중심으로", 『사학지』 Vol. 82 No. 1, 단국사학회(1999). p. 194.
051 이삼성, 『세계와 미국』, p. 226.

자랍니다. 이 씨앗은 보다 나은 삶을 바라는 국민의 희망이 사라졌을 때 최대로 자랍니다. 전 세계 모든 국민이 그들의 자유를 보전하기 위하여 우리의 지원을 기대하고 있습니다. 만일 우리의 지도력이 흔들린다면, 세계평화는 위험에 빠질 것입니다. 그리고 이는 반드시 이 나라의 안녕까지 위태롭게 할 것"[052]이라며 전체주의의 위협을 재삼재사 강조하였다.

이 선언이 있고 나서 상원과 하원 외교위원회는 트루먼 행정부가 요구한 내용을 검토해 상원과 하원 모두에서 압도적 표차로 통과시켜 '그리스-터키 원조계획'을 승인하였다. 미국은 이에 힘입어 다량의 경제원조와 군사 물자를 이 지역에 투입할 수 있었다.

미국의 이 원조는 소련에 자국과 동구 사회주의 국가들에 대한 직접적인 공격으로 비쳤다. 이 때문에 전통주의 학자들은 이 선언에 따라 취해진 '그리스-터키 원조'를 미국 봉쇄정책의 출발점이자 냉전의 시작이라 평가한다.

다. 마샬 플랜(Marshall Plan)

(1) 제안 배경

마샬 플랜은 미국이 공산주의 침략을 저지하기 위해 취한 봉쇄정책의 일환이었다. 미국은 당시 유럽의 궁핍과 경제 불황이 전체주의, 혁명, 공산주의를 낳는 근본 요인이라 판단했다. 그래서 전쟁이 끝난 지 18개월이 지났음에도 총체적 위기 국면을 벗어나지 못하는 유

---

052 이 선언은 1947년 3월 12일 트루먼 대통령이 의회를 개의하기 전에 한 연설에서 비롯되었다. 원문 출처는 https://avalon.law.yale.edu/20th_century/trudoc.asp(검색일: 2020년 2월 10일). 한글 번역문은 주한 미대사관 홈페이지에 게재한 것을 참조하였다. https://kr.usembassy.gov/ko/education-culture-ko/infopedia-usa-ko/living-documents-american-history-democracy-ko/harry-s-truman-truman-doctrine-1947-ko/(검색일: 2020년 2월 10일)

럽을 위해 근본적인 처방의 필요성을 절감했다. 실제 미국이 1947년 까지 유럽 국가들에 약 90억 달러의 원조를 제공했는데도 유럽 경제는 회복 기미를 보이지 않았다. 소련 팽창도 멈추는 것처럼 보이지 않았다. 이에 미국은 소련 팽창을 억제하고 장차 벌어질지 모를 3차 세계대전을 예방할 수 있는 근본 처방을 내놓아야 했다. 무엇보다 유럽 국가의 달러 부족이 미국의 수출에 악영향을 미쳐 미국 경제를 마비시킬 위험에 대비해야 했다. 유럽의 경제 몰락이 도미노 효과를 일으켜 궁극적으로 미국까지도 위험에 빠뜨리는 최악의 경우를 막아야 했던 것이다. 따라서 당시 유럽의 경제 상황 개선은 미국에도 생존과 번영의 필수 과제였다.[053]

이러한 문제의식이 미국 정부 안팎에서 컸던 터라 추가적인 대외원조의 필요성은 어렵지 않게 공감대를 형성할 수 있었다. 이에 트루먼은 1947년 3월 12일 상하 양원 합동회의(Joint Session of the Congress)를 열고 회의 전에 '트루먼 선언'을 발표하였다. 그러나 이 선언은 유럽이 가진 문제를 짧은 시간에 해결하는 데는 한계가 뚜렷하였다. 선언 자체로는 의미가 있지만 정치적, 군사적 성격이 강해 유럽이 겪는 혼란의 근본적이면서도 핵심적인 경제문제를 해결하는 데 역부족이었기 때문이다. 관건은 더 장기적이고 근본적인 해결책을 내놓는 것이었다. 이에 미국은 자국의 이익을 보호하고 더 나아가 미국적 이념의 확대 적용을 위해 전 세계적 규모의 대외원조계획을 수립하게

---

[053] 이 목적 외에도 "미국은 제1차 세계대전에서 얻은 교훈에 따라 패전국 독일에 응징적인 성격을 띤 모겐소 계획을 버리고 독일의 역할을 재인식했다. 독일 약화정책과 응징적인 치리는 유럽에서 힘의 공백을 가져와 소련의 팽창을 자극할 우려가 있다고 보았다. 이에 유럽의 혼란을 종식하고 소련의 팽창을 저지할 종합 처방으로서 마샬 플랜이 필요했다.", 남정옥, "미국 트루만 행정부의 대유럽 정책", pp. 190~191.

되는데 이것이 마샬 플랜이다. 이 계획의 핵심은 경제 통합이었다.[054]

트루먼 선언이 발표되면서 국제사회는 둘로 분열하기 시작했다. 소련은 미국의 유럽 정책에 대한 대응으로 1947년 10월 동유럽 6개국, 프랑스와 이탈리아 2개국의 공산당, 노동당 등과 함께 코민포름을 결성하였다. 1949년 4월에는 동구 5개국과 경제상호원조회의를 창설하였다. 이로써 유럽이 동서로 분열되었다.

(2) 내용

마샬은 그동안 준비했던 내용을 1947년 6월 5일 하버드(Harvard) 대학교 졸업식 연설에서 "마샬 플랜"이라는 이름으로 발표하였다.[055] 그의 제안은 트루먼 행정부가 기존 대외 정책을 수정하려는 목적을 더 효과적으로 실현하기 위해 국내외를 겨냥한 고도의 정치적 기획이었다. 본래 이 계획은 트루먼 선언에서 대두된 그리스, 터키에 대한 추가 원조의 필요성을 검토하는 과정에서 제기되었다. 유럽에 대한 추가 원조는 1947년 초부터 정부 안팎에서 논의가 시작되었지만 이 제인이 행정부 고위급 관리들과 트루먼에게 '원칙적으로' 받아들여진 것은 이때였다.[056]

---

054 트루먼 독트린과 마샬 플랜을 비롯한 미국의 대외 정책 일반의 기본 방향은 트루먼과 애치슨이 주도했다. 그 시기 미국의 대외 정책의 핵심 사안은 유럽의 경제 통합, 그리고 그로 인해 불가피하게 수반될 유럽 분단의 현실화에 있었다. 김정배, "마샬 플랜의 결정 과정: 마샬의 제안까지", 『역사와 경계』 31집, 부산경남사학회(1996), p. 30.

055 마샬의 연설 내용 출처: https://www.ourdocuments.gov/doc.php?flash=false&doc=82&page=transcript(검색일: 2019년 10월 2일)

056 미국은 마샬 플랜을 입안하면서 크게 세 가지를 목표로 삼았다. 첫째, 유럽의 재건 계획을 수립하는 일은 '유럽인의 일'이어야 한다는 것이었다. 유럽이 계획에 기본적인 책임을 지고, 미국은 계획의 기초과정에서 '우호적인 도움을 주고, 나중에 유럽의 요청을 받아 재정적, 그리고 다른 수단으로 그 계획을 지원'해야 한다는 것이었다. 둘째, 유럽 계획의 목적은 '서유럽이 재정적인 자립 기반 위에서 원만한 생활 수준을 유지할

트루먼 행정부의 정책 수립 담당자들은 경제 통합만이 유럽 경제 위기를 해결하고, 경제 재건을 가능케 함으로써 유럽 스스로의 힘으로 소련 위협에 능동적으로 대처할 수 있는 방법이라 생각했다. 이처럼 미국의 대유럽 통합정책은 종전(終戰) 직후 유럽의 정치적·경제적 위기 상황을 극복하고 유럽 문제를 근본적으로 해결할 필요에서 나온 셈이다.

미국의 대유럽정책 기본 이념에서 출발한 유럽 통합정책은 크게 세 가지 성격을 띠었다. 첫째, 정치적 성격이다. 미국은 제2차 세계대전이 발발하기 전 유럽의 3대 강국이었던 독일·영국·프랑스가 전후 전쟁 피해로 몰락하면서 유럽에 생긴 '힘의 공백' 상태를 의식하게 되었다. 자칫 소련이 이러한 힘의 진공 속으로 밀고 들어와 그 자리를 차지할 가능성이 크다고 본 것이다. 이 때문에 미국은 소련의 팽창을 저지하고 유럽을 재건하려면 '건강한 유럽(a healthy Europe)'만이 최선의 방안이 될 수 있을 것이라 판단했다. 둘째, 전략적(=군사적) 성격이었다. 프랑스는 30년도 안 되는 짧은 기간 동안 세계대전을 두 번이나 일으키며 프랑스를 전화(戰禍) 속으로 몰아넣은 독일에 적개심을 품었다. 이에 미국으로서는 전후 프랑스가 독일 재건으로 느끼게 될 안보 불안을 해소할 책임이 있었다. 이 문제를 해결하지 않고 전후 유럽 위기를 구조적으로 해결하는 것은 불가능했기 때문이다. 미국이 프랑스의 안보를 해결하고 독일을 재건하여 독일 전체주의가 다시 일어나는 것을 막을 수 있는 방법으로 구상한 것이 유럽 경제통

수 있는 정도까지' 경제를 회복시키는 데 두었다. 셋째, 이 계획에 참가할 수 있는 국가는 기본적으로 유럽 '전체'였다. 마샬 플랜은 유럽을 분단시킬 수 있는 문제점을 안고 있었기 때문에 특정 지역을 계획의 참가 대상에서 제외하지 않았다. 그러나 참가국이 수용해야 할 일정한 '조건'을 단서로 붙이는 방안을 제시했다. 소련과 동유럽이 그들의 경제를 '개방'해야 한다는 것이었다. 그러나 소련이 이에 반발하면서 전 세계를 대상으로 검토되던 추가 원조 문제는 대상을 서유럽으로 한정함으로써 성격이 크게 변질되었다. 김정배, "마샬플랜의 결정과정", p. 28.

합이었다. 이는 1949년 결성된 서유럽 집단 안보체제인 북대서양조약기구(NATO) 출범으로 일차 열매를 맺었다. 셋째, 경제적 성격이었다. 혁명, 공산주의, 전체주의가 정치 문제라면 전후 유럽에서 발생한 기아, 빈곤, 경기 침체는 경제문제였다. 전후 유럽은 이러한 정치 문제가 경제문제로 이어질 수 있는 상황이었다. 따라서 유럽의 경제 안정은 미국의 번영과 직결되는 문제였다. 미국은 이 논리에 따라 유럽의 경제 번영과 정치 안정을 이루기 위해 '아메리카 합중국' 같은 경제 통합체인 '유럽 합중국'을 구상하였다.[057]

그러나 미국이 추진한 이 경제정책은 의도와 달리 성공적이지 못하였다. 미국은 이 정책이 유럽에 장기적으로 평화를 정착시킬 수 있는 수단이고, 미국 경제의 이해관계를 충족시킬 수 있는 해결책이라 생각하였으나 소련이 이에 동의하지 않았기 때문이다. 오히려 이 문제를 둘러싼 미·소 간의 갈등이 동유럽, 그리고 독일 문제를 해결하는 과정에서 첨예한 대결로 이어졌다. 이후 두 나라 간의 갈등은 격한 군사적 대결로 치달았다.[058]

1945년에서 1947년까지 미국의 대(對)유럽 정책은 크게 세 단계로 실행되었다. 첫째, 제2차 세계대전 때 연합군으로 함께 했던 동맹국이 동유럽 문제 처리를 둘러싸고 1945년에 갈라서기 시작했다. 둘째, 1946년에 이란 위기와 터키·그리스 사이에서의 다르다넬스 해협 갈등이 일어나자 미국은 힘에 기초한 봉쇄정책으로 소련에 대응하였다. 셋째, 소련의 움직임에 대한 구체적 처방으로 1947년과 1948년 사이에 터키·그리스 원조와 동지중해 국가와 서유럽을 지원하는 계

---

[057] 남정옥, "미국 트루먼 행정부의 대유럽 정책", pp. 193~94.
[058] 노명환, "동·서 유럽의 분단과 마샬 플랜의 기원에 대한 논쟁의 검토", 『동유럽발칸연구』, 한국외국어대학교 외국학종합연구센터 동유럽발칸연구소, 2005. 참조.

획인 마샬 플랜을 입안하였다. 이 가운데 냉전 시작과 밀접한 관련을 맺는 것이 세 번째 단계였다. 이 시기부터 미국은 국내적으로 냉전 정책이 군사적 방식으로 전환하고, 아시아로 관심을 기울이는 것에 대한 합의가 이뤄지기 시작했다.

2. 동아시아에서의 냉전 전선

"미국은 아시아에서 벌인 현실주의적 행동을 자유주의의 수사로 포장했다. … 요컨대 1900년부터 1950년대까지 미국의 아시아 정책을 관통한 '붉은 실타래'는 국제정치에 대한 법치주의-도덕주의적 접근이 아니라 현실주의였다."[059]

전후 미국이 아시아(일본은 전쟁에 패한 나라로 미국이 통제할 수 있고, 동남아는 소련에서 멀리 떨어져 있기에)에서 우선 관심을 기울인 대상은 중국과 한국이었다. 이 가운데서도 국공 내전으로 혼란에 빠져있던 중국은 전후 초기부터 미국의 주요 관심 대상이었다. 미국의 대아시아 정책의 근간이자 전통이었던 문호개방정책에서도 알 수 있듯이 중국은 동아시아에서 미국 이익의 핵심이었기 때문이다.[060]

이러한 인식에 기초하여 미국은 제2차 세계대전 이후 극동에서 미·중 관계 중심의 정책을 펼쳤다. 이때 핵심은 기존 미·숭 우호 관계를 통해 획득한 유리한 지위를 이용해 일본의 중국 진출을 막는 것이었다. 미국은 이 정책을 중·일 전쟁 때부터 일관되게 시행하였다. 중·일 전쟁 중이나 중·일 전쟁 후에도 일본군을 중국에서 패퇴시키고 국

059　George F. Kennan, American Diplomacy, 죠지 케넌. 유강은 역,『미국 외교 50년』(서울: 가람기획, 2012), p. 52.
060　박재규,『냉전과 미국의 대아시아정책』(서울: 박영사, 1980), p. 28.

민당이 지배하는 통일 민주 중국을 실현하여 미국에 우호적이고 안정적인 아시아 지도 국가로 만드는 전략을 추구했다. 중국은 소련과 인접해 전략적 이점을 가지고 있었고, 이전부터 미국이 중국과 정치 경제 문화 관계를 맺으면서 형성한 우월적 지위를 활용할 수 있는 대상이었기 때문이다. 일본을 전략 거점으로 삼는 방안도 고려했으나 이는 당장 실현될 가능성이 낮았다. 일본에 대한 미국 국민과 연합국의 악감정이 커 일본의 존속과 재건을 반대할 것이라는 점도 고려한 선택이었다. 하지만 미국의 이 전략은 중국 공산화로 오판임이 입증되었고 극동 정책은 혼돈에 빠졌다.[061]

소련은 얄타 회의 결의[062]에 따라 1945년 8월 8일 일본에 선전 포고를 하고 9일 동아시아 전장에 뛰어들었다. 소련이 이 전쟁에 참여한 목적은 군국주의 일본을 제압하고, 중화민국과 맺은 동맹을 유지하여 자신들이 확보한 이권을 지키며, 얄타 회담에서 영미가 러시아에 약속한 지정학적 지반을 확보하는 것이었다. 소련은 참전 후 일본 북부에서 일본군의 저항을 제압하고 자신들이 원했던 지정학적 지반을 모두 확보한 뒤인 1945년 9월 2일에야 승전을 선언하였다.[063] 이로써 소련은 자신이 얄타 회담 이전부터 구상했고 기대했던 결과를

---

[061] 같은 책, pp. 88~89.

[062] 제2차 세계대전 후 동아시아 질서의 기조를 결정한 계기는 1945년 2월에 열린 얄타 협정이었다. 이 회의에서 러시아에 관련된 협정은 세 가지였다. 첫째, 몽골인민공화국(외몽고)의 현상을 유지한다. 둘째, 1904년 러·일 전쟁으로 러시아가 잃은 권리를 회복한다. 이의 내용은 사할린과 인접한 일체 부속 도서 회복, 대련(따롄)과 여순(뤼순)에 대한 우선적 권리 회복, 동청 철도와 남만주 철도의 중국과 공동 운영, 쿠릴 열도의 소련 인도 등이었다. 소련은 이를 조건으로 참전하였다. 조약문 원문은 Wilson Center Digital Archive 참조(https://digitalarchive.wilsoncenter.org/document/116176. 검색일 2019년 10월 2일)

[063] 일본군이 소련군에 패하여 항복문서에 조인한 날이다.

대가로 얻었다.⁰⁶⁴

그러나 소련은 전후 동아시아 지역 재편 과정에서는 방관자에 불과하였다. 미국만큼 이 지역의 질서 구축을 위해 공을 들이지 않았다. 게다가 소련은 이 지역에 대한 이해가 충분치 않았다. 소련은 당시 자국 내에 일본과 동아시아를 연구하는 전문가가 거의 없었고 그나마도 이 일 직전에 그들을 숙청했던 터였다. 이 지역은 전문적 이해가 부족한 군인이나 군정 담당자들이 담당하고 있을 뿐이어서 미국만큼 치밀한 극동 전략을 세우기에는 애초부터 역부족이었다. 게다가 소련에는 전쟁 피해 복구가 더 시급한 일이었다. 여기에다 핵 개발에 착수해 동아시아에 쏟을 여력도 충분치 않았다.⁰⁶⁵ 소련이 전후 초기 동아시아 문제, 특히 일본 문제 처리에 소극적이고 실제 영향력을 행사하기 어려웠던 이유다.⁰⁶⁶

이로 인해 1945년 9월 일본이 항복문서에 조인한 후 일본 점령을 실제로 주도한 주체는 연합국 총사령관 맥아더(Douglas MacArthur)와 미국이 될 수밖에 없었다. 이는 1945년 12월 모스크바 외상회의에서 루마니아, 불가리아에 친소 정권 수립을 미국이 용인하는 대가로 소련이 일본 점령에 대한 미국의 우위를 인정한 데 따른 것이기도 했다. 소련은 이 회의에서 일본의 점령관리에 자문을 제공하는 정책기관인 국제 관리조직인 대일이사회(Allied Council for Japan)에 미국, 영

---

064 배정호, 『일본의 국가전략과 안보전략』, pp. 32~33.
065 下斗米伸夫, 『アジア 冷戰史』, 정연식 역, 『아시아 냉전사』(대구: 경북대학교출판부, 2017), pp. 20~21.
066 냉전은 출발부터 미·소 간의 비대칭적 대립 구조 속에 시작되었다. 미국은 초강대국으로서 경제력을 기반으로 새로운 동맹국들에 적극적인 원조를 제공할 수 있었던 반면, 소련은 전쟁으로 심각한 타격을 입은 상태였기 때문에 자원과 인력 모두에서 열세였다. 下斗米伸夫, 『アジア 冷戰史』, p. 17.

국, 중국과 함께 참여하였다.⁰⁶⁷

그런데 이 외상회의 결과에 트루먼 대통령이 불만을 표시했다. 트루먼은 협상 결과가 소련에 너무 유리하였고, 미국이 소련에 너무 유화적 태도를 보였다며 미국 대표단을 힐난하였다. 소련도 마찬가지여서 이 회의를 계기로 협상에 참여했던 외교관들을 해임하였다. 그 결과 미·소 양국 모두에서 회담 이후 유화(宥和)파들이 실각하고 강경파들이 그 자리를 대신 차지하였다. 이는 1946년 발표된 케넌 봉쇄정책의 빌미가 되었다.⁰⁶⁸

소련이 미국의 경계심을 초래한 다른 이유 가운데 하나는 핵 개발이었다. 소련은 미국이 개발한 핵폭탄의 위력에 자극받아 1945년 8월 20일 국가국방위원회 결정으로 특별위원회를 구성하고 이 위원회에 핵 개발 추진을 명령하였다. 이 위원회는 출범 후 핵폭탄 원료가 되는 우라늄을 찾는 데 주력하였다. 2년여 노력 끝에 소련과 소련이 점령하고 있던 동구 지역에 매장된 우라늄을 채굴할 수 있었다. 이 점은 소련이 동구권 지배에 집착한 이유 가운데 하나이기도 하였다. 아울러 이는 모스크바 외상회의에서 루마니아, 불가리아의 지배를 미국에 용인받는 대신 미국의 일본 지배를 승인하는 동기가 되었다. 소련은 핵 개발이 성공할 때까지 개발 사실을 미국에 들키지 않기 위해 일본 문제에 소극적인 태도를 취했다.⁰⁶⁹ 결국 소련은 1949년 8월 핵실험에 성공하면서 전후 4년간 지속되었던 미국의 핵 독점을 깨뜨렸다. 소련의 핵 개발은 다분히 미국의 공격 가능성을 의식한 측면이

---

067 1945년 12월 27일 모스크바 외상회의에서 4개국 대표로 구성되었다. 1946년 4월 5일부터 격주로 회의를 가졌다. 냉전이 격화되면서 1952년 4월 23일 제164차 회의를 끝으로 활동이 중지되었다.
068 下斗米伸夫,『アジア 冷戰史』, p. 15.
069 같은 책, pp. 39~41.

컸다. 미국에 대한 불신의 소산이었다.

트루먼 정부는 내전에 돌입한 중국을 처리하는 문제에 대해 고심한 끝에 개입 방식을 포기하고 외교적, 정치적 방법을 통해 해결하기로 결정하였다. 이는 사실상 얄타적 균형을 유지하는 방안이었다. 트루먼은 2차 대전의 영웅 마샬 장군을 대통령 특사로 임명해 중국에 파견하였다.

1945년 12월 20일 중경에 도착한 마샬이 생각했던 중국 문제 해결 방안은 공산당을 입헌 정부의 정치적 군사적 조직체 속으로 끌어들여 서구 국가들에서 공산당이 차지하는 것과 유사한 지위를 부여하는 것이었다. 내전 중인 두 세력을 참여시켜 장제스를 수반으로 하는 연립정부를 수립하고 군대도 통합한 뒤 감축하며, 통합된 정부에 미국이 경제원조를 제공한다는 계획이었다. 문제는 마샬이 이 한 가지 계획만 가지고 있었다는 점이다.[070]

마샬 사절단은 1946년 전반기 동안 한편으로는 중국 내에 존재하는 두 파벌 간의 관계를 중재하고, 다른 한편으로는 국민당에 원조를 제공하는 이중 계획을 추진하였다. 본래 그가 가지고 왔던 계획과 구상에 따른 것이었다. 그러나 미국의 국민당에 대한 지원은 국민당이 내전에서 공산당에게 군사적으로 승리하고, 중국 인민으로부터 확고한 지지를 얻을 때만 의미를 갖는 것이었다. 게다가 이 방향으로 문제가 풀리지 않을 때는 대안이 될 수 없었다.[071] 거의 성사 직전이었던 협상은 국민당이 합의안을 번복하고 공산당이 이에 항의하면서 결렬되었다. 이는 마샬의 중재 노력이 실패하였음은 물론 국공 내전이 재개되는 것을 의미하였다.

---

070 박재규,『냉전과 미국의 대아시아정책』, p. 51.
071 Iriye Akira, *The Cold War in Asia*, p. 138.

유럽에서 시작된 냉전은 대일 점령 정책에도 영향을 주기 시작했다. 이때부터(1947년) 일본에서 역코스와 아시아의 나머지 지역에서 '큰 초승달 지대' 모양의 냉전 전선이 형성되었다. 이 전선을 통해 "동아시아 지역에서 봉쇄의 기원을 추정할 수 있고, 동시에 봉쇄가 다양한 전략적 가능성 가운데 하나로 패권 개념에 종속된 것임을 파악할 수 있게 되었다."[072]

미국의 단독 지배 아래 통일된 일본은 아시아 초승달 지대의 핵심이었다. 중국의 공산화 이후, 일본 배후지는 대개 동남아시아를 가리키게 되었으나 1947~48년에는 한국과 만주-중국 북부가 모두 일본과의 잠재적 재(再)통합 대상이었다. 애치슨(Dean A. Acheson)은 1947년 5월 8일 연설에서 이런 구상을 공개적으로 밝혔다. 그는 두 대륙이 의존하는 두 개의 거대한 작업장을 미국이 재건할 것이라 말했다.[073] 이때 애치슨이 말하는 봉쇄 전략은 피아(彼我) 모두에 적용되는 것이었다. 공산주의 적군을 봉쇄하는 동시에 미군을 동맹국에 주둔시키면서 아군(동맹군)까지 제약하는 것이었기 때문이다.[074]

한국과 일본에 대한 미국의 점령 정책은 동일한 정책형성 기구 내 정책 입안자들에 의해 동시에 마련되었다. 일본과 한국에 대한 점령정책이 전후 미국의 세계질서 구상이나 동아시아 전략이라는 큰 틀에서 고려되었다. 한국 정책은 대일 정책의 종속변수로 일본 식민지의 전후 처리 차원에서 검토되었다.[075]

---

072 Bruce Cummings, "냉전의 중심, 한국", 『아시아리뷰』 제5권 제2호(2016), p. 198.
073 Bruce Cummings, "냉전의 중심, 한국", p. 200.
074 같은 글, p. 203.
075 안소영, "태평양 전쟁기 미국의 전후 대일·대한 정책 및 점령통치 구상: 이중적 대립축과 그 전환", 『한국정치외교사논총』Vol 31. 2, 한국정치외교사학회(2010), p. 168.

3절
미국의 일본 점령정책 전환

GHQ(General Headquarters of Supreme Commander for the Allied Powers, 연합군 최고사령관 총사령부)[076]의 초기 일본 점령 개혁 목표는 '군국주의 일본'을 해체하고 '자유민주주의 일본'을 건설하는 것이었다.[077] 이 기조는 비군사화와 민주화 추구 등 두 가지였다. 그러나 GHQ 점령 개혁은 전후 유럽에서 냉전이 시작됨에 따라 질적 변화를 맞는다. 미국은 장차 동아시아에서도 미·소 대결, 더 나아가 미·소 전쟁이 일어날 가능성에 대비해야 할 필요를 느꼈기 때문이다. 일본을 반공 기지로 만들 필요가 있었던 것이다. 미국은 이 목적을 위해 기존 정책을 거슬러 일본의 경제부흥, 대일 강화 추진, 미·일 안전보장체제 구축 작업을 시작했다.[078]

---

[076] 제2차 세계대전 종전 후 연합국이 포츠담 선언과 일본 항복문서에 따라 대일 점령정책을 수행하기 위해 1945년 일본 요코하마에 설치한 기관이다. 1952년 대일 강화조약 발효와 함께 폐지되었다.

[077] SWNCC의 '초기방침'과 합동참모본부의 '기본 지령'에서 언급한 초기 비군사화 민주화 정책은 1947년 말에 이르러 재벌 해체 등의 집중배제 정책을 제외하고는 대부분 개혁이 마무리되었다. Takemae Eijii, *GHQ*, 타케마에 에이지. 송병권 역, 『*GHQ*: 연합국 최고사령관 총사령부』(서울: 평사리, 2011), p. 242.

[078] 배정호, 『일본의 국가전략과 안보전략』, p. 106.

1. 점령 초기 미국의 대일 정책

미국은 일본이 항복한 이후 일본 열도를 단독 점령했다. 소련과 영국은 일본에서도 유럽처럼 연합국 4개국이 독일을 공동 점령했던 방식을 따르길 희망했다. 그러나 미국은 이들의 요구를 묵살하였다. 미국은 일본을 점령할 때 대일이사회에 참여한 이 나라들의 도움을 거의 받지 않은 데다[079], 대일전을 치르면서 일본이 갖는 전략적 중요성을 깊이 인식했기 때문이다.[080] 실제 미국은 점령정책 수행 과정에서 대일이사회에 참여하는 다른 나라들과 형식적 협의만 거치고 그들의 의견은 묵살하였다. 미국은 자국의 의도와 이해관계를 실현하기 좋은 이 조건을 최대한 활용하여 자신이 원하는 방식대로 동아시아 전후 질서를 구축하고자 하였다. 이때 이 질서 형성의 중심은 일본이었다.

일본을 단독 점령한 미국은 GHQ(연합군 최고사령관 총사령부)를 통해 점령 정책을 추진하기 시작했다. 최고사령관은 맥아더였다. 맥아더는 일본 헌법과 법률에 구애받지 않는 절대 권력을 합법적으로 행사하며 개혁 정책을 밀어붙였다.[081] 그의 과제는 군국주의 일본을 해

---

079 미국은 전후 일본에서 독점적 지위를 확보하면서 양자 간의 일방주의에 기초한 정책을 추진하였다. 아시아 전후 질서 구축에서 미국을 제외한 연합국의 이해관계가 독일에 비해 상대적으로 적었고, 미국은 일본과 전쟁을 치를 때 영국과 소련의 도움을 거의 받지 않았다. 차상철, "아이젠하워, 이승만, 그리고 1950년대 한미관계"(2002) 참조.

080 미국이 주목한 일본의 전략적 중요성은 두 가지였다. 하나는 일본의 경제적 잠재력이었다. 미국은 일본이 1854년 개항 이후 급속한 산업화와 근대화를 이룬 점을 높이 평가했다. 다른 하나는 지정학적 측면에서 미국에게 일본 열도는 아시아로 통하는 관문이었고, 반대로 아시아 국가들이 태평양으로 나가는 것을 효과적으로 차단할 수 있는 천혜의 요새였다. 마상윤, 『글로벌 냉전과 동아시아』(서울: 서울대국제문제연구소, 2015), p. 85.

081 Takemae Eijii, *GHQ*, p. 192.

체하고 자유민주주의 일본을 건설하는 것이었다. 그는 이를 위해 다음 영역에서 이전과 다른 혁신적인 개혁 조치를 취하였다.

먼저, GHQ는 포츠담 선언에서 '민주적 경향의 부활·강화' 조항을 1945년 10월 4일 발표한 '인권 지령'에서 구체화하였다. 이 지령이 발효되면서 치안유지법같이 전시에 국민을 탄압하는 데 악용하던 법률들이 폐지되었다. 이 지령에 따라 정치범이 석방되었고, 특고경찰 직원, 내무대신, 경찰부장 등이 파면되었으며 천황제를 비판할 수 있는 자유가 생겼다. 일본 공산당도 합법화되었다.

10월 11일에는 맥아더 사령관이 수상 시데하라 기주로(幣原喜重郎)에게 "여성 해방, 노동조합 결성, 교육 자유화와 민주화, 비밀 탄압 기구 폐지, 경제 기구 민주화"라는 '5대 개혁 지령'을 하달했다. 맥아더는 이 다섯 가지를 점령군이 가장 먼저 시행해야 할 조치로 여겼다. 이를 계기로 새 선거법도 도입하였다. 이 새 선거법 도입으로 1945년 12월 최초로 여성 참정권이 인정되었다.

전범 체포도 시행하였다. GHQ는 군인, 문관, 황족을 포함해 103명의 A급 전범 용의자 체포 명령을 내려 이 가운데 28명을 기소하였다. 평화에 대한 범죄, 인도주의에 대한 범죄도 개인에게 형사 책임을 물었다. B급(통상적인 전쟁범죄), C급(포로 학대 등) 전범 천여 명을 연합국 7개국에서 처형하였다.[082]

1946년 1월에는 공직 추방령을 발포하여 군국주의적, 초국가주의적 태도를 가진 정치지도자의 입후보 자격을 제한했다. 전쟁에 협력했던 관계, 재계, 언론계, 노동계, 교육계 등 모든 분야에 이 법령을 적용해 수십만 명을 공직에서 추방했다. 공직 추방은 각계에서 지도자 교체와 세대교체를 촉진해 일본의 발전에 기여했다는 평가도 받았다.

082 같은 책, pp. 194~195.

무엇보다 개혁 조치의 정점은 신헌법이었다. GHQ는 일본의 구 헌정기구가 군부 독주를 초래해 일본이 침략전쟁을 일으켰다고 판단, 이를 근본적으로 개혁하는 것이 세계 평화와 미국의 안전을 지키는 데 필수 조치라 보았다. 이를 위해 GHQ는 강력한 권한을 기반으로 천황의 정치적 기능을 대폭 제한하여 국가와 국민통합의 상징으로만 남게 했고, 주권재민 원칙을 실현했다. 천황제는 유지했지만 봉건제도는 폐지하고 귀족제도도 개혁했다. 3권을 분립하고, 국회는 선출직 의원으로 구성해 국민의 최고권력기관으로 만들었다. 헌법 9조에는 전쟁 포기와 전력 불보유, 교전권(交戰權) 부인(否認) 내용을 담아 평화헌법이라는 별명을 얻었다.[083]

GHQ는 경제 민주화에도 박차를 가했다. 경제 민주화 조치로 이뤄진 경제개혁이 전후 일본의 경제 발전을 가져왔다는 평가가 많다. 경제 민주화는 농지개혁을 통해 저렴한 노동력의 공급원을 차단하고, 재벌 해체를 통해 봉건적 노사관계를 해체하였다. 노동운동을 권장하여 노동조건의 개선을 도모하였다.[084]

GHQ는 국민의 군국주의와 초국가주의 사상을 변화시키는 일에도 주력하였다. 군국주이, 초국기주의 제도를 시탱하는 것이 국민의 사고방식과 습관이라 보고, 이를 혁파하는 데 주력하였다.[085]

종교의 자유 보장도 중요한 정책 지향 가운데 하나였다. GHQ는 종교의 자유와 정교분리 원칙에 바탕을 두고 신도(神道)를 군국주의적, 초국가주의적인 것으로 간주해 신사(神祠)를 폐쇄했다. 특정 종교에 대한 공직 지원을 금지하고, 공교육에서 신도를 금지했다, 그리고

---

083 같은 책, pp. 197~206.
084 같은 책, pp. 207~224.
085 같은 책, pp. 225~231.

이를 헌법 제20조(종교의 자유)와 제89조(공공 재산의 지출 제한)에 반영하였다.

미국은 GHQ를 통해 점령에서부터 1947년까지 약 2년여간 일본을 민주적으로 개혁하는 일에 주력하였다. 그러나 이면에서는 일본을 미국의 전략적 요충지로 삼는 조치들도 차근차근 진행하였다.

2. 미국의 대일 정책 전환

지금까지 공개된 정보들로 미뤄볼 때 트루먼 행정부는 전후에 미국이 세계 주도권을 쥐어야 한다는 생각을 강하게 가지고 있었던 것 같다. 이는 전임자 루스벨트(Franklin Delano Roosevelt) 대통령이 추진하던 정책이기도 했다. 트루먼은 전임자의 정책을 충실히 계승하기 위해 1946년부터 유럽에서 시행하기 시작한 봉쇄 전략을 아시아 지역으로까지 확장하였다. 목표는 이 지역에서 대소 우위를 지키는 것이었다. 물론 일본에 대한 이 구상은 전쟁 전부터 준비하던 것이다.[086]

유럽 지역에서 전후 처리를 둘러싸고 소련과 대립이 첨예해지자 미국은 이제까지 추구한 방향과 반대로 일본에서 반공 세력을 온존, 육성하는 데 힘을 기울이기 시작했다. 그리고 일본 경제를 낮은 수준에 묶어둔다는 초기 정책을 1948년에 변경하였다. 이는 1947년에 이

---

[086] 트루먼 행정부는 일본 점령은 독일과 같은 분할 점령이 아니라 단일체가 점령하는 것이어야 하며, 연합국의 점령 형식을 취하더라도 미국의 영향력은 반드시 관철돼야 한다고 생각했다. 미국이 아시아 지역에서 유일한 이해 관계국이었고, 루스벨트 대통령과 트루먼 대통령의 개인 성향, 전임자의 정책을 계승하고자 했던 트루먼 대통령의 의지, 미 행정부의 일본 단독 점령 주장 등이 복합적으로 작용해 일본의 단독 점령이 추진된 것이다. 방식은 양자 간에서의 일방주의였다. 미국은 이 방식으로 일본 문제를 해결하고 극동지역에서 독점적 우위를 차지하려 했다.

미 시작되던 역코스 정책의 일환이었다.[087] 이 정책의 일단을 미국의 케네스 C. 로열(Kenneth C. Royall) 육군 장관이 1948년 1월 6일 샌프란시스코에서 한 연설에서 확인할 수 있다.

"그러나 우리의 결정이 현실적으로, 그리고 확고한 결단으로 일본이 다른 국가를 도발하고, 공격적이고 잔인한 전쟁을 다시 일으키는 것을 막기 위해 가능한 모든 노력을 다할 것이라는 점을 확신시켜 드릴 수 있습니다. 우리는 일본에 충분히 강력하고 안정적이며 동시에 극동에서 일어날 수 있는 다른 전체주의의 전쟁 위협을 억제할 수 있는 역할을 할 수 있는 자립적인 민주주의를 건설하는 확실한 목적을 가지고 있습니다."[088]

이 연설문은 대부분 일본의 열악한 경제 현실을 보고하는 내용으로 채워져 있다. 이를테면 다음과 같은 것이다. "① 미국 시민은 전쟁에서 독일과 일본을 이겼음에도 실망하고 있다. 점령 경비가 부담되기 때문이었다. ② 점령의 첫째 목적은 일본이 다시는 미국에 위협이 되지 않도록 하는 것이다. 이에 일본이 위협이 되지 않도록 경제 발전에 여러 가지 제약을 가했다. ③ 일본 경제의 총규모는 1946년 들어 1930~34년의 18% 정도였다. 그러나 1947년에는 전전 40% 수준이다. ④ 일본에서 대량생산이 재개되지 않는 한 물자부족은 계속될

---

087 이 말은 1951년 가을 "요미우리신문" 연재 기사에 처음 등장한 이후 일본에서 유행어가 되었다. 이 말이 1947년부터 1949년까지 추진된 미국의 대일점령정책을 상징적으로 잘 표현하고 있었기 때문이다. Takemae Eijii, op. cit. p. 245.

088 The World and Japan Database. Database of Japanese Politics and International Relations National Graduate Institute for Policy Studies(GRIPS); Institute for Advanced Studies on Asia(IASA), The University of Tokyo (http://worldjpn.grips.ac.jp/documents/texts/JPUS/19480106.S1E.html)

것이다." 등이다.

이는 언뜻 보면 미국이 이렇게 경제적 부담을 지면서까지 일본을 계속 책임질 필요가 없다는 뜻으로 읽힌다. 마치 미국이 일본에서 손을 떼기 위해서는 하루라도 빨리 미국의 도움이 필요 없는 상태로 만들어야 한다고 주장하는 것 같다.

하지만 그의 진의는 '극동에서 일어날 수 있는 다른 전체주의의 전쟁 위협을 억제할 수 있는 역할을 할 수 있는' 일본을 건설하는 데 있었다. 이는 미국이 장차 동아시아에서 소련과 대결하게 될 상황을 고려하여 일본을 방파제로 삼겠다는 구상을 감춘 것이었다. 로얄은 이를 위해 일본의 경제를 적어도 자급자족이 가능한 수준으로는 끌어올려야 한다는 것을 우회적으로 표현했다. 이는 GHQ가 2년 동안 추진하였던 일본 민주화, 비군사화 정책의 수정을 요구하는 내용이었다.[089]

미국은 이를 뒷받침하기 위해 일본을 중심으로 한 지역통합전략 구상을 마련하였다. 이 구상은 일본이 2차 대전 패전으로 상실한 안정적 시장과 원료 공급지를 복원하기 위해 한국, 대만을 비롯한 동남아를 일본 시장과 원료 공급지의 성격을 갖는 배후지로 만드는 것이었다.

그의 이 주장은 1948년 10월 미국 국가안보회의가 만든 미국의 대일 정책에 관한 권고 'NSC-13/2'라는 정책 문서를 통해 공식화되었다.[090] 이 문서를 통해 일본 경제를 부흥시킨다는 방침이 공식적으로

---

[089] 임필수, 『일본 재무장의 새로운 단계: 미국의 태평양 지배를 위한 미·일동맹의 선택』(서울: 사회운동, 2105), p. 75.

[090] 1948년 10월 7일 승인되었다. 이 문서는 보고서 초안인 NSC 13/12를 기초로 하였다. 1948년 들어 로얄 장군의 연설과 보고를 대폭 수정하여 대일 배상을 군수에 국한된 "제2차 스트라이크 보고서"(3월), 이어 일본의 경제 능력을 조사한 "존스톤-드레이퍼 보고서"(5월)가 제출되어 미국이 일본의 경제 자립을 원조하는 방향으로 정책 전환의 기초가 마련되었다. 이 정책 전환에 결정적인 영향을 준 것은 1948년 10월의 국가안

결정되었다. 트루먼 대통령은 이 문서를 승인하고 난 뒤 디트로이트 은행 총재 조셉 닷지(Joseph Dodge)를 워싱턴에 불러들여 일본의 경제 부흥에 협조해 줄 것을 요청하였다. 닷지는 이 요청을 수락하고 일본으로 건너가 일본의 경제부흥 작업을 지원하였다.

이렇게 미국의 점령 정책의 방향 전환을 일본인들은 '역코스'라 불렀다. 일본에서 이 역코스는 전쟁범죄, 전쟁 부역으로 공직에서 추방한 공직추방 조치를 해제하고, 좌익 노동운동은 탄압하는 대신 반공적 노동운동은 장려하며, 재일조선인을 탄압하고, 공산주의자들을 공직이나 교육계에서 몰아내는 '레드 퍼지(Red Purge, 赤色淸算)'로 나타났다. 이 시기에 추진한 이러한 정책들은 일본인에게 GHQ가 수행한 초기 민주화 정책을 스스로 부정하는 조치로 비쳤다.

일본을 전략 요충으로 만드는 작업도 추진되었다. 맥아더는 도서 방위선을 중심으로 해·공군력을 이용해 일본 방위를 보장하는 방법을 구상했다. 맥아더의 이 견해는 합참의 핀서(Pincer), 문라이즈(Moonrise), 오프 태클(Off Tackle) 등의 비상전쟁계획(Emergency War Plan)으로 구체화되었다.[091] 1948년 3월 케넌과 가진 회담에서도 맥아더는 태평양을 보호하기 위해 알류샨열도, 미드웨이, 일본의 위임통

전보장회의 문서 NSC-13/2였다. FRUS 1948. The Far East and Australia Volume VI. Nr. 775. 케넌의 대소련 봉쇄 제안도 미국의 대일정책 수정에 큰 영향을 미쳤다. "케넌은 세계 정치의 전개상에서 잠재적 요인으로 일본은 중국보다 훨씬 중요하고 극동에서 잠재적 군사 산업의 대기지라는 인식 아래 기존 미국의 대일정책을 비판하였고, 조기 강화론을 비판하였으며, 미국의 지도와 감독 아래 일본의 한정적 재군비화, 일본을 자유 진영에 편입시키는 적절한 시기의 강화를 주장하였다." 배정호, 『일본의 국가전략과 안보전략』, p. 114. 이 문서에는 종래 과도한 민주화 정책을 검토해 공직추방 해제와 재군비, 경제부흥과 경제 안정, 대일 강화, 일본 정부에 대폭적인 권한 이양 등 10개 항목으로 대일정책 방침이 들어 있다. Takemae Eijii, 앞의 책, p. 243.

091 이 작전 계획들은 1940년대 후반부터 미국이 소련의 대규모 침략에 대비하여 수립하였다.

치하에 있는 섬들, 필리핀의 클라크 공군 기지, 오키나와를 연결하는 U자형 지역을 확보하는 것이 필요하다고 역설하였다. 그의 견해는 '도서방위전략(off-shore defense strategy)'으로 명명되었다.

맥아더의 도서방위전략은 소련과 전면전이 발생했을 때 동북아에서는 방어 전략을 취하고 일본을 중심으로 일본에 이어진 섬들을 따라 해·공군력 중심으로 아시아 대륙을 공격하는 것을 골자로 하고 있었다. 실제 미국이 태평양에서 도서선(島嶼線)을 연결해 방위선을 구축한다는 구상은 1947년 태평양 지역에서 수행할 대소련 전쟁 계획에도 들어 있었다.[092]

이렇게 이 시기에 미국은 일본을 장제스의 중국 정부를 대신하는 아시아의 반공 거점으로 육성하는 전략적 구상과 더불어 대일 강화(講和)와 미·일 안전보장체제 구축 방안을 구상하였다. 이에 따라 GHQ는 이때부터 점령 개혁정책을 일본이 아시아의 반공 거점으로서 역할을 담당할 수 있도록 경제부흥, 일본 열도 내 주일 미군기지 보유 및 재(再)군비화에 역점을 두는 방식으로 전환하기 시작했다.[093]

---

[092] 미국 합동참모본부 전쟁계획위원회에서 작성한 문라이즈 전쟁 계획에도 아시아 대륙에서 거점을 확보할 경우 중국에 해·공군 기지를 설치하는 것을 언급하고 있는데 해·공군 전력에 의지하는 태평양 도서방위선 개념의 기본은 이 맥아더의 전략 개념에서 온 것이다.

[093] 배정호, 『일본의 국가전략과 안보전략』, p. 114.

4절
북한의 제국주의와 전쟁 세력 반대 노선

1. 북한의 대미(對美) 인식

　1945년 9월 이후 발간된 북한의 공간물에서는 한반도의 분할점령 결정, 한반도 북부에 진주한 소련군의 점령 정책을 소개하는 내용이 주를 이뤘다. 당시 발간된 『정로』에서는 4면 전체를 외신으로 채웠다. 외신은 대부분 소련 통신사나 소련 일간지에서 유럽, 미국, 일본 등의 동향을 전하는 기사를 번역 소개한 것이었다. 남한에서 발간되는 신문에서 미군정의 농향을 소개하는 기사를 가끔 게재하기도 하였다. 이때 북한이 보여준 태도는 갑작스럽고 새롭게 전개되는 상황에 대한 조심스러운 관망, 그러나 사회주의 체제에는 빠르게 적응해 가는 모습으로 요약할 수 있다.

　당시 『정로』는 소련 고위 인사들의 국제정세 분석을 번역 소개하였는데, 이들의 분석 내용을 보면 이미 미국과 소련이 상호 견제 중인 상태임이 드러난다. 1945년 11월 25일 자 "전 세계 주목의 초점, 모로토브 동지의 국제정세 보고"라는 기사에서 몰로토프는 새로 출범한 UN을 거론하며 "새 단체는 여하한 대강국(大强國)의 무기로 되지 말아야 될 것이니 그것은 총 국제사업에서 어떤 1개 국가가 지도적 역할을 강요함은 세계 통치를 강요함과 마찬가지로 불가한 일"이라면서 미국이 UN을 국제 사회를 지배하는 수단으로 삼는 것을 우려하였다.[094]

1946년에는 1945년 12월 16일부터 26일까지 모스크바에서 열렸던 3국(미국, 영국, 소련) 외상회의 결과를 소개하며 이에 대한 국제 여론, 미국 입장 등을 소개하였다.[095] 일부 외신 보도는 이와 관련된 남한의 언론보도를 인용하기도 했다.[096] 내용은 미국과 소련 고위 인사들의 한반도 동향 분석, 미·소 양국의 점령 정책에 대한 논평 기사 등에 관한 것이었다. 이 기사들은 소련을 '세계 평화의 옹호자'로 추켜세우고 '미국'을 평화 위협 세력으로 간주하는 것을 내용으로 하였다.[097]

동아시아 정세에 대해서는 독자 정보 채널과 소련의 공식 채널을 활용하였다. 북한은 1946년 들어 미국이 태평양 지역을 군사화하는 시도를 경계하는 보도를 내보내기 시작했다. "미국은 자기의 안전 및 방위에 필요한 기지는 미국군히(이) 관리하기로 결정하였다. 신탁통치 문제는 여전히 막연 및 곤난시되고 상금(尙今)까지 이 문제에 관하야 미국에서는 하등 정책의 공식적 성명은 없으나 국제련합이 반대하여도 미국은 일본에서 확보한 태평양의 제도와 지역을 군사적 보지 하에 두리라 하는 것은 넓이 지실(知悉)되는 바이다."[098] 북한은 미국이 파나마 운하에서 시작하여 하와이, 괌, 사이판, 동태평양 소재 도서 등 29개 이상의 섬에 해군 기동 기지를 건설하거나 정비하고 미국

---

094 "전 세계 주목의 초점, 모로또브 동지의 국제정세 보고", 『정로』, 1945년 11월 25일.
095 "쏘, 미, 영 3국 외상 모스크바회의 결과 발표", 『정로』, 1946년 1월 3일.
096 "소련 모스크바 방송, 모스크바 3상회의 협상 과정과 내용 상세하게 발표", 『정로』, 1946년 1월 26일, 이 기사는 『조선일보』 기사를 그대로 전재하였다. 이외에도 『정로』는 일본과 일본 내 미군 동향을 소개하는 일본 신문들의 기사도 번역해 실었다. 내용은 대체로 미국 비판이었다.
097 "쏘련을 세계 평화의 옹호자로 주장한 사설을 발표", 『로동신문』, 1946년 11월 29일.
098 "태평양작전기지 미 단독관리 주장 기지요새화 개시?", 『로동신문』, 1946년 2월 7일.

의 관리하에 두려 준비하는 것이 궁극에 자신을 침략하기 위한 조치라 생각하여 경계하였다. 특히 오키나와에 건설되는 해군기지를 가장 큰 위협으로 간주하였다.[099]

북한은 중국 문제에 관여하는 미국에 대하여 비판적 태도를 보였다. 소련은 종전 후 만주에서 철수하였는데 미국은 국민당을 지원하기 위해 중국에 주둔하며 중국 내정에 간섭하고 있다는 것이었다. "미군은 현 중국정세에 대하여 유효 있는 설비를 가지기 위하여 군대를 재편성하였다. 일전 쿠크 미 해군대장 지휘 아래 특별륙전군단을 편성하였는데 본군단에는 미 해군 제14함대 무력이 전체로 편입되었다. 다만 청도항에 있는 본군단 부대만 하여도 3만 명의 원수에 달하며 천진 진완진 호로도항 북평-봉천선간 지대 수비대 및 순찰대에도 우와 같은 수자로 군비와 인원수가 구비되었으며 순찰대는 수차로 해방지구 민주련군수비대와 출회하였다. 미륙전대와 민주8로군부대 간의 충돌은 에삐쏘트의 성질이었으나 얼마 전에 소위 순찰대라 칭하는 미군은 안평시 민주연군을 유격하였다. … 중국에 대한 미국 정책은, 즉 국민당 군사원조정책이며 그것이 중국 인민이 곤난을 당하는 데 근본적 원인이라고 볼 수 있다."[100] 북한은 미·소가 협조하는 태도를 보이면서도 실제로는 동아시아에서 균열 조짐을 보이는 점을 이렇게 포착하고 있었다.

소련 입장에서 미국을 비판하는 기사들의 노출 빈도는 1947년 접어들면서 급격하게 높아진다. 특히 미국이 유럽에서 추진하는 마샬플랜을 비판하는 기사들이 외신에서 큰 비중을 차지하기 시작했다.[101]

---

099 "태평양제도에 미해군 근거지", 『로동신문』, 1946년 3월 8일.
100 "주중국 미국 무력에 대하여", 『로동신문』, 1946년 10월 18일.
101 "애치슨 대쏘 독설 마-샬 변호", 『로동신문』, 1947년 3월 1일. 이 기사를 시작으로 미국의 그리스, 터키 원조에 관한 기사들이 연중 계속 보도된다.

대독일 강화, 일본 동향, 미국의 중동 지역 활동 상황, 미국의 중국 관여 동태 등도 비교적 큰 비중을 차지하며 보도되었다. 이 기사들에서 소련은 미국이 유럽에서 추진하는 정책을 자신과 소비에트 동맹에 대한 공격으로 간주하고, 자신의 행동이 미국의 도발적 행동에 대한 정당한 대응이라는 입장을 밝혔다. 이 입장도 자신의 입을 빌기보다 미국의 진보 인사나 서구 민간단체에서 표명한 입장을 전달하는 방식을 취했다.[102]

북한은 소련의 '미국 원자력의 통제 시도'에 대하여도 보도하였다. "소련은 유엔 안전보장이사회, 서구 진보주의 진영 등의 틀을 이용해 미국을 견제하고자 하였다. 소련은 미국의 원자력을 국제 관리를 통해 견제하고, 궁극에는 군축을 넘어 제거로까지 나가야 한다."고 주장하였다.[103] 소련은 미국의 군사적 우위, 유럽, 중동, 동아시아에서 진행하는 미국의 대소, 대공산주의 봉쇄 공세에 적극 대응하였는데 북한은 이에 동조하며 소련의 입장을 공간물에 게재한 것이다.

이렇게 늘어난 외신 보도 기사들은 당시 확대되던 미·소 간의 '균열' 양상을 드러내 준다.[104] 이는 당시 북한의 국제정세 인식의 일면이기도 하였다.

2. 미국의 대일 강화에 대한 북한의 입장

1947년 7월 미 국무부가 대일 강화추진 방침을 밝히고 나서 소련은 이를 견제하기 위해 미국에 제안과 항의를 담은 각서를 자주 보냈

---

102 "'마샬안'은 세계평화와 통일에 대한 협박물",『로동신문』, 1947년 1월 16일.
103 "원자무기 금지에 관한 문제에 대하여",『로동신문』, 1947년 3월 13일; "미국과 원자무기",『로동신문』, 1947년 9월 12일.
104 이와 관련된 심층 기사들은 1948년~1949년에 집중적으로 실린다.

다. 북한은 소련이 보낸 각서 내용을 요약 소개하면서 대일 강화에 대한 자신의 입장을 드러냈다.

미국은 극동위원회 11개국과 대일강화조약문제를 심사하길 원하였는데, 소련은 극동위원회 참가국이 대체로 미국 편향적이어서 자국의 입장이 반영될 가능성이 낮다고 판단하고, 포츠담 회의에 참가한 4개국이 먼저 회의를 개최하여 사전 조율을 해야 한다고 주장했다. 그리고 4개국 예비 회의에서 거부권을 행사할 수 있기를 바랐다. 소련의 요구 조건은 미국이 포츠담 회담, 모스크바 4국 외상회의 결정 사항에 충실해야 한다는 것을 내용으로 하였다.[105]

이와 관련된 사정을 다음 기사가 잘 전달하고 있다. "쏘련이 참가하지 않는 정형 밑에서는 중국은 마땅히 미국이 제기한 대일강화조약 초안을 작성하는 회의를 억제하여야 할 것이다. 그리고 부인권을 보지함은 일본공업부흥으로서의 침략을 방지하는 데 있어 유일한 방법이다. 국민정부가 미국과 함께 부인권을 취소하려고 기도함을 찬성

---

[105] "대일강화주약문제에 관한 4개국 허이를 제창, 중국민족정치회 특별위원회 결의", 『로동신문』, 1947년 9월 26일. 이 기사는 중국 상해에서 열린 회의 내용을 따스 통신이 보도한 것을 다시 요약해 번역하였다. 이때 소련과 중국이 합의한 내용은 다음 아홉 가지였다. "① 만일 일본이 정식으로 강화조약에 조인한 후 여하한 방법으로서든지 그 강화조약에 포함되어 있는 조건을 리행하지 않는 경우에는 4개국은 일본에 대하여 일정한 리권을 가지도록 제정할 것. ② 제(諸)대국가들은 여하한 경우에도 『거부권의 합리적 행사』를 부정하여서는 안될 것. ③ 국외 및 국내에 있는 일본재산을 회복시키며 그것을 전리품으로 리용하여서는 안될 것. ④ 일본제국주의 및 신도사상을 일본인의 생활과 사상에서 근본적으로 숙청할 것. ⑤ 일본의 비군국주의화를 철저히 실시할것. ⑥ 일본인민을 민주주의 방향으로 재교육하는 사업을 촉진시킬 것. ⑦ 류구 군도는 중국으로 반환할 것. ⑧ 일본이 중국을 점령하고 있던 기간 내에 중국으로부터 략탈하여 간 중국의 보물 및 예술작품을 즉시 중국으로 반환할 것. ⑨ 련합국은 일본인들이 그 후에는 전 아세아에 만연된 그의 침략을 최초로 시작한 장소인 봉천 및 만주에서 대일강화조약문제에 관한 최후적 회의를 개최하는데 동의하여야 할 것", "대일강화조약문제에 대한 4개국회의를 제창, 중국민족정치특별위원회 결의", 『로동신문』, 1947년 9월 26일.

하지 않는다."¹⁰⁶

　소련은 극동위원회에서 미국과 대일 정책을 둘러싸고도 대립하였다. 미국은 1947년 7월 극동위원회에 대일 강화 검토를 제안하고 나서 소련이 보인 반응을 보고 소련을 배제하는 방식으로 대일 강화를 추진하려 시도하였다.¹⁰⁷ 이는 유럽에서 사사건건 충돌하였던 전후 2년간의 경험에 따른 것이었다. 이는 사전 조건 국면에서 진행되는 균열 양상의 사례였다.

　미국이 일본에서 진행하는 군사적 움직임도 다음과 같이 비판하였다. "전범 처리에 미온적인 미군정에 대한 비판, 군국주의자들의 준동이 멈추지 않는 상황, 일본 민주화의 지연에 대한 비판, 일본의 군국주의를 보존함으로써 일본을 각종 음모의 화약고로 만들자는 기도를 노골화하고 있다. 맥아더는 '일본이 미국을 위한 군사잠재력 동맹국'이라고 공언한 바 있다. 미국 점령군 당국은 포쓰담 선언의 근본 요구와 원동의 안전보장 및 평화 수립의 최대 급무인 일본 반군국화의 급속 실현을 도리어 지연시키고 있다는 사실만은 확언할 수 있다."¹⁰⁸

---

106 "미제안 대일강화조약 중국의 이익을 배반", 『로동신문』, 1947년 8월 30일.
107 FRUS, 1947: Far East Asia, Vol. 1, pp. 775~776.
108 "일본의 반군국화는 어떻게 실현되고 있는가?", 『로동신문』, 1947년 4월 8일.

5절

내장된 균열 속성은 냉전의 원인

'사전 조건' 국면에 해당한 1945년에서 1947년 사이 미·소 관계를 두 단계로 나눠볼 수 있다. 첫 단계는 종전 직후 양측이 서로를 조심스럽게 관망하며 얄타 합의에 충실하려 노력했던 시기다. 둘째 단계는 미·소 양국이 냉전 대결로 이행하는 시기다. 타협과 대결이 공존하는 '사전 조건 국면'의 전형이다. 물론 이때의 대결은 행위 주체의 '다른 체제와 이념이라는 내장된 속성'에 기인한다.

이 내장된 속성은 균열을 내포하고 있었고, 이 균열의 속성은 냉전의 원인이 되었다. 냉전 원인은 크게 두 가지로 요약할 수 있다. 첫째, 미국과 소련 모두 공격적이거나 팽창적으로 행동하지 않았으나 상대방의 의도를 정확히 파악할 수 없고, 설사 파악했다 하더라도 확신을 가질 수 없었던 탓이다. 그래서 '자신의 안전을 위해 취한 조치가 상대방의 안전을 저해하는 상황', 이른바 안보 딜레마 상황이 빚어졌다. 이 경우 미·소는 상대방이 공격적 성향을 가진 것으로, 동시에 서로의 행동을 결정하는 과정에서 상대방을 공격적 국가로 인식했어야 한다. 이 입장에서는 미국과 소련 모두 안보 딜레마에 빠진 것이어서 어느 쪽에도 책임을 물을 수 없다.

둘째, 미국과 소련 가운데 어느 한 국가가 먼저 공격적이거나 팽창적으로 행동하였고, 다른 국가는 이 상대의 공격적이거나 팽창적인 행동에 수동적으로 대응하면서 냉전이 일어났다고 보는 입장이다. 이 입장에서는 미국과 소련 가운데 한 국가가 현상타파국가(revisionist)여야 한다. 그러면 안보 딜레마가 아니라 안보 경쟁 상황이 된다. 이 경우 팽창적으로 행동한 국가에 책임이 있다.[109] 미·소가 서로에게 취하는 입장이다. 그러나 필자는 첫째 입장이 더 설득력 있다고 생각한다.

이 장(章)에서 서술한 내용이 미·소 간의 '내장된 균열'이었는데 이는 행위 주체가 사전에 내장한, 철학적으로 말하면 선험적 속성이 제도의 성격을 상당 부분 결정한다는 가정 때문이었다. 일단 생성된 제도는 경로의존성을 띠게 되고, 제도를 생성할 때도 행위 주체의 신념과 본질적 속성이 영향을 준다는 것이 역사제도주의의 이해이므로 행위 주체의 속성 파악은 제도의 성격을 이해하는 데 필수적이다.

샌프란시스코 체제도 하나의 제도로 간주하면 이 체제가 생성될 때 어떤 속성을 띠고, 생성 후 어떤 경로의존성을 보이게 될지 가늠할 수 있기 때문이다.

이에 기초하여 필자는 미국이 대외 정책에서 보여 온 집단적 속성을 파악해 보려 하였다. 이를 통해 미국도 여느 국가와 마찬가지로 국익을 추구해 왔다는 점, 그리고 미국의 대외 정책 이념이 고립주의가 아니라 개입주의였음을 밝혔다. 미국이 제2차 세계대전을 계기로 지구적 패권을 갖게 된 배경도 개략적으로 살펴보았다. 이어 미국이 동아시아에 개입한 역사를 개관하면서 미국이 이 지역에서 펼칠 정책의 속성도 추정하였다. 이 속성은 유럽에서와 마찬가지로 국익, 개입주의로 요약할 수 있다. 그리고 이는 샌프란시스코 체제의 방향을 결

---

[109] 이근욱, 『냉전』, pp. 29~30.

정하는 '내장된' 속성이었다.

유럽에서 냉전이 시작되는 배경과 과정도 약술하였다. 이 시기 미·소는 외적으로는 협력하는 모양새를 취하면서 이면에서는 군사적 충돌로 번질 수 있는 갈등 양상을 보였다. 유럽 냉전은 미·소가 상호 행동을 공격적으로 인식하고, 서로의 의도를 불신하고 의심하다 급기야 공격적 행동으로 옮기는 과정에서 시작되었다. 미국은 이 시기에 케넌으로 대변되는 봉쇄정책을 수립하며 소련에 대항코자 하였다. 소련도 같은 방식으로 대응하였다. 그리고 이 정책은 동아시아로까지 확대되었다.

동아시아는 이 시기에 유럽에서만큼 빠르게 진행되지 않았지만 유럽에서 진행되는 흐름의 여진(餘震)을 느끼고 있었다. 보기에 따라서는 한반도 분단, 중국에서 진행된 국공 대결 양상이 동아시아에서 냉전이 먼저 시작된 사례일 수 있다. 동아시아에서도 유럽에서처럼 사전 조건의 두 단계가 유사하게 진행되었다. 그에 따라 미국의 일본점령정책도 영향을 받았다. 일본인들이 미국의 태도에 모순을 느낄 정도로 급작스러운 방향 전환이 일어났다. 이러한 미국의 급격한 방향 전환도 내장된 속성으로 이해할 수 있다.

북한의 공간물을 통해 이 시기 소련과 북한이 미국에 어떻게 대응하였는지도 살펴보았다. 북한은 체제 구축 과정에 있었으므로 대외 조건에 충분히 관심을 기울일 상황이 아니었다. 그럼에도 당시의 국제정세를 정확하게 인식하고 이 정세 변화가 자신에게 미칠 영향을 면밀하게 계산하고 있었다. 특히 북한은 미국이 동아시아 지역에서 추진하는 정책의 본질을 다음과 같이 인식하고 있었다. "제2차 세계대전 시기 장차 일제를 밀어내고 어떻게 하나 조선반도를 타고 앉을 꿈만을 꾸어오던 미제는 일제의 패망이 확정되어 가던 무렵 세력 범위를 아시아태평양 지역으로 확대하여 이 지역을 완전히 지배하려는 침략야망을 로골화하기 시작했다.'"[110] 북한은 채병욱의 이 책에서 미국사를 개관하며 미국의 속성을 제국주의로 간주하였다. 북한은 이 시기에 미국을 이러한 관점으로 보고 있었다. 이 역시 내장된 속성이라 할 수 있다. 따라서 북한과 미국이 균열, 이후 대립으로 가게 된 것은 서로에게 가지고 있던 이러한 내장된 속성에 기인한 것이라 하겠다.

'사전 조건' 국면 후반에 나타나기 시작한 균열 양상은 다음 단계에 가면 본격적 균열로 이어진다. 이처럼 '사전 조건' 국면은 무정형이 아니다. 행위 주체가 오래 형성한 속성을 내장하고 있어 현재뿐 아니라 미래에도 경로의존성을 띠게 만드는 시기다.

---

[110] 채병욱, 『미제는 조선침략전쟁의 도발자』(평양: 조선로동당출판사, 2016), p. 6.

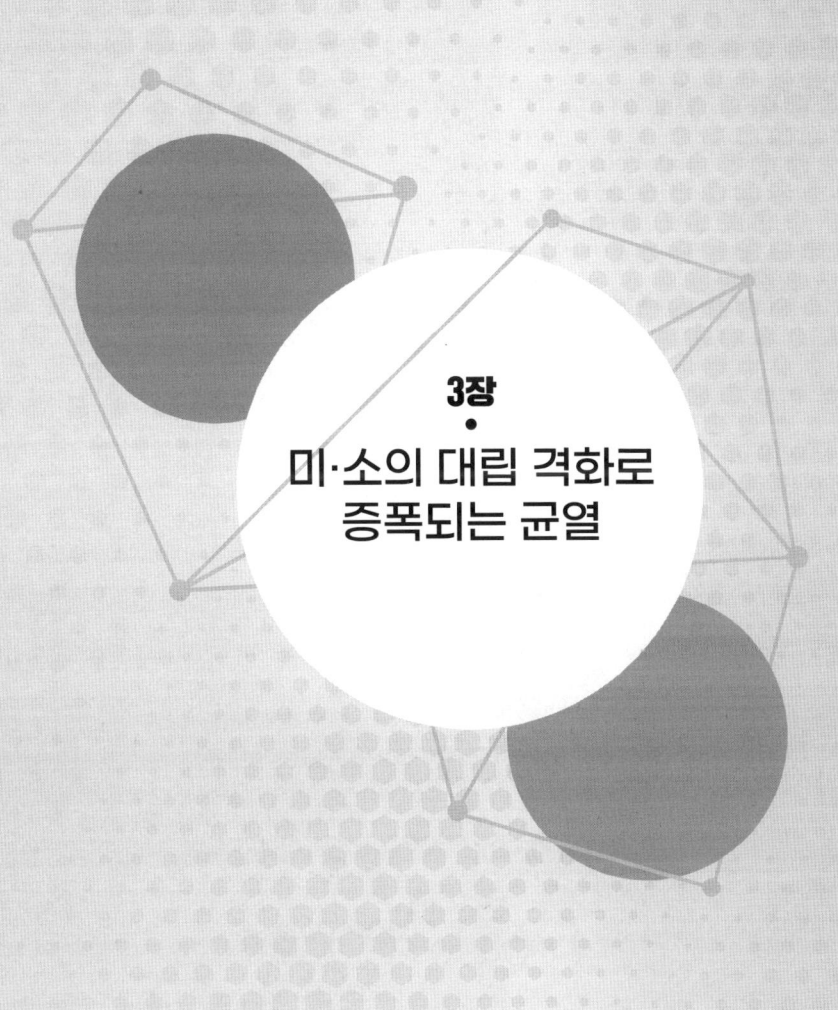

3장

미·소의 대립 격화로 증폭되는 균열

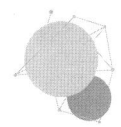

'사전 조건' 국면에서 드러나기 시작한 균열의 계기들이 '균열 구조' 국면에 이르면 분열이 심화하고 각자의 집단을 응집(凝集)하는 방향으로 진행된다. 처음부터 두 행위 주체는 화해하기 어려운 대립적 속성을 '내장하고' 있어 이 방향으로의 진행은 필연이다. 안보 딜레마 상황에 있는 이질적이고 적대적인 두 집단 간의 균열이기에 더 그러했다. 이 균열은 냉전에 기인한 것이면서 동시에 냉전을 강화하는 원인이기도 했다.

동아시아에서 '균열 구조' 국면은 냉전이 본격화하는 1948년부터 1950년 6.25 전쟁이 일어나기 전까지다. 이 기간은 두 체제 모두 상대를 향하여 공격성을 강화한 시기였다. 상대방을 적으로 규정하고 이들에 대해 체계적으로 증오와 적대감을 강화하는 단계였다. 이 적대와 대립이 결정적 국면으로 이어졌다. 결정적 국면 이후에는 서로의 체제를 강화하기 위한 '사전 포섭'을 통해 대립을 제도화하고 공고화하는 방향으로 이행하였다.

동아시아의 '균열 구조' 국면에서 동아시아뿐 아니라 향후 세계 정세를 좌우할 사건이 연이어 터졌다. 먼저 중국에서는 인민해방군이 20여 년을 끌어온 국공 내전에서 승리하며 1949년 10월 1일 중화인민공화국을 출범시켰다. 1949년 8월 말에는 소련이 핵실험에 성공하며 4년간 유지된 미국의 핵 독점 체제를 무너뜨렸다. 핵폭탄은 당시 미국의 세계지배전략을 보증하는 절대무기였다. 이 실험의 성공으로 미국의 전략은 전면 수정이 불가피해졌다. 1950년 2월에는 중·소가 우호 동맹을 체결하였다. 이로써 소련이 아시아에서 영·미와 협조하며 일본과 인도까지를 고려한 정책을 펴는 것을 도모했던 얄타 협정의 틀이 깨졌다. 이는 소련이 중·소 동맹을 기축으로 아시아 냉전에 참여하게 되었음을 뜻하였다.[001]

미국은 이 두 사건을 경험하며 기존 봉쇄정책을 '격퇴(roll-back)' 전략으로 수정한다. 이 전략을 기초로 대소련, 대중국, 대공산주의 봉쇄를 강화한다. 미국은 이때부터 소련, 중화인민공화국, 북한을 비자유주의 동맹으로 간주하여 배제하기 시작한다. 이들을 제외한 역내 국가들을 자유주의 진영에 포섭하면서 미국 중심의 자유주의 국제질서를 구축하는 방향으로 나간다. 이로써 냉전에서 시작된 균열 구조는 적대감과 대결 의식으로 무장한 양립 불가능한 '균열'의 제도화 과정으로 이어진다.

'균열 구조' 국면에서 심화한 두 체제 간의 대립 구도는 새로 구축될 제도인 샌프란시스코 체제의 성격에도 영향을 미쳤다. 미국이 '가지고 있던(내장한)' 속성은 공산주의 국가들을 포섭 또는 공존하는 전략을 포기하고 배제와 대립을 선택하는 방향으로 전환하게 될 것이었다. 이 선택은 균열 구조를 제도화하고 이를 공고화하는 쪽으로 움직이게 될 것이기도 했다.

이 선택의 결과가 공산주의 진영을 배제한 대일 단독강화였고, 공

---

001 下斗米伸夫, 『アジア 冷戰史』, 정연식 역, 『아시아 냉전사』(대구: 경북대학교출판부), 2017, p. 61.

산주의 진영과 국경을 맞대고 있거나 인접한 국가들을 포섭하기 위해 양자 동맹을 맺거나 경제 지원을 약속하는 것이었다. 따라서 균열 국면은 상호 화해가 불가능한 두 체제가 상대와 화해, 공존 가능성을 포기하고 궁극에 상대방을 격퇴하기 위해 적대감을 키우는 시기라 할 수 있다. 이는 압력밥솥에 열을 가해 증기를 축적해 폭발하게 만드는 과정에 비유할 수 있다. '균열 구조' 국면은 이 증기가 폭발 직전까지 축적되는 시기다.

1절
동아시아에서 동서 대립구도 형성

동아시아의 '균열 구조' 국면에서는 이후 균열을 제도화하는 대립의 두 축 가운데 한 축인 공산주의 동맹(일명 소비에트 동맹)이 형성된다. 그리고 이에 맞서는 자유주의 진영의 대항 동맹이 형성된다. 이 대립 구도는 하나의 제도로 간주할 수 있는 향후 형성될 '샌프란시스코 체제'의 성격을 규정하게 된다.

1. 중화인민공화국 탄생과 중·소 동맹 출범

가. 중화인민공화국 탄생

국민당과 공산당을 중재하기 위한 미국의 노력이 실패하자 인민해방군은 1947년 6월 말부터 국민당군에 반격을 개시한다. 1947년 6월 30일 류보칭(劉伯承), 덩샤오핑(鄧小平)이 지휘하는 진기노예 야전군이 산동 서부에서 황하(黃河) 도하를 감행하였다. 그들은 무한과 남경을 공격하는 데 유리한 위치인 대별(大別) 산맥으로 진격해 그곳에 거점을 구축한다. 이어 8월 이들 왼편으로 천이(陣毅)와 그의 동료들이 지휘하는 화동 야전군이 하남, 안휘, 강소로 진격한다. 오른쪽으로는 셰푸즈(謝富治) 등이 지휘하는 부대가 산서성 남부에서 황하를 건너

하남 서부로 진입한다. 동북 방면에서는 린뱌오(林彪)가 지휘하는 동북 야전군이 장춘과 길림을 고립시키고 국민당군을 심양, 영구, 금주 지역으로 몰아 고립시킨다. 마오쩌둥(毛澤東)은 12월에 "중국 인민의 혁명전쟁은 이제 하나의 전환점에 이르렀다. 이는 역사의 전환점이다. 이는 20년에 걸친 장제스(蔣介石)의 반혁명 지배가 발전에서 소멸로 이르는 전환점이며 100여 년에 걸친 제국주의의 중국 지배가 발전에서 소멸로 향하는 전환점"이라 선언한다.[002]

1948년 들어 전세는 인민해방군의 승리 쪽으로 급속히 기울기 시작했다. 동북, 화북, 중원, 산동, 서북 각 전장에서 인민해방군이 연전연승하며 해방구가 크게 늘었다. 병력도 국민당군은 368만(이 가운데 정규군 198만)으로 줄었으나, 인민해방군은 오히려 280만(정규군 149만)으로 늘어 둘 사이에 격차가 현저히 줄었다. 무엇보다 인민해방군은 계속되는 승리로 사기가 높았다. 여기엔 인민의 강력한 지지가 뒷받침되었다. 반면 국민당군은 사기가 떨어져 병영을 이탈하거나 인민해방군에 투항하였다. 게다가 국민당군은 멀리 흩어져 있는 대도시 중심의 방어 전술을 편 반면 공산당은 토지개혁을 선언하며 농민의 마음을 얻었고 이들의 지지가 공고한 농촌 지역에 거점을 두며 도시를 고립시키는 전술을 택하였다.[003]

이후 전쟁의 승패를 결정지은 '3대 전역(戰役)'에서도 인민해방군이 모두 승리한다. 1949년 1월 1일 장제스는 총통직에서 물러나 리중런(李宗仁)을 총통대리로 내세워 화평(和平)교섭을 벌인다. 국공 화평교섭은 4월 1일부터 시작되었으나 공산당은 '모든 반동파를 일소한다'

---

002 digitalarchive.wilsoncenter.org/document/21557.pdf?v=d41d8cd98f00b204e9800998ecf8427e
003 이근욱, 『냉전』, pp. 171~172.

는 방침에 따라 국민당에 사실상 무조건 항복을 요구하는 '국내화평협정초안'을 제시한다. 국민당이 이를 거부하자 마오쩌둥은 4월 20일 전 해방군에 총진격을 명령한다. 해방군은 1949년 4월 21일 일제히 양자강 도하 작전을 벌여 24일에 수도 남경, 5월 27일에 남부 최대 도시 상해를 점령한다. 패주하는 국민당군을 쫓아 남하를 계속한 인민해방군은 12월까지 대만을 제외하고 전 국토를 점령한다.[004]

새 국가건설의 모태는 8개 당파 대표로 구성된 '중국인민정치협상회의'였다. 이 회의 대표들은 1949년 9월 21일부터 30일까지 북평(北平)에서 회의를 갖고 "중화인민공화국은 신민주주의, 즉 인민민주주의 국가로서 노동 계급을 지도 계급으로 하고 노농동맹을 기초로 하여 각 민주계급(도시 소부르주아와 민족 부르주아)과 국내 각 민족을 단결시키는 인민민주주의 독재를 실행하고, 제국주의, 봉건주의, 그리고 관료 자본주의에 반대하여 중국의 독립 민주 평화 통일을 위하여 분투한다."는 공동강령을 채택했다.[005] 이 회의에서 대표들은 북평의 명칭을 북경으로 변경하고 이곳을 수도로, 오성홍기(五星紅旗)를 국기로, 항일전 때 애송한 '의용군행진곡'을 국가(國歌)로 결정한다. 이 위원회는 새 국가의 정부인 '중앙인민정부위원회'를 구성하고 이를 담당할 정부 인사도 결정한다. 이 정부는 연합정부 형식을 띠었으나 실제 권력은 중국 공산당이 쥐었다. 이 결정에 따라 1949년 10월 1일 중화인민공화국이 출범하였다.

---

004 小島晉治·丸山松幸, 『中國近現代史』, 박원호 역, 『중국근현대사』(서울: 지식산업사, 2016), pp. 171~172.
005 china.org.cn/english/27750.htm (검색일: 2019년 8월 19일)

나. 중·소우호동맹상호원조조약

마오쩌둥은 1949년 12월 건국 후 처음 첫 번째 해외여행으로 소련 모스크바를 방문한다. 그는 모스크바에 1950년 2월까지 머문다. 마오쩌둥은 이때 스탈린(Joseph Stalin)과 여러 차례 회담을 가지며 '중·소우호동맹상호원조조약'을 체결한다. 그러나 이 과정이 원활했던 것은 아니다.[006]

스탈린은 중국에 신정부가 출범하기 전날까지도 마오쩌둥이 승리할 가능성에 대해 회의적이었다. 스탈린은 자신의 뜻을 거슬러 자력으로 혁명에 성공한 마오쩌둥의 공산당이 일당독재국가 건설을 주장하는 것도, 민족주의자 마오쩌둥이 민족해방을 위해 사회주의를 이용한 것일지 모른다는 의심도 하고 있었다. 마오쩌둥도 종전 후 소련이 국민당과 손잡고 중국 공산당에게 국민당과 화해를 종용했던 사실, 국민당과 맺은 1945년 조약이 중국의 이익과 충돌하였던 점, 소련과 마찰이 빚어질 수 있는 신장(新疆), 홍콩, 타이완 문제 등으로 스탈린을 만나는 일이 편치만은 않았다.[007] 실제 스탈린은 중국 혁명기에 혁명 진전 상황에 개입하거나 마오쩌둥의 소련 방문에 소극적이었다. 그는 마오쩌둥이 모스크바에 있는 동안에도 그와 비공식 회견을 갖는 것을 꺼렸다. 스탈린은 자칫 러시아가 국민당 정부로부터 얻은 권리들을 잃을까 염려했다. 이처럼 당시 스탈린과 마오쩌둥 사이에는 소련과 중국의 전략적 이해관계 탓에 보이지 않는 갈등이 존재했다.[008]

그럼에도 중화인민공화국 출범은 소련에게는 미국의 대소 봉쇄정책에 대항할 수 있는 막강한 우군을 얻는 일이었다. 중·소 우호관계

---

[006] 沈志華, 『마오쩌둥, 스탈린과 조선전쟁』 제3개정판, 김동길 역, 『조선 전쟁의 재탐구: 중국·소련·조선의 협력과 갈등』(서울: 도서출판 선인, 2012), pp. 196~216.

[007] 小島晋治·丸山松幸, 『中國近現代史』, p. 175.

[008] 下斗米伸夫, 『アジア 冷戰史』, p. 48.

수립과 강화(强化)는 소련의 국제적 위상을 높여주는 계기이기도 했다. 중화인민공화국도 서방 자본주의 국가들과 우호 관계 수립이나 경제 원조를 기대할 수 없던 형편이라 소련과 우호 관계를 맺고 소련으로부터 경제·기술 원조를 받는 일이 절실했다. 이렇게 두 나라는 사회주의 국가로서 공통으로 갖게 된 대외 과제와 내부 필요에 따라 '중·소우호동맹상호원조조약'을 체결한다.[009]

두 나라는 이 조약이 30년간 효력을 갖는다고 규정한다. 내용은 "일본 또는 직간접적으로 일본국과 연합하여 침략을 도모하는 세력에 대한 공동 대응(1조), 일본과의 조기 전면강화 추진(2조), 체약(締約)국 상대방을 반대하는 국가와 동맹 금지(3조), 국제 문제에서 상호 협조(4조), 중국에 대한 경제 원조 제공(5조)" 등이었다.[010] 소련은 이 협정에 따라 1945년 국민당 정부와 우호동맹조약 때 인정받은 장춘철도, 려순항, 대련에 관한 권익을 다시 인정받았다. 미국은 이때부터 중·소 동맹을 견제하기 시작했다.[011]

---

[009] 小島晉治·丸山松幸, 『中國近現代史』, p. 175.

[010] National Graduate Institute for Policy Studies(GRIPS); Institute for Advanced Studies on Asia(IASA), The University of Tokyo에서 제공하는 '일본정치·국제관계 데이터베이스' 수록본 참조.

[011] 스탈린이 장제스의 국민당을 선택한 이유는 영·미와의 약속에 근거하여 얄타 협정에서 약속한 외몽골에 대한 지위를 확보하고 쿠릴 열도, 남사할린, 동청 철도, 대련, 려순항 등 러·일 전쟁 이전에 러시아가 가지고 있던 권리를 확보하는 데 유리하다고 판단하였기 때문이다. 下斗米伸夫, 『アジア 冷戰史』, p. 47. 이 조약은 1945년 8월 14일 중화민국과 소련 사이에 체결된 중·소우호동맹조약을 대체하는 것이었다. 당시 장제스와 스탈린은 장제스의 중국이 몽골인민공화국 독립을 승인하는 대가로 소련은 국공내전에 개입하지 않겠다고 약속했다. 중국공산당은 이때 장제스와 손잡은 스탈린이 중국 공산당을 배신했다고 보았다. 그러나 1950년 6.25 전쟁에서 마오쩌둥의 후원과 중국인민지원군의 파병 결정은 베이징과 모스크바 간의 관계를 발전시켰다. 소련의 북경에 대한 경제 원조와 더불어 중국인민해방군의 현대화가 촉진되었고 만주와 티베트 등지에 대한 베이징의 통제력이 강화될 수 있었다. 김명섭, 『전쟁과 평화: 6.25 전쟁과 정전체제의 탄생』(서울: 서강대학교출판부, 2018), p. 719.

1950년 말에 이르면 동유럽 국가들, 조선민주주의인민공화국, 몽고 등 사회주의국가, 인도네시아 인도 버마 파키스탄 아프가니스탄 등 아시아의 신흥국, 영국 네덜란드 스위스 북유럽 3국 등 서구 자본주의 국가 등 25개국이 신중국을 승인하였다.[012] 중화인민공화국 탄생과 중·소 동맹조약 체결은 동아시아 국제질서에도 큰 영향을 미쳤다. 소련이 중국의 정치, 경제, 군사 문제에 큰 영향을 행사할 수 있게 되었기 때문이다.[013]

　미국은 이에 대응하여 중국 주변의 베트남, 말레이시아, 남한에서 반공 세력을 강화하고, 반소·반공을 주축으로 하는 대아시아 정책 동맹국으로서 일본을 재건하는 방향으로 빠르게 움직였다. 미국 입장에서 "중국은 더 이상 일반적인 대국이 아니었다. 이제 중국은 공산주의 대국이자 미국의 국익에 상당히 위협적인 대국"이었다.[014]

　중·소우호동맹상호원조조약체결도 미국에는 큰 도전이었다. 소련은 동맹이란 이름으로 중화인민공화국을 경제적, 군사적으로 지원하였고 국제무대에서 중국에 정치적 지지를 보냄으로써 중국의 국력과 위상을 급속히 상승시켰다. 중국은 이에 힘입어 아시아의 공산 대국으로 빠르게 자리를 잡아나갔다. 동시에 동아시아에서 미국의 국익

012　小島晉治·丸山松幸,『中國近現代史』, pp. 174~175.
013　"경제 모델에서 중국은 군사화한 소련의 계획경제 모델을 적극 도입했다. 1949년 중화인민공화국 국고에서 군사비 지출이 차지하는 비중이 60% 이상이었는데도 중국은 소련의 항공기와 군사 물자 도입에 적극적이었다. 이후에도 6.25 전쟁 등으로 1950~54년까지 소련의 군사전문가 3,500명, 중국 경제를 위한 비군사 전문가 2,200명이 중국으로 파견되었다. 1952년 주은래(周恩來)가 중국 전체 예산에서 국방비가 차지하는 비중을 스탈린에게 설명한 것을 보면 1950년에는 44%, 1951년에 52%, 1952년에 27.9%였음을 알 수 있다. 그 뒤 1953~57년까지도 20~26%에 이르렀다. 중·소 밀월은 이 시기가 정점이었다." 下斗米伸夫,『アジア冷戰史』, p.70.
014　주재우,『한국인을 위한 미·중관계사: 6.25 전쟁에서 사드 갈등까지』(파주: 경인문화사, 2017), p. 95.

과 안보 이익을 가장 크게 위협하는 나라가 되었다. 이 때문에 미국은 중국이 아시아에서 벌이는 혁명 수출과 민족해방운동 등을 저지하는 방어선 구축에 주력하게 되었다. 6.25 전쟁을 계기로 동아시아 국가들과 체결한 일련의 동맹조약들이 이러한 방어선의 대표 사례라 할 수 있다.[015]

2. 소련의 핵실험 성공과 미국의 핵독점 붕괴

미국의 공세적 대응을 촉진한 또 하나의 계기는 소련의 핵실험 성공이었다. 1939년 8월 아인슈타인은 나치가 핵무기 제조를 위한 연구를 진행하고 있다는 사실을 알리는 편지를 루스벨트 대통령에게 보냈다. 그는 이 편지에서 미국에 핵 개발을 시작하도록 권유하였다. 이를 계기로 미국은 2년 동안 막대한 자금을 투입해 맨해튼 프로젝트로 알려진 핵 개발 계획을 수립하여 추진하였다. 비밀리에 추진하였음에도 소련은 이 사실을 인지하고 있었다. 소련 물리학자들의 외국 동료들이 자신이 참여하는 프로젝트에 대해 알려주었기 때문이다.

소련 첩보국도 이 정보를 파악하고 있었다. 소련 첩보국은 1940년 6월 미국이 '우라늄-235 연구'를 시작했다는 정보를 수집해 스탈린에 보고하였다. 첩보원들은 1943년에 영국이 핵무기를 제조할 수 있다는 정보도 입수하여 전달했다. 이러한 첩보와 정보들은 핵 개발 경쟁에 뒤진 소련을 불안하게 만들었다. 이에 소련은 1942년 9월 핵 문

---

015 미국은 6.25 전쟁을 계기로 "동아시아 국가들과 방위조약을 체결하면서 중국과 소련을 견제하기 위한 오늘날의 동맹체제, 즉 '허브 앤 스포크(hub and spoke)' 시스템을 구축했다. 경제적으로는 동맹국에 대한 지원과 원조를 강화하는 동시에 중국과 북한 등 전쟁을 치른 국가나 공산국에 대해 강력한 제재 조치를 취했다." 같은 책, pp. 94~95.

제를 담당하는 특별실험실 설립을 승인하였다. 이 실험실 설치 승인이 소련의 핵 개발 프로젝트의 시작이었다. 실험실 규모는 크지 않았으나 참여한 물리학자 집단의 수준은 세계 최고로 평가되었다. 이 연구단은 쿠르차토프(Igor Vasilyevich Kurchatov)가 지휘했다. 소련 첩보원들도 이들과 긴밀히 협력하며 서구의 핵 개발 정보를 입수해 전달했다. 소련 공산주의에 호의적이었던 미국 핵물리학자들도 도움을 주었다. 이들 덕에 쿠르차토프는 미국에서 원자폭탄을 제조한 뒤 두 달 만에 미국의 설계도를 입수할 수 있었다.

히로시마에 원폭 투하 2주 뒤인 1945년 8월 20일 소련은 국가국방위원회 결정으로 핵 프로젝트의 모든 작업을 조율하는 특별위원회를 출범시켰다. 이 특별위원회에 막대한 자금과 특권을 부여하였다. 이 특별위원회는 스탈린의 최측근 베리야(Lavrentij Pavlovich Berija)가 이끌었다. 그의 직접 지도 아래 소련에는 원자력 산업이라는 새로운 산업 분야가 등장하였다. 우라늄 농축 기업, 원자로, 원심분리기, 폭탄 제조 공장들이 단기간에 건설되었다. 시베리아와 우랄산맥 깊숙한 곳에 수백만 톤의 암석을 깨고 새로운 산업단지를 건설하였다. 산업단지에서 일하는 과학자들과 노동자들을 위해 주변에 도시도 건설했다. 소련은 이 작업을 모두 비밀리에 진행했다.[016]

베리야는 소련 국내에 핵 개발에 필요한 우라늄 매장량이 필요량의 10분 1밖에 되지 않자 중앙아시아에서 우라늄광을 탐사하고 소련의 점령 지역에서도 핵분열 물질을 탐사하는 데 주력하였다. 그 결과 우라늄이 체코, 불가리아와 독일 동부에 매장돼있다는 사실을 확인하였다. 1947년에는 소련에서도 우라늄을 발견하였다. 1950년대에

---

016 Atomic Heritage Foundation, *Soviet Atomic Program-1946*(2014년 6월 5일). https://www.atomicheritage.org/history/soviet-atomic-program-1946 참조.

채굴한 우라늄의 3분의 2가 동구산(東歐産)이었는데 이는 소련이 전후 동구 지역을 중시하는 계기였다.

소련은 아시아에서도 핵물질을 조달했다. 만주와 북한이었다. 러시아는 1950년대 북한에서 우라늄이 함유된 사암(砂巖) 2,600만 톤을 반출했고 여기서 15,000톤의 우라늄을 추출했다. 그러나 소련은 전쟁 피해를 복구하지 못한 상태에서 막대한 재원이 소요되는 핵 개발을 진행함으로써 100만에서 200만에 이르는 아사자(餓死者)를 냈다.[017]

미국은 소련이 1954년 이전에는 핵무기를 보유하지 못할 것이라 확신했는데 예상과 달리 1949년 8월 29일 핵실험에 성공했다. 폭발력은 22킬로톤이었다. 실험장 조성도 핵 프로젝트의 일부였다. 현지 지형 덕분에 터널에서뿐 아니라 시추공에서도 지하 폭발 실험을 할 수 있었다. 소련이 핵실험에 성공하며 핵무기를 갖게 되자 미국은 재래식 무기를 포함해 전체 군사력에서 열세에 놓이게 되었다고 판단했다. 이에 미국은 원자탄의 위력을 능가하는 수소폭탄 개발에 나섰다. 대외전략 전반에도 변화를 주었다. 기존의 거점 방어 전략에서 세계 모든 지역에서 소련을 격퇴하는 적극적인 격퇴 전략으로 전환하였다. 이와 같은 전략의 전환은 냉전 시기 미국의 대외안보정책의 핵심인 NSC-68로 구체화되었다.[018]

---

017 下斗米伸夫, 『アジア 冷戰史』, pp. 40~43.
018 National Security Report, NSC 68, 'United States Objectives and Programs for National Security' April 14, 1950. 출처: Wilson Center Digital Archive International History Declassified(digitalarchive.wilsoncenter.org)

2절
서유럽 봉쇄정책을 동북아로 확대 이전한 미국

미국은 지구적 차원과 동아시아에서 새로이 형성된 정세에 대응하기 위해 서유럽 방위에 적용했던 '봉쇄정책'을 동북아로 확대·이전하였다. 미국은 이를 뒷받침하기 위해 비공산국가들에게 막대한 군사·경제 원조를 제공하며 공산군의 침략을 억제하려 시도하였다. 특히 덜레스는 철저한 중국 고립·봉쇄정책으로 일관하였다. 그는 이 봉쇄정책을 실행하면 갓 출범한 중공 정권이 곧 붕괴할 것이라 믿었다.[019]

1. 국가안전보장회의 각서(NSC) 48-2

카이로 회담 당시 미국의 전후 구상은 중국이 미국, 소련, 그리고 영국과 함께 4대 강국의 일원으로 아시아에서 미국의 강력한 동반자 역할을 하게 만드는 것이었다. 그러나 1949년에서 1950년까지 동아시아에서 전개된 일련의 사태는 이러한 미국의 구상을 무력화하였다. 중국이 중화인민공화국 건설과 중·소 동맹 체결을 통해 아시아에서 소련을 대신하는 맹주 역할을 하게 되었기 때문이다. 전후 미국과

---

019 구영록 외, 『미국과 동북아』, p. 6.

소련은 동유럽, 이란, 독일, 원자력 관리 문제 등을 놓고 협상을 진행하는 과정에서 계속 극단적인 이해관계 충돌을 겪으며 분열과 대립으로 나아갔는데 이 일도 이 흐름의 연장이었다. 이제 미국은 소련에 이어 중국도 적으로 간주하기 시작했다.

미국이 처한 곤경과 반대로 아시아 사회주의자들에게는 이 사건들이 고무적으로 다가왔다. 중국 혁명의 성공이 한반도와 베트남 등 아시아 사회주의자들에게 승리의 희망을 품게 했던 것이다. 이렇게 변화한 동아시아 정세는 이미 시작된 6.25 전쟁을 격화하고 고착화하는 방향으로 흘러갔다.

미국은 1949년 12월 30일 작성한 NSC 48-2에 동아시아 정책을 담았다.[020] 이 보고서는 결론에서 아시아와 관련된 미국 안보의 기본 목표를 다음 네 가지로 설정하였다. "① UN 헌장의 목적과 원칙에 따라 안정적이고 자립적인 기반 위에 아시아 국가들과 민족들을 발전시킨다. ② 아시아 내 비(非)공산국가들이 내부 안보와 공산주의의 추가 침략을 방지하는 데 충분한 군사력을 개발하도록 지원한다. ③ 아시아에서 소련의 압도적 힘과 영향을 점진적으로 약화하고 궁극에는 제거함으로써 지역에 위협이 되지 않게 한다. ④ 어떤 국가나 동맹이 아시아 지역에서 미국의 안보를 위협할 수 있는 관계를 맺는 것을 사전에 방지한다." 등이었다. 그리고 이를 추진하기 위한 실천 전략으로 "a. 아시아에서 비공산국가들이 주도권을 쥘 수 있도록 지원한다. b. 자국의 이익을 증진하는 데 주력한다. c. 국익에 부합하고 아시아 국가들의 지지를 얻을 만큼 가치가 있는 것으로 아시아 국가들이 믿을 수 있는 방식으로 실행한다." 등 세 가지를 설정하였다.[021]

020　FRUS, 1949, The Far East and Australia, Vol VII, Part 2. Document 387
021　같은 문서, 1. a-d~2. a-c.

큰 틀에서 볼 때 이 보고서는 '서구에서는 전략적 공격'과 '아시아에서는 전략적 방어'를 기본 개념으로 하였다. 특히 동아시아에서는 전후 새롭게 독립한 아시아 여러 나라에서 활발히 호응을 얻고 있던 민족주의를 경제적으로 지원하면서 이를 더 성장하도록 돕고, 또 이 흐름을 이용해 소련의 팽창주의를 제어하는 것을 핵심으로 하였다. 동아시아에서 유엔 역할을 적극 활용하는 방안도 선택지 가운데 하나였다. 이는 미국의 유럽 우선주의와 두 지역을 동시에 방어하기 어려운 현실적인 사정을 반영한 것이었다.[022] 이 정책은 바로 시행되었다. 미국은 한반도에서 전쟁이 일어났을 때 이 문제를 신속히 유엔에 회부하였고 국제연합군의 구성과 파견에 활용하였다.[023]

NSC 48-2의 연장에서 'Point Four Program'도 시행하였다. 이 프로그램은 저개발 국가에 대한 기술 지원과 경제 원조를 기반으로 하였다. 저개발국의 사회, 정치, 경제 상황을 개선하기 위한 정책으로는 미국에서 처음 시도한 것이었다. 미국은 처음 중남미에 역점을 두다 나중에는 전 세계로 이 프로그램을 확장하였다.[024]

이 프로그램은 트루먼이 1949년 대통령 취임 연설 때 처음 제시하였다. 1950년에 예산이 승인되어 최초로 시행되었다. 국무부 특별 기관이 관리하다 1953년에 다른 외국 지원 프로그램에 통합하였다. 처

---

[022] 6.25 전쟁 전 미국에게 한반도와 대만의 장래가 이미 중요한 문제로 등장한 상태였다. 그럼에도 유럽 중심의 관심과 정책이 극동으로 이전되지 않았다. 미국 국내에서도 당시 여론조사 결과를 살펴보면 미국 국내와 유럽 문제에 비해 관심이 훨씬 적었다. 박재규, 『냉전과 미국의 대아시아정책』, p. 94.

[023] 허 은 편, 『냉전 분단시대 한반도의 역사 읽기』, p. 188.

[024] 'Possible Questions and Suggested Answers Concerning the President's Technical Assistance Proposal' April 12, 1949. National Archives Harry S. Truman Library Museum. (https://www.trumanlibrary.gov/library/research-files/possible-questions-and-suggested-answers-concerning-presidents-technical)

음 이 프로그램은 저개발 국가들을 원조하는 형태인지 아닌지가 불분명했는데, 점차 농업, 공중 보건과 교육 분야, 기술 지원 쪽에 중점을 두는 방향으로 발전하였다. 민간 자본은 산업에 필요한 공공 구조(救助)와 자원 제공의 임무를 맡았다. 일부 기술 지원은 유엔 전문기구를 통해 제공하는 형식을 취했지만 실제로는 미국이 대부분을 담당하였다.

미국은 비즈니스, 교육 기관과 계약을 맺고 개발의 여러 측면에 관여하기 위해 새로운 국내, 국제 조직을 설립했다. 저개발 국가의 민간 기업에 자본을 투자하기 위한 IFC(International Finance Corporation, 1956), 장기 신용을 위한 개발 융자 기금(1957), 지역 대출을 위한 미주개발은행(1961), 수출입 은행, 세계은행, 국제통화기금(IMF) 등과 같은 기존 기관의 자본 확충도 추구했다.

1949년과 50년 사이 일어난 사건들의 결과로 이미 시행하던 이런 정책들은 더 강화되거나 더 큰 정책에 흡수되었다. 기존 정책들과 NSC-68과 같은 새로운 정책이 미국의 냉전 정책을 뒷받침하였다.

2. 군사적 격퇴 전략으로 전환한 NSC-68의 수립과 시행

1949년 북대서양조약 체결 시점에 즈음해 미국에서는 경제적 측면과 이념적 측면을 중시하는 케넌의 봉쇄론을 대신해 군사적 봉쇄 내지 적극적 격퇴(roll-back)론이 대두하였다. 케넌은 서유럽, 일본, 그리고 중동 세 지역에서 봉쇄를 주장했는데, 닛츠(Paul Nitze)는 세계 모든 지역에서 공산주의 승리가 미칠 수 있는 심리적 파급효과를 고려할 때 강력한 격퇴 전략이 필요하다고 주장했다. 케넌의 봉쇄가 경제, 문화적 측면에 기초한 것이었다면, 닛츠의 봉쇄는 군사적인 것이었다.

이 문서 작성은 1950년 1월 31일 트루먼 대통령의 지시에 따라 구성된 '국무-국방부 정책검토단(the State-Defense Policy Review Group)'이 맡았다. 이 조직은 그해 2월 8일 첫 모임을 가졌다. 단장은 국무부 정책기획단(Policy Planning Staff) 국장 닛츠가 맡았다. 활동 기간은 8주였다. 보고서를 완성할 때까지 중간중간 외부 인사를 자문위원으로 위촉하였다.[025]

이 모임에서 닛츠로 대변되는 국무부 대표들은 두 가지를 목표로 삼았다. "첫째, 자신들이 제안하는 조치의 필요성을 대통령에게 확신시킨다. 둘째, 이 제안이 정부 관료들과 의회의 벽을 넘어 실현될 수 있도록 현 국제정세를 분석하고 이에 기초하여 미래를 전망하되 그에 필요한 준비를 구상한다." 등이었다.[026]

정책검토단은 현 단계 소련 위협의 본질, 이 위협의 향후 전개 방향, 그리고 그에 대한 미국의 최적 대응 방안에 대해 연구를 진행하였다. 방식은 그룹별로 초안을 작성하면 1주일에 2~3회 토론을 진행하고 이 과정을 통과하면 토론용 기초자료로 만들어 외부 자문을 받는 순서로 진행하는 것이었다. 국방부 초안은 랭던(Langdon)이 담당하였다. 국무부 초안은 정책검토단이 담당하였다. 이렇게 준비된 두 개의 초안은 2월 27일 검토단의 전체 토의를 거쳐 하나의 초안으로 완성되었다. 완성된 통합 초안은 국무부 고위 관료와 합동전략조사위원회 요원, 합참 요원들의 회람을 거쳐 대통령에게 보고할 초안으로 수정되었다. 이 둘째 초안은 '소련이 당시 가지고 있던 능력과 소련이 가졌을 것이라 생각하는 의도'를 분석하는 데 많은 분량을 할애하였다. 3월 1일 수정 초안을 회람하고, 7일에는 최종 실무초안을 완

---

025 FRUS 1950, Vol I, pp. 168~203
026 서용선, "미국의 6.25 전쟁 개입정책에 관한 연구", 단국대학교 박사학위 논문(1998), p. 97.

성하였다. 이 초안을 6명의 초대받은 전문가가 검토하였다. 자문을 거친 검토안은 3월 22일 존슨과 애치슨 회담 때 제출되었다. 이후 고위급 차원에서 여러 번의 수정을 거쳐 최종안이 4월 7일 완성되었다. 4월 11일 국방부 장관과 국무부 장관의 공동보고서 형식으로 대통령에게 제출하여 4월 14일 최종 확정되었다.

NSC-68은 이전까지 미국의 국제 전략이었던 케넌의 봉쇄론을 닛츠의 논리로 대체하는 성격을 갖고 있었다. 이 문서는 한국 전쟁이 발발하기 전에는 예산 소요가 크게 발생하는 것으로 평가되어, 의회의 승인 가능성을 높이기 위해 5년간 점진적으로 검토와 수정을 해나갈 예정이었다. 그러나 6.25 전쟁이 발발하면서 애초에 중장기적으로 보완하려던 계획을 신속하게 승인하여 실행하는 방향으로 전환하였다. 이 계획은 의회를 통과하여 1950년 9월 30일 트루먼 대통령이 발효함으로써 이후 냉전 기간 동안 미국의 외교 전략의 근간이 되었다.[027]

NSC-68의 골자는 크게 네 가지였다. "첫째, 현재 수립한 정책과 계획한 프로그램을 지속한다. 이 방식은 미국을 방어적 입장에 머물게 해 자유세계의 사기를 약화할 우려가 있다. 둘째, 고립 정책으로 복귀하는 것이다. 이 방법은 유라시아에 대한 소련의 신속한 지배를 확실히 보장하는 수단일 뿐이어서 권장할 방법이 아니다. 셋째, 예방 전쟁이다. 이는 미국이 완전 동원을 신속히 결정할 수 있어야 성공할 수 있다. 이 방식은 소련을 단번에 제압할 수 없고, 전쟁이 장기화하고 열전으로 비화할 위험이 있다. 넷째, 자유세계의 정치적, 경제적, 군사적 힘을 신속하게 구축하는 것이다. 이 마지막 접근법만이 미국

---

027 Paul G. Pierpaoli, *Truman and Korea: The Political Culture of the Early Cold War*(Columbia Univ. of Missouri Press, 1999) 참조.

이 소비에트 침략을 저지하기에 충분한 힘을 보장해주고, 크렘린의 기본 의도를 좌절시킬 수 있으며, 소련 체제에 중대한 변화를 초래할 수 있도록 강요할 수 있고, 자유세계의 안보도 합리적으로 확보할 수 있다." NSC-68은 이 가운데 넷째 안을 대안으로 선택하였다.

이 문서는 앞의 넷째 대안을 보장하기 위한 노력으로, "ⓐ 미국의 장기 목표를 달성하기 위한 적절한 정치 경제적 프레임워크 개발, ⓑ 군사 목적 예산 지출의 실질적 증가 ⓒ 협조적 분위기 조성을 위해 동맹국에 대한 지원의 실질적 확대, ⓓ ⓒ의 목표를 달성하기 위한 경제 프로그램 지속, ⓔ 세출 균형 유지, ⓕ 우방에 확신을 주고 소련 동맹국들의 이탈을 고무할 수 있는 프로그램 개발, ⓖ 소련 위성국에서 불안과 반란을 조장하고 이를 지원하는 활동 강화, ⓗ 미국 내 안보와 민간 방위 프로그램 개발, ⓘ 정보 활동 강화와 향상, ⓙ 방위비 및 외국 지원 기금 이외 다른 목적의 연방지출 삭감 ⓚ 세수 증가" 등을 들었다.

처음 이 문서들을 검토한 미국 고위 관료들은 채택에 반대하였다. 루이스 존슨(Louis A. Johnson) 국방장관, 소비에트 전문가들, 소련 대사를 역임한 고위 외교관들, 조지 케넌과 찰스 볼렌(Charles E. Bohlen) 등은 미국이 이미 소련에 대해 군사적 우위를 점하고 있으므로 이 권고는 불필요하다고 비판했다. 특히 케넌은 소비에트 연방이 무력을 통해 지배를 달성하는 쪽으로 기울었다는 주장에 동의할 수 없다며 목소리를 높였다. 그는 군사적 수단보다 정치, 경제적 수단이 소비에트 연방을 제어하는 데 더 유용하다고 주장했다.

그러나 1950년 한반도에서 6.25 전쟁이 일어나고, 공화당이 지배하는 의회에서 트루먼 행정부의 대공산주의 정책이 유약하다고 비판하자 이 보고서는 신속히 의회를 통과하였다. 트루먼 대통령이 9월에 이 권고를 발효하면서 NSC-68은 미국의 대외 정책을 결정하는 공식

정책 문서가 되었다.[028]

이렇게 NSC-68은 미국이 제2차 세계대전 종전 후 징병했던 군인들의 소집 해제, 전쟁 시기 늘어났던 국방비 축소 흐름 등 군비축소 방향에서 재무장, 군비 강화로 방향을 트는 내용을 골자로 하였다. 이 문서의 권고들이 정책화되면서 1953년 미국 국방비는 1950년의 3배 이상인 5백억 달러로 늘었고, 전후 축소하였던 미군 숫자도 2배로 늘려 3백만 명이 되었다. 수소폭탄 개발, 미국 동맹국에 대한 군사 원조비용도 크게 늘렸다.[029]

이렇게 동아시아에서 일어난 일련의 사태가 미국이 냉전을 격화하는 정책을 수립하도록 부추겼다. 그리하여 이 문서가 작성된 1950년부터 소비에트 연방이 붕괴하는 1990년대 초까지 NSC-68은 동서 양(兩) 진영의 군사 대결을 특징으로 하는 냉전의 기본 구도 형성에 큰 영향을 행사하였다.

3. 미국의 대일 강화(講和) 협상 준비

미국은 1947년 말부터 주둔비 부담 경감과 일본 치안, 동아시아 안보를 위해 일본의 재군비를 목표로 하는 강화 조약 준비를 시작했다. 그러나 이 준비 과정이 빠르게 진행되진 않았다. 일본 내에서 반대가 있었고, 무엇보다 미국에서 향후 방향에 대한 합의가 이뤄지지 않았던 까닭이다.

일례로, 한반도에서 공산주의의 득세, 혹시 모를 제3차 세계대전 발발에 대비해 일본의 재군비를 진행해 일본을 이에 참여시킬 것인

---

[028] 서용선, "미국의 6.25 전쟁 개입정책에 관한 연구", p. 101~114.
[029] 김명섭, 『전쟁과 평화: 6.25 전쟁과 정전체제의 탄생』, p. 706.

지, 아니면 제2차 세계대전 종전 때 소련과의 합의를 따를 것인가를 두고 정책 담당 고위관료, 전문가들 사이에 의견이 갈렸던 경우를 들 수 있다. 덜레스(John F. Dulles)로 대표되는 강경론자들은 전자를 지지했지만, 봉쇄를 주장한 케넌은 일본의 중립화까지 주장한 경력에서 추정할 수 있듯이 후자를 지지했다. 게다가 트루먼은 일본을 군사화하지 않겠다고 스탈린과 합의까지 했던 터였다.[030]

미국이 일본을 중시한 가장 큰 이유는 일본이 가진 경제 능력 때문이었다.[031] 제2차 세계대전 당시 일본은 미국, 소련, 영국, 독일의 라인(Rhein) 계곡 등으로 구성되는 세계 5대 중심지 가운데 하나로 평가받았다. 중국은 인구는 많았으나 농업 국가여서 잠재력이 크지 않은 것으로 평가되었다. 당시 중국은 세계 13위 정도로 평가되었다. 게다가 공산화하면서 더 이상 미국이 고려할 대상이 아니었다.

일본은 군사기지로서도 가치가 높았다. 미국은 일본의 점령 과정에서 일본이 갖는 지정학적 가치를 깨달았다. 태평양의 여러 섬, 즉 오가사와라(小笠原) 제도(諸島), 류큐(沖繩, 이하 오키나와) 제도는 점령 과정에서 미국에 큰 난관이었던 만큼 수비하는 입장에서는 전략적 가치가 높은 곳이었다. 이에 미국은 일본과 강화를 하더라도 류큐, 보닌(Bonin), 마르크스(Marx) 등 몇 개 섬은 계속 점유하길 원했다.[032] 이

---

030 下斗米伸夫, 『アジア 冷戰史』, p. 97.
031 미 국무부는 1947년 9월 "미국의 이익은 최소로는 일본을 소련에 내주지 않는 것이고, 최대로는 일본을 극동아시아에 평화와 안정을 가져오려는 미국에 적극적이고 역동적인 파트너로 발전시키는 데 있다."고 주장했다.
032 미 합동참모부는 1946년 10월 21일 이들 섬에 미군 기지를 계속 유지할 수 있어야 한다고 주장하였다. 류큐 제도의 일부인 오키나와는 미 군사력을 아시아 지역(일본 본토 포함) 전체로 전개할 수 있는 최적의 장소였다. 합동참모본부는 이 기지에서 원자탄을 실은 전략 폭격기가 소련의 모든 침략 행위에 보복 공격을 할 수 있고 소련 영토 깊숙이까지 공격할 수 있는 곳이라 평가하였다. 김남균, "미국의 일본안보정책에 끼친 6.25 전쟁의 영향", 『미국사연구』 Vol. 4, 한국미국사학회(1996), p. 265.

곳들이 갖는 중요성은 미 국무부도 인정할 정도였다. 케넌은 오키나와가 서태평양 지역에서 미국 공격력의 중심이 될 것이고, 알류샨 열도(Aleutian Islands), 오키나와 열도, 일본이 점령했던 도서(島嶼), 그리고 괌(Guam)을 포함하는 U자형 미국의 안보 지형에서 중심이고 최전방이 될 곳이라 평가하였다.

미군은 점령 기간이 끝나면 이곳에서 철수해야 했기에 강화 이후에도 일본에 계속 영향을 행사할 수 있는 방법을 찾는 일이 시급했다. "일본은 아시아에서 강자로 군림해 왔고 또 미국을 상대로 전쟁을 치른 나라였다. 점령기 동안 강제로 개혁을 받아들이긴 했어도 이는 일시적인 것에 불과할 수 있었다. 일본은 점령통치가 끝나기도 전에 외교정책에서 미국과 다른 견해를 표명하였다. 외교 노선에서도 중립노선을 원한 바 있다."033 이러한 사정이었던 터라 미국은 점령 기간을 연장하지 않고 일본에서 군사기지를 계속 유지할 수 있는 방법을 찾아야 했다.

가. 미·일 강화 협상

(1) 시작 단계의 강화 구상

1947년 여름부터 국무부 극동국장 특별보좌관 볼튼(Hugh Borton)이 주도하는 볼튼 그룹이 일본평화조약 초안을 작성하기 시작했다. 이들은 처음 미국과 소련의 협력체제가 일본의 평화 정착에 필수적이라는 인식하에 극동위원회 참여국이 모두 함께하는 평화조약을 구상하고 싶어 했다. 중국과 소련이 극동위원회에 참여하고 있었으니 이들이 참여하면 전면(全面)강화라는 좋은 그림이 될 수 있다고 생각했

---

033 김남균, "미국의 일본안보정책에 끼친 6.25 전쟁의 영향", p. 265.

던 것이다.[034]

볼튼 그룹이 초안을 작성할 때만 해도 미국의 점령 정책은 크게 달라지지 않았다. 이를테면, 군사력의 규모를 기존 경찰과 해안경비대 수준으로 동결하는 안, 항공기는 군사용 민간용 모두 제작과 운항을 불허하는 안, 이러한 제한 조건을 평화조약 체결 후 25년 동안 유지하는 안 등의 수준이었다. 하지만 냉전의 영향이 동아시아로 확대되면서 이 계획은 역코스와 함께 성격이 달라진다.[035]

미국은 1947년 7월 7일 일본평화조약을 위한 평화회의를 극동위원회에 공개적으로 제안하였다. 미국은 극동위원회 참가 회원국 모두가 이 제안에 참여할 것이라 기대하였으나 중국과 소련은 반대하였다.[036] 이 두 나라를 제외한 9개국만 찬성한 것이다. 볼렌은 소련이 반대하는 이유를 "장차 일본에 평화가 정착되었을 때 자국의 지분을 확보하려는 소련의 복선이 깔린 역제안"으로 해석하였다. 그래서 볼렌은 소련 대표에게 미국은 얄타, 카이로, 그리고 포츠담에서 소련과 맺은 협약을 모두 준수하고, 평화회의 추진에 관한 규칙도 총회에서

---

034 극동위원회(FEC Far Eastern Commission, 1945~1952)는 미국 워싱턴에 설치되었다. 연합국의 일본 점령통치에 관한 형식적이지만 최고 결정기구였다. 미국, 영국, 중국, 소련 등 4개국 포함 11개국(호주, 캐나다, 프랑스, 인도, 네덜란드, 뉴질랜드, 필리핀/나중에 버마와 파키스탄 참여 총 13개국)으로 구성되었다. 이 위원회 결정은 미국 정부를 통하여 연합군 총사령관 맥아더에게 지령하는 형식으로 내려졌다. 대일이사회(Allied Council for Japan)도 관련이 있었다. 이 기구는 극동이사회 파견기관으로 동경에 설치되었다. 미국, 영국, 중국, 소련으로 구성되었다. 맥아더 연합군 총사령관이 회장을 맡았다. 연합군 총사령관의 권한을 감독하고 동시에 자문·조언·협조가 임무였는데, 사실상 맥아더는 이 기구에 거의 의지하지 않았다. FRUS 1945, The British Commonwealth, *the Far East Vol. VI, pp. 316~1017.*

035 김남균, "미국의 일본안보정책에 끼친 6.25 전쟁의 영향", pp. 266~267.

036 소련이 반대한 이유에 대하여는 다음 기사를 참조할 수 있다. 특히 소련과 중국이 합의한 9개 조항을 보면 미국의 입장과 이 두 나라의 생각이 다른 점을 확인할 수 있다. "대일강화조약문제에 대한 4개국 회의를 제창, 중국민족정치회특별위원회 결의", 『로동신문』, 1947년 9월 26일.

결정할 것이라고 설명하며 참여를 독려하였다.

그러나 소련은 동년 8월 29일 미국의 이 제안도 거부하였다. 대신 소련은 일본의 평화 정착 문제는 소련, 영국, 그리고 미국의 외무장관 회의에서 논의해야 할 사안이라 주장하였다. 소련은 이 회의에서 거부권을 행사하고, 미국이 일본에 있는 점령군을 철수시킨다는 조건을 지킬 때만 조기 평화조약에 찬성할 것임을 밝혔다.[037]

그러자 미국은 소련의 이 제안을 수용할 경우 강화까지 오랜 시간이 걸리고, 자신이 의도하던 대로 강화를 진행할 가능성이 낮아질 것이라 판단하였다. 게다가 당시에는 일본과의 강화조약 체결보다 극동에서 영향력을 확대하려는 소련을 저지하는 일이 더 시급하고 중요하였다. 따라서 이미 미군이 확보해 놓은 곳인 데다 소련의 영향력이 유일하게 덜 미치는 남한과 일본만이라도 지켜야 한다고 미국이 생각하는 것은 자연스러운 일이었다.[038] 이는 미국이 유럽에서처럼 동아시아에서도 소련을 위협적으로 인식하였음을 보여준다.

이때부터 미국은 일본의 주권을 완전히 회복하는 대신 일본을 정치, 경제적으로 재건하여 미국의 영향권에 묶어두는 정책으로 전환하였다. 실제 미국의 NSC 13-2는 일본의 경제회복을 '미국의 안보이익 다음으로' 중요하게 평가하였다. 그리고 이 경제회복이 '앞으로 다가올 기간 동안 일본에 대한 미국의 정책 기본 목표'가 될 것이라 강조하였다. 이로써 미국은 점령 정책을 비무장화에서 경제 재건으로 전환하였다.[039]

미 국방부는 NSC 13-2 승인 후 2주일이 지나 장관 포레스탈(James

---

037 중국도 거부권 행사가 보장되어야 한다고 생각했다. "미 제안 대일강화조약 중국의 리익을 배반 천진대공포 론평", 『로동신문』, 1947년 8월 30일.
038 김남균, 앞의 글, p. 268.
039 같은 글, p. 270.

Vincent Forrestal)을 통해 합동참모본부에 일본의 재무장을 포함한 일본 안보 문제를 연구하도록 지시하였다. 그의 요청에 따라 합동참모본부는 일본 안보 문제에 관하여 두 가지 대안을 제시하였다. "① 제한된 무장 허용, ② 미군의 계속 주둔"이었다. 합동참모본부는 재무장이 일본의 경제회복을 지연시킬 것으로 예상했기에 "국내 안보 유지를 위해 정규군 체제가 아니라 제한된 군사력만 창설하는 방안"을 제안하였다. 그들은 점령통치 기간 이후에도 일본의 안보를 미군 기지를 통해 확보하려 했다.[040]

미 행정부는 오키나와 이외에도 일본의 4개 주요 도서(홋카이도, 혼슈, 시코쿠, 큐슈)에 설치돼 있는 미군 기지가 태평양의 미국방위체제 구축에 필수 조건이라 판단하였다. 그러나 국무부는 이 의견에 반대하였다. 국무부는 일본 내부의 공산당 위협이 더 큰 문제라 판단하였다. 국무부 인사들은 평화조약을 체결한 이후에 일본에 미 군사력을 유지하려는 생각에도 반대하였다. 일본 내 곳곳에다 미군을 주둔시키면 일본인의 반발심만 조장할 뿐 그들에게 안정적으로 영향력을 행사하기 어려울 것이라 판단하였다. 역코스 이전까지는 이러한 국무부 의견이 국방부 의견보다 강했다. 이러한 대립은 몇 년 뒤 맥아더 해임으로 이어졌다.

1950년 2월 중·소 우호조약이 체결되고 동아시아에 냉전 분위기가 고조되자 국무부는 일본과 평화조약이 시급히 필요하다고 판단했다. 이에 국무장관 딘 애치슨(Dean Acheson)은 국방부 국무부 사이의 교착상태를 타개하기 위해 모임을 주선하고 강화를 촉진하려 했다. 하지만 이 모임은 두 부처 간의 이견이 커 합의점을 찾지 못하였다. 이

---

040 "The Joint Chiefs of Staff and National Policy 1947~1949", *History of the Joint Chiefs of Staff*, pp. 263~270. (*https://www.jcs.mil/Portals/36/Documents/History/Policy/Policy_V002.pdf*)(검색일: 2019년 8월 20일).

에 국무부는 평화조약을 추진할 새 인물로 덜레스를 임명하였다.[041]

국무부로부터 임명을 받은 덜레스는 일본과의 평화조약 체결에 관한 미국의 정책 목표를 확인하는 보고서를 다음과 같이 작성하였다. "일본이 자유세계의 부분이 되고, 미국에 우호적이며, 외부 세계 원조에 의존하지 않고 자신의 복지와 자존을 지킬 수 있게 하고, 자신의 모범적 행위로 동아시아와 태평양 지역 인민들에게 자유로운 삶이 갖는 장점을 보여줌으로써 이 지역 공산주의에 대한 저항과 격퇴 노력에 동참하게 한다."[042] 이 목표 달성을 위해 ① 점진적인 군사 점령 축소나 종식, ② 전쟁 보상은 하지 않거나, 최소한으로 한정하여 평화적 경제 발전을 위한 충분한 기회를 일본에 제공, ③ 일본이 자국의 간접 침략을 탐지하고 저지할 수 있는 경찰, 민병대, 그리고 해안 경비대의 창설 등을 전략으로 삼았다. 그는 평화조약에 중국 국민당과 공산정권 둘 다를 초청하는 것을 원칙으로 했고, 두 당사자가 단일 표를 행사하는 데 합의하지 못할 경우 두 개의 의결권 행사를 인정하는 방안을 고려했다. 시기로는 1950년 늦은 여름이나 가을, 장소는 하와이에서 예비 회담을 갖게 되길 바랐다. 덜레스는 이러한 자신의 계획에 애치슨과 국무부 관리들의 동의를 얻은 후 조약에 필요한 정보 수집을 위해 1950년 6월 17일 도쿄로 향했다.

(2) 일본과의 평화 교섭

미국이 일본과 평화 교섭을 진행할 필요를 느끼고 있던 시기 일본에서는 재군비에 대해 비판적인 입장이 팽배하였다. 일본 내에 반

---

041 김남균, 앞의 글, pp. 271~274.
042 Memorandum by the Consultant to the Secretary to the Secretary of the State, June 7, 1950. FRUS 1950, Vol. VI. p. 1207.

(反)군부 정서가 강하였던 까닭이다. 특히 수상 요시다 시게루(吉田茂)는 전쟁 때 군부를 '정치의 암적 요소'로 인식하고 있었다. 그는 재군비가 어리석은 일이고, 국제정세에 대한 맹목에서 비롯된 것이라 보았다. 일본이 재군비를 시작하면 미국이 가만두지 않을 것이고, 설사 추진하더라도 현 단계에서 일본이 미국을 추월할 가능성이 전혀 없다는 이유에서였다. 무엇보다 패전 상처가 깊어 전쟁이라면 환멸을 느끼는 국민으로부터 지지를 얻기 어렵기 때문이라는 것이었다.[043]

요시다 시게루는 독자적인 재군비 대신 미·일 공동방위를 통한 미·일 안전보장 체제를 고려하였다. 그는 한국 전쟁이 발발하며 일본인 의용군을 이 전쟁에 파견하는 문제가 쟁점이 되자 이를 강력히 반대하였다. 강화조약 내지 조기 강화가 실현되기 어려운 사정을 고려해야 하고, 만약 강화가 이뤄진다 해도 일본을 호전(好戰) 국가로 여겨 조약문에 여러 까다로운 조건이 삽입될 것을 우려했기 때문이다.

그가 생각한 전략은 네 가지였다. 첫째, 재군비로 인한 국민의 경제 부담 축소. 둘째, 자신의 최대 정치 과제인 조기 강화 실현. 셋째, 아시아 여러 나라의 일본 군국주의 부활에 대한 우려 불식. 넷째 일본의 주권이 회복될 때까지 소련을 비롯한 주변국에 (재군비를 한다는) 빌미를 제공하지 않는 것 등이었다.

그는 일본의 재군비가 포츠담 선언과 극동위원회 결정을 정면으로 위반하는 일일 뿐 아니라 소련이 이를 구실로 삼을 가능성이 높다고 판단했다. 미국이 생각하는 대규모의 재군비 계획을 따르다 보면 결국 일본이 한국전에 참전할 가능성이 커지고, 참전은 중국과 소련에 직접 적대 행위를 하는 것이 돼 장차 일본이 이들의 적대 행위에 노

---

043 吉田茂, 『回想十年 2』, 新潮社, 1958, pp. 160~61; 吉田茂, 『일본을 결정한 100년』, 이화문화출판사, 1995. 참조.

출되는 것을 우려했다.

그러나 미국은 요시다의 이러한 생각에 아랑곳하지 않았다. 미국은 6.25 전쟁을 계기로 일본에 재군비를 압박하기 시작했다. 맥아더는 일본 내에서 국내 치안을 놓고 재군비 논의가 활발하게 진행되는 와중에 1950년 7월 8일 요시다에게 편지 형식으로 7만 5천여 명 규모의 경찰예비대 창설과 해상보안청에 8천 명을 증원하라고 명령하였다.[044] 맥아더는 이 서한에서 미군이 한반도에 출병하게 되어 일본 국내에 치안 공백이 발생할 가능성이 크므로 이를 보완할 조치가 필요하다고 주장했다. 이에 일본 정부는 8월 10일 정령(政令)으로 경찰예비대령을 공포하고 당일 시행에 들어갔다. 8월 23일에는 7천여 명의 경찰예비대 대원을 입대시켰다. 10월에는 경찰예비대 조직의 강화를 위해 일본제국 시절 군인이었던 3,297명을 추방 해제해 경찰예비대 간부로 채용하였다.

요시다는 본인도 일본에 경찰력이 부족한 것을 문제로 생각하고 있었기에 총사령관이 명령(命令)하였을 때 신속히 이를 이행했을 뿐이라고 하였다. 비록 미국의 강요 때문이긴 했으나 자신도 이를 필요하다고 생각해 협조하였다는 것이다. 다만 그는 이 경찰의 성격이 불분명해 경찰 병력 증강이 재군비와 무관함을 안팎으로 강조하는 것이 필요하다고 생각했다. 자신이 일관되게 재군비를 반대했던 것과 실제 이뤄진 일 사이에 일관성이 있어야 한다고 보았던 것이다. 아마도 그에게는 미군에 적극 협조하여 조기(早期) 강화에 유리한 조건을 만들려는 동기가 있었던 것 같다. 1950년 10월 요시다가 미 해군으로부터 한국 내 소해(掃海) 업무를 요청받아 이를 해상보안청 하에 편성

---

044 Douglas MacArthur's Letter to Prime Minister(8 July 1950). https://www.ndl.go.jp/modern/e/img_1/M010/M010-001l.html. Modern Japan in Archives(검색일: 2019년 9월 3일)

된 일본의 특별 소해대가 담당하도록 한 것 또한 같은 맥락에서 이해할 수 있을 것이다. 그는 이 소해 업무가 일본 헌법을 위반하는 일이었기에 비밀리에 처리하였다. 그런 만큼 요시다가 미 군부 측에 조기 강화를 유도하기 위해 일부러 적극 협조한 것이라 추정할 수 있다.[045]

ㄱ. 아시다 서한과 요시다의 구상

강화교섭을 둘러싼 최대 문제는 독립 후 일본의 안전보장 방식이었다. 이미 일본 내에서는 강화 형식을 놓고 보수와 혁신 세력 간의 대립이 격화하고 있었다. 이 두 세력의 입장은 각각 단독강화론과 전면강화론이었다. 혁신 세력의 전면강화론은 전쟁 당사국 모두가 참여하는 것을 전제로 하였다. 이들은 일본의 장래를 고려할 때 동서 진영 모두가 참여하는 강화를 체결해야 세계 전쟁에 휘말리지 않을 것이라 판단하였다. 이들은 전면강화 외에도, 양 진영 간에 중립 견지, 일본의 군사기지화 반대 등 강화 3원칙을 주장하였다. 반면 요시다가 대표하는 보수 세력은 냉전 현실을 감안할 때 사회주의 진영이 협조하지 않는 상황에서 양 진영이 합의를 통해 강화를 맺기까지는 오랜 시간이 걸릴 것이고, 심지어 성사되지 않을 수도 있으므로 자유주의 진영과만 강화를 맺는 이른바 단독강화 불가피론을 폈다.[046]

일본 측에서 일찌감치 단독강화론을 주장하며 이를 준비했던 인물은 1947년 7월 외상(外相)에 취임한 아시다 히토시(芦田均)였다. 그는 동서 대립이 격화하는 현실에 주목하면서 강화 이후 일본의 안전보장 방안을 검토하도록 외무성 관료들에게 지시하였다. 외무성 검토

---

045 남기정, "요시다 시게루의 전후 구상과 리더십", 남기정 편, 『일본 부활의 리더십: 전후 일본의 위기와 재건축』, 동아시아연구원, 2013, p. 53
046 김남은, "강화와 안보를 둘러싼 미·일교섭과 일본의 전략-요시다 시게루를 중심으로", 『일본근대학연구』 Vol. 56, 한국일본근대학회(2016), p. 361.

결과는 정부 입장으로 정리되어 1947년 9월 13일 아이켈버거(Robert Lawrence Eichelberger) 8군 사령관에 전달되었다. 이것이 이른바 '아시다 비망록(memorandum)'이다.

이 메모에서 아시다는 두 가지 경우를 고려하여 일본의 안보 방안을 구상하였다. 하나는 미·소 관계가 호전되어 세계 평화에 불안이 없을 경우, 다른 하나는 대소 관계가 개선되지 않고 세계적 불안이 지속되는 경우였다. 외무성 관료들은 이 두 경우를 구분해 각각의 대응책을 강구하여 이 메모를 완성하였다.[047] 전자의 경우 일본은 유엔에 의뢰해 안전보장을 도모하고, 후자의 경우에는 일본의 안전을 보장하는 수단으로 두 가지 가능성을 제시하였다. "첫째, 미군이 강화조약의 이행 감시를 위해 일본에 주둔한다. 둘째, 미국과 일본 사이에 특별 협정을 맺어 일본의 방위를 미국에 위임한다."[048] 이러한 내용을 담은 각서는 당시 요코하마에 주둔하던 8군 사령부 사령관 아이켈버거를 통해 워싱턴 수뇌부에 전달되었다.

이 메모는 그 내용이 그대로 미·일 안보조약으로 이어졌기 때문에 중요하다. 실제로 이 메모는 미·일 안보조약의 초안이자 일본의 안전보장 정책 구상의 시발점이라 평가받는다.[049] 물론 이 서한은 일본이

---

047 Makito Ueda, "An Idea of Postwar Japan: Hitoshi Ashida amd Japanese Liberalism", ANU College of ASIA & PACIFIC Seminar Manuscript(2011년 2월 28일), pp. 38~39.
048 "특별 협정은 일본 독립이 위협받게 될 경우, 미국은 일본 정부와 합의 아래 언제든 일본 내에 군대를 진주시킬 수 있음과 동시에 군사기지를 사용할 수 있음을 주 내용으로 함." 배정호, 『일본의 국가전략과 안보전략』, pp. 114~115.
049 이 서한에 일본의 협상 방안이 들어 있었다. 미·소가 협조해 국제연합을 꾸릴 가능성이 희박해지는 상황에서 일본이 미국과 특별 협정을 맺어 안전보장을 확보하려는 구상이 이 서한에 처음 등장하였던 것이다. 이 협의안은 두 가지를 충족시키고자 했다. 하나는 미국의 재군비 요구를 만족시키는 것이었다. 다른 하나는 강화를 통해 독립을 하고 나서 제기될 안전보장 문제를 해결하려 했던 요시다의 생각도 충족시킬 수 있는

먼저 제안하는 형식을 띠었으나 미국이 막후에서 영향을 행사했을 가능성이 크다.⁰⁵⁰

ㄴ. 강화와 안보를 둘러싼 교섭과 요시다 전략

요시다가 미군의 일본 주둔 제의를 한 다음 달인 1950년 6월 덜레스는 일본을 방문해 요시다와 회담을 가졌다. 아시다 메모의 내용 전달 이후 요시다 총리가 재군비 불가론을 주장하고 있었기 때문이다. 요시다의 생각은 1950년 5월 20일 자유당 대회에서 행한 "① 미·소 양국이 전면 전쟁에 돌입하지 않을 것이고, ② 소련이나 중국이 일본을 침략하지 않을 것이며, ③ 일본의 당면 과제는 재군비가 아니라 내부 전복 같은 간접 침략을 방지하면서 경제부흥과 사회질서를 추구하는 것"이라는 연설문 요지에 잘 드러난다. 요시다는 미국의 재군비 압력을 거부하고, 국내 안전 유지 능력을 점진적으로 확대하며, 일본의 대내 안전과 미국의 태평양 안보 이익과 연계하여, 미군의 일본 주둔 및 미·일 안보조약과 평화조약을 분리하는 방안을 복안으로 생각하고 있었다.⁰⁵¹ 덜레스는 요시다의 이런 입장을 불만스러워하였다.

것이었다. 김남은, "강화와 안보를 둘러싼 미·일교섭과 일본의 전략", p. 362.

050 요시다 시게루는 일본의 이익을 극대화하기 위해 미국에 양보할 것은 양보하고, 얻고 싶은 것은 얻었던 합리적 실용주의자라고 자신과 그의 추종자들이 평가하였지만, 그가 미국의 비위를 맞추며 자신과 추종자들의 권력을 유지하려 했던 권력 지향적 인물로 평가하는 이들도 있다. 그의 반대자들 말이 틀릴 수도 있겠지만, 그가 일본의 이익을 거슬러 미국 입장을 충실히 대변했던 사례도 많다. 아마도 이런 그의 이력이 비판자들에게 빌미를 주었을 것이다. 만일 그를 비판하는 이들의 주장이 맞는 것이라면 미국은 전면에 나서지 않고 일본인을 앞세워 자국의 뜻을 실현하는 고도의 외교술을 펼친 셈이다.

051 배정호, 『일본의 국가전략과 안보전략』, p. 120.

3절
북한의 높아진 대미, 대일 위협 인식

1. 대미 불신 증폭

북한은 1948년에 들어서면서 미국을 '제국주의'로 부르기 시작했다. 여기에는 한반도에서 직접 겪은 미·소 공위(共委) 경험, 미국이 남한에서 취한 조치, 태평양 지역 내 주요 도서와 일본의 군사기지화 등의 시도들이 영향을 주었다.[052] 북한의 이러한 인식은 "조선민주주의인민공화국 정부의 정강" 7항으로 구체화되었다.

"일본제국주의의 재생은 우리 민족의 독립을 위협하는 것이므로 일본을 다시 제국주의 침략 국가로 재생시키려고 기도하는 제국주의

---

[052] 북한은 미국이 통일된 자주독립국가의 길을 막으려고 일부러 미·소공동위원회를 파탄시켰다고 생각했다. 미국이 소련의 동시 철군 제안을 거부한 것도 남한에 미군을 계속 주둔시키려는 의도로, 미국이 조선 문제를 UN으로 넘긴 후 UN 총회가 남북한 대표를 초청하여 의견을 청취하자는 소련의 제안을 무시하고 UN 임시조선위원단을 조직한 것도 조선을 식민지화하려는 의도를 선거로 포장하고 남한의 단독정부를 수립하는 데 도움을 주기 위한 것으로 해석했다. 북한은 소련군이 철수한 후에도 미군이 남한에 계속 남아 있는 것을 미국이 남한을 식민지로 만들려는 의도 때문이라고 보았다. 백학순, "북미관계", 세종연구소 북한연구센터 엮음, 『북한의 대외관계』(서울: 한울아카데미, 2007), p. 26.

국가들은 모두 다 우리 민족의 원쑤로 인정할 것입니다. 공화국 정부는 일본 군국주의 세력을 청산하고 일본을 민주화할 데 대한 포츠담 회담의 결정을 실현할 것을 강력히 요구할 것입니다."053

이 정강에서 북한은 미국을 "일본을 침략 국가로 재생시키려 하는 제국주의 국가"로, 일본을 이에 자의 반 타의 반 추종하는 앞잡이로 규정하였다. 그러면서 이제부터 미국과 일본을 북한의 '적'으로 간주하겠다고 선언하였다. 북한은 이 규정 후 "일본 군국주의를 되살리려는 제국주의자들의 온갖 책동을 견결히 반대하여 투쟁"하는 것이 북한의 "반제혁명적 립장"이라며 이를 기초로 행동에 나설 것임을 대외에 천명하였다.054

북한은 1948년 1월 10일 자 『로동신문』 기사에서 '조미(朝美) 관계사'를 일별하며 미국이 조선에 처음 발을 디딘 19세기 중반부터 1947년까지 "조선에서의 미국 정책은 어떤 다른 제국주의 강국의 정책과 구별되는 바가 없다. … 위선적인 '우호'의 가면하에서 조선에 대한 자국의 순 제국주의적 목적을 은폐하고 있다."는 입장을 밝혔다.055 당시 미국이 태평양 지역, 일본, 조선반도에서 취하는 조치들을 "세력 범위를 아시아태평양지역으로 확대하여 이 지역을 완전히 지배하려는 침략 야망을 로골화"한 시도로 평가했다.056 특히 "중국과 조선에서 일체 이민족의 간섭을 허여치 않고 완전한 민족독립의 기초

---

053 "조선민주주의인민공화국 정부의 정강", 『김일성 전집 8권』(평양: 조선로동당출판사, 1994), p. 273.
054 김근조 편, 『조선민주주의인민공화국 대외관계사 1』(평양: 사회과학출판사. 1985), p. 57.
055 "조미관계사에 나타난 미제국주의의 배신행위", 『로동신문』, 1948년 1월 10일.
056 채병욱, 『미제는 조선침략전쟁의 도발자』(평양: 조선로동당출판사, 2016), p. 6.

를 구축하는 새로운 형태의 진정한 민주주의 지역이 건설됨에 극도로 놀래어 더욱 야만적이며 광란적인 침략 정책을 실시"하는 것으로 보았다.⁰⁵⁷ 이 글의 저자 석국은 미국이 중국에서 장제스 정부를 지원한 것, 네덜란드에게 무기를 공급하여 인도네시아 독립운동을 억압한 것, 필리핀에서 친일파 하스를 대통령으로 만들어 자국 뜻대로 조정하려 시도한 것 등을 "아세아의 전 대륙을 자기의 독점시장으로 만들어 세계 제패를 하려 했던 히틀러의 옛 광상(狂想)을 반복하는데 목표"를 둔 행동이라 비난하였다.⁰⁵⁸ 아울러 일본에 대한 미국의 정책을 "첫째 일본을 완전히 미 독점자본가의 단독 지배하에 두려 함이요. 둘째 일본의 범죄적 군벌세력과 군사공업을 유지 결탁하여 반쏘 전쟁과 반 아세아 인민전쟁에 있어 그의 앞잡이로 쓰려는 것이요. 셋째 소위 중간파의 세력을 원조하고 이것의 파시스트화를 촉성하여 우익 민주진영을 고립화 내지 말살"하려는 시도로 보았다.⁰⁵⁹

북한은 이러한 정세 인식에 기초하여 반미, 반일 노선을 대외정책 기조로 삼고 이때부터 미국에 대한 적대감을 노골화하기 시작했다.

2. 북한의 냉전과 국제 정세 이해

이 국면에 동아시아도 유럽에서 시작된 냉전의 영향권으로 흡수되기 시작했다. 북한도 이러한 흐름을 잘 파악하고 있었다. 이러한 북한의 국제 정세 인식은 다음의 냉전 이해에 잘 드러난다.

북한은 냉전을 '랭정(冷淨) 전쟁', '랭전'이라 불렀다. 『민주청년』은

---

057 석국, "미침략정책을 반대하는 극동제인민의 투쟁", 『근로자』13호(1948년 3월호).
058 같은 책 참조.
059 같은 책 참조.

독자들의 질문에 응답하는 형식으로 북한 매체에서는 처음으로 '냉전'이라는 용어를 사용하였다. 이 매체는 "2차 대전이 끝난 후 미제는 세계 제패를 꿈꾸면서 일체의 국제공약을 위반하고 유엔 원칙에서 리탈하여 평화와 안전의 초소에 선 위대한 쏘련과의 사이에 고의로 '심각한 대립 상태'를 조성시켰다. 미제는 … 쏘련과는 어떠한 문제에 있어서도 합의될 수 없으며 그 책임이 전여 쏘련에 있다는 감을 주기 위하여 노력하여 왔다. 그들은 쏘련과 인민민주주의 제 국가들에 조성된 제 관계는 결국 전쟁수단 이외에는 다른 도리가 없는 듯한 인상을 주기에 수단과 방법을 가리지 않는 선전을 전개하여 왔다. … 그들은 군비 확장, 원자무기 금지 반대, 각종 침략군사 동맹 체결 등 정책을 감행하여 왔다. 그 결과는 오늘날 국제정세에 있어서 부득이 미제와 위대한 쏘련과의 사이에 긴장된 분위기가 조성되였는 바, 이는 실지에 있어 포화(砲火) 행동은 아니지만 기실 전쟁상태와 같은 인상을 주게 되었는데 그들은 이 전쟁을 '랭정 전쟁'이라 부른다."[060]

『대중정치용어사전』에서는 냉전을 "제2차 세계대전 이후 세계적 규모에서 조성되였던 사회주의진영과 자본주의진영 사이의 정치군사적 긴장 상태"로 정의하고, "미제를 우두머리로 하는 제국주의 반동들이 서로 야합하여 이전 쏘련과 기타 사회주의 나라들을 반대하는 도발적인 침략 정책을 실시함으로써 시작"된 것이라 하였다.[061] 북한은 미국을 우두머리로 하는 제국주의자들이 냉전 정책을 펴는 목적이 ① 평화를 파괴하고 국제 정세를 극도로 긴장시켜 전쟁 지경까지 몰고 가 군비 확장에 박차를 가하고, ② 새로운 대규모 침략전쟁을 도

---

060 "랭정전쟁", 『민주청년』, 1950년 5월 4일.
061 "랭전", 사회과학원 김일성주의연구소, 『대중정치용어사전』(평양: 과학백과사전출판사, 2005), p. 305.

발해 자신들이 직면한 정치 경제적 위기에서 벗어나며, ③ 사회주의 국가, 신생독립국가, 사회주의 블록 가담국가들을 군사적으로 위협, 제압하고 경제적으로 질식시키며, ④ 이 나라들에서 반공의식을 고취하고 정치경제적 혼란을 조성하여 반국가반란을 유도, 사회주의국가들을 파괴·전복하고 신생독립국가, 블록 가담국가들을 반제 전선에서 이탈시키고, ⑤ 전쟁에 대한 공포감, 핵무기를 포함한 대량 살육 무기에 대한 우상화, 제국주의의 이른바 '힘'에 대한 환상 등을 유포시켜 인민들을 사상적으로 무장 해제시키고 반제혁명운동을 말살하는 데 있다고 보았다.[062]

북한은 소련의 입장에 동조하며 미국이 먼저 냉전을 촉발해 소련과 사회주의 진영이 이에 수동적으로 대응했을 뿐이라는 입장을 취하였다.[063] 『근로자』 17호에서 저자 석국은 미국이 유럽에서 냉전을 촉발한 계기들을 열거하였다. "국제연합기구 제2차 회의의 사업 행정 또는 사업총화라든지, 영미 반동에 의한 독일 문제에 관한 론돈(런던) 4개국 외상회의의 파탄이라든지, 서구라파를 미국에 예속시킬 사명을 가진 '마샬안(案)'이라든지, 확실히 반(反)쏘적 성질을 띤 서구라파 조약이라든지 중국, 조선, 토이기(터키), 이란 및 동방 아라비야에서의 미국인들의 행동"[064] 등이고, 미국의 이 모든 행위가 "제국주의 진영(미국)과 반제국주의(소련) 진영 간의 투쟁을 가일층 첨예화"시켰다고 비판하였다.

소련과 북한은 이렇게 미국의 행위들을 위협으로 인식했다. 미국도 당시 소련이 취했던 조치에 대하여 이런 위협 인식을 가졌고 이러

---

062 "랭전정책", 사회과학원 김일성주의연구소, 『대중정치용어사전』, pp. 305~306.
063 석국, "미침략정책을 반대하는 극동제인민의 투쟁", 『근로자』 13호, 1948년 3월.
064 "1948년 유럽에서 진행되는 미국의 냉전적 조치에 대한 입장", 『근로자』 17호(1948년 7월).

한 인식은 두 국가와 체제 간의 균열을 촉진하는 매개체가 되었다. 또 하나 주목할 점은 냉전이라는 용어를 사용하기 시작하는 시점부터 그동안 자제해 오던 '미제국주의(미제)'라는 용어를 본격적으로 사용한 것이다. 이는 형식적 협조 시기를 지나 이때부터 미·소 간의 적대가 본격화하였음을 상징적으로 보여준다. '미제'가 두 체제 간의 '균열 국면'을 상징하는 단어가 된 것이다.

3. 유럽 냉전에 대한 북한 인식

북한은 유럽에서 미국이 추진하는 마샬 계획과 북서대양조약기구 구축에 대하여 소련 입장에 서서 비판하였다. 두 프로젝트에 대한 그들의 인식을 간략히 살펴본다.

가. 마샬 플랜

"마샬계획은 투루맨(트루먼) 교훈을 대표하는 변형체이며 전쟁 후 구라파의 조건에 적합시킨 것이다. 이 계획은 원조가 요구되는 구라파 국가들을 자기 자주권으로부터 떨어지게 하며, 다시 말하면 그것은 미국 독점가들의 리익에 직접 예속시키게 하는 방향을 가지었으며 … 마샬 계획은 구라파의 경제적 쇠약과 구속으로만 제한하는 것이 아니라 구라파를 두 진영으로 분렬시키려는 목적을 수행하며 영국과 불란서에 대한 보조로서 인민민주주의 국가와 쏘련의 이익에 원쑤인 구라파국들의 브로크(Bloc) 형성을 수행하려 한다."[065]

마샬 플랜이 트루먼 독트린을 유럽 조건에 맞춰 변형한 것이고, 원조수혜국의 자주권을 약화시켜 미국 독점자본에 예속하기 위한 장치

---

065 "마샬 계획 비판", 『로동신문』, 1948년 8월 11일.

이며, 궁극에는 서유럽국가들을 하나의 블록으로 만들어 유럽을 동서로 분열시키려는 정책이라는 비판이다. "군비 축소, 원자무기 금지, 기타 그와 비슷한 평화와 안전의 강화 문제" 등이 이 계획에 포함되지 않은 것을 볼 때도 미국의 이런 조치들은 평화가 아니라 대결과 분열을 위한 것임을 지적하였다.[066] 또한 "쏘련의 접경지대까지 포함하여 세계 각처에 해군 및 항공 기지망을 건설하고 있는 미국 정부의 모든 행위와 아울러 미국 시민과 여러 요인들 측에서 그 기지가 쏘련을 포위할 목적으로 건설되고 있다고 공공연히 성명하는 그와 같은 정황의 긴장성을 조장시킨 것이다. 이러한 종류의 조치는 자위의 목적에 필요한 것이라고는 설명할 수 없다."[067]

북한은 미국이 취하는 이러한 일련의 조치들이 소련과 소비에트 동맹에 대한 공격 행위라 비판하였다. 그리고 이 연장에서 동아시아로 전화한 냉전의 성격을 이해하였다. 이 역시도 당시 소련이 미국이 유럽에서 취한 조치들을 위협으로 인식하였음을 보여주는 사례라 할 수 있다.

나. 서유럽연합(Western European Union)

서유럽연합은 1948년 영국, 프랑스, 벨기에, 네덜란드, 룩셈부르크 5개국이 독일의 유럽 국가 침략정책의 부활 저지를 목적으로 브뤼셀조약을 체결하고 출범시킨 지역집단안보체제다. NATO의 전신이다.

북한은 이 조직의 본질을 다음과 같이 분석하였다. "현재 설정되어 있는 서부 5개국들의 군사동맹(부륫셀 군사뽈록)은 조약에서 명백히 나타난 바와 같이 독일만이 아니라 한 가지 정도로 제2차 대전에 있

---

066 "미국의 마샬 플랜 비난 논설", 『로동신문』, 1948년 6월 15일.
067 "쏘·미관계에 대하여", 『로동신문』, 1948년 5월 16일.

어서 동맹국으로 되어 있던 그 국가들까지도 반대할 수 있는 것이다. 영국, 불란서 및 미국의 각 신문들은 이 동맹이 쏘련을 반대하기 위한 것이라고 공공연히 보도하고 있다. 그리고 상기 군사동맹의 조직은 오직 미국 정부의 비호하에 의하여서만 가능할 수 있다는 사실을 또한 묵과할 리 만무한 것이다. 서구 5개 국가의 군사조약은 결코 자위조약으로서는 인정할 수 없는 것이 명백하다."[068] 이 기구가 자위(自衛)를 위한 것이 아니라 미국이 '소련을 반대하기 위해' 이들을 배후에서 지원하여 만든 군사조직이라는 인식이다. 소련은 미국이 유럽에서 취하는 모든 조치가 소련을 반대하기 위한 것이고, 특히나 이 반대가 군사적 성격을 띠고 있다는 위협 인식을 드러냈다.

 북한은 1949년 6월 유럽에서 북대서양조약기구가 출범하고 난 후 동아시아에서 잠시 추진되었던 태평양 조약을 비판하는 기사를 로동신문에 실었다. 이 기사는 이 조약이 "북대서양 쁠럭(bloc)에 대한 보충으로서 계획된 이러한 군사 쁠럭은 미제국주의자들이 꾸며낸 세계 제패쟁취의 범죄적 계획을 수행한 목적하에 창건되는 것"이라면서 이는 미국이 "원동(遠東)에 있어서의 군사쁠럭의 결성을 위하여 벌써 이전부터 여러 행동을 취한" 결과이며, 명목이 어떠하든 "태평양 쁠럭의 중심은 제국주의 렬강인 미국과 영국"이라 주장하였다. 그리고 이 블록은 중국에서 동남아시아에 미치는 민족해방운동의 세력을 차단하기 위해 "비르마(버마) 샤므(태국) 마래(말레이시아) 인도네시아 비률빈(필리핀) 일본 남조선을 포함하는 반공산주의 기지"를 건설하는 것"이라 비난하였다.[069]

 이 조약은 미국의 비협조로 출범하지 못하였으나 샌프란시스코 평

---

068 "쏘·미관계에 대하여", 『로동신문』, 1948년 5월 16일.
069 박윤경, "태평양 조약은 북대서양 조약에 대한 보충이다", 『로동신문』, 1949년 6월 15일.

화조약 조인 이후 이들 국가와의 양자 동맹 형성과 SEATO 창설로 이어졌다. 적어도 북한은 미국이 계획하던 대(對)공산주의 봉쇄선의 구축 의미를 정확하게 이해하고 있었다.

이 기사의 작성자인 박윤경은 "『미국은 일본에서 12만 5천 명까지의 군대를 재건시키며 일본의 경찰을 확대하고 무장시키는 것을 허가할 결의에 가득 차 있다.』 미국은 일본의 군사잠세력[070] 부흥에 대하여 원대한 목적을 추구하고 있다. 그들은 일본을 장래의 전쟁에서의 병기창으로 또한 동남아세아 국에서의 민주력량을 탄압하기 위한 헌병으로 리용하려는 것이다. 때문에 일본의 군국주의자들이 원동에서의 일본의 지도적 역활과 일본의 비호 밑에서 악명 높았던 『공영권』의 부흥에 관하여 다시금 말하기 시작한 것은 우연한 일이 아니다."라고 하며 미국의 대일본 정책을 비판하였다.

북한이 당시 추진되던 대일 강화에 대해 보인 입장도 간략히 살펴본다. 북한은 미국이 포츠담 협정에서 정하고 있는 강화 원칙을 따르지 않고 소비에트 동맹과 중화인민공화국을 배제한 단독강화를 추진하고 있다고 비판하였다. 미국이 일본을 점령한 4년 반 동안 일본의 재무장, 군사기지화, 극동 공장화에 주력한 것을 근거로 들면서 포츠담 협정의 원칙을 지킬 의사가 전혀 없었다고 보았다.[071]

북한은 1948년에서 1949년 말에 걸쳐 유럽에서 시작해 동아시아로 확산된 냉전 대결 구도의 형성이 갖는 의미를 지속적으로 분석하는 기사를 공간물에 실었다. 특히 미국이 일본에 부여하려는 역할에 관심을 보였다. 북한은 이러한 조치들이 취해질 때마다 미국이 겉으

---

070 잠세력은 잠재력을 가진 세력으로 풀어쓸 수 있다.
071 조선중앙통신사, 『조선중앙년감 1949』(평양: 조선중앙통신사, 1949), pp. 353~61; 조선중앙통신사, 『조선중앙년감 1950』(평양: 조선중앙통신사, 1950), pp. 461~462.

로 어떻게 표현하든 이 모든 조치의 배후에 미국이 있다는 인식을 드러냈다. 또한 이 시기에는 북한의 공간물에 냉전과 관련된 기사들의 빈도가 매우 높게 나타났다. 대부분 미국을 비판하는 내용이었다. 미국이 냉전을 시작하였고 냉전을 적극 추동하고 있으며, 이는 궁극에 소련과 소비에트 동맹을 공격하기 위한 목적이라는 인식을 보였다. 미국도 같은 시기 소련에 대해 이와 같은 시각을 드러낸 바 있으니 '거울상(mirror image)'이었던 셈이다.

이상에서 알 수 있듯이 이 시기는 '균열 구조' 국면으로 미·소의 상호 적대감이 고조되었던 때였다. 양자가 더 이상 공존 불가능이라 인식할 만큼 균열이 커진 것이다. 북한의 공간물은 당시 이 국면의 분위기를 생생히 전해 준다.

4절

내장된 균열은 균열을 제도화하는 단계로 이행

1948~1950년은 '균열 구조' 국면이었다. 이념, 체제와 속성을 달리하는 양대 세력이 이전 국면에서부터 내장하고 있던 균열의 계기들을 이 국면에서 충돌 직전으로 몰아간 시기였다. 1947년 말 유럽에서 시작된 두 세력 간의 균열은 동아시아에서도 빠르고 넓게 진행되었다. 동아시아에서 이를 촉진한 계기들은 '사전 조건' 국면에서 양대 세력이 해결할 문제로 삼고 있었던 '중국, 한반도 분할 점령, 일본의 전후 처리'였다.

이 세 문제는 양 진영이 애초부터 내장하고 있던 상반된 속성에 따라 길항(拮抗)하면서 해결 방향과 방식에 영향을 주었다. 중국은 공산당 승리로 공산화되었고,[072] 한반도의 미·소 분할 점령은 분단국가 수립으로 이어져 독일보다 일 년 먼저 냉전이 제도화되었다. 일본에서는 미국이 일방적으로 전후 처리를 진행하였다. 이 가운데 미국 의도대로 된 것은 일본 문제뿐이었다. 상황이 이렇게 되자 미국은 애초

---

[072] 중국 공산화는 미국의 동아시아 정책의 대표적인 실패 사례였다. 미국이 소련과 함께 중국을 봉쇄 대상으로 삼는 계기로 작용했다. 이어신 소련의 핵실험 성공은 미국의 핵 독점을 깼으며, 미국이 봉쇄정책을 군사적으로 전환하는 계기가 되었다. 이근욱. 『냉전』, p. 50.

동아시아 정책을 큰 폭으로 수정할 수밖에 없었다. 미국은 이전 봉쇄 정책으로는 이러한 사태에 대응할 수 없다고 판단했던 것이다. 그리고 이러한 판단은 미국이 격퇴 전략을 선택하는 직접적인 계기가 되었다.

한반도 문제 해결을 위한 미·소 공위 운영에는 유럽에서 대독 강화를 둘러싸고 대립했던 경험이 영향을 주었다. 미·소는 이 경험의 영향으로 상호 불신했고, 시간이 흐를수록 상호 불신은 적개심으로 변해갔다. 중국에서 미·소는 각기 국민당과 공산당을 지원하며 대립하였다. 일본 문제 처리에도 소련은 지속적으로 관여를 시도하였다. 그때마다 미국은 소련을 배제하기 위해 골몰하였다. 이미 상호 화해가 불가능한 속성을 안에 품은 상태에서 불신과 대립의 계기들이 누적되면서 이 국면에 이르자 표면으로 분출하기 시작한 것이다. 이렇게 '균열 구조' 국면은 이전 시기 그나마 두 진영이 형식적으로 협조하던 방식을 직접 대결방식으로 전환하는 과정이었고, 직접 대결도 불사할 수 있는 조건을 형성하는 시기였다.

이 시기 상황을 전달하는 북한 공간물에 실린 기사들은 유럽에서 시작된 냉전의 여진이 동아시아에도 그대로 이어지고 있음을 보여주었다. 북한은 소련의 냉전 인식을 수용해 냉전의 원인이 미국에 있고, 냉전의 목적이 결국 자신과 공산주의 진영을 공격하기 위한 미국의 책략에 불과하다고 생각했다. 그리고 이를 입증하는 준거들로 미국이 전 세계에서 추진하는 봉쇄 조치들을 들었다. 이 기사들은 당시 사회주의 진영이 느꼈던 위협 인식을 잘 보여주었다. 그러나 소련은 정작 자신이 취했던 조치들은 공개하지 않았다. 아마도 미·소 양국이 서로 이런 태도를 보인 것이 냉전으로 비화하는 원인이 되었을 것이다.

미국은 이 시기에 일어난 남북 각각의 국가 건설, 소련의 핵 개발, 중국의 공산화를 일본의 안보, 더 나아가 미국의 안보를 직접 위협할 수 있는 사건으로 인식하였다. 미국이 6.25 전쟁 발발 때 신속히 개입한 것도 이러한 인식을 반영한 사례였다. 미국은 이러한 사태에 대비해 대일 강화도 준비하던 터였다. 미국은 대일 강화조약을 통해 미군의 일본 주둔을 합법화하고, 일본의 재군비를 서둘러 미국의 부담을 줄이려 했다. 자신의 안보 체제에 종속된 일본을 이 체제에서 독립시켜 경제력에 상응하는 정치적 군사적 역할을 수행케 하고 싶어 했던 것이다.[073] 미국은 실제로 종전 후부터 일관성 있게 일본의 전략적 중요성을 인식하여 대일정책을 추진하였다.[074] 미국의 이러한 움직임은 상대 진영에는 공격 혹은 침략으로 이해되었다. 이렇게 두 진영이 상대방 조치들을 공격적인 것으로 인식하면서 균열이 한층 가속화되었다.

'균열 구조' 국면은 동아시아에서 샌프란시스코 체제 형성을 촉진하는 중요 계기 가운데 하나였다. 이 시기에 발생한 사건들이 미국의 대소, 대공산주의 위협 인식을 강화했기 때문이다. 미국은 이 사건들을 공산주의 국가들의 팽창 시도로 간주했다. 대응이 시급한 사안으로 판단했다. 이에 정치, 외교적인 봉쇄 전략을 공격적인 격퇴 전략으로 전환했다. 그리고 일본을 동아시아의 전략 거점으로 활용하기로 결정했다. 이로써 내장된 균열은 균열을 제도화하는 단계로 이행하기 시작했다.

---

073 구영록 외, 『미국과 동북아』, p. 7.
074 6.25 전쟁 발발 후 미국은 조기 대일강화 실현, 미국이 필요하다고 생각하는 만큼의 군대를 어디든 필요한 기간만큼 유지하는 권리를 확보하는 미·일 2국 간의 협정을 맺는다는 결론을 내리고 이를 NSC 60/1로 승인하였다. 대일 강화 국무부 고문 존 포스터 덜레스는 1950년 9월 14일 트루먼 대통령의 지시에 따라 NSC 60/1에 의거 대일 강화원칙 수립에 착수하여 대일 강화 7원칙을 마련한 뒤 대일 강화교섭에 임하였다. 배정호, 『일본의 국가전략과 안보전략』, pp. 116~117.

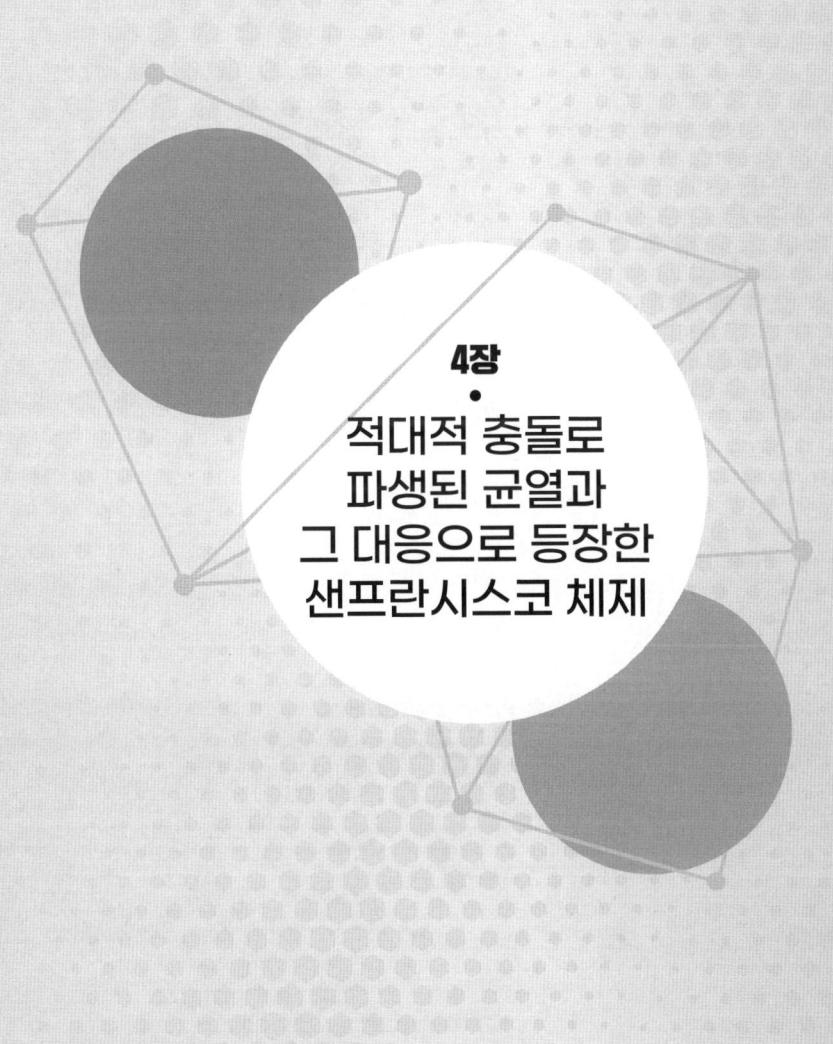

4장

적대적 충돌로 파생된 균열과 그 대응으로 등장한 샌프란시스코 체제

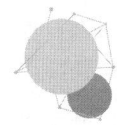

 이 장에서는 이전 단계의 '균열 구조'가 무력 충돌로 이어지는 '결정적 국면'과 이 국면에서 파생된 균열에 대응하기 위해 새로운 방식의 제도화, 법제화 조치가 취해지는 '초기 포섭' 국면을 다룬다.
 '초기 포섭' 단계는 전체 국면 가운데 가장 중요한 단계인데, 이 국면이 '사전 조건'의 규정을 받기도 하지만 이를 근본적으로 변경하는 계기가 될 수 있기 때문이다. 실제로 대부분의 전쟁은 이전 질서를 새로운 질서로 대체하였다. 결정적 국면은 위기 국면일 수도 있는데 이 위기는 '초기 포섭'을 통해 관리되고 이후 안정화 단계인 '유산 국면'으로 이행하기 때문이다.
 동아시아 전후 구축 과정에서 결정적 국면은 한반도에서 일어난 6.25 전쟁이다. 이 전쟁은 냉전 질서 전체뿐 아니라 샌프란시스코 체제 구축에도 결정적 영향을 행사하였다. 이 전쟁으로 이전 단계에서 적대감을 쌓아 왔던 두 진영이 영구적으로 분리되고 이후 각자 자신들만의 '초기 포섭' 국면을 진행하게 되었기 때문이다. 이 과정에서 등장한 체제 가운데 하나가 샌프란시스코 체제다. 샌프란시스코 체제는 미국이 샌프란시스코 평화회의를 통해 전쟁으로 발생한 위기를 수습하는 제도적 장치로 등장하였다. 평화조약 체결은 법률적 행위이기도 해서 샌프란시스코 체제는 법제화의 결과물이라고도 할 수 있다.

  초기 포섭 국면에서 제도화, 법제화 장치로 등장한 샌프란시스코 체제는 다음 단계에서 이를 안정화하는 '유산 국면'을 거친다. '초기 포섭' 과정에서는 이 제도가 생성될 때 갖게 된 속성에 따라 경로의 존성이 발생한다. 따라서 초기 포섭 국면에서 이 체제 구축에 참여한 주체의 의도, 조약 조문의 성격이 이 체제의 성격을 가늠하는 데 중요한 기초가 된다.

적대적 충돌이 최고조에 이른 6.25 전쟁

1. 전개 과정

동아시아 전후 구축과 냉전 체제 형성, 전개에 6.25 전쟁이 미친 영향은 컸다. 이 전쟁으로 이전 단계에서 대립으로 균열을 촉진하였던 양대 세력은 양립 불가능한 상태로 분리되었다. '균열 구조'가 가진 특성을 고려할 때 이 '위기'는 필연이었다.

1950년 6월 25일 북한 인민군(이하 인민군)이 38도선 전역에서 대공격을 전개함으로써 전쟁이 확전되었다. 인민군은 확전 3일 만인 6월 28일 서울을 점령했다. 인민군은 후퇴하는 한국군을 추격하며 남하를 계속했다. 점령 지역에서는 인민위원회를 부활시키거나 새로 조직하여 북한식 토지개혁과 노동법령을 시행하였다.[001] 한 달 뒤에는 국군을 낙동강변까지 밀어붙였다.

미국은 전쟁이 발발했다는 보고를 받자 유엔 안보리를 움직여 6월 25일에는 침략 행위에 대한 비난 결의, 27일에는 한국 원조를 요구하는 결의를 채택하게 하였다. 6월 30일에는 동경에 있는 맥아더에게

---

[001] 和田春樹, 『北朝鮮』, 서동만·남기정 역, 『북조선』(서울: 돌베개, 2012), p. 91.

지상군 파견을 허락하는 결정을 내렸다. 이 결정으로 7월 1일 일본에 주둔하던 미 제24단 선발대가 부산으로 들어왔고, 7월 5일에는 제24사단 병력 전원이 한반도에 투입되었다. 미국과 유엔이 취한 이 일련의 조치들은 스탈린과 김일성이 전혀 예측하지 못한 일이었다. 유엔은 7월 7일 유엔군 통일사령부를 설치하기로 결정하였다.[002]

인민군의 계속되는 공세로 낙동강변까지 밀려나 있던 미군과 한국군은 9월 15일 맥아더가 인천상륙작전을 감행하며 북한군의 허리를 자르고 양동 작전을 펴 인민군에 치명적인 타격을 가했다. 이 작전으로 인민군 상당수가 포로로 붙잡혔다. 남부까지 연장되었던 인민군의 긴 보급선이 차단되면서 전세도 역전되었다. 이에 미군이 이끄는 국제연합군은 동진과 북진을 계속해 9월 말에 서울을 탈환하고, 10월 20일에 평양을 점령했다. 일부 부대는 10월 26일에 압록강까지 밀고 올라갔다.[003]

김일성은 9월 30일 북한으로 퇴각하는 퇴로를 차단당하고 38선의 방어 병력조차 배치할 수 없는 상황에 이르자 스탈린에게 원군을 요청하였다. 김일성은 박헌영을 중국에 파견 마오쩌둥에게도 지원을 요청하였다. 중국은 북한과 소련이 참전을 요청하자 10월 1일 당중앙정치국 상임위원회를 소집해 12일에 '10월 15일경 지원군을 파병'하기로 결정했다. 이 결정에 따라 10월 19일 중국인민지원군 12개 사단이 압록강을 건넜고, 일주일 뒤에는 6개 사단이 추가로 한반도에 들어왔다. 이들은 한국군과 미군에 접근해 25일부터 전투에 돌입하였다.[004]

---

002 같은 책, p. 91.
003 김영호, "한국의 6.25 전쟁", 문정인·김명섭 외, 『동아시아의 전쟁과 평화』(서울: 연세대학교출판부, 2006) p. 260.
004 和田春樹, 『北朝鮮』, pp. 92~93.

중국군은 남진을 시작해 12월 초에는 평양을 탈환하였고, 1951년 1월 4일에는 서울을 재점령하였다. 중국군의 참전으로 전쟁은 미·중 전쟁으로 비화하였다.[005] 미국은 전황이 이렇게 전개되자 정전(停戰) 구상을 지지하고 중국에 대한 타협 조건을 제시한 3인 위원회 제안을 받아들였다. 마오쩌둥은 이 제안을 거절했다. 그러자 미군은 리지웨이(M. B. Ridgeway) 제8군 사령관의 지시에 따라 1월 25일 공격을 개시했다. 중·조(中朝) 연합군의 반격에도 미군은 3월 7일 리퍼(Ripper) 작전을 개시하여 14일에 서울을 재탈환하였다. 미군의 공세로 3월 말 중·조 연합군은 38도선 이북으로 퇴각하였다. 4월 11일 맥아더가 해임되자 중·조 연합군은 이를 틈 타 4월 22일 세 번째로 38도선을 넘어 남진을 시도, 서울 남부까지 내려왔다. 그러나 유엔군의 반격으로 다시 38도선 이북으로 퇴각했다. 6월 중순 중·조 연합군은 네 번째 남진을 시도했으나 성공하지 못하였고, 이때부터 전쟁은 교착상태에 들어갔다.[006]

1951년 중반 들어 전선이 교착되자 이번에는 중국과 북한이 휴전을 요구하였다. 이를 계기로 7월 10일부터 정전 담판이 시작되었다. 정전 회담이 진행되는 중에도 전투는 계속되었다. 양 진영은 38도선을 사이에 두고 치열하게 진지전을 벌였고 미군은 우월한 공군력을 이용해 북한 지역을 폭격했다.[007]

1952년 초 정전 교섭은 포로 문제를 제외하고 거의 모든 점에서 합의에 도달했다. 포로 송환 원칙에서 합의가 이뤄지지 않아 정전 회담이 교착 중일 때 유엔군이 북한을 다시 폭격하기 시작했고, 이 폭격

---

005 국방군사연구소 편, 『韓國戰爭(중)』(국방군사연구소, 1995), pp. 43~45; 和田春樹, 같은 책, pp. 94~95.
006 和田春樹, 같은 책, p. 96.
007 같은 책, p. 98.

으로 수풍댐이 파손되어 90%의 전력손실을 입었다. 7월에는 평양공습이 하루에 1,254회씩이나 이뤄지기도 했다. 이로 인해 양측 간의 협상이 중지되었다.

그러다 중국 지도부는 1953년 2월 22일 미국이 부상병 포로 교환을 제안해 왔을 때 이를 기회로 정전 교섭을 재개하였다. 3월에는 스탈린이 사망하면서 중국은 소련과 종전 여부를 협의하였다. 이때 중국은 전쟁 중지를 희망하는 의사를 소련 측으로부터 전달받고 정전협약에 나섰다. 마침내 3년 1개월을 끌었던 전쟁은 7월 27일 양측이 정전협정을 체결함으로써 끝났다.[008]

이 전쟁으로 민간인을 포함한 450만여 명에 이르는 인명피해가 났다. 이 가운데 남한의 인명피해는 민간인 100만 명을 포함 약 200만 명에 이르는 것으로 추산되고 있다. 러시아 사료에서는 북한과 중국의 사상자 숫자를 200~400만 명으로 추산하고 있다. 오버토프는 중국에서 90만 명, 북한에서 45만 명의 사상자가 발생했고, 미군 사상자는 5만 4천 명, 항공 부대를 제공한 소련은 항공기 355대와 조종사 120명을 잃은 것으로 추정하였다.[009]

2. 6.25 전쟁의 영향

6.25 전쟁의 정치적 결과는 일본의 독립과 미·일 안전보장조약 체결에 의한 미·일 동맹 구축이라는 중요한 변화를 촉진하였다. 실제로 1950년대 미국의 대아시아 정책은 6.25 전쟁에서 출발했고, 기존의

---

008 같은 책, pp. 100~103.
009 下斗米伸夫, 『アジア 冷戰史』, p. 95에서 재인용.

정책 기조를 근본적으로 전환하는 데 영향을 주었다.[010]

트루먼은 1951년 10월 24일 독일과의 전쟁 종식을 공식화했다. 이 전쟁은 미국의 여러 동맹국에게 재무장할 수 있는 계기를 제공하였다. 서독의 재무장은 한국 전쟁이 결정적 영향을 준 것이다. 일본과의 강화를 서두르게 된 것도 6.25 전쟁의 영향이었다.

미국은 6.25 전쟁으로 유럽이 미국의 방위 약속에 의구심과 불안감을 드러내자 서유럽 국가들을 안심시키기 위해 서독의 재무장을 서둘렀다. 미국은 서독의 재무장을 위해 1950년 9월 12일 NATO에 서독 재무장을 공식 제안했다. 트루먼 행정부는 상당수의 미군 병사를 한반도 전선에 배치한 상황에서 유럽 청년들 대신 미국 청년들을 유럽에 배치하는 것에 대해 미국의 여론이 악화할 것을 우려하였다. 문제는 서독 재무장을 반대하는 프랑스를 안심시키는 일이었다. 애치슨은 프랑스의 반대를 무릅쓰고 9월 인천상륙작전에 즈음해 영국과 프랑스 외무장관에게 NATO 내 서독의 재무장을 허용할 것이고, 유럽에 미군 4개 사단을 주둔시킬 것이라 통보했다. 독일과 19세기 말 이래 70여 년 사이 세 차례나 전쟁을 치렀던 프랑스로서는 찬성하기 어려운 일이었다. 그러나 전후 복구에 미국의 지원이 절실했던 프랑스는 이를 거부할 수 없었다.

애초 영국과 프랑스는 냉전 때문에 서독의 경제부흥을 마지못해 승인하였으나 재무장까지는 용납하기 어렵다는 입장이었다. 그러나 6.25로 소련 공산주의가 유럽에서도 팽창할지 모른다는 위협감이 고조되면서 서독의 재무장까지 용인하게 되었다. 아울러 NATO 가입국들도 재무장을 강화해 1950년 12월 18일 브뤼셀에서 열린 북대서

---

010 박태균, "1950년대 미국의 대아시아 정책과 ECAFE", 『국제·지역연구』 12권 2호 (2003), p. 43.

양조약이사회와 국방위원회는 NATO 기구 내 60개 사단 창설, 서독의 주권 회복과 NATO 가입을 결정했다.[011] 1951년 9월 20일 NATO는 그리스와 터키 가입도 승인했다.[012]

  6.25 전쟁은 일본, 영국, 프랑스, 캐나다의 재무장에도 영향을 미쳤다. 먼저, 일본은 6.25 전쟁으로 군수산업 발전의 호기를 맞았다. 도산 위기에 처한 토요타는 6.25 전쟁 발발 후 펜타곤이 월 1,500대 트럭 생산을 발주하면서 세계적 기업으로 도약하는 발판을 마련했다. 제2차 세계대전 후 전쟁 재발을 막기 위해 일본의 선박 제조업을 무력화하고자 했던 조치도 역코스 덕분에 일본을 대표적 선박 제조 및 수출 국가로 성장시키는 방향으로 바뀌었다. 전쟁이 계속되는 동안 실시된 전시특별구매조치로 일본은 미국으로부터 350억 달러를 지원받았다. 미국의 다른 지원과 투자를 합하면 일본이 미국에서 받은 혜택의 규모는 유럽 패전국 독일보다 훨씬 컸다.[013]

  영국의 재무장 계획은 1950년 7월에 처음 수립되었다가 세 번의 수정을 거쳐 1950년 12월 애틀리-트루먼 회담 직후 최종 결정되었다. 이 재무장 계획은 6.25 전쟁 직전 약 23억 파운드였던 국방비를 47억 파운드로 늘리는 것을 골자로 하였다. 영국의 재무장은 당시 영국 경제에 방위산업, 수출산업, 내수산업 중 방위산업을 중심으로 하는 발전 방향을 선택하게 만들었다.[014]

---

011 영·미이 종이 동맹(paper alliances) 수준을 크게 벗어나지 못했던 북대서양조약(NAT)을 영·미의 특수 관계를 축으로 하는 실질적 동맹인 NATO로 발전시켰다. 상당수 NATO 국가가 한국전에 참전하면서 이 기구의 발전을 촉진했다. 독일에서만 15개 사단 규모의 군대가 창설되었다. 그리스와 터키가 추가된 NATO의 군사력은 총 700만에 이르렀다.
012 김명섭, 『전쟁과 평화: 6.25 전쟁과 정전체제의 탄생』, p. 708.
013 같은 책, p. 709.
014 같은 책, pp. 710~711.

6.25 전쟁은 영·미 간의 특수 관계도 강화하였다. 전후 6.25 발발 전까지 두 나라 관계는 원만치 않았다. 영국은 미국의 극동 정책이 아시아에 주는 선물이라 생각해 불만을 품었다. 영국은 미국 의사를 거슬러 1950년 1월에 공산국가 중국을 승인하였다. 붕괴 직전이었던 영·미의 특수 관계는 제3차 세계대전으로 비화할 수 있었던 6.25 전쟁의 위기에 대처하는 과정에서 전체적으로 더 공고해진 것으로 평가된다. 실제로 미국은 영국의 의견을 반영하여 맥아더를 해임했다. 영국은 정전(停戰) 과정에서도 목소리를 냈고, 많은 부분 자국의 입장을 관철하는 데 성공하였다.

　영국의 참전은 호주, 뉴질랜드, 캐나다, 남아공 등 대영제국과 밀접한 관계를 맺었던 나라들의 참전에 영향을 주었다. 영국은 이 파병을 통해 대서양 동맹을 지지하는 미국의 여론을 강화할 수 있을 것이라 기대했고 또 그렇게 될 것이라 믿었다. 호주도 태평양안전보장조약(ANZUS)을 염두에 두고 참전을 서둘렀다.[015] 스칸디나비아반도도 이 전쟁을 전후로 자유 진영에 가담했다. 소련의 강압 대신 미국을 선택한 셈이었다.

　6.25 전쟁은 동남아시아조약기구(SEATO)의 창설에도 영향을 주었다(1954년 9월 8일 조인, 1955년 2월 발효). 중화인민공화국의 6.25 전쟁 개입은 1954년 8월 20일 NSC 문서를 통해 미국의 정책 결정자들에게 자유 진영의 결속을 강화하기 위한 심리적 효과와 공산주의의 팽창을 억제하기 위한 합법적 기지로서 동아시아의 지역 협력에 주목하게 만들었다. SEATO 창설에도 영국의 조력이 컸다. 미국은 인도차이나반도에서 프랑스에 대한 지원을 강화하였다. 이는 1960년대 한국군의 베트남 파병으로 한국군과 조선인민군이 인도차이나반도에서

---

015 같은 책, pp. 712~713.

다시 만나는 상황을 초래했다.

　미국의 국내 정치에도 큰 영향을 미쳤다. 특히 대통령의 외교권을 확대하는 계기가 되었다. 한국에서 전쟁이 발발하자 트루먼은 미국 대통령의 헌법상 총사령관의 지위 조항을 발동했다. 트루먼은 유엔 안보리 결의안이 통과된 6월 25일 저녁 국방장관, 국무장관 및 군 수뇌부와 논의해 한국 정부에 군사 지원을 결정하고 의회에는 이 사실을 6월 27일에나 통보했다. 트루먼은 연방의회 승인 없이 대규모의 전투 병력을 한국에 파병하고 전쟁에 참전시킴으로써 대통령의 외교권 강화에 기여했다. 이후 대통령이 단독으로 전투병을 파병하는 관행이 미국의 외교 전통 가운데 하나로 자리 잡게 되었다.

　미국의 일본 정책과 중국 정책도 변화가 불가피했다. 미국은 중국이 공산화하면서 일본의 전략적 중요성을 더 크게 의식하였는데 여기에 6.25 전쟁까지 터지자 이 입장이 더 확고해졌다.[016] 이에 애치슨은 일본을 독립시키되, 미국의 군사 통제하에 두는 방안을 실행에 옮기기 시작했다. 당시 국무부 고문 덜레스와 요시다 시게루 일본 수상은 일본이 독립 이후 소규모의 방위력만 보유하고 미국에 10년간 군사기지의 차용권을 부여한다는 데 합의했다. 미국은 1951년 9월 8일 샌프란시스코 평화조약으로 일본과 정식 조약을 체결해 이를 확정하였다. 6.25 전쟁은 미국의 중국 정책에도 영향을 미쳐 미국이 대만의 장제스에 대한 원조를 재개하도록 만들었다.

016　실제로 미국은 6.25 전쟁을 통해 군사 거점으로서 갖는 일본 열도의 중요성을 인식한 바 있다. 미국은 태평양 전쟁 시 일본을 함락하는 과정에서 오가사와라 제도, 류큐 제도가 깆는 군사적 중요성을 이미 체험한 터였다. 특히 오키나와는 6.25 전쟁 때부터 시작해 베트남 전쟁, 미-이라크 전쟁에 이르기까지 미국의 최대 규모의 폭격 거점으로 활용된다.

3. 6.25 전쟁으로 드러난 양 진영의 속성

6.25 전쟁은 이토록 많은 것을 바꾸어 놓았다. 무엇보다 이전 균열 단계에서 증폭된 적대감이 이 전쟁을 거치면서 완전히 분리되어 서로 다른 경로를 따르게 되는 점이다. 바로 이런 속성 때문에 '결정적 국면'이라 부르는 것이다. 전쟁은 대부분의 것을 바꾸어 놓지만 어떤 면에서는 이전부터 가지고 있던 속성을 더 강화하기도 한다. 이 전쟁이 미국과 소련, 중국에 미친 영향이 그러했다. 이렇게 강화된 속성은 새로 생기는 제도의 '사전 조건' 이른바 '내장된 속성'으로 기능한다. 그리하여 새로운 제도의 성격에 영향을 미치고 경로의존성을 부여한다. 따라서 전쟁으로 강화된 속성이 무엇이었는지 파악하는 것은 새로운 제도를 이해하는 첩경이 된다.

2절
위기 수습과 진영 결속을 위한 준비

　초기 포섭은 '결정적 국면'으로 파생된 위기를 제도화, 법제화하는 시기이다. 6.25 전쟁 발발 후 샌프란시스코 평화회의가 열리는 1951년 9월까지다. 이 기간에 미국은 대일 강화조약을 추진하여 성사시켰다. 그리고 이때 조인된 조약문은 참가국들의 의회에서 비준됨과 동시에 효력이 발생하였다. 이때부터 조약 조문들은 이후 새 제도의 성격을 규정하는 '내장된 속성'으로 기능했다.
　미국은 1951년 들어 이전 단계에 결정한 단독강화 원칙에 따라 소련, 중화인민공화국과 사회주의 국가들을 배제한 채 세 방면으로 준비를 서둘렀다.[017] 첫째, 영국을 앞세워 영연방 소속 국가의 지지를 얻으려 했다. 영국은 자국의 이익을 위해 이미 미국에 협조 의사를 전달했던 터였다. 영국은 독자적으로 조약 초안을 만들어 영연방 국

017　이는 역사상 전례를 찾을 수 없는 평화조약 체결 방식으로 평가된다. 미국이 선택한 단독강화, 다수강화 평화조약 방식에는 다음과 같은 문제가 있었기 때문이다. "단독강화는 1942년 연합국들이 적국과 단독으로 강화하지 않고 전면적, 집단적으로 강화해야 한다는 단독불강화원칙 합의를 어긴 것이었다. 다수(多數)강화는 미국·영국을 중심으로 한 자유주의 진영이 소련과 중국, 친 공산국가를 배제한 채 다수 연합국과 강화를 추진하는 것을 의미했다." 정병준, 『샌프란시스코 평화조약의 한반도 관련 조항과 한국정부의 대응』(서울: 국립외교원 외교안보연구소 외교사연구센터, 2019), p. 4.

가들과 내용을 공유하고 이를 미국이 낸 초안과 절충해 합동 초안을 만드는 데 기여했다. 둘째, 미국은 아시아-태평양 국가들 각각에 덜레스 특사를 파견해 일대일(一對一) 또는 일대다(一對多) 방식의 담판을 진행하였다. 일본과 이해관계가 크지 않은 나라들과는 미국에 주재하는 해당국의 외교사절을 설득하는 작업을 벌였다. 이 때문에 조약에 서명한 나라들 대부분은 조약 준비 과정에 참여하지 못했고, 회의 직전에 전달된 최종 초안을 읽어보는 정도에 그쳤을 뿐이다. 마지막으로, 미국은 이전 강화 협상들과 다르게 패전국을 준비 과정에 참여시켜 승전국과 패전국이 협의하는 방식을 따랐다. 미국은 이 과정에서 일본의 의사도 반영하는 형식을 취했다. 미국은 평화조약과 안보조약을 분리해 실제 군사적으로 얻고 싶은 결과는 일대일 조약을 통해 얻었다. 이렇게 제2차 세계대전 직후부터 진행해 온 강화 준비는 6.25 전쟁 직후 재개한 이래 1년여 준비를 거쳐 1951년 9월 8일 참가국들이 조약에 서명함으로써 마무리되었다.

1. 일본의 재무장화와 미군 기지 획득을 위한 대일(對日) 강화 준비

미국이 1947년 말부터 주둔비 부담 경감과 일본의 치안, 동아시아 안보를 위해 일본의 재군비를 목표로 하는 강화조약 준비가 시작되는 과정은 앞서 다루었다. 그러나 이후의 준비 과정은 다소 더디게 진행되었다. 일본 내부에서 반대가 있었고, 무엇보다 미국 내에서 향후 방향에 대한 합의가 이뤄지지 않았던 까닭이다. 일례로, 한반도에서 공산주의 득세, 혹시 모를 제3차 세계대전 발발에 대비해 일본을 재군비화할 것인가, 아니면 포츠담 회의에서 소련과 합의한 대로 할 것인가를 두고 정책담당 고위관료, 전문가들 사이에 의견이 갈렸던 경우를 들 수 있다. 덜레스 같은 강경론자들은 전자를 지지했지만, 봉쇄를 주창한 케넌은 일본의 중립화까지도 주장한 경력에서 추정할 수 있듯이 후자를 지지했다. 트루먼은 일본을 군사화하지 않겠다고 스탈린과 합의까지 했던 터였다.

그러던 미국은 한국 전쟁이 발발하자 입장을 바꾸었다. 소련에 대하여 봉쇄에서 격퇴로 돌아선 것이다. 전쟁이 진행되면서 미국은 한편으로는 일본을 6.25 전쟁의 배후 기지로 삼았고, 다른 한편으로는 단독강화를 서둘렀다.[018]

미국이 일본을 중요하게 생각한 가장 큰 이유는 일본이 가진 경제 능력 때문이었다.[019] 또 군사기지로서도 높은 평가를 받았다. 미군은 점령 기간이 끝나면 미국이 점유하던 지역에서 철수하기로 되어 있어 강화 후에도 일본에 계속 영향을 행사할 방법을 찾는 일이 급했다. 이러한 사정이었기에 미국은 점령 기간을 연장하지 않으면서도 일본에서 군사기지를 계속 유지할 방안을 찾아야 했다.

미국이 안고 있는 이런 '트라일레마(trillemma)'는 6.25 전쟁 발발로 단번에 해결되었다. 전쟁 중에 일본을 후방 기지로 활용하면서 일본 내 기지 사용 문제를 자연스럽게 해결한 것이다. 일본 비무장화 정책을 재무장 정책으로 전환할 수 있는 명분도 얻었다. 미국은 이 계기를 활용하여 단독강화를 추진해 짧은 시간 내에 강화도 할 수 있었다. 미·일 안보 조약을 통해서는 안보 문제도 해결할 수 있었다.

가. 미국의 대일 강화 추진 과정

덜레스의 일본 방문 중에 6.25 전쟁이 발발하였다. 그러자 미국은

---

018 下斗米伸夫, 『アジア 冷戰史』, p. 97.
019 미 국무부는 1947년 9월 "미국의 이익은 최소로는 일본을 소련에 내주지 않는 것이고, 최대로는 일본을 극동아시아에 평화와 안정을 가져오려는 미국에 적극적이고 역동적인 파트너로 발전시키는 데 있다."고 주장했다.

이를 계기로 대일강화조약 체결을 위해 신속히 움직여나갔다. 미국 입장에서는 미온적인 일본을 압박할 수 있는 객관적 조건을 6.25 전쟁이 제공한 셈이었다. 미국의 정책 결정자들도 일본이 극동에서 이데올로기적으로 공산국가를 봉쇄할 수 있는 유일한 국가라는 사실을 결정적으로 인식하게 되었다. 이런 미국의 입장에 힘이 실리자 트루먼은 1950년 7월 단독강화, 오키나와와 오가사와라 제도의 장기 점령, 미군 주둔 등의 내용을 담은 "대일 강화 7원칙"을 발표하였다.[020] 이로써 미국이 주도하는 단독강화 방향이 사실상 확정되었다.

미국은 강화 이후 일본의 안전보장문제 해결 방안으로써 일본에 미군의 주둔을 강화 준비 과정에서부터 고려하였다. 그러나 교섭이 시작되자 두 가지 문제가 제기되었다. 하나는 일본의 재군비이고, 다른 하나는 강화 후 미군의 주둔을 일본이 어떤 형식으로 인정하게 할

---

[020] 이것은 애치슨 국무장관과 루이스 존슨 국방장관이 합의한 내용을 골자로 하였다. 이 내용은 애치슨이 트루먼에게 보고한 각서에 포함되었다. 이 가운데 대일 협상에서 고려할 10가지 사항을 간략히 정리해 본다. "a. 6.25 전쟁이 미군에 유리한 방향으로 해결되기 전까지 효력을 갖지 않아야 한다. b. 소련을 일본의 자연, 산업, 인력 지 원에서 접근하지 못하게 해야 한다. c. 일본의 방위는 미국이 허용하는 군대가 담당하게 해야 한다. d. 사할린과 쿠릴 열도에 미국을 반대하는 외국 군대가 주둔하지 못하게 해야 한다. e. 안보 조약에는 미국의 동의 없이 미군이 강제 철군하는 조항을 넣지 말아야 한다. f. 일본의 자위권을 허용할 수 있어야 한다. g. 미국은 자국이 원하는 만큼 일본에 주둔할 수 있는 기간과 공간에 대한 권리를 가지고 있어야 한다. h. 전략적으로 중요한 태평양 도서를 미국 관리하에 두는 것이 보장되어야 한다. i. 일본에서 내란이 발생할 때 미국 군대가 진압하는 것을 허용해야 한다." FRUS, 1950, EAST ASIA AND THE PACIFIC, Vol. VI, p. 1294. 미국은 이를 기초로 대일 강화 7원칙을 결정하였다. 북한 매체에 실린 내용으로 소개한다. "① 강화 당사국의 규정, ② 일본의 유엔 가입, ③ 류큐, 오가사와라 제도를 미국의 《신탁》통치에 두며 대만, 팽호 렬도, 남싸할린, 쯔시마섬들의 귀속은 4개국 회의에서 결정하되 여기서 해결하지 못하는 경우에 유엔 총회에서 결정한다는 것 등의 령토 문제, ④ 일본의 이른바 《안전보장》문제, ⑤ 일본에 《최혜국 대우를 부여한다》는 통상문제, ⑥ 《배상청구권 포기》, ⑦ 청구권 분쟁은 특별 중립재판소에서 해결한다는 것 등이다. 김근조 편, 『조선민주주의인민공화국 대외관계사 1』(평양: 사회과학출판사, 1985), p. 93.

것인가였다.

  미국은 1950년 9월 15일 대일평화조약 방침을 내용으로 한 "New York Times" 특전을 일본에 보냈다. 이 특전에는 "첫째, 일본의 재군비에 제한을 두지 않는다. 경제와 통상의 자유를 최대한 인정하고 유엔 가입 및 반공동맹국 진영에 참가하는 것을 촉진한다. 둘째, 극동에 대한 침략에서 일본을 지키기 위해 일본에 미군이 주둔할 수 있도록 허가를 요청한다. 그러나 조약에서 미군의 기지 취득에 대해서는 언급하지 않을 것이며, 그에 대한 약정은 영국에 공군이 주둔하는 것과 같은 방식을 취하고 싶다."[021]는 내용이 들어 있었다. 미국이 생각하는 강화의 골자였다. 한 마디로 재군비와 기지 취득을 전제로 한 대일 강화 구상이었다.

  요시다는 미국의 이러한 요구에 대비한 조약안을 외무성에 작성하게 하였다. 그 결과 10월 4일부터 12월 28일까지 작업이 이뤄져 A, B, C, D안이 작성되었다. 이 가운데 D안은 1950년 10월 중국이 한국전에 참전함에 따라 강화 문제가 더 긴급하게 부각되자 요시다 내각이 덜레스가 1951년 1월 강화조약 교섭을 위해 방일하는 일정에 맞춰 최종안으로 내놓은 것이었다. 이 D안은 1950년 12월 27일 초안을 끝낸 이후 두 번의 수정을 거쳐 1951년 1월 19일에 완성되었다.

나. 1차 덜레스-요시다 회담

  덜레스가 일본과 조약의 내용 협의를 위해 방문한 때는 1951년 1월 25일이었다. 이날 덜레스는 특별 군용기 편으로 일본에 도착하였다. 그는 도착 직전 비행기 안에서 "평화 문제에 대해 토의할 때는 일본을 피정복국민이 아니라 온전한 대화 상대로 대할 것이다. 점령은

---

021 "New York Times" Sep. 15, 1950.

거의 끝나가고 일본이 자국 운명에 대해 책임질 시기가 도래하고 있다."[022]는 도착 성명을 발표하였다.

미국이 일본과 맺을 조약이 역대 다른 평화조약과 다를 것임을 예고하는 내용이었다. 덜레스는 이러한 취지의 내용을 그날 저녁 요시다를 만났을 때도 반복했다. 덜레스의 구상은 두 가지였다. 첫째, 이번 조약은 승자가 패자에 강요하는 평화조약이 아니라 우방과 동등하게 맺는 방식이 될 것이다. 이른바 관대한 강화 방침이었다. 둘째, 일본이 독립하면 자유세계를 강화하는 데 기여해야 할 것이다. 일본이 관대한 강화의 대가를 지불해야 한다는 뜻으로 읽히는 방침이었다.[023]

이에 대하여 요시다는 덜레스에게 일본이 독립을 간절히 원하고 있고, 미국에 협력하는 방법을 고려하고 있지만 일본의 현재 상황을 고려할 때 아직은 시기상조라 답하였다. 무엇보다 덜레스가 암묵적으로 제시하는 재군비에 대하여 일본이 재군비를 할 경우 경제 자립이 불가능해질 것이고, 대외적으로도 재군비가 주변국의 우려를 살 것이며, 일본 내부에서 군벌이 다시 일어날 위험이 있다는 이유를 들었다.[024]

이날 저녁 덜레스 일행과 요시다는 맥아더를 방문했다. 맥아더는 이 자리에서 덜레스를 설득하려 하였다. 덜레스는 1월 26일 주일 미국공사 앨리슨(John Moore Allison)과 함께 요시다 총리를 방문해 "대일 강화 7원칙"과 의제 목록을 전달하였다. 본회의에 들어가기 전 의제 목록에 열거된 각 항목에 대한 일본 측의 입장을 사전에 분명히 하라는 취지였다. 덜레스는 이 회합에서도 대일 강화가 관대할 것이

---

022 Richard B. Finn, *Winners in Peace: MacArthur, Yoshida, and Postwar Japan*, Berkeley: University of California Press, 1992, p.274.
023 FRUS, 1951, EAST ASIA AND THE PACIFIC, Vol VI, p. 826.
024 外岡秀俊 外, 『日米同盟 半世紀』, pp. 65~66.

라는 점, 일본의 안보는 미국이 책임지되 일본도 재군비를 통해 일정 부분 책임을 져야 한다는 점, 그리고 미군의 일본 주둔이 어떤 형태로든 지속되는 것을 보장해야 한다는 점을 주지시켰다. [025]

요시다는 미국에서 1950년 10월에 UP 통신을 통해 공표된 "강화 7원칙"을 기사를 통해 접하고 이에 대한 대비책을 외무성의 실무진에게 마련토록 했던 터였다. 요시다가 협상장에 가지고 들어간 안은 이들이 준비한 A~D안 가운데 D안이었다. [026]

D안의 핵심은 다음 네 가지였다. "첫째, 일본을 민주 진영의 일원으로 강화하기 위해서는 일본이 자주성을 완전히 회복해야 한다. 따라서 이를 위해 미국의 취지에 따라 평화조약을 체결하는 것이 최선이다. 둘째, 안전보장은 평등한 협력 관계가 되어야 하고, 안전보장조약은 평화조약과 별개로 체결해야 한다. 오키나와, 오가사와라 제도를 일본에 이양하기를 희망한다. 이 지역을 미국이 신탁통치 해야 할 경우는 영역을 최소화하고 일본을 공동 시정권자로 삼는다. 신탁통치 조건이 사라지면 일본에 다시 반환한다는 사실을 명확히 한다. 셋째,

---

[025] Hosoya Chihiro, "Japan's Response to U.S. Policy on the Japanese Peace Treaty: The Dulles-Yoshida Talks of January-February 1951", *Hitotsubashi Journal of Law and Politics*, Vol. 10, Hitotsubashi Univ. Press, 1981. p. 21.

[026] 일본이 덜레스를 만날 때 제출하려 한 안은 D안이었다. 일본 외무성의 실무진은 1950년 12월 27일 D안의 초안을 작성하여 요시다에게 제출했다. 1951년 1월 5일에는 정정판을 작성해 13일에 요시다에게 다시 제출하였다. 요시다는 이것을 하나로 정리하는 '요령(要領)'을 만들라고 지시하였다. 외무성은 이 지시에 따라 1951년 1월 19일 개정판을 작성하여 1월 20일 요시다에게 요령만 제출하였다. 요시다는 D 작업 요령을 읽고 오키나와, 오가사와라에 관련된 내용을 보강하도록 지시했다. 실무선에서는 이 결과를 반영한 내용을 1월 26일 요시다에게 제출하였다. 그리고 이 안을 다시 수정해 1월 29일 일반 원칙과 13항목에 달하는 요청을 담은 '대치인'을 완성하였다. 요시다는 1월 30일에 이 안을 가지고 덜레스와 회담에 나섰다. 外岡秀俊 外, 『日米同盟 半世紀: 安保と密約』, pp. 61~64; Hosoya Chihiro, "Japan's Response to U.S. Policy on the Japanese Peace Treay", p. 23.

일본은 재무장을 바라지 않는다. 국내 치안유지는 독자적인 힘으로 해야 한다. 넷째, 군비 없이 대외 안전을 보장하는 문제에 대해서는 유엔이 제공하는 일반 보장과 이를 보강하는 방안을 고려한다. 또한 특정 지역에서 일어나는 전쟁과 군비 포기 또는 제한 등은 고려할 가치가 있다. 이는 유엔헌장 51조를 근거로 강화조약과 별개로 미·일이 집단 자위권에 기초해 협정을 맺고 미군의 일본 주둔을 인정한다."[027]

덜레스는 요시다와 1월 29일과 30일 두 차례 회담을 가졌다. 의제는 이미 예고한 대로 강화 후 일본의 안전보장 문제와 일본의 재군비였다.[028] 그러나 회담은 두 의제에 대한 양국 간의 입장 차이가 너무 커 난항을 거듭했다. 일례로, 미국은 일본을 신속히 대규모로 재무장시켜 일본 전력(戰力)을 대소(對蘇) 전략에 활용하고 싶어 했다. 반면 일본은 자국 군비가 미비한 상태에서 안전을 보장받아야 하는 문제와 국민의 재군비 반대, 재군비에 드는 비용 조달의 어려움 등을 이유로 미국 입장에 난색을 표명한 경우를 들 수 있다. 쉽게 풀릴 것이라 예상한 덜레스에게는 이 난항이 당혹스러웠다.

1월 31일 덜레스는 요시다와 회담을 재개했다. 이 회담에서 덜레스는 다시 일본에 재군비를 강력히 요구했다. "미군을 일본에 영구 주둔시킬 수 없다. 일본 방위력이 증강되는 데 따라 점차 감축될 것이다. 일본이 재군비를 기피하는 이유는 이해하지만 그렇다고 자유세계 방위에 공헌하지 않겠다는 것은 마땅한 변명이 될 수 없다. 이 문제들을 해결해 어떤 형태로든 공헌할 필요가 있다. 유엔에 가입한 나라가 유엔 안전보장에 공헌하는 것은 당연한 일이다."[029] 덜레스가

---

027 外岡秀俊 外, 같은 책, pp. 61~62.
028 배정호, 『일본의 국가전략과 안보전략』, p. 120.
029 外岡秀俊 外, 『日米同盟 半世紀』, p. 67.

이렇게 요구하자 요시다는 오키나와, 오가사와라를 버뮤다 협상 방식의 조차(租借)안으로 절충을 시도하려 했다. 하지만 덜레스는 요시다가 무안하게 느낄 정도로 그의 제안을 완강하게 거부하였다. 덜레스는 자신이 중요하게 목적으로 삼았던 두 가지 의제에 대해서는 일본과 타협할 의사가 전혀 없었다.

　3일간 진행하였으나 교착상태에 빠진 회담을 진척시키기 위해 2월 1일부터 6일까지 세부 의견을 조율하는 실무모임이 진행되었다. 미국은 이 과정에서도 일본의 안보를 위해 미군이 일본에 주둔하는 것이 불가피하고, 일본이 재군비를 통해 미국의 부담을 줄이는 방식으로 공동방위에 협력해야 한다는 점을 강조하였다.[030]

　미국의 집요하고 강력한 요구에 요시다는 마침내 재군비 불가론(혹은 신중론)을 포기하고 소규모의 제한적 재군비론(혹은 군비점증론)으로 선회하였다.[031] 당시 이 회의 분위기를 전하는 참가자 회고록에는 "이 일이 자발적이지 않았고, 불가피한 조치도 아니었던 것"으로 묘사된다. 이 때문에 요시다가 재군비를 수용한 것이 조기 강화 실현을 위해 불가피하게 거래를 한 것은 아닌 것 같다. 물론 이 결정이 요시다의 복안이었을 수 있다. 그도 재군비의 불가피성을 인식하였으나 자신의 의도대로 협상을 끌고 가기 위해 초반에 강하게 반대하는 모습을 보였을 수 있기 때문이다. 어떻든 요시다가 덜레스의 의견을 수용함으로써 1951년 2월 7일 세 번째 회합에서 미국과 일본 간의 긴

030　Hosoya Chihiro, "Japan's Response to U.S. Policy on the Japanese Peace Treay", p. 24.
031　당시 요시다의 재군비에 대한 입장을 크게 세 가지로 요약할 수 있다. "첫째, 경찰예비대와 별도로 5만 명의 보안군을 만들어 신설되는 국가치안성에 소속시킨다. 둘째, 자위기획본부라는 기관을 국가치안성에 설치하여 미·일 공동위원회의 업무를 담당시키고, 이를 장차 참모본부 수준으로 성장·발전시킨다. 셋째, 이러한 재군비 구상을 우수한 미군의 지도 아래 실현시키면서 장차 민주적 군대의 발판으로 삼는다."

줄다리기가 이어졌던 재군비와 안전보장 문제가 타결되었다. 미국은 협상 마무리에 주일 미군의 지위와 특권에 대한 사항은 행정협정으로 넘기자고 제안하며 협정 초안을 제시하였다.[032] 그리고 이후 이 문제는 평화조약 협상과 별개 사안이 되었다.

덜레스는 이 회의를 마치고 그 결과에 만족했다고 한다. 요시다도 나름 만족한 결과라 판단했다고 한다. 그러나 그는 자신이 미국에 한 재군비 약속이 일본의 국내 상황을 악화시킬 것을 우려해 공개하지 않았다.[033]

합의가 되자 미국은 일본이 평화조약으로 주권을 회복한 뒤에도 계속 보호를 제공한다는 명분으로 일본 내 기지 사용권을 확보하였고 일본도 대규모 군비가 아닌 국력에 상응하는 소규모의 제한적 재군비와 점증적 군비를 추진할 수 있게 되었다.[034]

요시다는 2월 7일과 10일 사이 덜레스에게 각서를 전달했다. 그리고 이 각서는 덜레스를 통해 미국에 전달됐다. 덜레스는 2월 11일 회담을 마치고 일본을 떠나는 자리에서 "2월 2일 나는 미국 정부의 권

---

032 "일본은 무장 해제되어 있기 때문에 이 조약을 실시하는 동시에 고유의 자위권을 행사할 방법도 없게 된다. 따라서 일본은 미국 육해공군을 일본 내 또는 그 주변에 주둔시킬 권리를 허용하고 미국은 이를 수락한다."는 내용을 담고 있었다. 또한 "이 조치는 오직 외부의 무력 공격에 대해 일본의 방위를 목적으로 하는 것이고, 이로 인해 투입된 군대는 일본의 국내 사항에 간섭할 책임 또는 권한을 갖지 않는다."로 되어 있다가 나중에 대폭 수정된다. 미국은 일본에서 발생하는 국내 문제(예, 소요 폭동 등)에도 개입이 필요하다고 판단하였기 때문이다. 아마도 이 조항은 오키나와의 경험이 반영되었던 것 같다.

033 이렇게 비밀로 한 이유는 대략 네 가지로 추정된다. 첫째, 미국에 일방적으로 끌려다닌다는 국내 비판 여론 의식. 둘째, 재군비에 비판적인 국민 여론 의식. 셋째, 보수와 진보과 간의 재군비에 대한 입장의 난맥이 이로 인해 폭발할 우려. 넷째, 이런 일들로 일본 여론이 시끄러워져 조기 강화를 어렵게 만들 수 있다는 우려 등이다. 국민이 그의 말과 행동이 다르다고 생각하게 되리라는 점도 고려했을 것이다.

034 배정호, 『일본의 국가전략과 안보전략』, p. 122.

한을 대표하여 만일 일본이 희망한다면 미국 정부는 일본 국내 및 주변에 미국의 군대를 유지할 것을 내 일처럼 진지하게 고려하겠다고 말했고, 일본 정부는 이 제안을 환영했다."며 회담 결과를 에둘러 전달했다.[035]

다. 덜레스의 필리핀과 호주 방문
(1) 필리핀 방문

덜레스는 2월 11일 일본을 떠나 필리핀으로 향했다. 덜레스는 마닐라에 도착해 필리핀의 고위 관계자들과 회담을 갖고 미국이 일본과 평화조약을 체결한다는 사실을 알리고 이에 대해 이해와 협조를 청하였다. 이때 필리핀 당국자들은 미국의 이러한 조처에 반발하며 일본과의 강화조약에 참여하는 것을 주저하였다. 1951년 3월 15일 자 필리핀 주재 미국대사 코웬(Myron Cowen)이 덜레스에게 보낸 전문(電文)에 이날 필리핀 당국자들이 발언했던 내용이 잘 드러나 있다.

코웬은 필리핀이 안보 문제에 대해 신경증에 가까운 불안을 느끼고 있어 미국이 이에 대해 확약을 해주거나 따로 관련 협정을 맺지 않으면 일본에 대한 우려를 불식시킬 수 없을 것이라 했다. 이어 "필리핀이 원하는 것은 일본한테서 받을 배상 대신 미국으로부터 안전을 보장받는 정도가 아니라 안보와 배상 둘 다이다. 미국은 필리핀이 일본한테 배상을 받을 수 있도록 조약 체결 때 이를 우선 의제로 삼아야 한다. 미국이 일본을 재무장하는 것은 반대하지 않으나 과거처럼 일본이 이를 타국의 침략에 쓰지 못하게 안전장치를 만들어야 한다. 일본이 어장(漁場)을 확대하며 필리핀 영역과 겹쳐 마찰이 일어나지

---

[035] Hosoya Chihiro, "Japan's Response to U.S. Policy on the Japanese Peace Treay", pp. 26~27.

않기를 바란다." 등의 요구를 했다고 전했다. 마지막으로, 코웬은 필리핀이 일본으로부터 받는 배상을 지렛대로 삼아 미국에 원조 확대를 요구할 것이라는 점도 밝혔다. 이는 필리핀이 일본으로부터 배상을 받지 못하는 경우 이를 미국 원조로 보상하길 바란다는 뜻이었다.[036]

덜레스는 이 회담에서 필리핀 입장을 충분히 이해했던 것으로 보인다. 그래서 그는 평화조약문을 작성하고 당사국들과 개별 협상을 진행할 때 대부분의 나라에는 청구권을 포기하도록 요구하면서도 필리핀에는 일본이 배상할 수 있도록 신경을 썼다.

(2) 호주와 뉴질랜드 방문

필리핀 방문을 마친 덜레스는 2월 14일 다음 목적지인 호주 시드니로 향했다. 시드니 회담 때는 뉴질랜드 외무장관 도이지(Frederick Doidge)와 호주 외무장관 스펜더(P.C. Spender)가 참석했다. 이 회의에서 가장 중요한 의제는 안보 문제였다.[037]

이 회담에서 덜레스는 일본이 처한 정치, 경제, 군사적인 상황과 장차 일본에서 전개될 상황을 양국 외무장관에게 설명하였다. 브리핑 후 세 대표는 이 문제에 대해 긴 시간 동안 토론하였다. 도이지와 스펜더는 덜레스에게 이 문제들에 대해 각각 자국이 가진 입장을 전달하였다. 토의 내용 중 일부 사항에서는 이견도 있었다. 그럼에도

---

[036] FRUS, 1951, ASIA AND THE PACIFIC, VOLUME VI, PART 1 694.001/3-1551: Telegram. The Ambassador in the Philippines (Cowen) to the Secretary of State. Manila, March 15, 1951. For Dulles from Cowen.

[037] 뉴질랜드와 호주 입장이 같았던 것은 아니다. 뉴질랜드는 태평양 전쟁 때 일본으로부터 받은 피해가 없었기 때문이다. 이 때문에 호주와 보조를 맞추려 하지 않아 호주는 뉴질랜드를 설득하는 작업도 병행해야 했다. 호주는 별도로 미국을 두 번이나 방문하면서 강화 이후 일본이 다시 침략하지 못하도록 자국의 안전을 보장할 것을 요청하였다. Ann Trotter, "San Francisco Treaty Making and its implications for New Zealand", *San Francisco: 50 Years On, The Suntory Center*(2001).

일본에 힘의 공백이 생겨 이 자리를 공산주의 국가가 차지해 자국의 안보를 해치는 일은 막아야 한다는 점, 일본에서 군국주의가 부활하여 주변국의 안전을 해치는 일을 반대한다는 점에는 의견 일치를 보았다. 이 두 가지 사항을 통해 두 나라가 일본의 재군비와 자신들의 안보 문제를 얼마나 긴밀히 연결하고자 했는지 알 수 있다. 실제 호주 뉴질랜드 외무장관들은 일본의 재군비에 대해 필리핀과 마찬가지로 큰 우려를 표명하였다. 그래서 자국뿐 아니라 다른 지역에서도 일본이 재군비 후 위협적이지 않아야 하고, 일본이 그렇게 행동하지 못하도록 미국이 압력을 행사해야 한다고 주장하였다.

세 대표는 사흘 동안 대부분의 시간을 대일 평화조약안의 초안에 사용된 용어들과 태평양 지역 안보 문제를 검토하는 데 보냈다. 덜레스는 호주와 뉴질랜드에 이 두 나라의 우려를 충분히 반영하겠다고 약속하였다. 이렇게 사흘 동안 회의를 가진 후 미국, 호주, 뉴질랜드 세 나라 대표는 1951년 2월 18일에 논의 결과를 정리해 "대일 평화조약과 태평양의 안보에 관한 공동 코뮤니케"를 발표하였다.[038] 덜레스는 2월 19일 대일 평화조약 체결 건으로 뉴질랜드 당국자들과 추가 논의를 위해 뉴질랜드로 떠났다.

미국은 이 방문에서 대일 강화조약 체결 때 '일본이 주변 국가들에 가하는 위협'보다 '외부에서 일본에 가하게 될 위협'에 대비해 징화 후 일본의 안전을 확보할 수 있는 방안에 초점을 맞추려 했으나, 정작 이 세 나라는 미국 의도와 달리 미래에 그들이 '일본으로부터 받게 될 위협'을 더 염려하였다. 미국은 이 세 나라가 염려하는 바를 고려하지

---

038 Conference on the Japanese Peace Treaty and Security in the Pacific; Joint Communique by the representatives of the U.S.A., Australia and New Zealand at Canberra, 18 Feb. 1951. in Current Notes on International Affairs. Vol. 22. No.2(Feb. 1951). National Library of Australia.

않을 수 없었다. 결국 미국은 세 나라가 외부에서 침략을 받게 될 경우 '미국이 원조한다.'는 안전보장조약을 별도로 체결하기로 결정하였다. 실제로 미국은 이러한 고려에 기초하여 강화조약 직전인 1951년 8월 30일에 필리핀과 '미국-필리핀 상호방위조약'을[039], 9월 1일에는 호주, 뉴질랜드와 '태평양 안전보장 조약(ANZUS Treaty)'을 체결했다.[040] 이 조약은 이 국가들을 '일본의 위협'으로부터 보호하기 위한 안전장치를 제공한다는 의미가 있었다."[041]

라. 평화조약 초안 요지

덜레스는 일본 필리핀 호주 뉴질랜드로 이어지는 태평양 국가 방문을 마치고 1951년 2월 25일 미국으로 돌아왔다. 덜레스는 귀국 후

---

[039] 조약 전문에 안전보장에 대한 내용이 강조되고 있다. "어떠한 잠재적 침략자라도 어느 한 체약국이 태평양 지역에서 고립돼 있다는 착각을 하지 못하도록 양국의 단결 의식과 외부로부터의 무력 공격에서 스스로를 지키고자 하는 공동의 결의를 널리 정식으로 선언하기를 희망하고, 또한 태평양 지역에서 지역 안전보장에 대한 보다 포괄적 제도가 마련될 때까지 평화와 안전을 수호하는 집단 방위를 위해 양국의 현 병력을 강화할 것을 희망하며…". Roger Dingman, The Diplomacy of Dependency: The Philippines and Peacemaking with Japan, 1945~52, Journal of Southeast Asian Studies Vol. 17, No. 2(Sep. 1986), pp. 307~321

[040] 이 조약의 전문도 두 나라가 갖고 있는 불안을 불식하는 데 초점을 맞추고 있다. "일본과의 평화조약이 발효되는 때는 일본 지역에서 평화와 안전의 유지를 위해 일본 국내와 그 주변에 군대를 주둔시킬 수 있다는 데 유의하고, 「오스트레일리아」와 「뉴질랜드」가 영연방 구성국으로서 태평양 지역 내외에서 군사적 의무를 가지고 있음을 확인하며, 어떠한 잠재적 침략자도 어느 한 체약국이 태평양 지역에서 고립돼 있다는 착각을 갖지 않게끔 하기 위해 체약국의 단결 의식을 널리 정식으로 선언할 것을 희망하고, 더욱이 태평양 지역에서 지역 안전보장에 관한 보다 포괄적인 제도가 발달할 때까지 평화와 안전의 유지를 위한 집단적 방위에 관련되는 체약국의 노력을 조정하기 바라며…". Australian Treaty Series 1952 No. 2 Department of External Affairs Canberra. Australian Government Publishing Service 참조. 번역문은 동경대학교동양문화원의 「世界と日本」 데이터베이스의 조약문의 번역을 따르되 맞지 않는 부분이 있어 원문에 따라 수정하였다.

[041] 外岡秀俊 外, 『日米同盟 半世紀』, p. 71.

방문했던 나라들의 의견을 반영하여 미국의 조약 초안을 작성하였다. 작성된 초안은 시볼트(C. Seabolt) 대사를 통해 요시다 총리에게 전달되었다. 미국은 이 초안을 관련 15개국에도 배포하고 조율 작업을 시작했다. 초안 조율 작업은 검토한 나라에서 초안에 대한 의견을 보내면 미국의 실무자들이 초안 각 조항 밑에 나라 이름과 의견을 붙여 설명해 주는 방식으로 진행되었다.042 직접 당국자들이 만나 협의를 진행한 나라는 별도 초안을 만든 영국과 일본뿐이었고, 다른 나라들은 서면으로 초안 검토 의견을 제시하였다.

이 초안 내용 일부가 덜레스가 1951년 3월 말 위티어 대학교(Wittier University)에서 한 연설에서 처음 공개되었다. 이 연설에는 전문(全文)이 아니라 초안의 요지 정도만 나와 있다. 핵심이라 할 수 있는 안전보장 항목에는 대략 다음의 내용이 담겨 있었다.043

"배상은 생각할 수 없는 일이다. … 설사 배상을 요구한다 하더라도 부담할 수 없을 만큼 비인간적이면 안 된다. … 일본의 안전보장은 유엔헌장이 인정하는 개별적, 집단적 자위 결정에 따라 보장해 주어야 한다. 따라서 평화조약은 조약 발효와 동시에 일본이 이러한 사항에 대해 유엔헌장에서 말하는 주권국 고유의 권리를 가진다는 것을 확인하는 정도면 충분할 것이다. … 현재 일본은 비무장 상태라 물리적으로나 법적으로 군대를 보유할 수 없다. 이에 잠정적인 안전보장 장치를 강구할 필요가 있다. 나는 일본에서 만약 일본이 희망할 경우

---

042 FRUS, 1951, ASIA AND THE PACIFIC, VOLUME VI, PART 1. Japanese Peace Treaty: Working Draft and Commentary Prepared in the Department of State(June 1, 1951)

043 John Foster Dulles, *Address at Whittier College*(Mar. 31, 1951), N.Y. Times Apr. 1, 1951, p. 46. 히데토시의 번역을 원문과 대조하였다. 부자연스러운 부분은 수정하였다.

평화조약 발효 후 일본이 힘의 진공상태에 방치되어 침략 대상이 되지 않도록 합중국 군대를 일본 및 주변에 주둔시킬 의사가 있다고 공언했다. 일본 정부와 국민은 이 말을 환영했다. 일본은 섬나라이기 때문에 안전 유지 면에서 합중국의 해군력과 공군력에 대한 의존도가 높아 막강한 육군력은 합중국이나 일본에 불필요하다. … 장차 일본은 태평양의 안전보장에 상당한 공헌을 해야 한다. 여기에는 두 가지 측면이 있다. 하나는 안전보장에 공헌할 수 있는 능력을 가진 국가는 무임승차를 해선 안 되고, 또 하나는 일본은 공격적 위협으로 간주될 군비를 또다시 증강해서는 안 된다. 이 문제에 대하여는 호주 뉴질랜드 측과 논의했다. 조만간 이 나라들과 일련의 협정을 맺을 것이다."[044]

이 연설문에서 덜레스는 미국이 대일 강화에 임하는 기본 전략을 암시하였다. 덜레스의 이 연설에서 유추할 수 있는 미국의 전략은 두 가지였다. 첫째, 군대 보유가 불가능한 일본이 희망할 경우 미군이 주둔하면서 일본을 보호하겠다. 이 주장은 미국이 일본에 일방적으로 이익을 제공한다는 뜻으로 해석될 여지가 많아 보인다. 덜레스는 미국이 강화를 통해 일본으로부터 얻을 수 있는 더 큰 이익은 언급하지 않았다. 둘째, 일본은 안전에 공헌해야 하지만 주변국에 위협적인 존재가 되어서는 안 된다. 이는 미군이 일본에 주둔하는 이유가 일본도 지키지만 일본으로부터 주변국도 지키기 위한 것이라는 뜻이었다. 소토카 히데토시는 이를 이중구속(二重拘束) 원칙이라 표현했다. 그는 "이 이율배반적인 이중구속은 압도적인 숫자의 미군이 일본에 주둔해야만 해결할 수 있다는 암묵적인 전제를 깔고 있었다."[045] 덜레

---

[044] 外岡秀俊 外, 『日米同盟 半世紀』, pp. 71~72.
[045] 같은 책, p. 72.

스의 이 구상은 실제 이후 반세기 이상 미·일 안보의 역학 관계를 규정했다.

덜레스가 연설을 통해 내용의 일단을 소개한 이 초안은 1951년 3월 23일 '대일강화조약 잠정 초안'이라는 이름으로 나왔다.⁰⁴⁶ 이 초안은 미국 정부가 처음 만든 공식 안이었다. 미국은 이 초안을 가지고 관계국과 협의를 진행하였다.⁰⁴⁷ 미국은 이 초안을 1951년 3월 27일에 극동위원회 구성국과 한국에 배부하였다.

미국은 이 초안을 토대로 당사국들과 개별 협의를 마치면 전체 회의를 통해 서명을 받을 생각이었다. 미국은 다른 평화조약과 다르게 패전국 일본을 포함하였다. 실제 미국은 일본을 매우 비중 있게 참여시켰고 일본의 의사도 일부 반영하였다. 이것이 대일평화조약 체결 과정이 갖는 특징이었다.⁰⁴⁸

마. 제2차 미·일 협상

1951년 4월 11일에 트루먼이 맥아더를 파면하면서 평화조약 협상 과정에도 영향이 예상되었다. 그러나 미국 정부는 평화조약이 맥아

---

046 Provisional draft of the Japanese Treaty, FRUS, 1951, ASIA AND THE PACIFIC, Vol. 6, part. 1, pp. 944~950.
047 이전의 작업 초안들과 달리 이 문서에는 일본의 전쟁 책임을 묻는 내용이 들어있지 않다. 조약 당사국 명단도 삭제돼 있다. 기본 내용만 담아 매우 간결하게 구성했다. 한국 관련 조항은 제3조 영토조항에 들어 있다.
048 앨리슨은 대일평화조약이 갖는 특징 세 가지를 다음과 같이 요약했다. 첫째, 미국 행정부가 의회와 지속적으로 의견을 조율하였다. 행정부가 의회를 기피하는 것이 상례인데 이례적이었다는 뜻이다. 둘째, 전승국들과의 원탁회의 대신 쌍무적 협상 방식을 선택했다. 전원회의 형식이 아니라 덜레스가 개별 방문과 접촉을 통해 협상을 진행한 방식을 가리킨다. 셋째, 패전국 일본을 참여시켜 협의를 진행했다. 이는 전례가 없었다는 뜻이다. 이에 따라 미국은 영국, 일본과 별도 협의를 진행했다.(한국정치외교사학회, 2010: 131)

더 사임과 무관하게 예정대로 진행될 것이고, 이를 위해 덜레스를 특사로 다시 일본에 파견한다고 발표하였다.

이에 덜레스는 1951년 4월 16일 대통령 특사 자격으로 다시 일본을 방문하였다. 덜레스는 23일까지 동경에 머물며 협상을 진행하였다. 이 회의를 학자들은 제2차 협상이라 부르는데, 실제 이 기간에 다룬 의제와 내용을 살펴보면 핵심 논의라 할 수 있는 안전보장이 빠져있다. 이 회의에서 덜레스는 필리핀, 호주, 뉴질랜드와 가진 협상에서 이 나라들이 크게 우려한 '일본이 재무장한 후 주변국의 안보를 위협할 수 있는 위험'을 비롯해 함께 논의한 결과들을 공유하였다. 특별히 필리핀에는 배상할 필요가 있고, 이를 일본이 반드시 고려하도록 요청하였다. 미국은 또한 영국이 중화인민공화국을 조약의 당사국으로, 중화민국을 서명 정부로 하자는 제안을 검토해 보자고 제안하였다.[049]

미국 입장에서는 제1차 협상에서 일본에 요구할 것을 거의 다 관철하였다고 생각한 것 같다. 실제 미국이나 일본은 준비 과정에서 충분히 의견을 교환하였고, 일방적이긴 했지만 그래도 일본 사정을 어느 정도 반영하였으므로 딜리 더 논외할 게 없었을 것이다.

바. 최종 준비 단계

미국은 영국이 별도의 초안을 마련하고 있었고, 두 나라의 초안에 다소 이견이 존재했으므로 최종 절충이 필요했다.

미국은 1951년 6월에서 7월까지 각자 만든 초안을 영국과 최종 절충해 하나의 최종 초안으로 통합하는 과정을 진행하였다. 이 작업에서 두 나라는 중국의 대표권 문제에 대하여, 대표권을 두고 다투는 두 정부를 초청하지 않고 조약 발효 후 독립하게 될 일본이 자주적으

---

049 外岡秀俊 外, 『日米同盟 半世紀』, p. 73.

로 선택하는 정부와 조약을 맺는 것으로 하자고 결정하였다. 미·영 회담 후 앨리슨 공사가 런던에서 도쿄를 방문해 미국, 영국, 일본 간의 합동 회담을 진행했다. 이를 제3차 미영 협상이라 부른다.

미국은 이 협상을 위해 이미 6월 말 강화조약안과 미·일 안전보장협정 초안을 제시하며 일본 측에 의견을 구한 바 있다. 당시 수정할 점은 두 가지였다. 첫째, '그때까지 미·일 안전보장협정안 표제로 내세우던 유엔헌장 51조에 따라'라는 문구를 삭제한다. 둘째, '주둔 미군에 대해 일본의 국내 사항에 간섭할 책임 또는 권한을 가지지 않는다.' 이는 당연하였기 때문에 생략하였다. 일본은 이 두 가지에 대해 달리 이의를 제기하지 않았다.

이 과정을 거쳐 1951년 7월 17일 평화조약안이 확정되었다. 미국은 7월 30일에 안전보장 협정안을 일본 정부에 교부하였다. 최종안에서는 한 군데만 수정하고 나머지는 합의안을 유지하였다. 안전보장협정에는 1조에 '극동 조항'을 첨가하였다.[050] 이 합의안에 1951년 8월 18일 미·일 양국이 최종 합의했다. 그리고 이 안은 참가국에 교부되었다. 이로써 9월에 열릴 강화회의 준비가 끝났다.

사. 영국의 참여

영국은 평화조약 준비 과정에서 미국 다음으로 적극적이었다. 미국이 조기 강화를 제안했을 때 먼저 협조를 제의했을 정도였다. 그러나 영국의 적극적인 참여에도 불구하고 초안은 미국이 의도한 대로 완성되었다. 이견이 있던 조항도 대부분 미국 측 안으로 수렴되었다.

영국에서 미국과의 합동 작업에 참여했던 실무자들은 일본 정도는

---

050 이 회의에 일본 측 실무자로 참석하였던 니시무라는 이 과정이 일본에게는 수치를 느낄 만큼 일방적이었다고 회고한다. 西村熊雄, 『サンフランツスコ 平和條約·日米安保條約』(東京:中公文庫, 1999) 참조.

아니지만 영국도 미국 대표들이 갖는 영국에 대한 적대감과 일방적인 일 처리 방식 때문에 수치심을 느꼈다고 한다. 대일 평화조약 체결은 영국과 영국이 주도하는 영연방 국가의 지원이 절실한 사안이었는데 영국조차 미국에 이런 대접을 받는다고 느꼈다. 그만큼 이 평화조약은 전후 시기에 미국의 주도권이 얼마나 강력했는지 보여주는 사례다.

(1) 미국과 영국의 관계

미국과 영국은 제2차 세계대전 발발 시 나치즘에 대한 공동 대응, 일본의 진주만 공습으로 시작된 아시아태평양 전쟁, 유럽과 동아시아에서 소련의 팽창을 견제하는 역할을 통해 긴밀히 협력하였다. 이 과정에서 두 나라는 핵심적 안보 이익을 공유하는 군사동맹으로 발전했다. 전쟁 이후에는 전후 재건과 소련이라는 새로운 공동 위협에 맞서는 과정에서 매우 밀접한 관계를 맺었다.[051] 물론 이 둘의 관계는 동등하지 않았다.

미국은 제2차 세계대전을 통해 자본주의 세계의 리더로 부상하였다. 반면 영국은 제1차 세계대전 이후부터 쇠퇴의 길을 걸었고, 결정적으로 제2차 세계대전에서 큰 손실을 입으며 군사적 패권국의 지위를 잃었다. 금융에서 차지하던 중심적 지위도 전쟁과 함께 영향력이 급속히 약화하였다. 산업 생산과 무역은 미국에 추월당했다.[052] 전후 영국은 미국의 지원 없이는 경제 재건, 유럽 안보 등 모든 면에서 자립할 수 없는 처지였다. 이러한 사정이 대일 평화조약 준비 과정에서 영국이 수동적이었던 이유를 부분적으로 설명해 준다.

---

051 정재호 편, 『미·중 관계 연구론』, p. 73.
052 같은 책, p. 101.

(2) 영국의 대일평화조약 준비

영국은 1947년 이래 대일평화조약을 구상하기 시작했다. 그리고 이즈음 미국에 협조 의사를 밝혔다. 영국은 호주 뉴질랜드 등 영연방 국가들과 의논하며 총 3차례 초안을 작성하였다. 1차 초안은 1951년 2월 28일에 작성했는데 구조와 내용 모두 개략적이었다. 2차 초안은 1951년 3월에 완성되었다. 영국은 이 기간에 미국과 대일평화조약에 관한 실무협의를 진행하였다. 3차 초안은 1951년 4월 7일에 완성했는데 이것이 최종안이었다. 영국의 초안은 한국의 평화회의 참가 자격 문제와 독도 영유권의 문제를 다룬 이력 덕에 한국 학자들에게 자주 거론되고 있다.

1차 초안은 존스톤이 책임을 맡았다. 그는 무역성의 퍼시발(A. E. Percival)에게 보낸 편지에서 1951년 2월 28일에 작성된 초안을 "매우 개략적인 예비초안"이라 평했다. 이 초안은 처음에 타이핑된 형태로 제출되었다. 공식 제목은 "대일평화조약"이었고 총 22쪽 89개 조항으로 구성되었다.[053] 영국이 이 초안을 만든 목적은 자신도 초안을 만들어 보겠다고 미국에 먼저 제안하였던 터라 이 약속을 지키기 위해서였다. 이 작업을 하면서 평화조약에 대한 자국의 입장을 정리하고 싶은 의도도 작용했다.

영국은 이 초안을 만들면서 상업, 경제문제를 가장 중요하게 고려했다. 이 문서를 경제 관련 부서들이 성안한 것이 큰 이유였는데, 실제 영국이 동아시아에서 이 분야들 외에 이해관계가 걸린 것이 적었던 점도 영향이 컸다. 이들이 먼저 일본-태평양국 초안을 검토한 다음 3월 7~8일경 경제문제에 대해 합의를 볼 예정이었다.

3월 16일 외무성 핏츠 모리스(G. G. Fizmaurice)를 의장으로 7개 정

---

[053] PO 371/92532, FJ 1022/97, "Japanese Peace Treaty" pp. 102-~23

부 부처 고위직 공무원 총 18명이 모여 대일평화조약에 관한 회의를 가졌다. 이 회의에서 대일평화조약에 사용할 연합국, 연합국민을 어떻게 정확하게 정의할지에 대한 의견을 외무성이 기초하여, 이탈리아 평화조약을 모델로 평화조약에 필요한 내용을 준비하기로 했다.

이 초안에서 영국은 미국, 호주, 캐나다, 뉴질랜드를 비롯해 추가로 여지를 둔 연합국과 협력국을 지명했다. 일본이 한국에 대한 모든 권리를 포기하고 한국 주권과 독립에 관해 유엔 감시하에 진행되는 모든 활동을 승인한다는 규정도 첨가하였다. 영역 문제에서는 독도뿐 아니라 울릉도 제주도까지 일본 영토로 분류했다.[054] 이 오류는 바로 시정되어 2차 초안에서부터 이 섬들을 한국 영토로 분류했다.

영국은 초안을 작성하면서 일본의 영토 범위에 가장 많은 신경을 썼다. 영국은 미국에 보내는 구상서에서 일본 영토는 네 개 주요 섬과 주변 소 도서로 한정돼야 한다고 강하게 주장했다. "일본은 한국 독립을 인정한다."는 규정도 삽입할 것을 제안했다. 미국은 영국의 이 의견에 대해 일본을 평화 이행국으로 만드는 것이 평화조약의 목표 가운데 하나라는 점, 한국의 독립을 승인한다는 점에 기초해 동의했다. 미국 초안과 영국 초안이 크게 차이를 보인 점은 조약의 성격 문제였다. 영국 초안은 징벌적 성격이었는데, 미국 초안은 징벌적인 내용이 빠져 있었다. 이는 미국이 의도적으로 배제한 것이었다.

영국 초안에 대해 일본은 일본 영토를 경계선으로 명확히 표시해 마치 울타리를 친 것처럼 보여 심리적으로 압박감을 느끼게 한다며 반발했다고 한다. 주일 정치고문 시볼드도 영국 초안이 비징벌적 조약으로 구상하고 있는 대일평화조약의 전체 개념과 맞지 않는다며 부

---

[054] 정병준, "영국 외무성의 대일강화조약 초안 부속지도의 성립(1951. 3)과 한국: 독도 영유권의 재확인", 『한국독립운동사연구』 24집(2005), p. 144.

정적 의견을 냈다.⁰⁵⁵

2차 초안은 "대일 평화조약 2차 초안(The 2nd Draft of Japanese Peace Treaty)"이라는 이름으로 불린다. 이 초안은 본문 40쪽, 부록 8쪽 등 총 48쪽으로 구성되었다. 2차 초안을 준비하던 1951년 3월 21일 런던에서 미국 대표단의 앨리슨과 영국 외무차관 간에 회담이 개최되었다. 회담의 주요 의제는 중국의 참가 문제였다. 한국의 참가 문제도 논의되었다.

3차 초안이자 공식 최종안은 1951년 4월 7일에 완성되었다. 제목은 "대일평화조약 임시초안"이었다. 총 9부, 40조항, 부록 5건으로 구성되었고 20쪽 분량이었다. 이 초안은 외무성 법률 고문과 모든 관련 부서가 실무 차원에서 협의를 거친 공식 안이었다. 이 안은 4월 7일 미국에 전달되었다. 영국 외무장관 모리슨은 이는 임시초안이고 실무 차원에서 준비한 것으로 변경 가능하다고 했으나 실제로는 영연방 정부의 공식 안으로 최종 통보했다.

영국은 서명국 숫자를 1차 초안에는 7개국으로 했다가 3차 초안에서 16개국으로 확정하였다. 이 16개국에는 중공을 포함하였으나 한국은 배제했다. 이 점은 미국과의 협상 과정에서 가장 큰 쟁점이었다. 영국은 중공을 지지했는데, 미국은 대만을 지지했기 때문이다.⁰⁵⁶

1951년 5월 3일 영국은 미국과 합동 초안을 완성했다. 이 초안에

---

055 정병준, "윌리엄 시볼드와 독도분쟁의 시발", 『역사비평』, 2005, 여름호, 역사비평연구소(2005), p. 158.

056 영토 조항은 불분명해 나중에 분쟁의 소지가 있다는 점이 지적되었다. 한국의 참가 자격은 완전히 배제하지 않았으나 초안의 연합국 명단은 공란(空欄)으로 처리했다. 영국과 미국의 최종합의를 위해 덜레스가 1951년 6월 2~14일 런던을 방문했다. 중국의 대표성 문제는 중공과 대만을 모두 초청하지 않고 일본이 대만을 포기한다는 내용만 명시했다. 귀속 문제는 명기하지 않는 데 합의했다. 최종적으로 한국을 조약 서명국으로 참가시키지 않기로 했다. 양국의 합의 결과는 1951년 6월 14일에 나온 2차 미영 합동 초안에 반영됐다. 그리고 이 내용은 7월 3일 자 초안에 그대로 승계되었다.

는 연합국의 명단이 제시되지 않았다. 한국 관련 조항은 제2항 2조 영토조항에서 "일본은 제주도 거문도 울릉도를 포함한 한국에 대한 모든 권리 권원 청구권을 포기한다."고 규정했다. 미국은 합동 초안을 작성하면서 기존의 자국 초안을 수정했다. 미국은 영국의 의견을 수용해 "일본은 한국의 주권과 독립에 관한 유엔 결정을 승인하고 존중한다."는 구절을 삽입했다. 또한 한국과 일본 사이에 있는 섬들도 열거해야 한다는 주장을 받아들여 2조 a항에 한국 영토로 제주도 거문도 울릉도를 삽입하였다.

미국은 조기 강화를 서두르느라 조약안을 세밀하게 구상하는 데 충분히 신경을 쓰지 않았다. 영국이 이 부족한 점을 보완했다. 그러나 큰 틀에서는 영국이 미국의 의사를 거스르지 못함으로써 역사상 유례를 찾을 수 없는 관대한 조약이 되었다.

2. 샌프란시스코 평화회의와 그 조약의 쟁점

미국이 주도하며 준비한 대일 평화조약이 마침내 1951년 9월 4일 오후 7시 4박 5일 일정으로 미국 샌프란시스코 오페라하우스에서 개막식과 함께 시작되었다. 이 회의에는 52개국이 참여했다. 참가국은 미국과 영국이 선정했다. 나중에 프랑스 의견을 받아들여 인도차이나 3개국인 베트남, 라오스, 캄보디아를 추가로 참여시켰다. 참가국에는 1951년 7월 미국과 영국이 초청장을 보냈다. 초청장을 받고 불참한 나라도 있었는데, 인도, 버마, 유고슬라비아 3개국이었다. 한국은 참가하지 못했고, 일본에서는 요시다 시게루 총리를 포함해 6명이 대표단으로 참석했다.

가. 회의 진행 과정

1951년 9월 4일 평화회의는 개막식 연설로 시작되었다. 개막 연설에서 미국의 트루먼 대통령은 "평화 조약의 목적과 취지"를 다음과 같이 밝혔다. 그는 이 조약의 목적에 대해 루스벨트 대통령이 일본에 진주만 공격을 당한 후 미국인들에게 했던 연설문을 인용하며 "정복, 보복이 아니라 후손들이 평화롭게 살 수 있는 세계를 만드는 것"이라 하였다. 이어 일본이 미국 지도하에 지난 6년간 민주적 개혁을 통해 이뤄온 업적을 열거하며 국제사회에 복귀할 수 있는 준비를 충실히 해왔고 이 노력이 만족스러웠다는 점을 강조하였다. 그러면서 일본과 강화를 하는 목적 가운데 하나가 "외부 침략으로부터 일본의 안전을 보호하고, 일본이 다른 국가의 안보를 위협하지 못하도록 하는 것"임을 밝혔다. 이를 위해 "일본을 유엔에 가입시켜 유엔의 원칙에 따라 상호 의무를 지게 하는 것이 중요"하며 이것이 조약의 핵심 가운데 하나임을 강조했다. 그리고 이 조약이 유엔헌장과 연계되어 태평양 안보에 기여해야 하므로, 이 지역 안보를 위해 미국이 일본과 미·일 안전보장조약을 체결하고, 동시에 필리핀, 호주·뉴질랜드와 상호방위조약을 맺을 필요가 있다고 하였다. 마지막으로 다른 조약과 달리 이 조약이 "승자와 패자 모두에게 공정한 조약"이 될 것임을 공언하였다. 역사상 전례 없는 "관대한 강화"가 될 것이라는 점도 확인하였다.[057]

둘째 날인 9월 5일 본회의가 시작되었다. 애치슨이 임시의장을 맡아 의제 채택과 정부의장 선출을 제안하였는데 애치슨이 의장으로 선출되었다. 의장 선출 직후 의사 진행 원칙을 채택하고 조약안은 수정

---

057 Harry S. Truman, *Address in San Francisco at the Opening of the Conference on the Japanese Peace Treaty.* Online by Gerhard Peters and John T. Woolley, The American Presidency Project(https://www.presidency.ucsb.edu/node/230725. 검색일: 2020년 3월 2일)

하지 않는다는 데 합의하였다. 의사 진행은 각국이 구술(口述)로 진행하기로 결정하였다.

의제 토의에 들어가기 전, 미국과 영국의 전권위원이 조약안에 대해 제안 설명을 하였다. 미국 측 전권위원 덜레스는 이 제안 설명에서 "오키나와 제도"에 대해 "잔여 주권은 일본에 두되, 미국이 시정권자가 되어 신탁통치를 할 것"이라는 방침을 밝혔다.[058] 이어 영국의 전권위원 케네스 영거(Kenneth Gilmour Younger)가 발언했는데 그는 강화조약 초안에 영연방 국가와 식민지 국가의 견해를 반영했다는 점을 강조했다. 그는 "일본의 침략 행위에 따른 잔학행위를 우리는 결코 잊지 않고 있다. 말레이와 홍콩 주민이 일본의 점령으로 인한 타락성과 야수성을 직접 경험한 것을 결코 잊지 않고 있다. 그러나 인도를 포함한 영연방 국가들은 일치하여 평화적 해결을 위해 증오와 복수를 지양하며, 과거에 얽매이지 않고 미래를 지향하려 한다."며 미국과 보조를 맞췄다.[059]

미영 전권위원들의 제안 설명이 끝나고 소련의 안드레이 그로미코(Andrei Andreevich Gromyko) UN 안전보장이사회 대표가 중화인민공화국의 대표를 초청하지 않은 것을 비롯해 미국이 필리핀, 호주·뉴질랜드와 맺은 방위조약을 사실상 침략적 군사동맹이라 규정하며 한 시간 가까이 미국을 비난하였다.[060]

같은 날 오후 소련은 강화조약의 초안에 추가할 내용을 열거하며 수정 의견을 제시했다. 만주·타이완·펑후제도에 대한 중화인민공화국의 주권 승인, 남부 사할린과 쿠릴 열도에 대한 소련의 주권 인정,

---

058 外岡秀俊 外, 『日米同盟 半世紀: 安保と密約』, p. 76.
059 동북아역사넷, "샌프란시스코 강화회의 진행과정"「동아시아의 역사」http://contents.nahf.or.kr/item/item.do?levelId=edeah.d_0006_0010_0020_0040 참조).
060 外岡秀俊 外, 앞의 책, pp. 76~77.

일본이 어떤 나라와도 연합국을 적대하는 동맹 관계를 맺을 수 없게 하는 규정 신설, 일본의 재군비에 상한선 규정, 핵무기·세균·화학무기·미사일·인간어뢰 등을 건조하거나 실험하는 활동 금지, 일본 본토의 국제 해협 비무장화와 모든 국가의 상선 통과 허용, 군함에 대해서는 연안국에만 통과 허용 등이었다.[061] 이 제안들은 조약안을 수정하지 않는다는 의사 원칙에 따라 반영하지 않았다.

9월 5일 밤과 6~7일은 각국 대표 연설로 진행되었다. 조약안을 수정하지 않는다는 원칙을 정해 놓은 터라 토론은 따로 하지 않았다. 이에 각국 대표들은 자국의 입장을 간단히 발표하고, 강조 또는 제안하고 싶은 내용을 발표하는 형식으로 일정을 마무리하였다.

각국 대표 발언이 끝나고 7일 밤 마지막 순서로 요시다 총리의 강화조약 수락 연설이 있었다.[062] 요시다는 강화조약이 '복수(復讎)'의 조약이 아니라 '화해와 신뢰의 도구'라 말하고 "일본 전권위원들은 공정하고 관대한 이 조약을 흔쾌히 수락한다."며 연설을 시작했다. 그는 아마미와 오키나와, 오가사와라에 대해 앞서 "잔여 주권을 일본에 둔다."는 영미 전권위원들의 말을 국민의 이름으로 기꺼이 환영한다고 했다. 전쟁 중 일본에 피해를 입은 국가들에게는 일본이 다시는 위협이 되지 않을 것이며, 국제사회의 기대에 어긋나지 않게 평화, 민주주의, 자유를 실현하는 국가가 되겠다고 약속했다. 미·일 안보조약에 대해서는 "우리는 비무장 상태이기 때문에 전쟁 위험을 피하기 위해 우리를 도울 수 있는 나라의 도움이 필요하다. 우리에 대한 위협이

---

061 같은 책, pp. 76~77.
062 cf. Prime Minister Shigeru Yoshida's Speech at the San Francisco Peace Conference. Database of Japanese Politics and International Relations. National Graduate Institute for Policy Studies(GRIPS); Institute for Advanced Studies on Asia(IASA), The University of Tokyo.

사라질 때까지 일시적으로 미군이 일본에 주둔하거나 유엔 후원 또는 집단안보조약 체결이 필요하다."는 점을 강조했다.[063]

회기 중 공산권 대표들이 항의하여 일시 혼란이 있었지만 3일간의 의사일정을 모두 마치고 8일 오전 10시 조인식을 가질 수 있었다. 참가국 52개국 가운데 공산국 3개국은 조약에 반대한다며 조인식에 불참했다. 이에 나머지 49개국이 국가별의 영어 명칭 알파벳순으로 서명에 참여했다. 이로써 강화회의 일정이 모두 끝났다.

이 조약은 한일 관계를 한국으로서는 결코 바라지 않던 잠정적 반공 동맹 관계로 묶어 놓는 계기가 되었다. 이 협정에는 한일 간의 상호 이익과 관련된 여러 쟁점이 포함돼 있었다. 한국의 연합국 지위 획득과 회담 참가 여부 문제, 일본의 침략 전쟁과 식민 통치로 빚어진 피해에 대한 배상, 재일 한인의 법적 지위 문제, 독도 문제로 대표되는 한일 간의 영토·영해 문제 등이다. 그런데 이 쟁점은 일본 정부의 반한(反韓) 태도, 자국의 이익을 관철하기 위한 일본의 적극적 대미 로비 성공,[064] 영국의 한국에 대한 비우호적 태도,[065] 미국의 비(非)일관된 정책과 정책 담당자의 친일 경향, 한국 정부의 무능과 방관 등이 복합적으로 얽혀 일본에 일방적으로 유리하게 결정되었다.[066]

---

063 外岡秀俊 外, 앞의 책, pp. 77~78.
064 長澤裕子, "일본 패전 후의 한반도 잔여주권(殘餘主權)과 한일 '분리': 신탁통치안 및 대일강화조약의 '한국 포기' 조항을 중심으로", 『아세아연구』 Vol. 55 No. 4, 고려대학교 아세아문제연구소, 2012.
065 이는 한국전 당시 이승만과 영국의 대립이 원인이었다는 설이 있다.
066 "Korea and Peace Treaty", April 23, 1951, NARA, RG 59, Bureau of Far Eastern Affairs, Lot 54 D 423. Japanese Peace Treaty files of John Foster Dulles.; 정병준, "동서냉전체제와 6.25 전쟁", 역사학회 엮음, 『전쟁과 동북아의 국제질서』, 서울: 일조각, 2006. 505~506쪽.

나. 주요 내용과 쟁점

평화조약은 전문(前文)과 7장 27조항으로 구성되었다.[067] 이 가운데 샌프란시스코 체제와 관련되어 쟁점이 된 장(章)과 조항만 간략하게 살펴본다.

(1) 조약문 개요

'제1장 평화'에서는 연합국과 일본 사이에 전쟁이 공식 종료돼 일본이 주권국이 되었음을 인정했다. '제2장 영토'에서는 일본이 한국, 대만, 펑후제도(諸島), 사할린, 쿠릴 열도, 일본의 위임통치령이었던 태평양 제도, 남극 지역, 남사 군도(群島)와 서사 군도에 대한 소유권과 청구권을 포기한다고 규정하였다. 그리고 미국에 류큐 제도에 대한 통제권을 부여했다. '제3장 안전 조항'에서는 일본이 UN 헌장 2조에서 정한 의무를 수용한다는 점과 '집단안보협정'을 체결할 수 있는 권리를 명시했다. '제4장 정치 및 경제'에서는 일본이 중국에 대한 모든 특별 권리와 이익을 포기하고, 극동전범재판소(IMTFE) 군사 판결을 수용하여 이미 선고를 받은 일본인들이 선고 형량을 채워야 함을 명시했다. 또한 일본이 다른 나라와 상업 조약을 맺을 수 있도록 기회를 제공했고, 연합국에 최혜국 지위를 부여하도록 요구하였다. '제5장 청구권 및 재산'에서는 배상과 보상을 포함해 연합국이 일본에 청구권을 행사하는 것을 제한했다. '제6장 분쟁 해결'에서는 조약의 해석 또는 실행과 관련하여 분쟁이 발생할 경우 국제사법재판소에 회

---

067 원문은 United Nations Treaty Series No.1832 'Treaty of Peace with Japan, Signed at San Francisco, on 8 September 1951'. 한글 번역문은 National Graduate Institute for Policy Studies(GRIPS); Institute for Advanced Studies on Asia (IASA), The University of Tokyo에서 제공하는 '일본정치·국제관계 데이터베이스' 수록본 참조.

부한다고 규정하였다. '제7장 최종 조항'은 비준 과정을 정의하였다.
 이 조약은 제23조 (b)항 "일본이 비준서를 기탁한 후 9개월 이내에 본 조약이 발효되지 않는다면, 본 조약을 비준한 나라는 모두 일본이 비준서를 기탁한 후 3년 이내에 일본 정부와 미국 정부에 그러한 취지를 통고함으로써 일본과의 사이에 조약을 발효시키게 할 수 있다." 에 따라 참가국이 이 기간 내에 정부별로 의회 비준을 받았고, 일본은 1952년 4월 28일에 공식적으로 주권을 회복했다.

(2) 주요 조항
제1장 평화
  "제1조
  (a) 일본과 각 연합국들과의 전쟁 상태는 제23조에 규정된 바와 같이, 일본과 관련된 연합국 사이에서 현 조약이 시행되는 날부터 중지된다.
  (b) 연합국들은 일본과 그 영해에 대한 일본 국민들의 완전한 주권을 인정한다."

 일본이 주권을 회복하고, 공식적으로 연합국과 전쟁을 종료하게 된다는 규정이다.

제2장 영토
 지금까지 논란이 계속되는 내용을 담고 있다. 제2조 (a)항의 '한국의 영토 범위'에서 '제주도, 거문도, 울릉도'를 거론하면서 '독도'를 빠트려 일본과 갈등의 소지를 남겼다. 영국이 만든 두 번째 조약 초안에는 '독도'가 한국의 영토로 표기되었는데 미국 초안과 통합하는 과정에서 미국이 '독도'를 의도적으로 빠트렸다고 한다. 연구자들은 이때 미

국이 독도를 빠트린 이유를 일본의 로비 때문이라 추정하고 있다.[068]

제2조 (b) 평후 제도, (c) 쿠릴 열도에 대하여도 영토의 범위를 명확히 규정하지 않아 쟁점이 되었다.[069] 평후 제도는 대만과 중국 간에 영유권 분쟁의 씨앗이 되었다. 일본과 소련의 북방 4개 섬을 둘러싼 영유권 분쟁은 이 조약에서 쿠릴 열도 전체, 사할린 섬 전체를 소련 영토라 결론 내렸음에도 일본이 지금까지 이를 인정하지 않아 계속되고 있다. 일본은 평화조약 당사자인 소련이 조약에 서명하지 않았으므로 소련이 이 4개 섬을 불법 점유한 것이라 주장해 왔다.[070]

제3장 안전

"제6조

(a) 연합국의 모든 점령군은 이 협약 발효 후 가능한 신속하게, 한편 어떠한 경우에도 이후 90일 이내에 일본에서 철수해야 한다. 그러나 이 규정은 하나 또는 그 이상의 연합군을 한편으로 하고, 일본 또는 기타 쌍방 간에 체결된 또는 체결되는 양자 또는 다자 협정의 결과로 외국 군대가 일본 지역에 주재 또는 주둔하는 것을 막는 것은 아니다."

이 조항은 미국을 위한 것이라 해도 과언이 아니었다. 다수 연구자가 주장하고 있듯이 이 조약을 급히 서두른 이유 가운데 하나가 바로 이 조항이었기 때문이다. 미국은 조약 체결 후 90일 이내 철군하는

---

068 최정준, "미국의 6.25 전쟁전략과 샌프란시스코 체제의 형성" 참조.
069 미국이 현재 갈등이 일어나는 지역들의 범위를 명확히 하지 않은 이유에 대해서는 두 가지 설이 있다. 하나는 조기 강화를 추진하다 보니 복잡한 갈등의 소지가 있는 문제들에 대해 깊이 생각할 시간이 부족했다는 입장이다. 다른 하나는 미국이 먼 미래를 내다보고 동아시아 국가들 간의 단절을 막기 위해 분쟁 소지를 남겨 두었다는 입장이다.
070 Kimie Hara, *Cold War Frontiers in the Asia Pacific: Divided territories in the San Francisco System*, Routledge, 2007.

조항을 피하기 위해 바로 밑에 단서를 붙였다. 그리고 이 단서에 따라 평화회의 서명을 끝내고 그날 저녁 일본과 '미·일 안전보장조약'을 체결한 것이다. 이 때문에 일본에 대한 청구권을 제한하여 일본에 특혜를 제공한 것이 이에 대한 보상이라는 평가가 지배적이다.

제5장 청구권 및 재산
"제14조
(a) 일본이 전쟁 중 일본에 의해 발생한 피해와 고통에 대해 연합국에 배상을 해야 한다는 것은 주지의 사실이다. 그럼에도 불구하고 일본이 생존 가능한 경제를 유지하면서 그러한 모든 피해와 고통에 완전한 배상을 하는 동시에 다른 의무들을 이행하기에는 일본의 자원이 현재 충분하지 않다는 것 또한 익히 알고 있는 사실이다."

이 조항은 일본이 연합국에 피해 보상 의무가 있지만 '일본의 자원이 충분하지 않다.'고 함으로써 연합국이 일본에 대한 청구권을 포기하도록 종용하는 것처럼 읽힌다. 일본의 사정을 연합국이 아니라 미국이 배려하고 있기 때문이다. 일본이 이러한 사정이니 현금 보상을 기대하지 말고, 대신 '생산, 복구 및 다른 작업에 일본의 역무를 제공'(14조 1항) 받으라는 것으로 들린다. 실제 이 방법은 덜레스가 필리핀, 인도네시아 등과 오랫동안 의견을 교환한 결과로 생각해 낸 것이라 한다.[071] 미국이 생각한 이 방법은 이미 1950년 11월 24일 수립한 '대일 강화 7원칙'에도 반영되었다.[072]

---

071 최정준, "미국의 6.25 전쟁전략과 샌프란시스코 체제의 형성", p. 131.
072 ① 일본의 현실적인 지불 능력을 고려해 배상액을 정한다. ② 평화조약에서는 배상 해결 방식의 원칙만 정해 놓는다. ③ 현금이 아니라 노역과 생산물로 지불한다. 기계나 발전소 등 상대국의 요청에 근거한 생산물을 인도하고, 설치나 공사는 일본인 기술자

일본이 협상 과정에서 한국의 영토에 대한 잔여 주권을 계속 주장하고, 한국의 조약 참가를 반대한 것도 이 배상과 관련이 있다.[073] 이것도 미국이 조기 강화를 위해 일본에 특혜를 준 사례라 할 수 있다.

제7장 최종 조항

제25조

본 조약의 적용상, 연합국이란 일본과 전쟁하고 있던 나라들이나, 이전에 제23조에 명명된 나라의 영토 일부를 이루고 있었던 어떤 나라를 말한다. 다만, 각 경우 관련된 나라가 본 조약에 서명하여, 본 조약을 비준하는 것을 조건으로 한다. 본 조약은 제21조 규정에 따라, 여기에 정의된 연합국이 아닌 나라에 대해서는 어떠한 권리나, 소유권 또는 이익도 주지 않는다. 아울러 본 조약의 어떠한 규정에 의해 앞에서 정의된 연합국이 아닌 나라를 위해 일본의 어떠한 권리나 소유권 또는 이익이 제한되거나 훼손되지 않는다.

이 조항은 한국이 이 조약에 참가할 자격이 없다는 근거로 인용된다. 한국은 일본의 식민지였기 때문에 연합국에 속하지 않았고, 상해 임시정부와 광복군 같은 무장 단체가 항일 운동을 한 사실은 인정되지만 이들이 국제법적으로 인정되는 국가의 자격을 갖추지 못했다는 것이다. 이는 미국이 가진 입장이었다. 영국은 이와 다른 견해를 가

가 한다.

[073] 長澤裕子, "일본 패전 후의 한반도" 참조. 이 논문에서 필자는 일본이 한반도에 대한 잔여주권을 주장한 의도를 정확히 밝히지 못하였다. 그러나 일본이 평화조약을 맺을 때까지 한반도의 잔여주권을 가지려 시도한 과정들에 대한 정보는 충분하게 담고 있다. 이는 일본과 미국이 참가자 문제에서 한국을 배제한 점, 한국을 참가자로 인정할 경우 재일조선인들이 연합국 일원으로 청구권을 행사하게 될 경우 일본이 겪을 경제적 곤란을 미국이 고려한 점에 미뤄보면 이 의도는 배상과 관련이 있어 보인다.

지고 있었는데, 미국이 이를 수용하지 않았다. 그리고 이 자격 문제에 대해 일본이 반발한 것은 위에서도 살펴본 바대로 배상과 관련이 있어 보인다.

다. 집단 자위권 문제

평화조약 제5조 c항에는 일본의 집단 자위권을 승인하는 내용이 포함되었다. 이는 일본을 조기에 주권국으로 복귀시켜 일본이 미국과 안보 조약을 맺게 함으로써 미군의 계속 주둔이 정당하고 합법적 절차에 따라 이뤄진 것임을 보여주려는 의도에서 나온 것이었다. 일본으로서도 자기 방위를 위해 최소한의 대비책을 마련한다는 점에서 필요를 느낀 것이었다. 다만 일본 경제가 미국의 요구를 뒷받침할 수 없는 상황이었고, 국민의 반대도 예상되었던 터라 일본은 소극적 태도를 보였다. 게다가 태평양 지역의 필리핀, 영연방국가들도 일본의 재군비에 대해 극도의 불안을 느끼고 있었다. 미국은 이런 조건임에도 군비제한 조항이 없는 강화조약 체결을 강행하였다.

강화 추진 과정에서 양측 모두 개별 자위권과 집단 자위권에 대한 문제는 제기하지 않았다. 이미 승인을 기정사실화하고, 이 사실을 비밀로 했기 때문이다. 이로 인해 강화조약을 맺은 뒤 벌어질 상황을 가정한 규정들은 만들 수 없었다. 일본은 궁여지책으로 미군의 주둔을 선택하였고, 이 근거를 유엔헌장 제51조 '집단 자위권'에서 찾았다.[074] 미국은 반덴버그(Vandenberg) 결의에[075] 따라 집단 자위권을 인

---

[074] 집단 자위권의 내용은 자국과 동맹을 맺고 있는 나라가 침략을 당할 경우 이를 자국에 대한 침략 행위로 간주, 침략국과 맞서 싸울 수 있도록 유엔헌장이 규정하는 권리이다.

[075] 1948년 6월에 미국 상원에서 반덴버그 외교 분과 위원장이 제안하였고 이후 가결되었다. 이 결의는 미국이 미국의 안전보장에 영향을 줄 수 있는 지역·집단의 방위 협정에 참가할 수 있다는 입장을 표명한 것이었고, 동맹국의 방위력을 강화하는 것을 의

정하는 대등한 형태의 강화를 거부하고 미국이 희망하는 규칙에 따라 집단 자위권 관계를 설정할 수 있을 때까지 일본에 미군을 주둔시킨다는 입장을 유지하였다. 이 때문에 미·일 안보조약은 주둔 미군에게 모든 특권을 부여하는 조약이 되어 형식적인 면에서는 동등성이 부족하고 주둔군의 협정 색채를 강하게 띠어 불평등하다는 평가를 받았다.[076]

미국에 비밀 각서를 전달함으로써 미국의 요구를 수용한 요시다는 조약 체결 후 7년이 지나 산케이신문 기고를 통해 당시 자신이 이러한 선택을 한 이유를 다음과 같이 밝혔다.

"첫째, 오늘날의 세계는 집단 안전보장의 시대이며 자력을 통해 독립적으로 국가의 안전을 유지할 수 없다. 이해관계가 같은 국가들끼리 서로 의지하고 협력해야만 국가의 안전을 유지하고 세계평화에 상응하는 기여를 할 수 있다. 둘째, 일본의 국운은 자유진영과 진퇴를 함

무로 규정하였다. 여기에는 여섯 가지 제안이 들어 있다. 첫째, 국제 분쟁 상황의 평화 정착과 관련된 모든 질문과 신규 회원 입회에서 거부권을 철회하겠다는 자발적 합의. 둘째, UN 헌장의 목적, 원칙 및 규정에 따라 개인 및 집단적 자기 방위를 위한 지역 및 기타 집단적 조치의 점진적 개발. 셋째, 지속적이고 효과적인 자조와 상호 원조를 기반으로 하고 국가 안보에 영향을 미치는 지역 및 기타 단체 협약과 헌법 질차에 의한 미국 협회에 대한 규정. 넷째, 국가 안보에 영향을 미치는 무장 공격이 발생할 경우 제51조에 따라 개인 또는 집단적 자기 방어권을 행사하겠다는 결의를 분명히 하여 평화 유지에 기여. 다섯째, 헌장에서 제시하는 대로 유엔에 무장 군대를 파견하고 위반에 대한 적절하고 신뢰할 수 있는 보증하에서 군비의 보편적 규제 및 축소에 대한 회원국 간의 합의를 얻기 위해 최대한 노력. 여섯째, 필요한 경우 유엔을 강화하기 위한 적절한 노력을 기울인 후, 제109조에 따른 총회 또는 총회가 적절한 시간에 헌장을 검토하는 것 등이다. U.S. Senate Resolution 239, 80th Congress, 2nd Session-'The andenberg Resolution'(11 Jun. 1948). https://www.nato.int/cps/en/natohq/official_texts_17054.htm?

076 유지아, 「전후 일본의 안보체제와 집단적 자위권: 안보조약과 신안보조약을 중심으로」, 『일본학』Vol. 39, 동국대학교 일본학연구소(2014), pp. 245~246.

께해야만 유지되고 발전할 수 있다. 자유세계의 이념은 개인의 자유를 존중하고 목적과 수단 모두 정당해야 한다. … 자유세계와 공산세계 중간에 서겠다는 중립론은 진정한 세계평화를 염원하는 이상 일본이 취할 태도는 아니다."[077]

그는 이 기고문에서 요시다 독트린으로 알려진 그의 "경무장과 경제성장 노선"이 이러한 동기에 기초한 것임을 밝혔다. 그는 이러한 신념에 기초하여 조약 체결 후 일본이 취할 방향을 결정했다고 술회했다. 그의 이 선택에 대해 일본의 주류학자들은 "점령기의 불리한 조건에서 최대한 외교술을 발휘해 미국의 지나친 요구에 적절히 대응하며 본격적인 재군비를 피하고, 자유 국가들과 돈독한 협력 관계를 맺으며 경제 발전을 이룩하여 실리를 추구했다."고 평가한다. 그러나 그의 한계를 비판하는 학자들도 있다. "실상 강화조약과 함께 체결한 미·일 안보조약은 일본이 아니라 미국이 주도했다. 일본이 미국과 안전보장조약을 맺는 것을 거부했으면 강화조약은 중단되었을 가능성이 높다. 재군비도 일본의 군국주의 부활을 용인하지 않으려는 주변국들의 견제가 심했기 때문에 미국도 재군비에 속도를 내기 어려웠다. 일본 국민이 헌법 9조의 전쟁 포기 조항과 재군비 요구가 충돌되는 것으로 받아들인 점도 군비 강화를 강요하지 못한 원인이었다."[078] 게다가 일본의 재무장을 반대하던 맥아더가 6.25 전쟁이 발발하자 입장을 바꾸었다. 요시다가 마지막으로 의지했던 맥아더가 돌아서서 더 이상 자신의 입장을 고수할 수 없었다.[079] 그러니 그의 외교력을 높

---

077 「産經新聞」, 1958년 12월 11일.
078 外岡秀俊 外, 『日米同盟 半世紀: 安保と密約』, p. 79.
079 맥아더는 1951년 연두(年頭) 성명에서 "만일 국제적인 무법 상태가 계속 평화를 위협하고 사람들의 생활을 지배하려 한다면, 이 이상은 자기 보존 법칙에 당연히 양보할

이 평가해선 안 된다는 것이다.

이렇게 그에 대한 상충하는 평가가 있지만 조약 준비 과정에서 일본 측이 보였던 모습을 보면 그에게는 두 가지 측면이 다 있었던 것으로 보인다. 그가 개인적으로 권력 지향적 태도를 가졌고, 실제로 이를 추구했더라도 그와 외무성의 철저한 준비는 평가할 만한 것이었다. 그 내용과 결과가 우리나라에는 불리했지만, 일본을 위해서는 분명 기여한 측면이 있기 때문이다.

3. 미국의 일방적 의지가 관철된 미·일 안전보장조약

미·일 안전보장조약은 평화조약이 서명된 날 오후 5시 미국 제6병단 프레지디오 병사집회소에서 조인되었다. 일본에서는 요시다 총리만 참석하였다. 이 일정은 요시다가 수락 연설을 한 1951년 9월 7일 밤 미국 전권위원단이 일본 전권위원단에 일방 통보하여 결정한 것이다. 요시다는 일부 일본 전권위원들의 반대를 무릅쓰고 미국의 이 결정에 따랐다. 반대 입장을 가진 전권위원들은 조약을 맺더라도 최소한 장소나 날짜를 바꾸어 대등한 형식을 취하는 것이 바람직하다고 생각했다. 그러나 요시다는 날짜가 공개되고 기다리는 시간이 길어지면 그사이 수련이 방해될 우려가 있다며 이들의 반대를 물리쳤다고 한다. 이로써 미국은 일본으로부터 조기 강화를 통해 얻으려 했던 바를 모두 얻었다.

수밖에 없고 유엔의 제반 원칙 내에서 자유를 존중하는 사람들과 함께 힘을 격퇴시키는 데 힘을 사용하는 것이 여러분의 의무가 될 것"이라고 함으로써 기존 입장을 포기하였다. 같은 책, p. 79에서 재인용.

가. 내용

전문(前文)의 골자는 다음 내용이 잘 보여준다. "평화조약은 일본국이 주권국으로서 집단적 안전보장협정을 체결할 권리를 향유함을 승인하고 또한 국제연합헌장은 모든 국가가 개별적 및 집단적 자위의 고유권리를 가짐을 승인하고 있다. 이러한 제 권리의 행사로서 일본국에 대한 무력 침공을 저지하기 위하여 일본 국내 및 그 부근에 미합중국이 그 군대를 유지함을 희망한다."[080]

여기서 일본은 당일 오전 조인한 평화조약 6조에 따라 주권국의 권리를 회복함과 동시에 바로 얻은 주권국의 권리로 자위권 행사 차원에서 미군을 일본에 계속 주둔시키기를 희망한다며 조약 체결 동기를 밝히고 있다. 여기서 일본은 '희망한다(desires)'는 표현을 사용함으로써 이 조약이 미국 의지가 아니라 일본의 자의에 따른 것임을 강조하는 형식을 취하였다.

미국은 이에 "미합중국은 평화와 안전을 위하여 현재 약간의 자국 군대를 일본 국내 및 그 부근에 유지할 의사가 있다. 단 미합중국은 일본국이 무력적인 위협이 되고 또는 국제연합헌장의 목적 및 원칙에 따라 평화와 안전을 증진하는 것 이외에 사용될 수 있는 군비를 가짐을 항상 피하면서 직접 및 간접의 침략에 대한 자국의 방위를 위하여 점진적으로 스스로 책임을 질 것을 기대한다."고 화답하고 있다.

여기서 미국은 일본이 계속 주둔을 요청해 머물긴 하지만 이는 비용이 드는 일이라 점차 일본이 군비를 확대해 이 미국의 부담을 줄여

---

080 영어 원문은 Foreign Affairs of Japan, Japan-U.S. Security Treaty, (https://www.mofa.go.jp/region/n-america/us/q&a/ref/1.html) 한글 번역문은 Database of Japanese Politics and International Relations National Graduate Institute for Policy Studies (GRIPS); Institute for Advanced Studies on Asia (IASA), The University of Tokyo grips 참조. 한국어 번역문에서 문제가 있는 부분은 영어 원문과 대조하여 수정하였다.

주어야 함을 강조하였다. 재군비를 기정사실화한 것이다. 그리고 미군의 일본 주둔이 일차적으로는 일본을 위한 일이지만 일본으로부터의 위협을 염려하는 주변국의 안전까지 보장하기 위한 것임을 강조하였다. 미국과 일본은 일본의 요청과 미국의 수락 형식을 취하고 있는 전문에 이어 세 가지 사항에 합의하였다.

제1조 (주둔군의 사용 목적) 평화조약 및 본 조약의 효력 발생과 동시에 미합중국의 육군, 공군 및 해군은 일본 국내와 그 부근에 배치할 권리를 일본국은 허여하며 미합중국은 이를 수락한다. 이 군대는 극동에서 국제 평화와 안전 유지에 기여하고 아울러 하나 또는 둘 이상의 외부 국가에 의한 교사 또는 간섭에 의해 야기된 일본국 내의 대규모 내란과 소요를 진압하기 위하여, 일본 정부의 명시적 요청에 응해 공여되는 원조를 포함하여 외부의 무력 공격으로부터 일본국의 안전에 기여하기 위하여 사용할 수 있다.

제2조 (제3국의 주병(駐兵) 금지) 제1조에 언급한 권리가 행사되는 동안 일본국은 미합중국의 사전 동의 없이 어떤 기지나 권리든, 권한이나 권위 어떤 것이든, 기지 내에서나 기지에 관련된 것이든, 주둔, 훈련, 육·해·공군의 통과 권리를 제3국에 허여치 않는다.

제3조 (행정협정) 미합중구 군대의 일본 국내 및 그 부근 배치를 규율하는 조약은 양 정부 간의 행정협정으로 결정한다.

이 내용은, '1조 미국은 자국 육해공군을 일본에 배치하고, 주일미군은 외부 국가의 선동이나 개입으로 촉발된 일본 내부의 폭동이나 혼란을 진압하는 임무도 담당한다.[081] 2조 일본은 미국의 군사적 권리

---

081 이는 곧 일본 내 공산주의 운동을 진압하기 위해 필요한 경우 미군이 출동하게 된다는

에 대해 배타적 독점권을 인정한다. 3조 상기 조항들과 관련된 내용은 행정협정으로 결정한다.'는 정도로 요약할 수 있다.

미국은 이미 전문에서 일본의 군비 확충 승인을 넘어 적극적인 재군비의 추진을 요구했고, 미군이 일본에 영구 주둔할 수 있는 법적 근거를 마련했으며, 일본에 대한 미국의 군사적 권리를 독점적으로 인정하는 내용을 명문화했다. 미군 주둔과 관련된 모든 구체사항에 대해서는 행정협정으로 결정하자고 합의했다. 이 결정은 일본에서 의회 비준을 거칠 때 일어날 수 있는 일본 내 반대와 소란을 피하기 위해서였다.

이 조약에서 세밀하게 규정하지 않은 사항은 1952년 2월 28일 조인한 행정협정에서 더 구체화하였다. "첫째, 미군기지 숫자와 지역, 기지 사용기간을 제한하지 않는다. 둘째, 미군과 군속, 그 가족의 재판권을 미군이 보유한다. 이른바 치외법권 조항이다. 셋째, 미군과 군속에게 경제적 특혜를 제공한다. 세금 면제, 수입품에 대한 관세 면제 등이 여기에 포함된다."[082] 이 세 가지는 미국에 일방적으로 유리한 내용이었다.

1952년 7월에 협의한 행정협정 세부 사항에는 시설 구역에 관한 내용이 포함되었다. 미군이 사용하는 일반시설 가운데 무기한 사용 300건, 일시 사용 303건, 비행장과 훈련장이 차지하는 지역의 경우 사용 기간 확대 등이었다.[083]

것을 의미했다.

082 Administrative Agreement under Article III of the Security Treaty between the United States of America and Japan. Database of Japanese Politics and International Relations National Graduate Institute for Policy Studies (GRIPS); Institute for Advanced Studies on Asia (IASA), The University of Tokyo.

083 임필수, 『일본 재무장의 새로운 단계: 미국의 태평양 지배를 위한 미·일동맹의 선택』(서울: 사회운동, 2105), pp. 81~82.

애초에 일본은 유엔헌장 제51조에서 명시한 집단 자위권을 기초로 대등한 조약을 맺고 그 결과로 미군의 주둔을 인정하는 형식을 취하려 했다. 하지만 미국은 반덴버그 결의에 따라 일본의 의사를 부분적으로 수용하고 자국의 의도를 대부분 관철시켰다. 그러면서도 안보조약 문구는 방위력을 갖추지 못한 일본이 잠정적으로 미군의 주둔을 희망하고 미국이 이를 수락한다는 형식을 취하였다. '자국 군대를 극동의 국제 평화와 안전 유지에 사용할 수 있다.'면서 사용 범위와 사용 시 일본 정부와 어떤 방식으로 협의할 것인지는 명확히 하지 않았다. 실제 조문에 사용한 문구도 미군이 일본 방위보다 자국이 목적으로 삼는 바를 지키기 위해서라는 분위기를 강하게 풍긴다. 행정협정 체결 때는 일본 전토를 잠재 기지로 설정할 수 있는 전토(全土) 기지 방식으로 결정하였다.[084] 이는 미국의 이해관계와 직결되는 것이었다. 미국 입장에서는 1949년에 소련의 원폭 실험 성공과 중국이 공산화됨에 따라 일본을 이들에 대항하는 미국의 극동 기지로 만들 필요를 느꼈다. 일본은 미국의 핵우산 아래 들어가 소련 위협으로부터 보호를 받고 싶어 했다.[085] 이처럼 방위조약은 두 나라의 필요에 따른 것이었지만 일본에는 불리한 것이었다.

나. 안보조약을 둘러싼 미국의 의도

미국은 1947년부터 일본을 동아시아 질서의 중심으로 만든다는 구상을 구체화하기 시작했다. 1947년에 소련에 대한 봉쇄정책을 결정한 이후 애치슨은 '거대한 초승달(Great Crescent)'에서 중국을 제외하였다. 장제스의 국민당이 승리할 가능성이 적었고, 설사 중국이 공산

---

[084] 外岡秀俊 外, 『日米同盟 半世紀: 安保と密約』, p. 84.
[085] 최정준, "미국의 동아시아 냉전전략과 샌프란시스코 체제의 형성", p. 125.

화되더라도 농업 국가 단계를 벗어나지 못해 미국을 위협하기엔 역부족이라는 계산 때문이었다. 결국 장제스는 내전에서 패했고, 중화인민공화국이 1949년 10월에 탄생하였다. 반면 한국은 이 지역에 포함하였다. 한국이 일본의 안전에 큰 영향을 주는 전략적 가치를 높이 평가했던 것이다. 애치슨은 '일본-동남아-일본'으로 이어지는 아시아에서 큰 초승달과 일본 주도의 지역경제구축 계획을 구상했다. 케넌은 애치슨의 이 시도를 더 구체화하였다. 케넌은 4대 강국이 한국을 식민지화하는 것을 당연시하고, 일본이 한국을 다시 지배하는 방안도 구상했을 정도였다.

이렇게 미국의 정책 당국자들은 일본의 안전과 한반도 봉쇄를 연결하여 사고했다. 그들에게 한반도를 잃는 것, 즉 한반도 공산화는 동북아에서 미국의 입지를 축소하는 일이었으며 더 나아가 이 지역에서 미국이 밀려나는 것을 의미했기 때문에 한국에 관심을 가졌다. 미국은 일본을 동아시아에서 공산주의에 대항하는 거점으로 만들기 위해 일본을 경제적으로 회복시키는 일을 목표로 삼았다.

국가안전보장회의 각서(NSC)-48 아시아의 대영역(Great Area) 부문에서 경제적 분업체계 구상의 중요성이 잘 드러난다. 핵심은 '① 회복된 일본을 중심으로 삼는다. ② 남한, 타이완, 동남아시아를 방어한다.' 등이었다. 세계 체제의 관점에서 NSC-48은 미국, 일본, 서남아시아를 3각 구도의 위계 권역으로 구축하려 했다. 미국이 중공업, 일본이 경공업과 일정 수준의 중공업, 서남아시아는 천연자원을 공급하는 일종의 수직적 분업구조이자 무역지대를 건설하려 했다.[086]

미국의 이러한 구상은 한국 전쟁이 발발하면서 더 구체화되었다. 전쟁 발발 직후 워싱턴으로 돌아간 덜레스는 7월 20일에 국무부 닛

---

086 정병준, "동서냉전체제와 6.25 전쟁", p. 497.

츠 정책기획국장에게 각서를 보내 대소 총력전에서는 독일과 일본 모두가 중요하다는 점을 강조했다. 덜레스는 이 각서에서 "일본의 협력 없이 미국 혼자 일본 방위를 감당하기는 어렵다."고 말했다.[087] 그러면서 일본 정부가 재군비를 당장 수행하기 어려운 여건을 고려해 강력한 중앙 경찰과 연안경비대 재건, 국제 군사기구에 일본인 편입 안을 제시했다.

6.25 전쟁 발발로 일본에 있는 미군을 한반도로 파병하면서 일본에 전력 공백이 생기자 맥아더는 우선 현지 부대 창설을 결정하였다. 맥아더는 1950년 7월 8일 요시다 총리에게 서한을 보내 7만 5천 명의 경찰예비대 창설과 함께 해상보안청 요원 8천 명을 증원하도록 요구하였다. 사실상 명령이었다. 이에 따라 일본 정부는 1950년 8월 10일 경찰예비대령을 공포하고 창설 작업을 진행해 12월 29일 4개 사단 7만 5천 명 규모의 경찰예비대를 편성하였다. 경찰예비대는 일본의 주권 회복 이후 1954년 7월 육해공 3자위대가 발족될 때 육상자위대의 모태가 되었다.[088]

해상보안청은 GHQ(General Head Quarters, 연합군 최고사령부) 통치 아래 1948년 5월 1일 운수성 외국(外局)으로 출발했는데 경찰예비대 창설과 함께 8천 명을 증원할 수 있었다. 해상전력 규제 완화로 선박은 125척에서 200척으로, 총톤수는 5만에서 8만 톤으로 늘릴 수 있었다. 한국전에 소해(掃海) 부대를 투입하는 것을 계기로 해상보안청은 미 해군의 호위함 대여 등의 지원을 받아 전력을 질적으로 강화할 수 있었다. 해상보안청은 1954년 7월 3일 자위대 발족 시 해상자위

---

087 FRUS, 1951, ASIA AND THE PACIFIC, Vol. VI, Part 1. pp. 1109 ff.
088 배정호, 『일본의 국가전략과 안보전략』, p. 127.

대로 발족하였다.⁰⁸⁹

1950년 8월에서 9월 사이 덜레스는 국무부와 국방부에 적극 요청하여 양 부서가 모두 수용할 수 있는 안전보장 합의 방식을 찾았다. 맥아더가 인천에 상륙하기 전날인 9월 14일 트루먼은 기자회견을 열어 국무부 극동위원회 구성국과 대일 강화조약에 관한 비공식 협의를 시작하도록 명령했다. 9월 15일 덜레스는 기자단에게 대일 강화조약의 구상을 밝혔다.⁰⁹⁰ 이 내용은 책임 있는 정부 관계자의 전언이라는 제하에 "적절한 군비를 보유한 자유국가로 일본을 재건하고, 기존 적국에 최대한 자유를 부여한다."는 것을 원칙으로 하였다.

이후 미국은 대일 강화 7원칙을 마련해 극동위원회에 회부했다. 이 7원칙은 '원칙적으로 배상청구권을 포기하는 내용'을 담았는데, 이는 베르사이유 조약에서 얻은 교훈을 바탕으로 패전국에 가혹한 배상을 요구하지 않고 관용을 베푸는 방식이었다. '영역(territory)'에 대하여는 "합중국을 시정권자로 하는 오키나와 및 오가사와라 제도의 유엔 신탁통치에 동의한다."고 서술하고 안전보장은 다음 원칙을 강조했다.⁰⁹¹

미국은 이 내용을 극동위원회에 참여하는 소련과 중국이 반대하리라는 사실을 알면서도 삽입하고 이 내용을 끝까지 관철하였다. 일본 외무성은 미국의 이 원칙을 사전에 전해 듣고, 이를 토대로 분석 작업에 착수했다. 그리고 이미 살펴보았듯이 일본은 이에 대비해 네 가지 안을 만들었다. 이 문서를 만드는 과정에서 만든 내부 자료에는 오키나와와 오가사와라에 대해 "분리는 국민 감정상 견디기 힘든 일일 것이다. 신탁통치가 이루어질 지역을 최소한으로 줄이도록 해

---

089 같은 책, pp. 127~128.
090 「New York Times」 Sep. 15, 1950.
091 Frederick S. Dunn, *Peace-Making and the Settlement with Japan*(Princeton: Princeton Univ. Press, 1963), pp. 107~108.

야 한다."는 정도에 그쳤다. 안전보장에 대하여는 "미국의 방침은 일본 재무장을 예정하고 있다.", "유엔과의 관계가 불분명하다."고 분석했다. "일본은 치안 유지를 위해 경찰 확충을 원하지만 재군비까지는 바라지 않는다. 이렇게 볼 때 이 7원칙을 비평하려면 구체적인 내용과 연합국의 협상이 어떤 결론을 내릴지 조금 더 지켜봐야 한다."고 유보적 태도를 취하였다. 전체적으로는 재군비에 반대하는 취지였다.

미국은 "미·일 양국의 상호 안전보장을 위한 협력에 관한 협정" 초안에 일본의 안전보장 조항과 함께, 제8장에 "일본 지역에서 적대 행위가 일어나거나 적대 행위의 위험이 있으면 미국 정부가 결정한 때에 경찰예비대 및 다른 일본의 무장병력은 모두 일본 정부와 협의 후 미국 정부가 지명하는 최고사령관의 통일된 지휘하에 놓이게 된다."는 집단방위조치를 삽입했다.[092] 그러나 일본은 이 집단방위조치의 철회, 주둔군의 지휘 조항의 수정과 삭제를 요구하였다. 그러나 미국은 이에 뚜렷한 답을 내놓지 않고, 2월 5일 회의에서 대일 평화조약에 대한 구체적 구상을 담은 '잠정 각서'만 내놓았다.

이날 2차 회의는 안전보장 문제에 대하여 논의하지 않았는데, 이는 위에서 밝혔듯이 미국이 일본과 타협할 의사가 없었기 때문이다. 미국은 이 문제를 협상 대상이 아니라 일방직으로 관철해야 할 과제로 보았던 것이다. 그래서 이날부터 이 안건이 협상 자리에서 자취를 감추었고, 일본 측에서도 이 사실을 국민에 공개하지 않았다. 미·일 안전보장 조약문과 뒤이어 체결한 행정협정에서 드러난 바와 같이 내용이 불평등했고, 그 사실을 알면서도 거역할 수 없었던 일본의 처지가 알려지는 것을 염려했다.

---

092 유지아, "전후 일본의 안보체제와 집단적 자위권", pp. 244~245.

미국은 상호방위조약을 체결하고, 일본이 독립국이 된 1952년 4월 이후부터 이 협약을 구체화하는 조치를 취하기 시작했다. 미국은 MSA(Mutual Security Act, 상호안전보장법)에 근거하여 1954년 3월 일본과 미일상호방위원조협정(Mutual Defense Assistance Agreement between the United States of America and Japan)을 체결했다. 이때 "일본은 미국이 대소련 전략을 수행하기 위해 서방 제국에 원조를 제공하고 그 대가로 피원조국은 군사력을 강화할 의무를 갖는다."는 내용으로 미국에 재군비를 약속했다."[093] 그 결과 1954년 6월 9일 방위청 설치법과 자위대법이 공포되어 7월 1일부터 시행되었다. 보안청이 방위청으로 개편되고 외국과 전쟁을 상정하는 군사조직인 자위대가 탄생하였다.

미·일 양국은 같은 해인 1954년 오키나와 기지의 무기한 사용 성명, 함정대여에 관한 미·일 협정 조인에 이어 1956년 미일방위원조협정을 기반으로 방위생산 협력을 목적으로 하는 미·일 기술 협정도 조인하였다. 이후 1956년 4월에 일본의 최초 호위함을 미츠비시(三稜) 중공입에서 건조하였고, 9월에 일본 최초의 항공자위대 전투기를 제작하였다. 일본은 미국의 지원을 받으며 본격적으로 재무장을 시작하였다.

4. 북한의 6.25 전쟁 입장

북한은 공식적으로 6.25 전쟁이 미국의 사주를 받은 남한의 북침으로 시작되었다고 주장한다.[094] 당시 북한의 전면적 공격 사실을 증

---

093 같은 글, pp. 246.
094 채병욱, 『미제는 조선침략전쟁의 도발자』(평양: 조선로동당출판사, 2016); 차준봉 『누

명하는 러시아의 공식 문서가 공개된 지금에도 북한은 여전히 북침을 강조하고 있다. 하지만 적어도 소규모적 전투가 아니라 전면적 대공격이나 대반격은 북한에 의해 이뤄졌다는 것이 학계의 통설이기 때문에 북한의 북침 주장은 논외로 한다.[095]

북한은 자신이 수행한 전쟁을 "조국해방전쟁", "국제 민주진영 나라들의 안전과 사회주의 혁명 위업을 수호하기 위한 성스러운 혁명전쟁"으로 규정하였다.[096] 이미 "조선민주주의인민공화국 정부의 정강" 7항에서 일본 군국주의의 부활을 책동하는 제국주의 세력들을 적으로 간주하였던 바다. 북한은 그 연장에서 "국제적 규모에서 미제침략자들을 최대한으로 고립 약화시키고 우리 인민의 정의의 위엄에 대한 세계 인민들의 지지와 동정을 결정적으로 강화하여 전쟁의 종국적 승리"를 얻기 위해 전쟁을 수행하였다는 입장을 취했다.[097]

북한은 미제국주의가 제2차 세계대전 후 국제무대에서 진보적인 사회주의, 민주주의 역량에 대해 반동적인 제국주의 세력과의 대립을 추동하고 공격함으로써 "세계 반동의 괴수, 침략과 전쟁의 주된 세력, 전 세계 인민의 가장 흉악한 원수" 역할을 해왔기에 자위(自衛) 차원에서 이에 맞서 싸운 것이기에 자신의 저항이 정당하다고 주장하였다. 특히 미제국주의가 남한을 강점하며 영구 분단을 획책해 왔기에 이와 맞서 싸우는 것이 당위(當爲)리 하였다.[098]

가 조선전쟁을 일으켰는가』(평양: 사회과학출판사, 1993) 참조.
095 북한은 조국해방전쟁 시기에 압수한 미국과 남한의 '북벌에 대한 군사 전략상 계획도'와 1950년 2월 이승만이 동경을 방문하여 맥아더와 맺은 협정들을 근거로 남한이 먼저 북침을 하였다고 주장한다. 김근조 편, 『조선민주주의인민공화국 대외관계사 1』, p. 87.
096 같은 책, p. 82.
097 같은 책, p. 83.
098 같은 책, pp. 21~22.

북한은 이전 사전 조건 단계에서부터 키워왔던 미국에 대한 적개심의 원인이 애초 미국에 있었고, 미국이 제국주의 국가로서 침략적 성격을 본성으로 하고 있기에 미국에 맞선 것이 정당하다고 주장하였다.

전쟁으로 결정적 국면에 이른 북한과 미국은 이를 계기로 이후 70여 년간 이어지는 적대 관계에 들어섰다. 그리고 둘은 이 적대를 제도화하기 위해 각자 자신의 진영을 확대하고 강화하는 방향으로 나아갔다.

5. 미국의 일방적 단독강화 추진에 대한 북한의 저지 투쟁

가. 미국의 대일 단독강화에 대한 입장

북한은 미국이 주도한 단독강화를 동아시아의 평화보다 대결과 전쟁을 획책하는 조약이라 규정하였다. 자신들의 처지에서는 자유주의 진영만의 대일 강화가 평화를 보장하는 수단이 될 수 없다고 본 것이다. 이에 북한은 소련 입장과 보조를 맞추면서도 독자적으로 다음 세 가지를 반대하는 근거로 제시하였다.

첫째, 조선이 장기간에 걸쳐 일본의 지배를 받았고, 조선민주주의인민공화국 출범 후 일본의 침략이 이루어진 첫 희생자가 되었기 때문이다.[099] 북한이 일본의 침략 전쟁의 첫 희생자가 되었다는 주장은 6.25 전쟁 중 일본의 소해 부대의 한반도 파견, 일본군 출신 장교들의 미군 작전 지원, 일본 내의 군사기지 제공, 일본 본토에서 제국주의 시절 사용했던 시설을 이용한 군수물자의 생산과 군사 장비의 수송, 수리 등을 근거로 한 것이었다.[100]

---

099 "대일 강화조약 문제에 대한 조선민주주의인민공화국 정부의 태도", 『로동신문』, 1951년 6월 28일.
100 김근조 편, 『조선민주주의인민공화국 대외관계사 1』, p. 92.

둘째, 북한은 일제의 조선 합병에 맞서 장기간에 걸쳐 빨치산 투쟁을 하였고 실제 교전(交戰)에도 참여하였으며 이 과정에서 막대한 희생을 치렀다. 그래서 인접 국가인 자신이 일본의 침략을 예방하고 일본의 민주주의적 발전을 보장하는 일에 참여하는 게 당연한데 배제를 당하였기 때문이라는 것이다.[101]

셋째, 일본에 군국주의를 부활시키고, 재군비를 통해 군대를 재건하는 것은 조선의 독립을 직접 위협하는 것으로, 일제의 본성에 비춰 볼 때 조선 인민의 사활적 문제가 되기 때문이라는 것이다.[102] 다시 한 번 당사자임을 강조한 것이다. 실제로 북한은 강화조약 조문에 일본의 군국주의 부활을 억제하는 장치가 전혀 없는 점을 문제로 지적하였다. 따라서 이는 강화조약이라기보다 자유주의 진영이 공산주의 진영, 가까이는 북한을 상대로 전쟁을 수행하기 위한 조약이라 본 것이다.[103] 더욱이 강화조약의 부속물로 '미·일 안전보장조약'까지 체결했는데, 이는 미제가 "일본에 자기 군대를 영구히 주둔시키고 일본의 내정을 간섭하며 일본을 자기의 완전한 식민지로 만드는 것을 합리화하려 시도하는 것"이기 때문에 북한으로서는 위협을 느끼지 않을 수 없다는 것이다.[104]

북한은 자국의 독자적 입장을 이렇게 정리하고 이를 조선민주주의인민공화국 외무상이 소련 외무상에게 보내는 각서 형태로 발송하였

---

101 "새 전쟁 준비를 위한 미영의 대일 『강화조약』 조인을 전체 조선 인민은 절대 반대 배격한다", 『로동신문』, 1951년 9월 13일.
102 같은 글 참조.
103 "미영의 비법적 대일강화조약을 조선인민은 견결히 반대한다", 『로동신문』, 1951년 9월 17일.
104 같은 글 참조.

다.[105] 소련과 보조를 맞추면서도 자기 목소리를 낸 것이다.

나. 소련의 대일 단독강화 반대 논거

미 국무부가 1947년 대일 강화를 처음 제안한 이후 소련과 중국의 비협조에 부딪혀 추진 작업이 지연되자 북한은 미국의 이러한 조치를 비판하는 기사들을 지속적으로 공간물에 실었다. 대표적인 기사가 소련이 부외상 브 아 조린 명의로 미국대사에 전달한 각서 내용이었다. 이 각서에는 당시 소련이 주장한 내용의 핵심이 들어있는데 미·소가 대립하였던 쟁점을 잘 드러내고 있다.[106] 이는 미국의 대일 단독강화가 동서 대결에서 시작된 것이라는 점을 확인시키고 있다. 소련이 제기한 쟁점은 크게 여섯 가지였다.

첫째, 대일강화조약의 초안 기본 조항에 일본이 다시 침략 국가가 되는 것을 방지하고, 일본의 군국주의 잔재를 제거하는 것을 보장하는 항목이 들어가야 한다. 그런데 미국의 조약 조문 초안에는 대(對)이탈리아 강화조약처럼 일본의 군국주의 부활을 억제하는 담보가 들어있지 않고 병력 범위도 제한이 없다. 이는 침략과 반목을 방지하려는 평화 목적이 아니라 침략 목적을 위해 일본의 군국주의를 회복하려는 기도라 할 수 있다.

둘째, 일본 점령의 종결, 일본 영토에서의 외국 군대 철수에 관해 쏘련 정부는 조약에 "대일강화조약 체결 후 1년 이내로 모든 점령 군대들은 일본의 령토로부터 철거하여야 하며 또한 어떠한 외국 정부도

---

105 "대일 강화조약 문제에 대한 조선민주주의인민공화국 정부의 태도", 『로동신문』, 1951년 6월 28일.
106 이 각서는 소련이 1951년 5월 7일 자로 미국에 보낸 각서 "미국의 대일강화조약초안에 대한 쏘련 정부의 견해"에 대하여 미국이 5월 19일 자로 답한 내용에 다시 답하는 형식으로 되어 있다.

일본에 군대 또는 군사기지를 가져서는 안 된다."는 것을 명백히 규정하도록 제안하였는데, 미국의 초안은 철거 시한을 정하지 않았다. 이는 미군이 점령 군대로서가 아니라 무기한 일본 점령을 획책하고 있다는 증거다.

셋째, 대일강화조약의 서명 관계국 정부들을 반대하는 연합에 일본이 참가하는 것을 허용하지 말아야 한다는 규정을 일본에 강제해야 한다는 소련의 제안에 미국이 동의하지 않았다. 이는 미국이 일본과 군사협정을 맺어 소련과 사회주의 국가들에 대항하려는 의도임을 드러내 주는 것이다.

넷째, 일본의 평화적 경제와 타국과 일본의 무역을 제한하지 말 것을 요구하였는데 미국은 자국을 반대하는 국가들과 일본의 교역을 제한하고 있다.

다섯째, 일본 인민의 민주주의적 권리를 보장하는 문제에 대하여 미국은 충분하다고 주장하나 사회주의 계열 인사들을 배제하고 억압하는 것을 볼 때 충분히 보장된다고 할 수 없다.

여섯째, 영토 문제에 대하여 카이로 선언, 포츠담 선언, 얄타 협정을 이행하도록 요구하였는데 미국 정부가 이를 이행하지 않으려 하고 있다.

일곱째, 미국은 근거 없이 소련과 중국을 공격하고 있다.

소련은 이 일곱 가지 문제를 제기하고 나서 마지막에 전면강화, 카이로 선언, 포츠담 선언, 얄타 협정 준수를 위한 대일 강화조약의 초안 심의를 위해 7월이나 8월에 자기 무력(武力)으로 대일 전쟁에 참가한 나라들의 소집 등을 미국에 요청하였다.[107] 그러나 이 제안은 수용

---

[107] "대일강화조약에 관하여 미국 정부에 보낸 쏘련 정부의 각서", 『로동신문』, 1951년 6월 14일.

되지 않았고, 미국의 단독강화로 끝났다. 미·소가 쟁점으로 삼았던 내용은 이미 타협이 불가능한 것이었다. 양자 간의 오해와 불신도 극에 달해 있었다. 결정적 국면의 결과라 하겠다.

다. 북한의 대응

소련은 미국이 대일 강화를 제안하기 전부터 조기 강화를 주장하였다. 소련은 포츠담 회의 합의에 충실하게 일본의 비군국주의화, 민주주의화를 목표로 하는 전후 처리가 이뤄져야 하고, 대일 강화도 같은 기조에서 이뤄져야 할 것이라 주장하였다. 그런데 미국이 강화 추진을 지연시키며 단독강화 쪽으로 움직이게 되자 비판 수위를 높였다. 이 국면에서 북한 공간물에는 북한 내부, 일본, 전 세계에서 미국의 단독강화를 비난하는 진보 인사들의 글, 항의 시위 기사, 그리고 미국의 주요 정부 인사들의 발언을 비판하는 기사들을 게재하였다.

당시 북한의 입장은 1950년 2월 10일 자 『로동신문』 기사에 잘 드러나 있다. 이 기사는 1950년 1월 12일 있었던 애치슨 연설을 비판하면서 일본의 대일 정책 골자를 "일본을 미국의 극동 군사-전략 기지로 만들고, 자국의 세계 제패를 위한 전쟁에서 일본 인민을 고용병으로 이용하는 것"으로 요약하고, 이 근거로 미국의 일본 점령 후 구 일본의 군사시설 복구와 확충, 미군 기지 신설, 과거 일본의 군수공업 복구 등을 예로 들었다. 특히 미국이 공군력과 해군력을 크게 증강하는 것은 다른 의도가 있다는 점을 암시하였다.[108] 미국은 자국의 이런 의도가 노출될까 두려워 포츠담 합의를 거부하고 단독 대일 강화를 추진하는 것이라는 뜻이었다.

1950년 9월 2일 자 『로동신문』 기사에서는 이에 더하여 미국의 단

---

108 "무엇 때문에 미국은 대일 평화조정을 반대하고 있는가", 『로동신문』, 1950년 2월 10일.

독강화 추진이 "근동 제국의 경제적 정치적 예속, 아시아 지역의 민족해방 운동 억제, 소련과 인민민주주의 제국(諸國)을 상대로 침략 전쟁을 개시하는 군사기지화"를 목적으로 하는 것이라 주장하였다.[109] 이 의도 때문에 소련의 제의를 미국이 묵살하는 것이 틀림없다는 게 골자였다.

1951년 4월 10일 자 『로동신문』 기사에서는 앞에서 열거한 이유 외에도 미국이 '일본군의 재건'을 의도하고 있고, 이를 구(舊) 일본군 장교들의 복권과 채용, 이를 기초로 일본의 육군과 해군의 재건, 군수공업의 부흥, 일부 일본 병력의 대만 파견 등에서 확인할 수 있다고 하였다. 기사 제목부터 미국이 이전과 달리 6.25 전쟁 이후 대일강화를 서두르는 이유가 있다는 인상을 주었다. 그러면서 미국이 이리 서두르는 것은 "중국 인민의 승리와 중화인민공화국의 공고화, 미국 무력 간섭자들을 반대하는 조선 인민의 영웅적 해방투쟁, 월남민주주의공화국 인민들의 제국주의자들을 반대하는 치렬한 투쟁, 이 모든 것과 병행하여 아세아 인민들의 민족해방투쟁의 전반적인 앙양" 때문이라 주장하였다. 그리고 이는 "원동에서의 진정한 평화 확립이 아니라 쏘련, 중화인민공화국, 조선 인민 및 기타 아세아의 전체 인민들을 반대하는 미국 침략의 지주가 될 재군국화, 재팟쇼화 된 일본 창건을 고려에 두고 있는 것"이라 하였다.[110] 이 기사는 당시 공산주의 진영이 미국의 일본 전후처리 과정, 6.25 전쟁 이후 미국이 대일 단독강화를 추진하는 배경을 어떻게 이해하고 있었는지를 보여준다. '결정적 국면'에서 두 진영이 영구 결별한 후 서로를 침략 세력으

---

109 "근동에서 미영 제국주의자들의 팽창 정책 크라쓰나야. 즈베즈다지 론평", 『로동신문』, 1950년 9월 2일.
110 "미제는 단독 대일강화조약을 왜 조급히 체결하려고 하는가?", 『로동신문』, 1951년 4월 10일.

로 간주하며 자기 진영을 강화하려는 움직임을 잘 보여주고 있는 것이다.

북한은 미국이 추진하는 대일 평화조약이 자신의 침략 의도를 포장하기 위한 장치일 뿐 강화조약 초안의 내용을 볼 때 일본과 "『미·일 방위협정』을 체결함으로써 일본에 있는 군사기지를 사용할 뿐만 아니라 일본에 미국 군대를 장기적으로 주둔시키려는 의도를 가지고 있다. 령토 문제를 들고 보자. 이 문제에 있어 미국은 조선의 령토를 침범하고 있는 것을 합법화하며 쏘련 및 중국 령토를 침범하려는 망상을 로골적으로 표명"하는 것이라 주장하였다.[111]

1951년 6월 28일 자 『로동신문』 기사에서는 북한의 공식 입장을 담은 기사를 실었다. 소련 외무상에게 보내는 북한 외무상의 각서 형식이었다. 아마도 이 각서의 내용이 북한 입장을 가장 잘 대변하는 것이라 할 수 있다. 북한은 앞의 문제의식을 전제하고 이 외에 세 가지를 제안하였다. 첫째, 대일강화조약은 반드시 포츠담 선언에서 설정된 절차에 따라야 하고, "일본의 침략을 반대하는 가장 장기적인 전쟁을 진행히였고 다른 인민들보다 더 많은 고통을 받은 중화인민공화국 정부의 참가 없이 준비될 수 없다." 둘째, "일본의 합병과 일본 강점자들과의 장기간에 걸친 지하투쟁 및 빨찌산 투쟁과 일본과 교전한 국가들의 무력에 조선 애국자들이 참가한 결과에 조선 인민이 당한 막대한 희생이 고려되어야 할 것이다." 셋째, "일본의 군국주의 재생을 반대하는 충분한 담보들을 포함할 데 대하여 조선의 특별한 리해관계를 고려할 것을 요망한다." 등이었다.'[112]

---

111 "미제의 단독대일강화 음모", 『로동신문』, 1951년 5월 4일.
112 "대일 강화조약 문제에 대한 조선민주주의인민공화국 정부의 태도", 『로동신문』, 1951년 6월 28일.

이후 샌프란시스코 평화회의가 종료되는 날까지 북한은 공간물에 대일 강화를 비판하는 기사들을 지속적으로 실었다. 1951년 9월 10일 자 기사에서는 이 회의의 성격을 "미제국주의자들은 새로운 침략 전쟁을 도발할 목적으로 작성한 그들의 소위 『대일강화조약초안』을 자기들의 추종 국가들의 거수기를 발동시켜 형식적으로 통과"시키려는 시도로 평가하였다. 기사 제목도 "미영의 대일 강화조약은 전쟁조약이다."라고 달았다.[113] 9월 17일 자에서는 앞의 맥락에서 "쎈프랜씨스코회의에서 대다수의 국가대표들이 미제의 강압에 못 이기어 미국의 대일강화조약 초안에 조인을 하면서도 불만과 불안을 품고 있었다는 것은 결코 우연한 일이 아닌 것"이라고 비판하였다.[114] 이렇게 북한은 대일 강화조약에 대하여 소련, 중화인민공화국과 보조를 맞추면서도 자신의 입장을 분명히 가지고 있었고 이를 명료하게 밝혔다.

---

113 "미영의 대일 강화조약은 전쟁 조약이다", 『로동신문』, 1951년 9월 10일.
114 "미영의 비법적 대일 강화조약을 조선 인민은 견결히 반대한다", 『로동신문』, 1951년 9월 17일

3절
샌프란시스코 체제로 진영 간의 대립 가속화

　이 장에서 이전 국면에서 상호 경쟁과 대결을 통해 증오와 적개심을 쌓아 왔던 두 세력이 전쟁을 통해 이전의 균열을 기정사실화한 '결정적 국면'과 전쟁을 통해 영구 분리된 두 세력이 자기 진영을 강화하는 제도를 구축하기 위해 노력을 경주하는 '초기 포섭' 국면의 상황을 다뤘다. 미국은 '초기 포섭' 국면에서 대일 강화를 '전쟁으로 발생한 위기'를 진정시키는 제도화의 방편으로 삼았다.

　이 제도화의 첫째 걸개기 샌프란시스코 평화회의를 통해 출범하는 샌프란시스코 체제였다. 이 체제는 북한의 공간물에서 보도한 내용에서 알 수 있듯이 자유주의 진영만을 위한 것이었고 이는 공산주의 국가들에 대항하기 위한 목적이 뚜렷한 것이었다. 이 체제가 가진 이러한 속성 탓에 이 체제 출범 이후 냉전은 격화일로를 걸었다.

　이 장에서는 '사전 포섭 국면'에서 주로 미국이 수행한 역할에 초점을 두었다. 조약문 내용도 살펴보았다. 이 과정은 새롭게 출범하는 제도에 내장된 본질적 속성을 파악하기 위한 것이었다. 이 속성은 향후 경로의존성을 형성할 것이기에 그러했다. 실제로 이 국면에서 보여준 미국의 의도와 조문에 표현된 규정들은 이후 이 체제의 성격을 결정지었다.

미국은 6.25 전쟁이 발발하자 조기 대일 강화로 입장을 정하고 공화당원이었던 덜레스를 대통령 특사로 임명하여 준비 작업을 진행하였다. 강화 논의는 1947년부터 시작했지만 우선 순위가 높지 않아 진척이 더뎠다. 그런데 6.25 전쟁이 발발하고 중국까지 참전하자 미국은 강화를 서둘렀다. 미국은 일본을 하루빨리 경제적으로 부흥시키고 재군비를 촉진해 동아시아의 반공 거점으로 만들어 부담을 줄이고 싶어 했다. 또한 미국은 자국의 이익을 충실히 반영하여 일본을 중심으로 동아시아와 태평양 국가들을 위계적으로 연결해 공산주의에 대항하고 미국의 경제적 이익을 실현하는 데 활용하고자 했다. 이것이 대일 강화 목적 가운데 하나였다.

미국은 연합국에서 자국과 입장을 달리하는 공산주의 국가들을 배제하고 우호적인 국가들과만 조약을 맺는 단독강화 방식을 선택했다. 미국에 우호적인 연합국들과는 두 가지 방식으로 강화 준비를 진행했다. 하나는 대일 강화에 이해관계가 큰 나라들을 덜레스가 직접 방문해 일대일(一對一)로 협상하는 것이었다. 다른 하나는 영국의 도움을 받아 영연방, 그리고 이해관계가 적은 다른 나라들에겐 미국에 주재하는 외교사절에게 회람하는 방식이었다. 이 과정에서 영국은 미국과 다른 별도 초안을 만들며 조약 체결에 적극적이었으나 결정적인 측면에서는 미국의 입장을 거스를 수 없었다.

미국은 역대 평화조약에서 유례를 찾아볼 수 없는 방식도 선택했다. 패전국을 협상 대상으로 참여시킨 것이었다. 일본은 미국의 이런 특별대우에 따라 협상에 참여했고 역사상 가장 관대한 평화조약이라는 혜택을 받았다.

조약 초안은 영국의 초안을 일부 반영하였으나 미국의 안(案)이 대부분 반영되었다. 이를 토대로 참가국이 사전에 회람하고 의견을 제출했다. 참가국은 미국과 영국이 결정했고 참가국에는 회의 두 달 전에 초청장을 발송했으며 최종 초안은 한 달 전에 완성되었다. 52개국이 참가한 가운데 4일간의 의사일정을 진행하고 5일째 되는 날 52개국 가운데 3개국이 반대하고 49개국만 참여하여 평화조약에 조인하였다.

이날 저녁에는 미국과 일본이 단독으로 안전보장조약을 체결하였다. 이 안전보장조약은 동북아에서 점증하는 소련과 중국의 위협에 대응하기 위해 미국이 수립한 극동 전략의 일환이었다. 일본의 안전을 보장하기 위해서라는 명분이 있었지만 실제로는 미국의 필요가 일방적으로 반영된 조약이었다. 이 조약에서 규정하지 않은 것은 다음 해에 행정협정을 체결함으로써 보완하였다. 이 행정협정 내용은 두 나라 간의 불평등이 두드러지게 나타나는 것이었고 미국이 대일 강화를 서두른 이유를 잘 보여주었다.[115]

일본은 연합국과 체결한 평화조약과 미국과 단독으로 맺은 안전보장 조약을 통해 안보는 미국에 의탁하고, 미국이 설계한 자유주의 경제 질서 안에서 고속 경제성장을 구가할 수 있었다. 그러나 미국의 필요가 우선적으로 관철되다 보니 평화조약이 일본에 상대적으로 유리하였고, 이는 주변국들과 잠재적 갈등의 소지를 안고 있었다. 이 때문에 이 조약은 태생적 한계를 가진 것으로 평가되고 있다.[116]

---

[115] 배정호는 일본이 국력을 전후 복구와 경제 부흥 등 내정에 집중하기 위해 안보 비용 극소화를 지향하여 미국이 동아시아 안보 전략 차원에서 일본의 전략적 가치를 최대한 활용한다는 전략적 사고를 따라 미국 주도의 세계 자본주의 체제와 안보 체제의 편입에 응한 측면도 있다고 본다. 그래서 일본이 미국의 동북아전략에 부응하며 아시아의 반공 거점으로서의 전략적 역할과 친미 외교를 추구하면서 미·일 안전보장 체제 틀 내에서 안보 확보를 도모하면서도 중국 소련 등 주변 강대국을 자극하는 행동을 극구 피하려 하였다는 것이다. 배정호, 『일본의 국가전략과 안보전략』, p. 124.

[116] 최정준, "미국의 동아시아 냉전전략과 샌프란시스코 체제의 형성", p. 127.

마지막 시기인 '유산(legacy) 국면'이다. 샌프란시스코 평화조약이 체결된 1951년 9월부터 1954년까지다. 이 국면에서는 이전 단계인 '결정적 국면, 사전 포섭 국면'에서 '결정적 국면'의 결과로 생성된 제도인 '샌프란시스코 체제'가 안정성과 지속성을 갖도록 미국이 후속 조치를 단행한 단계다. 중화민국과 일본 간의 평화조약(1952.4.28.), 6.25 전쟁의 군사적 종결과 정치적 해결, 자위대 창설(1954.7.1.), 동남아시아 집단방위조약 체결(1954.9.8.), 미국·중화민국 간의 상호방위조약 체결(1954.12.2.) 등이 여기에 속한다. 이 조치들로 동남아시아 일부 국가, 심지어 서아시아의 파키스탄까지 이 체제의 자장(磁場) 안에 들게 되었다. 이는 동아시아 냉전의 전선이 서아시아까지를 포괄하는 것이었음을 의미한다.

미국은 이전 국면에서 공산주의 진영을 배제하고 자유주의 진영만의 제도를 구축하였다. 이로 인해 대항 동맹의 견제 없이 제도의 안정화 조치를 자유롭게 취할 수 있었다. 이렇게 '유산 국면'에서 미국이 취한 조치들은 '샌프란시스코 체제'라는 제도를 강화하며 지금까지 유지되고 있다. 미국이 제도를 생성하는 과정에서 이미 자신의 의도를 반영하여 경로의존성을 갖게 만들었기 때문이다.

샌프란시스코 평화회의 이후 미국은 일본의 재군비를 서둘렀다. 그 결과는 1954년 7월 1일 자위대 창설로 나타났다. 이로써 미국이 샌프란시스코 평화회의를 통해 실현하고자 했던 구상 가운데 하나인 일본의 재군비가 실현되었다. 1952년부터는 한반도에서 정전 협상이 진행되었다. 정전 협정이 조인될 때까지 양측은 만 2년간(1951.7.10.~1953.7.27.)에 걸쳐 본회담(159시간 42분) 159회, 각종 회담 765회를 진행했다. 양측은 지루한 줄다리기 끝에 1953년 7월 27일 정전 협정을 체결했다. 그러나 이는 전투를 중지하기 위한 군사적 협정일 뿐이어서 전쟁을 실질적으로 종료할 정치회담이 추가로 필요했다. 1953년 10월 1일에는 한국이 미국과 상호방위조약을 체결했다. 정전 상황에서 미국이 남한의 안전을 보장하기 위한 장치였다. 이후 한반도 문제는 정전 협정에서 합의한 대로 정전회담보다 한 단계 급이 높은 정치 회의(제네바 회의)로 이관되었다. 1954년 4월에는 정전 협정의 합의에 따라 한반도의 평화적 통일과 인도차이나반도 정리 문제를 주요 의제로 하는 정치회담이 스위스 제네바에서 열렸다. 이 회담에서는 동서(東西) 양측 모두 한반도의 통일보다 분단 유지를 고수해 시작부터 결렬이 예상되었다. 실제 그리되어 이 회의가 종료되며 한반도 분단도 공식화되었다.

　미국은 동남아 지역에서도 집단 방위조약 체결을 서둘러 1954년 9월 8일 미국, 영국, 프랑스, 호주, 뉴질랜드, 필리핀, 태국, 파키스탄 8개국이 참가하는 SEATO(The Southeast Asia Treaty Organization, 동남아시아조약기구)를 출범시켰다. 1954년 12월 2일에는 미국이 중화민국과 상호방위조약을 체결하였다. 이로써 미국이 동아시아에서 추진했던 대소, 대공산주의 봉쇄라인이 서아시아까지 확대되었다. 이로써 지구적 냉전체제의 동아시아판(版)인 샌프란시스코 체제가 완성되었다.

　미국은 이에 그치지 않고 중동 지역에서도 NATO와 SEATO를 잇는 집단방위기구 조직을 서둘러 1955년 11월 5일 '바그다드 조약기구(Baghdad Pact Organization)'를 출범시켰다. 이 기구의 출범으로 미국의 대공산 봉쇄라인 구축이 완결되었다.

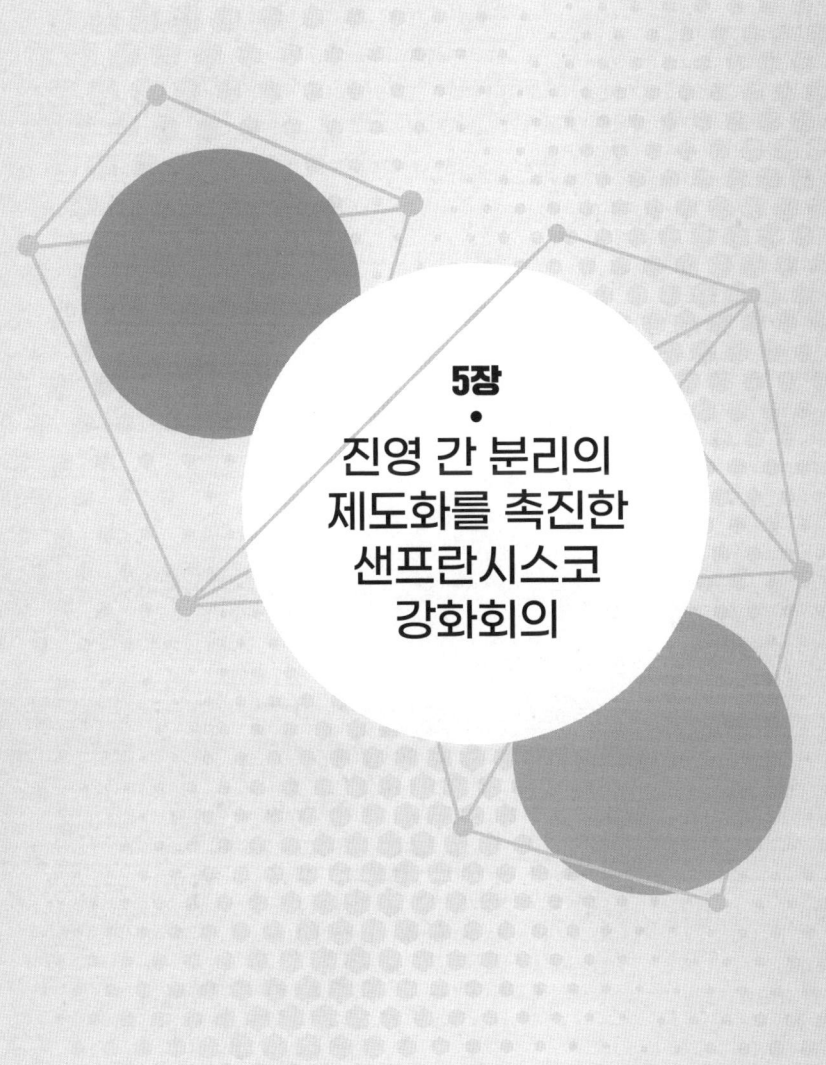

5장

진영 간 분리의 제도화를 촉진한 샌프란시스코 강화회의

1절
분리의 안정화 시도

1. 미국의 대일 강화 후속 조치

미국이 대일 강화를 추진하면서 일본으로부터 얻고 싶어 한 군사적 목표는 평화조약 체결 후에도 일본에 미군을 계속 주둔시키고 기존에 사용하던 기지들도 그대로 유지하는 것이었다.[001] 미국은 샌프란시스코 평화조약이 조인되던 그날 저녁 체결한 미·일 안전보장조약을 통해 이 목표를 이룰 수 있었다.[002]

미국은 샌프란시스코 평화조약과 미·일 안전보장조약이 1952년 4월에 발효되자 이를 통해 일본으로부터 얻은 양보안을 구체적으로 실행하기 위해 일본에 압력을 가하기 시작했다. 평화회의 발효 후 미국이 가장 먼저 일본에 취한 조치는 1952년 8월 7일 장기(長期) 대일 정책(NSC-125/2)을 수립하고, 이를 토대로 평화회의 후속 작업을 시작한 것이다.

---

[001] 덜레스는 강화회의 준비 과정에서 요시다와 한 협상에서 '기지 주둔권'의 확보는 물론 일본에게 애초 목표로 삼았던 정도는 아니지만 재군비 약속을 받아냈다.

[002] 外岡秀俊 外,『日米同盟 半世紀: 安保と密約』, 진창수· 김철수 역,『미·일동맹: 안보와 밀약의 역사』(파주: 한울아카데미. 2006), p. 82.

미국이 추진한 평화조약 후속 조치들은 NSC-125/2에 근거하고 있어 이 정책의 핵심을 이해하는 것이 중요하다. 이 제안의 핵심은 크게 네 가지였다. "① 일본은 오키나와, 필리핀 등으로 이어지는 미국의 도서 방위선의 일부이고 미국의 안전보장에 반드시 필요한 나라다. ② 일본을 재래식 무기로 재무장시켜 미군의 부담을 줄이고, 장차 북부 도서 방위선에서 자유 국가들에 공헌하게 만드는 것이 미국의 국익에 도움이 된다. ③ 독립한 일본이 장차 자립을 강화하여 미·소가 자신을 둘러싸고 경쟁하게 하거나 중국과 무역을 시도할 수 있으며, 다시 아시아에서 패권을 추구할 수도 있다. 따라서 일본의 이러한 의도를 제어하고, 독립은 존중하되 미국과 확고한 동맹 관계를 유지하는 나라를 만들어야 한다. ④ 이 문서는 일급비밀이므로 대일 협상에서 극비로 한다."[003] 이 네 가지의 대일 정책 골자는 일본 연구자들이 평가하였듯이 현재까지 표현을 달리하며 유지되고 있다.

　이를 조금 더 자세히 살펴보면 평화회의 이후 미국이 추진한 정책들의 면면이 이의 연장(延長)임이 잘 드러난다. 이 내용은 이 NSC-125/2의 본래 순서를 따랐고 각 영역에서 실질적으로 중요하다고 판단한 내용만 추렸다. 이 정책 제안에서 미국은 "일본을 주요 일원으로 포함하는 태평양의 집단 안전보장 합의를 장려하고 바람직한 경우 참가"시키는 것을 일반 원칙으로 삼았다. 미국은 이를 실현하기 위한 목표로 아홉 가지를 제시하였다. "a. 일본의 안전과 독립 유지, b. 미국과 동맹하는 일본, c. 번영하는 일본, 특히 일본과 모든 자유 국가에 식량, 원재료, 시장으로 접근 경로를 공급하는 나라들과 만족스러운 경제 관계를 맺으면서 이루는 번영, d. 대의제 원리를 유지하고 정

003　FRUS, 1952~1954, CHINA AND JAPAN, VOLUME XIV, PART 2, S/S-NSC files, lot 63 D 351, NSC 125 Series, No. 588.

치적으로 안정된 일본, e. 국내 전복, 대외 침략을 방위할 수 있는 일본, f. 태평양 지역 안전에 공헌할 의사와 능력을 가진 일본, g. 자유세계의 공급원으로서 일본의 공업 잠재력 발전, h. 상호 안전보장, 경제 편익을 목적으로 하는 태평양 지역 합의에 일본 참가, i. 일본의 유엔 가입" 등이었다. 이 목표에 따라 미국은 영역별로 행동 방침도 제시하였다.[004]

a. 정치

④ 미국의 국익에 부합하는 합의를 통해 일본과 다른 태평양 각국이 안전과 경제적 유대관계를 발전시키는 데 공헌하도록 장려한다. ⑥ 일본이 가장 효과적이고 바람직한 방법으로 국내 공산주의자에 대한 위험에 대처하도록 장려하고 적절히 지원한다.[005]

b. 군사

① 오키나와와 오가사와라 주변에 대한 장기 군사 요청은 국무부와 국방부가 대통령에게 권고하고 그에 따라 추진한다. ② 일본이 군대를 발전시키도록 지원한다. 이 군대는 외부 침략에 대한 방위책임을 맡는다. 첫 단계에서는 균형 잡힌 10개 사단의 육군과 적정한 공해(空海) 무기를 발전시킬 수 있게 지원한다. ③ 첫 단계를 달성하고 지배 상황을 고려하면서 일본이 태평양 지역의 모든 자유 국가 방위에 참여할 수 있는 군사능력을 발전시키도록 지원한다. 그때는 지원의 성격과 시기(時期)가 미국의 국익에 가장 잘 부합하도록 수시로 검토한다. ④ 일본군이 충분한 자위력을 확보할 수 있을 때까지 강력한 미군을 일본과 주변에 주둔시키고 일본군과 협력해 외부 침략으로부터 안전을 확보

---

[004] FRUS, 1952~1954, CHINA AND JAPAN, VOLUME XIV, p. 1305.
[005] 같은 책, p. 1306.

한다. 그리고 적대 행위나 급박한 상황에서 효과적인 연합군을 창설할 수 있도록 일본과 가능한 한 빨리 실무 협정을 맺는다. ⑤ 한국에서 유엔 군사 활동을 지원하는 데 필요한 주일 미군을 유지한다. ⑥ 미국에 이익이 된다고 판단되는 군 장비와 공급품을 일본이 생산할 수 있도록 공업 능력 발전을 장려한다.[006]

미국은 이 방침에 따라 1954년까지 단계적으로 이 계획을 실행에 옮겼다. 일본은 미국의 이러한 접근방식에 대해 미국을 불편하게 하지 않으면서 일본의 사정을 지렛대로 삼아 자국 부담을 줄이는 방식으로 대처했다. 이를테면, 미·일 안전보장조약을 통해 많은 것을 미국에 양보하고, 일본 전토를 6.25 전쟁의 후방 기지로 내주는 경우 등이다. 일본이 이런 생각을 하고 있었기에 미국의 방침을 협상의 지렛대로 삼아 양보를 얻어내려는 생각은 자연스러운 것이었다. 일본은 이러한 의도로 미국이 요구한 재군비 규모의 축소를 시도하였다.

가. MSA(Mutual Security Act) 협상

1953년 5월 5일 미국 국무장관에 취임한 덜레스는 의회 양원외교위원회 합동회의 증언석에 나와 '1954년 상호방위원조계획 예산'에 일본의 국내부안과 국토방위에 필요한 무기 구입 비용을 포함하겠다면서 일본에 MSA(Mutual Security Act, 상호안전보장법)를 제공할 의사가 있다고 밝혔다. 1953년 7월 9일 상원 세출위원회에서는 "일본은 (자위력 증강에서) 전진하고 이른바 보안대라는 형태로 10개 사단 창설을 구상하고 있을 것이라 생각한다."고 발언했다. 덜레스는 7월 11일 "미국은 최종적으로 35만 명의 보안대, 즉 미군 기준으로

---

006 같은 책, pp. 1306~1307.

10개 사단까지 증강하는 안을 잠정 구상 중에 있으나 이는 무엇보다 일본이 결정할 문제"라며 일본의 오해를 불식시키려는 듯한 태도를 보였다.[007]

MSA 원조는 피원조국의 자구 노력, 특히 군비를 자국 부담으로 증강하는 것이 핵심이었기에 원조라는 외양(外樣)과 달리 피원조국도 책임을 져야 하는 방식이었다. 덜레스는 이 방향을 따라 국방부 예산으로 방위 원조 비용을 부담하던 것을 MSA 원조로 전환해 경비를 절감하고 장차 미군을 철수하려는 생각을 드러냈다. 게다가 일본의 재군비 규모도 처음 일본에 요구했던 수치를 조정하지 않았다.

마침 이 시기 일본에서는 재군비에 대한 저항이 커지던 참이어서 덜레스의 이 발언이 찬반 여론을 격화시켰다. 그동안 미국은 대외적으로 발언할 때 일본의 방위력 향상을 목표로 하되 헌법이 규정하는 범위 안에서만 증강하겠다고 공언해 왔기 때문이다. 그런데 미국의 속내가 실상 10개 사단 정도의 재군비가 목표임을 드러낸 것이다.[008] 이에 요시다 정부는 재군비를 추진하려는 재계(財界)의 압력과 재군비의 반대로 기울어지는 여론 사이에 균형을 잡으려 애쓰며 '점진적인

---

007 MSA는 미국이 1951년에서 1961년까지 시행한 해외원조 프로그램이다. 마샬 플랜을 대체한 프로그램으로 보면 좋을 것이다. 이 법은 공산주의 확산을 저지하기 위해 빈곤국 개발을 도우려는 목적으로 만들어졌다. 이 프로그램은 '국제 평화와 안전을 위해 모든 우호국에 원조함으로써 미국의 안전 유지와 외교정책 촉진, 그리고 일반 복지 실현을 목적'으로 하였다. 이는 1949년 상호 방위 원조법을 개정한 것이다. 이 법은 군사원조를 통해 동맹국을 지원하고 서방측 안전보장 체제를 강화하려는 목적이 있었다. 이 법률에서는 엄격히 자격을 제한하여 '협정 조약 등에 기초한 군사적 의무를 이행한다.' '자국과 자유세계의 방위력 발전과 유지를 위해 가능한 모든 기여를 한다.' '자국 방위력을 발전시키기 위해 필요한 모든 합당한 조치를 취한다.' 등의 조건을 충족해야 원조를 받을 수 있게 했다. Gerhard·Woolley, "Harry S. Truman: *Statement by the President Upon Signing the Mutual Security Act*," October 10, 1951. The American Presidency Project. University of California-Santa Barbara.

008 外岡秀俊 外, 앞의 책, p. 100.

방위력 증강 안'으로 미국 측 요구와 절충해야 했다.

1953년 7월부터 시작된 미·일 협상에서 미국은 본격적으로 재군비를 압박하기 시작했다. 요시다 정부는 찬반양론으로 갈라진 국내 여론과 미국의 압박 사이에서 협상에 임하게 되었다. 덜레스는 1953년 8월 8일 한미 상호 안전보장조약을 맺고 귀국하던 길에 일본에 들러 요시다를 만났다.[009] 덜레스는 이 자리에서 요시다에게 일본이 신속하게 움직여 줄 것을 종용했다. "일본이 동남아시아의 중심국으로서 더 적극적으로 방위에 힘써주길 바란다. 이탈리아는 일본보다 공산권에서 훨씬 떨어져 있지만 국민소득의 7%를 방위비에 할당하고 있다. 그러나 일본은 2~3%에 불과하다."[010]

덜레스가 일본에 요구했던 바를 이행하기 위해 한 달 뒤인 10월 1일 이케다 하야토(池田勇) 일본 자유당 정조회장이 워싱턴을 방문했다. 방문 기간이 근 한 달여에 이르렀다. 이케다는 10월 5일부터 로버트슨(Walter Robertson)과 협상에 나섰다. 첫 회담에서 이케다는 한 시간에 걸쳐 일본의 경제 현황을 설명했다. 또한 요시다가 8월 11일 자로 덜레스에 보낸 의견서를 배부하며 일본 측의 입장을 설득하려 시도했다.

이때 이케다가 미국 측에 전달한 일본의 입장은 네 가지였다. "① 한국 전쟁이 휴전되면서 동아시아가 새로운 단계에 진입했는데 이것으로는 공산주의 공세가 완전히 끝났다고 볼 수 없다. 일본의 자기방위를 위해 좀 더 장기적이고 점진적인 방위력 증강계획을 세울 시기다. ② 일본 경제를 성장시키기 위해 중요 산업 설비를 근대화해야

---

009 U.S. Department of Archive, John Foster Dulles January 21, 1953~April 22, 1959(https://2001-2009.state.gov/r/pa/ho/trvl/ls/13031.htm. 검색일 : 2020년 1월 20일)

010 外岡秀俊 外, 앞의 책, pp. 98~101에서 재인용.

한다. ③ 일본에 반미 감정은 없지만 독립의 해방감이 고조되어 배외(排外)주의로 흐를 가능성이 있다. ④ 이상(以上)을 전제로 미국과 논의하고 싶은 것이 방위 문제다. 일본이 점진적인 증강 안을 검토하고 있는데, 현재의 경제력, 피해국에 대한 배상 문제 등 탓에 단독으로 결정하기 어렵다." 이케다는 이에 덧붙여 일본이 자위력을 강화할 때 직면할 난관들을 언급하며 미국이 요구하는 속도를 늦추고 군비 규모도 축소하려 하였다.[011]

10월 30일까지 이어진 회담에서 미국과 일본은 자위대의 병력 규모, 목표 병력 숫자에 도달하는 시기, 방위 관련 경비 등의 의제를 놓고 팽팽한 줄다리기를 했다. 미·일 양측은 1953년 10월 30일 회의를 마치며 다음 내용을 담은 공동성명을 발표했다. "침략 위험에서 일본을 방어하고 동시에 일본 방위를 위한 미국 측의 부담을 줄여주기 위해 일본의 방위력을 강화한다. 다만 일본의 현 상황은 헌법 문제, 경제 및 예산 등 기타 제약 탓에 일본의 방위를 위한 충분한 자위력을 바로 강화할 수 없다. 일본 측의 이러한 제약을 충분히 고려하되 앞으로 신속하게 자위력을 증상하기 위해 계속 노력한다." 등을 확인하였다. 그리고 "미국 측은 의회 승인을 전제로 일본의 육해공군 부대에 장비의 주요 품목 제공과 원조를 제안하고 도쿄에서 다시 협의한다."[012]

---

[011] 이케다는 MSA 문제도 거론하였다. "한반도 휴전으로 특수가 급격히 감소하면 일본 외화는 위험에 처한다. 따라서 향후 MSA를 통해 일본이 충분히 조달할 수 있게 하여 달러 부족에 도움을 주기 바란다." 이를 통해 이케다가 미국의 압박 강도는 줄이면서 자국의 필요는 충족시키는 방식으로 협상을 진행하였음을 알 수 있다. 당연히 이것은 일본의 협상전략이었다. 같은 책, p. 104.

[012] Department of State, "The Military Security and Economic Recovery of Japan: Joint Statement by the Assistant Secretary of State for Far Eastern Affairs and the Personal Representative of the Japanese Prime Minister(October 30, 1953)", *American Foreign Policy: 1950~1955 Basic Document. 1957, pp. 2428~2429.*

미 합동참모본부는 1953년 12월 일본군의 지상 병력 목표 수치를 15개 사단, 34만 8천 명으로 개정했다. 이미 10월 30일 "자위력을 점진적으로 증강한다."는 데 의견 일치를 보았음에도 이 수치를 유지했다. 반면 일본은 18만 명을 고수하였다. 일본의 평화 헌법, 국민 정서, 일본의 재정 사정 탓에 빠른 군비 증강이 어렵다는 이유에서였다. 그럼에도 미·일 양국은 1954년 3월 "미국이 대소련 전략 실행을 위해 서방 제국에 원조를 제공하고 그 대가로 피원조국은 군사력을 강화할 의무를 갖는다."는 것을 내용으로 하는 미일상호방위원조협정을 맺었다. 양국이 주장하는 병력 숫자에 차이는 있었으나 일본이 본격적으로 재군비를 시작한다는 데 합의한 것이다.[013]

미국은 이러한 합의에 기초하여 일본에 재군비 속도를 내 줄 것을 요구하였다. 그러나 1954년 5월 뜻밖의 사건이 터지면서 변화가 일어난다. 제5 후쿠류마루(福龍丸)호 피폭 사건이 일어난 것이다. 미국은 1954년 3월부터 서태평양 마이크로네시아 소재 마샬 군도와 비키니 환초에서 수폭 실험을 진행하고 있었다. 그런데 첫 번째 실험을 하는 3월 1일 이 해역에서 조업 중이던 일본 다랑어잡이 어선 제5 후쿠류마루호 선원들이 치사량에 이르는 방사선에 노출되었던 것이다. 실제 피폭자 중 한 명은 그해 9월 23일 사망했다.

이러한 사태가 발생했음에노 미국은 사과나 배상 조치 대신 이 배가 첩보를 수집하기 위해 의도적으로 실험장 근처에 접근한 것이라 주장하며 원폭 트라우마에 시달리는 일본 국민의 감정을 건드렸다. 그러자 일본 내에서 원폭, 수폭 실험을 반대하는 시위가 전국으로 확산하였고 2,000만 명이 핵실험 금지 서명에 참여하였다.[014]

---

013 유지아, "전후 일본의 안보체제와 집단적 자위", p. 255.
014 外岡秀俊 外, 앞의 책, pp. 115~117.

사태가 이렇게 전개되자 주일 미대사 앨리슨은 5월 20일 국무부에 후쿠류마루호 사건이 미친 영향을 분석해 본국에 전보로 타전했다. 이 전보에서 앨리슨은 미국이 일본인들이 핵에 대해 가진 생각을 신중히 고려할 것과 자칫 이런 사태로 일본이 중립주의와 고립주의에 기울 가능성이 있으니 주의해 달라고 당부하였다.[015] 후쿠류마루호 사건이 촉발한 미·일 관계 악화를 미국 당국자들이 심각하고 민감하게 받아들이도록 주문한 것이었다.[016] 물론 앨리슨의 이 주장은 미 극동군의 입장을 따른 것이었다. 다만 그는 강압적 정책보다 일본의 자발적 참여를 유도하는 방식이 더 효과적이라 생각하였다.

미국은 일본 국내에서 일어난 이러한 반대 움직임과 아이젠하워 정부가 수립하고 있던 '뉴 룩(New Look)' 정책을 반영하여 일본에 취해왔던 강압적 태도를 다소 누그러뜨렸다.[017] 미국의 태도에 뉴룩 정책이 다소 영향을 주었다고 보는 것은 다음과 같은 이유에서다. 아이젠하워 정부가 수립한 뉴룩 정책은 외교적으로 소련의 영향권에 있

---

015 The Ambassador in Japan(Allison) to the Department of State, Tokyo, May 20, 1954-2 pm, in FRUS 1952~54, Vol. XIV China and Japan part 2, No. 762, pp. 1643~1648.

016 미국이 압도적 우위에 있던 핵독점 기반이 흔들리고 일본에서는 중립주의와 미국에서 벗어나려는 움직임이 나타났다. 그동안은 미·일 안보조약하에서 핵 반입도 인정해왔지만 이제는 미국의 보장이나 조약 개정을 통해 일부 양해 조건을 첨가하려는 움직임이 일본 내부에서 나타나고 있었다. 일본은 미국이 아무런 통보 없이 핵무기 반입을 인정하는 미·일 안보조약으로 개정하지 않을까 경계하고 있었다.

017 FRUS 1952-195, Vol. 2, Part 1. pp. 324~362. 아이젠하워 정부는 NSC 68 정책을 감당하는 데 부족한 재정 문제를 개선하는 국가안보전략을 수립하기 위해 1953년 5월 3개 그룹의 태스크포스를 출범시키고 각 그룹이 구상한 보고서의 차이점보다 유사성에 주목하면서 통일된 정책 입안을 지시했다. 이에 근거해 1953년 10월 NSC-162 초안이 만들어졌고, 세 그룹 가운데 B그룹이 주도적으로 제안했던 안을 채택하였는데 이것이 1954년 1월 7일 의회 대통령 연두교서에서 발표한 뉴룩 전략이다. 권오신, "아이젠하워 대외정책의 기조: 뉴룩(New Look) 정책과 아이젠하워 독트린", 『미국사연구』 21집, 한국미국사학회(2005), p. 157.

는 국가를 해방하고 군사적으로는 보복을 강조하는 것을 목표로 하였다. 아이젠하워는 트루먼과 애치슨의 단순 봉쇄정책을 부도덕한 것이라 비판하면서 미국은 소련에 포로로 잡힌 나라들을 해방하고, 아시아와 동유럽에서 소련을 격퇴해야 한다고 주장했다.[018] 그는 소련의 재래식 무기의 수적 우세를 미국 핵무기의 기술적 우위를 통해 제압해야 한다고 주장했다. 아이젠하워는 당시 미국이 이 분야에서 상대적 우위에 있고, 재래식 군비에 비해 핵이 비용을 줄여주는 효과가 있다는 계산을 하고 있었다.[019] 이렇게 하면 굳이 재래식 군비를 증강할 필요가 없어지기 때문이다. 따라서 미국이 압력 강도를 낮춘 것은 일본에 대한 양보이기보다 전술의 변화 때문이었을 가능성이 크다.

  일본은 미국에 약속한 바에 따라 1954년 6월 방위청 설치법과 자위대 법안을 만들어 항공자위대를 신설 육해공 3개 자위대를 발족하였다. 병력은 육상 12만 6,487명, 해상 4,105명, 항공 5,702명이었다.[020] 이로써 미국이 원하는 수준에는 못 미쳤으나 미국의 요구에 점진적으로 부응한다는 전제 아래 일본의 재군비가 본격적으로 시작되었다.

---

[018] 권용립, 『미국 외교의 역사: 1776~2008』, p. 549.
[019] 권오신, "아이젠하워 대외정책의 기조", p. 158.
[020] 유지아, 앞의 글, p. 255.

6.25 전쟁 종결과 한미상호방위조약 체결

1953년 7월 27일 판문점에서 체결된 정전 협정으로 전투행위가 일시 중단되었다. 실질적인 6.25 전쟁의 종결이었다. 휴전은 유엔 주재 소련대사 말리크(Yakov Malik)가 1951년 6월 23일에 제안한 이래 2년 만에 이뤄진 것이었다. 소련이 처음 휴전을 제의했던 이유는 서방 진영과 일본의 평화조약을 저지하려는 의도 때문이었다. 시간이 급했던 미국은 이 제의를 서부하였다.

하지만 소강상태가 지속되면서 상황이 바뀌었다. 미국 국내에서 종전 여론이 커진 것이다. 게다가 트루먼이 선거에 패하면서 공화당 출신 아이젠하워가 대통령에 당선되었다(1953년 1월 20일 취임). 대통령으로 당선된 아이젠하워는 선거운동 때 전쟁 종결을 공약으로 제시하였다. 소련에서는 그의 취임 한 달여 뒤 스탈린이 급사하였다(1953년 3월 5일). 이 두 사건으로 양측이 협상에 참여할 수 있는 분위기가 조성되었다. 이에 따라 미국에 강경 자세를 취했던 중국도 협상장에 나오게 되었다.

정전 협상은 전쟁의 한 당사국인 남을 대표한 유엔과 북, 중국이 참여하였다. 공식적으로 중립 입장을 표방했던 소련은 참가하지 않았다. 휴전은[021] 양측이 동의한 몇 가지 조건을 충족할 수 있어 가능했다. 이 가운데 분단된 한국과 직접 관련된 의제가 중립국 감시위원회 구성과 한국 문제에 대한 평화 회담 개최였다.

휴전이 한국 문제를 해결할 수 없고 또 해결해서도 안 된다고 생각한 이승만은 무력 통일을 고집하며 휴전조약에 동의를 거부하였다. 유엔과 공산 진영 간의 휴전 협정이 체결된 후에도 이승만은 북한에 대한 군사 도발을 감행할 것이라며 미국을 위협하였다. 그는 휴전 협정에 따라 협정 발효 3개월 후인 1953년 10월 28일까지 열지 못하면 전쟁을 재개해야 한다고 주장했다.[022] 그는 미국과 한미상호방위조약을 체결할 때까지 이 주장을 굽히지 않았다.[023]

1. 휴전 협정 협상 과정

휴전 협정[024]이 조인될 때까지 유엔군 측과 공산군 측은 만 2년여에

---

[021] 국제법상 적대행위 중지를 의미하는 휴전에는 ① 일반적 휴전(general armistice), ② 부분적 휴전(partial or local armistice), ③ 전투의 정지(suspension of arms-고전적 의미의 평화, cease fire) 등 세 가지가 있다. 일반적 휴전은 교전국의 전 군대와 전 전선에 걸친 적대행위 중지를 가리킨다. 통상 정부의 고위 대표 또는 군 총사령관이 일반 휴전을 협상하고 휴전협정에 서명한다. 부분적 휴전은 교전국 군대 및 전선의 일부에 걸친 적대행위 중지를 가리킨다. 이는 야전국 사령관이 담당한다. 전투 정지 내지 정전은 부상자 수용, 후송, 사망자 매장, 항복, 휴전 협상 또는 고위 당국자로부터 훈령을 받기 위해 일시적, 국부적으로 행하는 적대행위 중지를 가리킨다. 전투 정지는 중대장 이상 지휘관이면 누구나 할 수 있다.

[022] 권오중, "제네바 한국평화회담(1954)의 진행, 결과 그리고 의미: 한반도 6자 회담의 원형?", 『통일정책연구』14-2, 통일연구원(2005), p. 157.

[023] 미국에게 한미상호방위조약은 공산주의 세력의 침략 위협을 봉쇄하고 이승만의 북진 통일 의지도 단념케 하는 수단이었다. 차상철, "아이젠하워, 이승만, 그리고 1950년대 한미 관계", 『미국사연구』13집, 한국미국사학회(2001), p. 135.

[024] "휴전 협정은 그 정치성과 대표성, 그리고 국내법상의 절차 등으로 인하여 휴전의 장기화로 인한 사실상의 평화 상태가 유지되는 경우, 휴전협정만으로 사실상 전쟁 종료

걸쳐 본 회담과 각종 회담을 개최하였다.[025] 1952년 1월 27일 군사분계선 문제가 양측 합의로 타결되자 전투행위는 계속하면서도 어느 일방도 상대를 압도할 수 없는 교착상태에 빠졌다.

휴전 협상에서 양측은 군사분계선 설정, 외국군 철수, 정전 감시, 포로 송환 방식 문제를 둘러싸고 대립하였다. 공산 측은 '결론이 내포된 제안 전술'을 통해 군사분계선의 설정과 외국군의 철수 건을 자신한테 유리하게 결정하려 했다. 10회에 걸친 본회담에서 유엔군 측은 공산군 측의 '결론이 내포된 의제' 제안을 거부하였다. 그러나 이 때문에 군사분계선의 설정을 다른 항목보다 우선 채택하게 돼 실질적인 문제는 해결하지 못한 채 휴전에 들어갔다. 공산군 측은 이렇게 해서 얻은 시간을 전선(戰線)을 안정시키는 데 활용했고, 자신에게 불리한 안건은 합의를 지연시켰다. 다음【표 5-1】은 휴전 회담의 주요 쟁점과 결과들이다.

먼저, 군사분계선 설정 문제에 대한 양측 합의 결과다. 유엔군 측은 월등한 해군력으로 북한 해역을 봉쇄하고 있었다. 그럼에도 종전을 서두른 나머지 해상 경계선을 분명히 획정하지 못하였다. 이를테면, 연안 수역을 3마일로 정하였으나 서해 5도와 황해도 간의 경계를 명확히 하지 않아 서해상 북방한계선 획정에 논란의 여지를 남겼다.

효과가 발생하기 때문에 별도 평화협정을 체결할 필요가 없다. … 정전(truce)은 국지적 또는 일시적 전투행위의 정지(cease-fire)를 가리킨다. 국제기구의 관여 또는 중재 하에 이뤄지기도 하고 전투행위의 일반적 종결을 위한 정치적 목적 없이 중대장 이상의 단위부대 지휘관이 체결하기도 한다. 국내법상 비준이 필요치 않다." 최철영, "전후법으로서 정전협정의 역할과 한계", 『민주법학』 No. 43, 민주주의법학연구회 (2010), p. 160.

025 국방정보본부, 『군사정전위원회 편람』, 1986, pp. 18~22.

【표 5-1】 휴전 회담의 주요 쟁점과 결과[026]

쟁점 안건	대립점		합의점
	유엔측	공산측	
외국군 철수 문제	순 군사문제	외국군 철수	각국에 권고
군사분계선	현 접촉선	북위 38도선	조인 시 접촉선
비무장 지대의 폭	3.2km	2km	4km
연안 수역	12마일	3마일	3마일
병력교대 규모	월 75,000명	월 5,000명	월 35,000명
중립국 지명(指名)	스위스, 스웨덴, 노르웨이	소련, 체코, 폴란드	스위스, 스웨덴, 체코, 폴란드
출입구의 수	12개소	3개소	쌍방 5개소
포로송환 방법	자발적 송환 (1대 1)	강제송환 (전체 대 전체)	귀환 거부 포로는 중립국환위원회를 통해 정치회담 후 석방
민간인 교환	포로와 동일 (1대 1)	포로와 별도	희망에 의한 송환
정치 회담 시 논의 사항	한국 문제에 국한	한국 문제와 아시아 문제	한국 문제의 평화적 해결

　동해 쪽 경계선은 휴진선이 해안에 닿는 지점에서 위도로 그을지 접촉 각도에서 연장할 것인지를 분명히 획정하지 않았다. 이 때문에 동해안에서도 경계선이 모호하게 그어져 향후 분쟁으로 이어질 소지를 남겼다.
　1952년 2월 16일에는 공산 측이 정전회담이 발효된 지 3개월 내

026　허만호, "휴전 체제의 등장과 변화: 통일 조건의 역사적 모색", 『한국정치외교사논총』 Vol. 16, 한국정치외교사학회, 1997, pp. 166~167.

양측과 관련된 나라의 정부 간 고위 정치회담을 열어 외국 군대의 철수와 한반도 문제의 평화적 해결과 기타 안건에 대해 다루자고 제안하였다. 유엔군 측은 대한민국이 이 정치회담에 참여할 수 있어야 하고 기타 의제에 한반도 이외 지역의 문제를 포함하지 않아야 한다는 조건을 제시하였다.[027] 공산 측이 이 제안을 수용하면서 이 안건은 1952년 2월 19일에 합의되었다.[028]

그러나 모든 안건의 결정이 순조롭지는 않았다. 양측이 치열하게 대결한 경우도 제법 있었다. 일례로, 비무장 지대의 출입구 숫자를 결정하는 안건은 공산군 측이 고도의 책략을 사용한 경우였다. 이 안건의 핵심은 정전이 발효되면 당시 전투력의 규모를 유지하는 데 필요한 보급품을 들여보낼 통로(도시)를 정하고 감시 위원을 어떻게 배치할 것인가 하는 문제였다. 당시 양측 군대의 규모로 보면 쌍방에 각각 10개소가 적절한 숫자였다. 그런데 공산 측은 처음에 1개소만 필요하다고 주장하였다. 쌍방 5개소로 최종 결정되긴 하였으나 공산 측은 처음에 출입구 숫자를 지나치게 적게 불러 나중에 숫자가 늘더라도 궁극에는 적정 숫자보다 적게 결정되도록 하였다. 10개와 1개라는 비대칭적 상황에서 협상을 거듭하며 처음에는 10개와 3개로 양보하고 마지막에는 마지못해 양측 안 5개를 수용하는 방식이었다. 이렇게 하면 결과적으로 5개소를 줄이는 효과를 보는 셈이었다. 공산군 측은 나중에 정전 협정을 위반할 일이 발생할 경우 조사 범위를 줄이

---

[027] 이 안건은 정전협정 제4조 60항에 반영되었다. "한국 문제의 평화적 해결을 위하여 쌍방 군사령관은 쌍방의 관계 각국 정부에 정전협정이 조인되고 효력을 발생한 후 3개월 내에 각기 대표를 파견하여 쌍방의 한 급 높은 정치회의를 소집하고 한국으로부터의 모든 외국 군대의 철수 및 한국 문제의 평화적 해결 문제들을 협의할 것을 이에 건의한다."

[028] 허만호, 앞의 글, pp. 167~168.

기 위해 이런 협상 방법을 사용했다.

　공산군 측이 쓴 이와 유사한 책략은 '유엔군 측이 수용할 수 없는 안을 먼저 제시하고 유엔군 측이 거부하면 이를 철회하는 대가로 다른 쟁점 안건을 유리하게 처리하는 방식'이었다. 이를테면 공산군 측이 먼저 '소련을 중립국 감시위원으로 임명하자.'고 제안한다. 이에 유엔 측은 '소련이 휴전 회담 당사자가 아니므로 소련은 감시위원이 될 수 없다.'고 거부한다. 그러면 공산 측은 이 제안을 철회하는 대신 '휴전 기간 중 군용 활주로 건설 또는 개수(改修)에 대한 제한 안건'을 자신에게 유리하게 결정되도록 제안한다. 실제로 공산군 측은 이런 방식으로 자신에게 유리한 결과를 얻었다.

　'중립국 감시반 활동'에 대해서도 공산군 측은 이 방법을 사용하여 유리한 결과를 얻었다. 유엔군 측은 중립국 감시반의 활동 영역을 최대한 넓게 보장하여 휴전 협정이 철저히 준수되는 것을 보증하려 했다. 반면 공산군 측은 이 범위를 좁히려 했다. 그래서 공산군 측은 먼저 중립국 감시반이 군용 장비의 출입 화물을 검사할 때 공산군 측의 위원이 유엔군 측의 군사기술까지 확인할 수 있도록 '무제한 심사권'을 부여해야 한다고 주장하였다. 유엔군 측은 이 요구가 지나쳐 수용할 수 없다고 반대하였다. 이 경우 결렬은 필연인데 어떻게든 회의를 종결하기 위해서는 유엔군 측에서 타협안을 제시해야 했다. 결국 유엔군 측에서 활동 허용범위를 축소해 협상을 진척시켜야 했다. 이렇게 수정 제안이 오면 공산군 측은 몇 번 완강히 자기주장을 펴다 애초 내세웠던 안보다 범위가 훨씬 줄어들었을 때 동의하는 방식으로 타결을 시도하였다. 이렇게 결정한 안건들은 정전 협정 발효 후 얼마 되지 않아 유명무실해졌다.

　휴전 협상 의제 가운데 가장 시간이 오래 걸린 것은 포로 교환이었다. 실제 이 안건은 처리하는 데 1년 5개월이나 걸렸다. 이 안건의 핵심은 1949년에 체결된 제네바 제3협약 118조에 따라 "전쟁이 끝나면 지체없이 전쟁포로를 석방·귀환시킨다."고 정하였으나, 송환을 거부하는 포로가 있으면 이를 어떻게 해결하느냐 하는 것이었다. 1952년 2월 현재 유엔군 측에는 13만 2천 명 정도의 포로가 있었는데 이 가운데 2만 8천 명의 군인, 3만 명의 민간인이 송환을 거부하고 있었다.[029]

이 문제에 대하여 이승만은 강제 송환을 거부하였고, 미국도 냉전 상황에서 체제 선전효과를 노리고 자발적 송환 원칙을 고수하였다. 그러나 미국은 이 원칙을 관철하는 데 집착하다 포로 교환 문제를 소홀히 함으로써 7~8만 명에 이르는 국군 포로 가운데 8,371명만 귀환하는 사태를 초래하였다.[030]

이 네 가지 의제들은 미국 의사대로 결정되었다. 분단 당사자들과 무관한 결정이었다. 그러다 보니 남한에 불리한 내용이 많았다. 예를 들어, 남한 입장에서 군사분계선 문제는 '수도(首都)의 안전', '방어 가능한 적절한 선(線)'을 고려하지 않았다. 서쪽의 경우 수도와 너무 가깝게 군사분계선이 설정되었다. '포로 송환'도 원칙에는 합의했으나 정작 '송환 내용'은 신경을 적게 써 국군의 희생이 컸다. 외국군 철수도 사안의 중요성에 비해 단기간에 해결을 시도함으로써 해결 의지를 확인할 수 없었다. 이런 한계에도 양측은 1953년 7월 27일 협정에 조인하였다.

2. 휴전 협정의 내용과 특성

한국 전쟁의 휴전협정문은 '군사정전협정'이라는 이름으로 되어 있

---

[029] 김학준, 『한국 전쟁 원인: 원인, 과정, 유전, 영향』(서울: 박영사, 1989), p. 286.
[030] 허만호, 앞의 글, p. 170.

다.[031] 정전 협정은 "적대하는 쌍방 간 무장 행동은 중지되었지만 전후의 새로운 규범으로 평화협정을 마련하지 못한 상태에서 전후법(戰後法)[032]이 달성하려는 평화 이념 속에서 전투 재발을 방지하기 위한 구체적 조치를 담고 있는 분쟁 당사자들이 합의한 법"이다.[033] 전후법(戰後法)인 정전 협정은 전투의 확실한 정지를 보장함으로써 평화 구축을 위해 추후 당사자 간 사회적, 경제적, 정치적 협의의 기초를 제공하는 것이 본래 기능이다.

6.25 전쟁의 정전 협정은 여섯 부분으로 구성되었다. 군사분계선과 비무장지대(제1조 1-11항), 정화(停火) 및 정전의 구체적인 조치(제2조 12-50항), 전쟁 포로에 관한 조치(제3조 51-59항), '외국 군대의 철수와 한반도 문제의 평화적 해결'을 위한 정치회의 소집(제4조 60항), 본 협정의 대체 방법(제5조 61-62항) 등이다. 제2조에는 군사정전위원회, 중립국감독위원회 등 휴전체제를 운영하는 기구의 구성과 역할을 규정하였다.

현 정전 협정은 협정 당사자와 효력 범위를 고려하면 휴전 협정 성격인데 정치적 목적으로 체결한 것이 아니고, 협정 당사자에 국제기구인 유엔이 포함돼 있으며, 교전 양 당사자가 국내법상 비준 절차를 밟지 않았다는 점에서 휴전 협정 조건을 충족하지 못했다. 게다가 이 정전 협정은 쌍방에서 현재보다 급이 한 단계 높은 정치회의를 통해 한국 문제를 평화적으로 해결하는 방안을 협의할 것을 예고하였고,

---

031 정전협정 원문은 외교부 홈페이지 www.mofa.go.kr/www/brd/down 참조.
032 '국제인권법, 국제인도법, 국제난민법, 유엔헌장을 포함한 국제법 규범과 있어야 할 법으로서 당사자 간의 합의에 의한 정화(停火)를 위한 구체적 법적 합의 또는 정화 이후부터 지속적이고 안정적인 평화 확보 이전까지의 상태를 규율하기 위한 당사자 간 규범의 총체'라 할 수 있다. 최철영, 앞의 글, p. 163.
033 같은 글, p. 174.

군사적 측면의 적대 행위만 중지한 측면이 있었다.[034] 정전 협정 제62조는 "본 정전 협정의 각 조항은 … 평화적 해결을 위한 적당한 협정 중의 규정에 따라 명확히 교체될 때까지는 계속 효력을 가진다."고 정하고 있어 이 협정이 갖는 잠정성과 정치적 수준에서 평화적 해결을 목적으로 하는 평화협정 체결이 별도로 필요했다.[035]

이렇게 '개전 원인(causus belli)'을 확실히 해결하지 못한 상태에서 전쟁을 종결하고 평화를 논의한 점이 이 협정의 가장 큰 특징이다. 그럼에도 한국 입장에서는 정전 협정이 한미 동맹 관계와 연합방위체제의 법적 근거 문서인 한미상호방위조약과 함께 한반도에서 전쟁 재발을 막는 제도적 장치로 기능해 왔다.

3. 한미상호방위조약 체결

정전 협정 후 미국은 한국과 1953년 10월 1일 한미상호방위조약을 체결하였다. 미국은 6.25 전쟁이 발발하면서 일본과의 강화조약 추진을 시작으로 태평양 시역 국가들과 상호방위조약을 체결한 바 있다.

미국은 1953년 휴전을 앞두고 원칙적으로는 '한국과 상호방위조약을 체결한다.'는 계획을 가지고 있었다. 이승만이 1951년부터 미국-필리핀 상호방위조약, ANZUS 같은 안보동맹을 지속적으로 요구해 온 데다 주변국들과는 방위조약을 체결하면서 한국과는 하지 않는다는 한국의 비난 여론, 태평양 지역 반공국가 방위 동맹에서 한국만

---

034 당시 대통령 트루먼은 NSC 정책건의서(1951년 5월 16일)에서 한반도에서 전투 행위를 중지할 필요가 있다는 점과 관련하여 정치적 목적과 군사적 목적을 구분하였다. 그리고 정전협정회담에서는 군사적 목적만을 갖는 의제를 다뤄야 할 것이라는 방침을 내놓았다. 이 기본 방침은 1951년 6월 30일 자 '일반 지침'으로 하달되었다.

035 최철영, 앞의 글, p. 160.

홀로 경시되거나 방기될 것을 두려워하는 한국 분위기를 CIA 보고를 통해 인지하고 있었기 때문이다.

1952년 4월 21일 이승만은 트루먼 대통령에 보낸 서한에서 "양국 간의 상호방위조약은 필수적이며 미국의 의도가 공산주의자의 침략 으로부터 한국을 방어하는 것이므로 한국인에게 위험한 정전 기간 중 절실히 요구되는 지원을 확신하는 협약 체결을 반대할 이유가 없다." 고 주장했다. 이승만의 의지가 확고해 1953년 4월 브릭스 주한 미대 사가 이승만의 일탈을 막기 위해 한미상호방위조약이 필수가 되어야 할 것 같다고 보고했을 정도였다.[036]

1952년 10월 17일 국방부장관 변영태는 양유찬, 임병직 등과 함 께 애치슨 국무장관을 만난 자리에서 한미상호방위조약 체결을 재촉 했다. 1953년 4월 30일 이승만은 자신의 생각을 정리해 클라크(Mark Wayne Clark)에게 편지를 보냈는데 이때 첫 번째로 요구한 사항이 '미 군 철수에 앞선 한미상호방위조약 체결'이었다.[037]

그러나 미국이 이 조약을 체결하는 데 이승만과 그의 휴전 반대·북 진통일론이 걸림돌이었다. 미국은 상호방위조약이 이승만에게 북진 통일을 용인하는 것으로 오인할까 우려했다. 그래서 일부러 협정 체 결을 지연시키기도 했다. 이승만이 반공포로 석방으로 휴전 협정 조 인에 저항하면서 동시에 한미상호방위조약을 요청하는 모순적 태도 를 취하였기 때문이다. 그럼에도 미국은 한국이 정전 협정 체결을 묵 인한다는 조건하에 상호방위조약 체결에 동의했다.[038] 마침내 1953년

---

[036] 김명섭, 『전쟁과 평화: 6.25 전쟁과 정전체제의 탄생』(서울: 서강대학교출판부, 2018), p. 633.
[037] 같은 책, p. 635.
[038] 홍석률, "이승만 정권의 북진통일론과 냉전외교정책", 『한국사연구』 Vol. 85, 한국사 연구회, 1994 참조.

8월 8일 경무대에서 덜레스와 변영태 한국 외무장관이 한미상호방위조약에 가(假)조인했다. 이후 같은 해 10월 1일 워싱턴에서 정식으로 체결되었고 미국 의회 비준을 거쳐 1954년 11월 17일 비준서가 교환되어 11월 18일 정식 발효되었다. 조약은 6개조로 단순하게 구성되었는데 핵심은 다음 2조와 4조였다.[039]

제2조 당사국은 어느 일국의 정치적 독립 또는 안전이 외부로부터의 무력 공격에 의하여 위협을 받고 있다고 어느 당사국이든지 인정할 때에는 언제든지 서로 협의한다. 당사국은 단독적으로나 공동으로나 자조와 상호원조에 의하여 무력공격을 방지하기 위한 적절한 수단을 지속하고 강화시킬 것이며, 본 조약을 실현하고 그 목적으로 추진할 적절한 조치를 협의와 합의하에 취할 것이다.

제4조 상호적 합의에 의하여 미합중국의 육군, 해군과 공군을 대한민국 영토 내와 그 부근에 배치하는 권리를 대한민국은 허여하고 미합중국은 이를 수락한다.

2조는 애초 이승만이 요구했던 한반도 유사시 미군의 자동 개입 대신 협의를 거친 뒤 개입하는 안이 반영되었다. 한국이 공격을 받을 경우 미군의 참전은 미 의회의 승인 사항이지만 남한에 주둔하는 미군이 공격받으면 의회의 비준 없이 즉각 참전이 가능하기 때문에 한국에 주둔하는 미군을 자동 참전을 보장하는 '인계 철선(trip wire)'이라 불렀다. 이것도 정전 체제의 일부가 되었다.[040] 이 조약 체결로 동

---

[039] 대한민국과 미합중국 간의 상호방위조약(Mutual Defense Treaty between the Republic of Korea and the United States of America)[조약 제34호 1954.11.18.].
[040] 북한은 한미상호방위조약을 거칠게 비난했다. 북한은 제네바에서 곧 개최될 정치회의의 중요한 목적이 조선에서 외국군대 철수 문제인데 [미국이] 정전협정에서 이에 대

아시아의 공산 블록에 맞서는 한·미·일 대항 동맹이 형성되었다.

4. 북한의 한미상호방위조약 비판

북한은 이 조약을 자신에게 위협적인 조약으로 간주했다. 김일성은 "한·미 상호방위조약이 미 제국주의가 조선의 평화 통일을 방해하고 조선 내정에 간섭하기 위한 침략적 조약이며, 이승만 도당이 남한을 미국 놈들에게 팔아먹은 노골적인 매국 조약"이라 비난했다.[041]

북한은 이 조약이 "미국이 남한이나 주변국의 제한을 전혀 받지 않고 남한 전토를 자국 군사기지로 활용하고, 정전 협정을 무력화하면서 남한을 온갖 살인 무기로 무장시켜 외부의 무력 공격을 방어한다는 명목으로 북한에 언제든 침략전쟁을 일으키기 위한 목적을 가진 전쟁 조약"이라 주장하였다. 이 조약은 이에 그치지 않고 남한군을 미국이 아시아에서 일으킬 침략전쟁에 투입하는 길을 열어 놓았다. 이 조약을 통해 미국은 북한에 침략전쟁을 수행할 미군 수만 명을 남한에 주둔하는 것을 합법화하였다. 남한의 군비 증강은 물론 핵무기와 기타 대량살상무기를 반입해 자신에 대한 위협을 고조시킨 것이라 비난했다.[042]

북한은 더 나아가 이 조약이 미국이 공산주의 진영과 군비경쟁을

해 동의, 서명까지 하고 나서 이를 완전히 무시하였다고 반발하였다. 북한은 미국이 남한에 미군을 영구 주둔시키고 필요시에는 정전협정을 파탄시키고 한반도에서 또다시 전쟁을 도발할 것을 목적으로 남한 정부와 상호방위조약을 체결했다고 비난하며 조약 폐기를 요구했다. 김일성, "조선로동당 제3차 대회에서 한 중앙위원회 사업 총회 보고", 『김일성저작집 10』(1967), p. 256.

041 『김일성저작선집 제1권』, 제1권(1972)』, p. 398.
042 조선민주주의인민공화국 사회과학원, 『정치용어사전』(동경: 사회과학출판사, 1970), p. 636.

확대하고, 세계 여러 지역에 지역 군사동맹을 조직한 다음 이 각각을 연결하여 공산주의 국가들을 포위하려는 전략이자 사회주의와 민족해방운동의 발전을 제어하기 위한 전략의 일환으로 간주하였다.[043] 이렇게 두 진영은 다른 시각을 가지고 있었고, 이러한 차이는 당시로선 화해 불능이었다. 이렇게 남과 북, 미국과 북한은 균열을 제도화하는 길에 들어섰다.

---

043 김근조 편, 『조선민주주의인민공화국 대외관계사 1』(평양: 사회과학출판사, 1985), pp. 159~160.

3절
샌프란시스코 체제가 제네바 회의에 미친 영향

1. 제네바 회의 준비 과정

 공산군 측과 유엔군 측은 정전 협정을 맺으면서 협정문 4조 60항 "한국 문제의 평화적 해결을 보장하기 위하여 쌍방 군사 사령관은 쌍방의 관계 각국 정부에 정전 협정이 조인되고 효력을 발생한 후 3개월 내에 각기 대표를 파견하여 쌍방의 한 급(級) 높은 정치 회의를 소집하고 한국으로부터 모든 외국 군대 철거 및 한국 문제의 평화적 해결 등의 문제를 협의할 것을 건의한다."(9항)고 합의하였다. 이에 양측은 1953년 8월 7일 판문점에서 만나 미국, 중국, 북한 간 정치회담 개최를 위한 준비 협상을 시작하였다.[044] 그러나 이는 개시를 알린 것일 뿐 본격적인 회의는 아니었다. 본격 협상은 유엔총회 결의 이후 시작되었다.

 1953년 8월 28일 국제연합은 제5차 국제연합총회에서 정전 협정

---

[044] 허은 편, 『냉전 분단시대 한반도의 역사 읽기: 분단국가의 수립과 국제관계(1)』(서울: 도서출판 선인, 2015), p. 339.

60항에 따라 정치회담 개최를 환영하는 결의안을 통과시켰다.⁰⁴⁵ 정전 협정 60항의 실행에 관한 "국제연합총회결의 711(VII) A"는 한반도에서 정화(停火)가 이루어졌다는 점, 이로 인해 이 지역의 국제 평화와 안보를 완전하게 회복하기 위한 주요 조치가 취해졌다는 사실에 주목했다. 그리고 국제연합의 목표가 평화적 수단을 통해 대의적 정부 아래 통일 독립 민주 코리아를 이룩하고 이 지역의 완전한 국제 평화와 안보를 회복하는 것임을 재확인했다.⁰⁴⁶

결의안 요지는 세 가지였다. "첫째, 남한과 함께 국제연합군 사령부에 군대를 파견했던 참전국들에게 회담 참여를 위해 대표를 파견해 줄 것을 권고한다. 둘째, 미국은 첫 번째 사항에서 언급한 나라들과 협의해 가능한 한 빨리 늦어도 10월 28일 이전에는 정치 회의를 열 수 있도록 북한, 중국과 협의를 진행한다. 셋째, 국제연합 사무총장은 제7차 유엔총회에 제출된 한반도 문제에 관한 제안을 중공과 북한에 전달한다." 등이었다.⁰⁴⁷ 아울러 상대측이 동의하면 소련도 참석시킬 것을 권고했다.

이 결의에 따라 양측은 유엔에서 제시한 날짜인 1953년 10월 28일 직전인 1953년 10월 26일 판문점에서 미국, 중국, 북한 대표가 참석한 가운데 예비 회담을 가졌다. 이 회담은 의제 선정, 참가국 문제 등으로 순조롭지 않았다. 이 회담에서 중국과 북한은 회담 의제에, 미국은 시기와 장소 선정에 초점을 맞췄다. 참가국 문제에서도 양측은 소련의 참가 여부를 놓고 신경전을 벌였다. 미국은 참가국 범위를 유

---

045 A/RES711(VII) A. Implementation of paragraph 60 of the Korean Armistice Agreement Resolutions adopted by the General Assembly at its 7th session, 28 Aug 1953.
046 김명섭, 앞의 책, p. 694.
047 허은 편, 앞의 책, p. 340.

엔군 참전국, 남한 그리고 중립국 송환위원회 소속 5개 국가까지로 하자고 주장하였다. 반면 공산 측은 소련이 공산 진영 대표로 참여해야 한다고 주장하였다.⁰⁴⁸ 대중국 봉쇄정책을 추진하던 미국은 중화인민공화국이 대표성을 가지고 국제무대에 등장하는 것을 달가워하지 않았다. 아예 참여를 원하지 않았다. 이렇게 예비 회담은 양측의 신경전으로 10월 31일에 성과 없이 끝났다. 다시 회담 준비는 교착상태에 빠졌다.

그러다 다음 해인 1954년 1월 25일부터 2월 19일까지 독일 베를린에서 열린 4개국 외상 회담에서 개최 여부, 개최 시기, 의제를 확정함으로써 준비가 재개되었다. 이 회담에는 미국, 영국, 프랑스, 소련 4개국 외무장관이 참여하였다. 본래 이 회담은 유럽 냉전의 핵심인 독일 문제를 해결하기 위해 열린 것이었다.

스탈린 사후 소련 지도부는 국제적 긴장을 완화하기 위해 평화공세에 나섰다. 이때 소련이 관심을 가졌던 핵심 의제는 독일과의 평화조약 협상 재개였다.⁰⁴⁹ 미국은 소련의 이 시도를 완강히 저지하려

---

048 최종협상에서 참가국은 '코리아 정치회담'의 경우, 4강대국(미, 소, 영, 불)이 초청을 하는 형식으로 하되, 미국이 연합국 측 초청자가 되고 소련이 중국과 북한을 초청하는 것으로 결정되었다. 중국의 회담 자격을 인정하지 않으려는 미국 측 입장과 중국을 국제 외교 무대에 등장시키려는 소련의 주장이 타협한 결과였다. 미국은 연합국 측에 참여한 16개국 전부를 초청하였으나 남아공이 한국 문제에 더 이상 개입하고 싶지 않다는 입장을 고수하여 최종 15개국이 참여했다. 라종일, "제네바 정치회담: 회담의 정치", 『시민정치학회보』1, 시민정치학회, 1997 참조.

049 소련은 스탈린 사망과 흐루시초프 체제 등장으로 대외정책의 변화가 불가피했다. 소련은 6.25 전쟁과 같은 대규모 전쟁이 발발하는 경우 스탈린 체제의 유산 정리와 국내 경제발전에 집중하는 것이 어려울 것이라 판단하였다. 회담을 준비하면서는 인도차이나의 평화 정착을 희망했고 중국과 미국이 긴장을 완화할 수 있는 계기를 마련하려고 했다. 소련은 국제회의 경험이 부족한 중국에 다양한 회담 운영 경험을 전수하였고, 긴밀하게 회담 전략을 논의했다. 소련은 이 회의에서 미국에 중국을 승인하라고 요구했고, 영·중 관계 개선에서 중재 역할을 했다. Zhai Qiang, "China and the Geneva Conference of 1954", *The China Quarterly*, No. 129(1992, Mar), p. 113,

하였다. 그러나 영국에서 미국과 소련 지도부가 정상 회담을 갖고 냉전 종식에 관한 논의를 시작하자는 여론이 형성되면서 회담이 성사되었다.

이 회담에서 4개국 대표는 회의를 마치며 국제회의를 제네바에서 1954년 4월 26일부터 열기로 합의했다. 회담의 주요 의제로는 '코리아 통일 문제'와 인도차이나의 평화 회복 두 가지로 결정하였다. 애초 정전 협상에서는 '한국 문제'만 다룬다고 결정하였으나 이 회의에서 프랑스가 미국에 강력히 요구하고 미국이 이를 수용하면서 추가로 채택되었다.[050] 세부 의제로는 한반도 통일을 위한 선거 범위, 국제 감독, 외국군 철수, 유엔의 권위 문제 등이었다.[051]

이 회의는 1954년 4월 26일에 시작해 6월 15일까지 50여 일간 계속되었는데, 가능한 한국의 통일 방안이 모두 제시되었다고 할 만큼 다양한 의견이 제시되었다.[052] 여기에는 평화 체제를 실현하는 데 실마리가 될 만한 것도 있었고 경제 협력의 필요성을 거론하는 안도 있었다. 한반도 중립화 방안도 있었다. 그러나 참가국 간의 미묘한 입장 차이로 합의는 불발되었다. 무엇보다 '미-중·소'의 입장, '미국-한국', '남-북' 간의 입장이 크게 엇갈렸다. 이 엇갈린 입장은 애초 합의가 쉽지 않은 것이었다.

공산군 측은 이 회의에 비교적 통일된 입장으로 임하였으나, 정작 미국이 주도하는 유엔군 측은 입장이 갈려 난항을 거듭하였다. 결국

---

050 김연철, "1954년 제네바 회담과 동북아 냉전질서", 『아세아연구』 54-1, 고려대학교 아세아문제연구소, 2011, p. 193.
051 같은 글, p. 208.
052 이에 대한 국내 연구로는 통일방안을 둘러싼 주요 당사국들의 입장과 전략에 대한 연구(라종일, 1988: 홍용표, 2006), 남북 통일방안의 차이(이신철, 2006. 2008; 김보영, 1997) 등이 있다.

조정에 한계를 느낀 미국은 협상을 포기했고, 회담은 결렬되었다. 이것으로 한반도의 분단이 확정되었다.[053]

2. 주요 참가국의 입장

제네바 회의에는 남아공을 제외한 15개 참전국과 남한, 소련, 북한, 중국 등 19개국이 참석하였다. 이 회의는 15번의 전체 회의와 1번의 비밀회의로 진행되었다. 이 회의의 주요 안건은 한반도 통일을 위해 선거 범위를 어디까지로 할 것인가와 선거의 국제 관리 감독, 외국군의 철수, 유엔이 이러한 일들을 처리할 때의 권위 문제 등이었다.

가. 연합국 측

(1) 미국

미국은 이 회의를 준비하는 과정과 회의 중에 시종일관 중국에 강경한 태도를 보였다. 중국이 한국전의 당사자였고, 인도차이나에서도 중국이 북부 공산주의자들을 지원하고 있다는 사실을 인지하고 있었기 때문이다. 게다가 미국은 6.25 전쟁 이후 동아시아에서 공산주의의 팽창 억지를 중요 전략 목표로 삼고 있던 터였다.[054]

---

053 제네바 회담의 본래 목적이 한국 문제를 해결하는 것이었지만 당시 상황으로 볼 때 한국 문제 해결에는 두 가지 가능성밖에 없었다. 하나는 이승만의 주장처럼 전쟁 재개를 통한 무력적 해결(통일), 다른 하나는 분단의 현상 유지였다. 하지만 전쟁 재개는 양측 모두 바라지 않았기 때문에 남은 대안은 분단의 현상 고착화뿐이었다. 회담을 시작하기 전에 참가자들은 대부분 이 후자로 결론이 나리라 예측했다. 그래서 이 회담은 사실상 분단을 정치적으로 기정사실화하기 위한 것이라 할 수 있다.

054 미국이 가졌던 이 의도는 제네바 회담이 열리기 직전 미국이 작성한 "특별국가 정보평가(Special National Intelligence Estimate, 1954년 3월)"라는 문서에 잘 드러난다. 미국은 이 문서에서 자국의 군사전략 목표를 "한반도에서 공산 군대를 축출하고, 공산주의 침략에 대응하며 핵무기를 포함한 공습, 육·해·공군의 합동작전을 활용하며,

이러한 이유로 미국은 중국의 회담 참가를 막고 싶어 했고, 회담 중에도 중국과 직접 대화하지 않으려 했다.[055] 이러한 미국의 중국에 대한 적대감은 좌석 배치에도 영향을 줄 정도였다. 코리아, 인도차이나 두 가지 의제 모두 중국과 밀접한 관련이 있었는데 미국이 이러한 태도로 일관하여 긍정적 협상 결과를 기대하기 어려웠다. 결국 미국은 코리아 문제를 둘러싸고 연합국 측에서 이견이 표출되자 회의 종결을 서둘렀다.[056]

미국은 이 회의를 통해 외국군의 철수 문제에 정치·외교적으로 대응하고, 군사적으로는 '한미상호방위조약'을 통해 남한에 미군 주둔을 현실화하였다. 이 일은 휴전 직후 신속하게 이루어졌다. 공산 측이 정치회담 의제로 설정하였던 외국군의 철수 문제는 이미 미국이 진행하던 전후 동맹구조 형성에 영향을 줄 수 없었다. 미국은 휴전회담장과 국제무대에서 유엔군 철수 불가라는 입장을 고수했고 그에 대해 논쟁하는 것을 회피했다. 이 회의에서도 미국은 이 입장을 고수했다.[057]

미국은 이 회의에서 프랑스가 인도차이나에서 패배를 면하기 위해 소련과 중공에 접근하려는 시도, 영국이 공산 측과 협상을 통해 긴장을 완화하려는 시도 등과 같이 동맹국 간의 분열이 생기는 것도 차단

중국 해안을 봉쇄"하는 데 두었다. 정준갑, "6.25 전쟁 직후 미국의 한반도 정책(1953~54): 냉전 외교의 한계", 『미국사연구』 15집, 미국사연구회, 2002, p. 142.

055 아이젠하워 행정부 내에서는 대중국 정책에서 유연함이 필요하다는 의견도 제시되었다. 그러나 미국의 국내 사정 탓에 이 입장을 선택하지 못하였다. 의회 내 보수파와의 관계를 고려하고, 대중 강경 정책을 국내적으로 대소련 관계를 개선하는 수단으로 활용할 수 있다고 판단했기 때문이다.

056 김연철, 앞의 글, p. 202.

057 김보영, "1954년 제네바 정치회담과 외국군 철수 의제", 『군사』 95, 국방부군사편찬연구소, 2015, p. 83.

하려 했다. 다른 한편으로는 이 회의를 아시아에서의 공산주의 팽창에 강력하고 단호하게 대처하기 위한 대항 진영의 형성이라는 목적을 추구하는 출발점으로 삼으려 했다.⁰⁵⁸

여기에는 아이젠하워 행정부가 추진하기 시작한 뉴룩 정책이 일부 영향을 주었다. 뉴룩 정책은 재정적자를 축소하고 균형예산을 추구하면서 군비의 확충을 목표로 했기에 재정지출을 늘리는 대외 개입은 억제하는 것을 내용으로 하였다. 인도차이나에서 프랑스의 패배가 예상되는 시점임에도 개입을 꺼린 이유가 여기 있었다. 물론 당시 상황에서 미국이 고립주의를 선택할 처지는 아니었다.⁰⁵⁹

(2) 영국

영국은 중국과의 경제적 이해관계, 인도차이나에서 일어나고 있는 공산군의 프랑스에 대한 무장투쟁이 자국 식민지 말레이반도에 미칠 영향에 대한 우려, 전후 질서 구축에 아시아의 평화 정착이 갖는 중요성에 대한 인식을 바탕으로 이 회의에 임하였다. 이런 의도를 뒷받침하는 데에 인도가 도움이 된다고 판단해 인도를 이 회의에 참여시키기 위해 노력했다. 중국의 유엔 가입 지원도 전후 질서를 바라보는 영국의 이러한 시각에 바탕을 둔 것이었다.

영국은 종전 후 외교 전략의 중점을 자국이 종전 후에도 세계 강대국으로서의 위치와 역할을 유지하는 데 두었다. 하지만 이를 실현하기 위해서는 미국과 긴밀한 관계를 유지하는 것이 필수였다. 이에 영국은 전후에 '미국을 세계 정치에 더 깊이 관여하게 만들고, 영미 양국이 공동으로 세계 전략을 세워 국제정치 전반의 문제에 대처하는

---

058 김영작 외, 『6.25 전쟁과 휴전체제』(서울: 집문당, 1998), p. 140.
059 권오신, 앞의 글, p. 71.

방식'을 구상했다. 이때 방식은 미국이 주로 자원을 공급하고 영국이 외교적 지식과 정치 능력을 제공하는 것이었다.[060]

영국은 이런 전략을 염두에 두고 봉쇄나 대립이 아닌 봉쇄와 타협 양면을 조화하는 정책을 추진했다. 이 맥락에서 중국이 물리적 영향력을 확대하려는 시도는 반대하고 견제하였다. 하지만 현실적으로는 중국을 자극하는 정책을 피하고, 무역과 외교관계 개선을 통한 점진적인 전환 정책을 추구하려 하였다. 또한 6.25 전쟁 이후 대만 문제와 중국의 유엔 회원자격 결정을 포함해 중국과의 관계 정상화 조치가 필수라고 보았다. 영국의 이든(A. Eden) 외상이 아시아 문제만 취급하는 5대국 회의를 발의한 것은 이를 염두에 둔 포석이었다.[061] 영국이 이러한 선택을 한 데는 다른 이유도 있었다. 영국은 전후 세계가 극단적 양극체제로 수렴되는 과정에서 미국이 강력한 헤게모니를 행사하게 되는 것을 우려하였다. 그래서 이를 대신할 방도를 찾으려 미국에 보조를 맞추면서도 독자 행보를 계속했던 것이다.[062]

(3) 프랑스

프랑스는 애초 한국과 관련한 문제 해결을 목적으로 열리는 이 회의에 인도차이나 문제를 끼워 넣은 당사자다. 프랑스는 베를린 외상회의에서 인도차이나 처리 문제를 의제로 올리기 위해 유럽에서 갖는 자신의 유리한 위치를 이용했다. 미국도 서독을 재무장시킬 때 프랑스에 빚을 졌던 터라 이 안건이 내키지 않았음에도 수용하였다.

프랑스는 이 의제를 매개로 회의장에서 중국과 인도차이나의 향후

---

060 나종일, 『제네바 정치회담에 관한 연구』 연구논문시리즈 68-06(서울: 일해연구소, 1988), p. 71.
061 PRO, FO 371/109272/101, 1954/1/9.
062 PRO, PREM 11/668 Eden to Churchill, 1953/11/23.

처리 문제에 대해 협상하기를 바랐다. 중국이 월맹 측에 공급하는 상당한 양의 군수물자 때문에 중국이 인도차이나에 영향력을 행사할 수 있다는 점을 고려한 결정이었다. 프랑스는 인도차이나 전쟁 종식을 바라는 국내 여론과 군사적 상황 악화로 조속한 협상을 원하였다.[063] 프랑스의 이러한 바람에도 회의가 진행 중이었던 5월 7일 디엔비엔푸에서 패하였다는 소식이 들려왔다.[064] 프랑스는 이 전투에 패하면서 제국 대열에서 밀려났다.[065]

(4) 한국

남한은 이 회의에 참여할 때부터 한반도 문제를 해결하는 데 관심이 없었다. 실제로 남한은 공산 측이 수용할 수 없는 조건들, 이를테면 북한 지역만의 총선, 총선 전 중국군의 철수 등을 내걸어 회담 결렬을 조장했다. 남한은 미국이 이 회담 참여를 권유했을 때 참가 조건으로 '미국이 한반도 정책의 성격을 명확히 해줄 것과 더 강력한 한·미 동맹을 추구할 것'을 요구하였다.[066]

남한 입장에서 한국 문제를 해결할 수 있는 방법은 두 가지뿐이었다. 하나는 무력 통일이고 다른 하나는 분단 고착이었다. 전자는 가능성이 없으니 남는 것은 분단 고착뿐인데 이렇게 결론이 예견된 회

---

063 PRO, FP 371/109278/311, 1954/1/28.
064 인도차이나반도 건은 7월 21일 회담에서 인도차이나의 즉각 정전, 북위 17도선을 중심으로 분할, 라오스·캄보디아의 중립화에 합의했다. 중국의 외교적 성과였다. 중국의 성과는 또 있었다. 북베트남을 설득해 라오스와 캄보디아에서 군대를 철수시킨 일, 제네바 평화회담에 호치민 측을 설득해 참가시킨 일, 라오스와 캄보디아의 중립화 감시를 위한 국제 감독위원회 구성을 제시하여 성사시킨 일이었다. Zhai Qiang, "China and the Geneva Conference of 1954", p.109.
065 김연철, 앞의 글, p. 205.
066 권오중, "제네바 한국평화회담(1954)의 진행, 결과 그리고 의미", p. 162.

의에 참여하는 것이 무의미하다고 보았다. 사실 미국은 분단의 현상 유지를 목표로 하던 터였다. 이에 남한은 회의 진행 과정에서 제기된 모든 통일 방안을 거부하였다. 이는 남한과 입장 통일을 바랐던 미국을 난처하게 만들었다.[067]

나. 공산 측

(1) 중국

중국은 이 회의에 적극적으로 참여하였다. 전후에 탄생한 신생국으로서, 6.25 전쟁에서 미국과 대등하게 실력을 겨룬 군사적 강자로서 그에 어울리는 국제적 지위를 인정받고 싶어서였다. 이를 위해 중국은 소련의 120명보다 많은 200명 이상의 대규모 대표단을 파견하였다. 값비싼 가구를 중국에서 직접 공수해 자국의 위신을 높이려 애를 썼을 정도였다.

중국은 국내적으로 6.25 전쟁 기간에 연기되거나 축소된 경제 복구에 집중할 필요가 있었다. 당면 정책과제였던 1차 5개년 계획을 안정적으로 준비하기 위해 대외 환경을 안정시키는 일도 필요했다. 중국은 이러한 대내외적 필요를 충족하기 위해 대외적으로 '평화 공존론'을 앞세웠다. 이는 '아시아인끼리 싸우게 만드는 것'이 미국의 전략이라며 미국을 공격할 수 있는 효과적인 수단이었다. 중국은 한국전으로 생긴 공격적 이미지도 이를 통해 불식시키고 싶어 했다. 당연히 이를 통해 중국의 패권 행사를 염려하는 남아시아 국가들의 두려움도 완화할 수 있기를 바랐다.

중국은 회의를 진행하면서 미국과 유럽이 한국 문제 해결에 큰 이견이 있는 점을 이용하려 했다. 영국과 일부 유럽 국가가 과거 인연

---

067 같은 글, pp. 167~169.

으로 자국의 존재를 인정하고 관계를 회복하고 싶어 한다는 사실도 활용하려 했음은 물론이다. 특히 영국은 1950년 1월 중공을 승인하면서 대중무역을 늘려가던 터였다. 중국은 어떻게든 자국에 유리한 조건을 활용하여 미국의 대중국 봉쇄를 완화하려 했다.[068]

중국은 이 회담에서 미국, 영국, 프랑스가 인도차이나 문제에 대해 다른 입장이라는 점을 이용하고, 잠정적인 상태로라도 최종적 합의의 추구를 목표로 삼았다.[069] 강대국 간 회담을 통해 국제문제를 해결하는 선례를 남기고 싶어 하기도 했다. 중국의 이러한 모습은 한반도 문제를 처리할 때 잘 드러났다. 중국이 한반도 문제와 관련해서는 적극적으로 개입할 여지가 적기도 했지만, 영향력이 컸음에도 북한에 일방적으로 영향을 행사하기보다 협의하며 해결하는 방식을 택했다. 반대보다 가능하면 합의에 이르려는 모양새를 취하였다. 반면 자신과 사활적 이해관계가 걸린 인도차이나 문제에는 높은 집중력을 보였다. 중국은 미국이 인도차이나에 개입해 새로운 전쟁이 일어나는 것을 막아야 할 절박한 이유가 있었다. 이에 중국은 한반도 문제를 논의하는 중에도 인도차이나 문제를 해결하는 일에 골몰했다.[070]

(2) 소련

소련은 미국과 마찬가지로 제네바 회의를 선전장으로 활용하려는 생각이 강했다. 소련은 공산 진영의 입장을 통일해 상대적으로 입장 통일을 보지 못하는 서방측이 회의를 조기 종결하려 한다는 인상을 국제사회에 심어주려 하였다. 소련은 이 방식을 통해 미국이 서방측

---

068 김연철, 앞의 글, p. 200.
069 Zhai Qiang, "China and the Geneva Conference of 1954", pp. 107~108.
070 김연철, 앞의 글, pp. 203~204.

에서 패권적 권한을 행사하는 것을 막아보려 했다.

소련은 회의가 개최되기 일 년 전인 1953년 8월 24일 외교부장 성명을 통해 조선 정치회의에서 미군과 중국인민지원군을 포함한 모든 군대가 조선에서 철수하는 문제를 제기한 북한 입장을 지지하였다.[071] 1954년 4월 29일 연설에서 소련의 몰로토프 외무상은 제네바 회의에 임하는 소련의 입장을 크게 네 가지로 정리해 발표하였다.

그는 먼저 제네바 회의가 아시아 문제를 다루는 것인 만큼 당사국들이 대부분 참여해야 했는데 그렇지 못한 점을 문제로 지적하였다. 둘째, 조선 문제의 통일 독립을 평화적인 방법으로 성취하기 위해서는 조선 문제이므로 외세가 영향을 행사하는 것은 바람직하지 않다고 말하며 조선의 자주적 해결 방안을 지지했다. 셋째, 조선 문제와 인도차이나 문제 모두 제국주의 침략의 결과로 일어난 것이므로 구(舊)식민 지배 국가들이 이 회의에서도 계속 영향력을 유지하려 획책해서는 안 될 것이라며 미국, 영국, 프랑스를 겨냥했다. 또한 소련은 아시아 지역의 식민지 해방운동을 지지한다고 선언함으로써 구식민 제국들을 견제하였다. 넷째, 강대국으로 등장한 중화인민공화국의 국제적 지위를 인정하고, 중화인민공화국을 공격하고 비난하는 데 열중하는 미국의 선전을 멈추라고 요구하였다. 일본에 군국주의를 재생시켜 중국을 위협하려 시도하는 일, SEATO, CENTO 결성 움직임도 결국에는 공산주의 국가와 아시아 국가에서 일어나는 민족해방운동을 아시아인을 시켜 탄압하려는 시도라 비판하며 이를 멈출 것을 요청하였다.[072]

---

071 김근조 편, 『조선민주주의인민공화국 대외관계사 1』, p. 168.
072 조선중앙통신사, 『조선중앙년감 1954-55』(평양: 조선중앙통신사, 1955), pp. 320~322.

그러나 소련은 애초에 한반도 문제가 정치회담을 통해 평화적으로 해결될 것이라고 기대하지 않았다. 소련 외교관들이 회의 전후로 발언한 내용들을 살펴보면 소련도 분단을 기정사실로 여겼음을 확인할 수 있다.

(3) 북한

북한은 소련의 적극적인 후원과 지지로 이 회의에 참석하였다. 이 회의는 북한이 조선민주주의인민공화국이라는 국호를 가지고 조선 문제를 토의하기 위한 국제회의(유엔을 제외하고)에 처음 참가했다는 의미를 갖는다.[073] 북한은 소련의 방침에 동조하면서도 뚜렷한 자기 입장을 가지고 이 회의에 참석하였다. 북한의 입장은 두 개 연설에 잘 드러난다. 하나는 1954년 4월 27일 회의에서, 다른 하나는 6월 15일 회의에서 남일 외상이 각각 한 연설이다.

1954년 4월 27일 회의에서 남일 외상은 "조선 문제의 평화적 조정에 대한 방안"이라는 제목으로 연설하였다. 남일은 여기서 세 가지를 참가국에 제안하였다. "첫째, 전체 조선 인민의 자유로운 의사에 기초한 통일정부를 수립하기 위하여 남북조선대표로 구성된 전조선위원회를 구성하고 중립국감독위원회 감독하에 총선거를 실시한다. 둘째, 6개월 내 전 조선 지역에서 일체 외국 부력을 철거한다. 셋째, 유관국들이 조선의 민주주의적이고 평화적인 통일에 도움이 되는 조건들을 형성하는 데 협조해 주어야 할 것이다."[074]

그러나 이 제안은 구체적인 실시 방법에 대한 양 진영의 입장 차가

---

[073] 김근조 편, 앞의 책, p. 174.

[074] 한석부 외 편찬, 『국제법사전』(평양: 사회과학출판사, 2002), p. 333.; 연설문 전문은 조선중앙통신사, 『조선중앙년감 1954-55』(평양: 조선중앙통신사, 1955), pp. 315~317.

커 실현되지 못하였다. 이에 남일은 6월 15일 회의에서 "조선에서의 평화 조건을 보장할 데 대하여"라는 제목의 연설에서 여섯 가지 새로운 방안을 제시하였다. "첫째, 모든 외국 군대를 비례제 원칙에 따라 철거할 것. 둘째, 1년 기한 내로 북과 남의 군대를 각각 10만 이하로 줄일 것. 셋째, 전쟁 상태를 점차 퇴치하기 위한 조건들을 조성하기 위해 북과 남의 대표들로 위원회를 구성하고 쌍방 간에 제기되는 문제들을 해결할 것. 넷째, 남북 조선은 물론이고 다른 국가들과의 사이에 군사적 의무와 관련이 있는 조약들이 조선의 평화적 통일의 이익과 양립할 수 없음을 인정할 것. 다섯째, 북과 남 사이에 경제, 문화적 교류를 실현할 것. 여섯째, 회의 참가국들이 조선의 평화적 발전을 보장함으로써 평화 통일을 조속히 실현하는 데 필요한 조건들을 조성해 줄 것" 등이었다.[075]

그러나 이 제안은 그날 남일 외무상의 2차 연설에서 밝힌 바와 같이 소련과 중국은 지지한 반면, 남한 대표와 남한을 지지하는 일부 대표들은 반대하였다. 남한을 지지한 나라들은 미국을 비롯한 구(舊)제국주의 국가들이었다.[076] 그럼에도 북한은 이 회의의 의미를 높이 평가하였다.[077]

이 회의에서 공산 측은 비교적 통일된 입장으로 움직였다. 반면 연합국들은 각자 이해관계가 달라 쉽게 합의하지 못하였다. 한국은 당사자였음에도 참여국을 적극적으로 설득할 의지와 능력이 부족했다.

---

[075] 조선중앙통신사, 『조선중앙년감 1954-55』(평양: 조선중앙통신사, 1955), p. 350.

[076] 같은 책, pp. 350~351.

[077] 북한은 이 회의를 통하여 자국의 위상이 높아졌고, 이 회의를 통해 미제침략자들과 그 추종 국가들의 부당한 책동에 결정적인 타격을 주었으며, 여러 나라들로부터 지지를 얻어낸 성과 있는 회의라 평가하였다. "실로 제네바 회의는 조국의 자주적 평화통일을 위한 조선인민의 투쟁에 대한 세계인민들의 국제적 지지와 련대성을 강화하는 데서 중요한 계기를 열어 놓은 역사적 회의였다." 김근조 편, 앞의 책, pp. 183~184.

미국도 리더십을 발휘하기 어려웠다. 이 때문에 회의가 진행될수록 연합국 내부의 입장 차이는 더 뚜렷해졌다. 미국은 연합국 내에서 이견이 좁혀지지 않자 결국 회담 종결을 서두르게 되었다.

3. 제네바 회의의 영향

관련 연구자 다수가 이 회의는 출발부터 실패가 예견된 것이었다고 평가한다. 당시 동서 양측 가운데 어느 쪽도 전쟁을 재개할 생각이 없었던 데다, 그렇다고 한반도 전체를 상대측에 넘겨줄 의향도 없었기 때문에 분단을 최선으로 생각할 수밖에 없었다는 것이다.[078] 그래서 한반도를 강대국 간의 세력균형을 위한 완충지대로 남기려 했다는 것이다. 설사 참가국들이 의지를 가졌더라도 미국과 중국, 소련의 의지를 꺾을 수 없었으리라는 것이다. 이로써 평화적으로 한반도 문제를 해결하려던 목적으로 열린 이 회의는 성과 없이 상호 적대감과 불신만 키운 채 끝났다.[079]

휴전 협상 과정에서 공산 측의 내부 균열 조짐이 나타나기도 했다. 중국, 소련, 북한이 회담 과정에서 드러낸 차이는 1950년대 중반 중·소 분쟁을 거치며 벌어졌고, 이는 이전까지 공고했던 북방 삼각 체제에 균열을 가져왔다. 반면, 6.25 전쟁 전후 처리 과정에서 한·미·일

---

[078] 양 진영을 대표하는 미국과 중국은 애초부터 한국의 통일 대신 현상 유지를 염두에 두고 있었다. 실제 회의 과정에서 한국통일 방안이 무수히 제안되었지만 군사적으로 해결하지 못한 문제는 정치적으로도 풀 수 없다는 회의적인 생각을 하고 있었다. 북한, 소련, 중국 등 공산 측도 마찬가지였다. 처음부터 한반도 문제를 평화적으로 해결할 수 있으리라는 기대를 걸지 않았다. 양측은 회의의 결렬 원인을 상대에게 돌리고, 이렇게 명분을 쌓기 위한 목적으로 참여한 것이다. 나중일, 앞의 글, p. 84.

[079] 홍용표, "1954년 제네바회의와 한국 전쟁의 정치적 종결 모색", 『한국정치외교사논총』28-1, 한국정치외교사학회(2006), pp. 51~52.

삼각 체제는 제도화되었고, 이는 미국의 동북아 동맹전략의 기초가 되었다.[080]

이 회의는 강대국 중심으로 한국 문제를 해결하려 시도한 마지막 회담이기도 했다. 특히 영국을 맹주로 하는 영연방이 한국 문제 처리에 깊이 관여했는데 이러한 방식은 그들에게 이 회의가 마지막이었다. 영국에게도 강대국으로서의 국제문제 해결에 나선 마지막 기회였다. 프랑스도 이 회의를 계기로 강대국 지위에서 밀려났다. 이렇게 이 회담을 계기로 열강의 지위를 차지했던 나라들이 서구에서뿐 아니라 세계 정치 무대에서도 퇴장하게 되었다.

이에 반해 중국은 기존의 유럽 강대국들을 대신하여 국제무대에 새로운 강자로 등장하였다.[081] 중국은 처음으로 참여한 첫 번째 다자외교 국제무대에서 인도차이나 분쟁을 조정하면서 큰 영향력을 행사하는 주체로 등장하였다. 중국이 제네바 회의 이후 제3세계 외교에 적극적으로 나선 것은 이 회의에서 얻은 자신감의 결과였다. 1955년 4월 중국은 아시아-아프리카 지역 29개 신생 독립 국가가 참여하는 반둥회의에 참여하여 평화 5원칙을 발표하는 등 이 회의에서도 주도적인 역할을 하였다.[082]

이 회의는 양극적 냉전체제의 이완 가능성을 어렴풋이 예견할 수 있는 계기가 되었다. 이 회담의 기본 전제 가운데 하나가 핵무기 등장과 함께 이루어진 미·소 간의 공포의 균형이었다. 각국은 강대국 간 전쟁, 혹은 세계대전으로 번질 위험이 있는 지역 전쟁도 쉽게 일어나기 어려우리라는 사실을 깨닫기 시작했고, 이를 인정하는 한 어

---

080 김연철, 앞의 글, pp. 198.
081 나종일, 앞의 글, pp. 65~66.
082 김연철, 앞의 글, p. 214.

떻게든 전쟁을 제한하거나 사전에 방지하는 것이 필요하다는 인식에
도 이르렀다.[083]

　무엇보다 이 회의를 통해 한국은 끝내 분단되었다. 이로 인한 정전
체제(미국과 중국의 대립 구도)의 등장은 한반도 문제를 미국과 소련의
대립 구도인 포츠담 체제에서 분리해 미국과 중국이 대립하는 새로운
휴전 체제로 이전하였다. 냉전체제가 해체된 지금에도 동북아에 평
화가 실현되지 않는 이유다. 휴전 협정의 선택사항이었던 제네바 회
의는 이 측면을 가장 잘 보여주고 있다.[084]

083　나종일, 앞의 글, pp. 66~67.
084　권오중, 앞의 글, pp. 155~156.

동남아시아조약기구 설립으로 아시아에서 냉전 체제 본격 가동

미국은 1950년대 초반부터 동남아시아 국가들에 대한 경제 군사지원을 본격화하기 시작했다. 이 지원은 주로 MDA(Mutual Defense Assistance)를 통한 군사원조와 TCA(Technical Cooperation Administration) 활동을 통한 신생 독립국의 농업, 경제 활성화에 필요한 지원을 제공하는 경제 원조로 이루어졌다. 미국은 이 군사·경제적 지원을 통해 동남아 국가들의 내부 안정을 도모해 공산주의로 기우는 것을 방지하려 했다.[085]

미국은 1949년 공산 중국의 출범, 1950년 6.25 전쟁 발발, 인도차이나반도에서 중국이 북베트남 공산주의 운동을 지원하는 것을 공산세력의 확장으로 간주하고 이를 억제하기 위해 샌프란시스코 평화회의 전후로 아시아에서의 방위 동맹 체제 구축을 시도했다. 이 시도의 일환으로 미국은 1951년에 미국-필리핀 상호방위조약을, 호주, 뉴질랜드와 태평양안전보장조약을 체결했다.

---

085 Memorandum by the Joint Chief of Staff to the Secretary of Defense, Jan. 20, 1950, FRUS, 1950, Vol. 6, pp. 5~8.

1. 창설 배경

　미국은 1940년대 말 중국 내전이 공산당에게 본격적으로 유리하게 전개되자 동남아에 대해서도 전략적 관심을 기울이기 시작했다. 미국은 중국을 잃을 수 있는 상황에서 일본의 경제적, 정치적 회복을 서둘러야 했다. 특히 일본의 경제 회복에 필요한 고무, 주석, 철 등 천연자원이 풍부한 동남아 시장을 일본과 다시 연계하는 전략이 필요했다. 게다가 동남아는 유럽 국가 구(舊)식민 열강의 이해관계가 아직 남아 있는 곳이었다. 프랑스는 인도차이나, 영국은 말레이시아 반도, 네덜란드는 인도네시아와 이해관계가 있었다. 미국은 동남아 지역과 유럽의 무역 관계를 회복해 유럽의 재정적자를 줄이는 방안도 고려해야 했다. 이를 통해 프랑스 외 식민 열강이 유럽에서 소련에 대항할 수 있도록 힘을 실어주어야 했다.[086] 당시 공산주의 세력이 세를 확장하려는 조짐을 보이던 터라, 이들이 이 지역에 침투할 우려가 있다는 생각이 동남아시아를 냉전 전략의 한 축으로 만들려는 동기로 작용했다.

　미국 국무부와 국방부는 일찍이 1948년 6월 인도차이나반도에서 지역의 불안정이 가져올 상황에 대해 논의하는 합동회의를 개최한 바 있다. 이 회의에는 아시아 각 지역에서 외교, 군사를 직접 담당하는 실무자들이 모였다. 이 회의 참가자들은 소련이 동남아 각 지역에서 벌어지는 민족주의 독립운동에 영향력을 행사해 세를 확장할 가능성이 높다고 판단하였다. 따라서 이 지역에서 공산주의 운동이 민족주의 운동에 영향을 미치는 것을 차단하기 위해 경제 지원을 서둘러야 한다고 주장하였다. 서구 식민지 열강들이 이 지역에 오랫동안 투자

---

[086]　Andrew J. Rotter, *The Path To Vietnam*: *Origins of the American Commitment to Southeast Asia*, Ithaca Univ. Press, 1987, pp. 14~15.

를 집중해 왔던 만큼 이 지역을 서방세계에 편입시키면 유럽 강대국들의 재정적자 문제를 해결하는 데도 도움이 될 수 있을 것이라는 점도 강조되었다.

케넌이 주도한 국무부 '정책기획국'에서도 동남아시아 전략 전반을 검토하고 나서 앞의 일선 외교관 모임에서 낸 의견과 유사한 맥락의 결론을 내렸다. "동남아의 풍부한 천연자원과 유럽, 일본과의 경제적 연계성을 고려할 때 이를 확보하는 것이 무엇보다 중요하다. 그러면서 각 지역의 민족주의자들을 서방세계로 편입시키기 위해 경제적 지원은 물론 기존의 프랑스와 영국이 가진 식민주의 정책의 일정한 완화도 필요하다."[087]

중국 내전에서 국민당의 패전이 확실해지자 미국 내부에서는 이에 대한 대책을 둘러싸고 논쟁이 격화되었다. 일례로, 1949년 8월 발간된 중국백서에서 중국 공산당의 승리를 기정사실화하면서 미국이 더 이상 중국 내전에서 국민당의 승리를 위해 할 수 있는 일이 없다는 점을 인정하기 시작한 경우를 들 수 있다. 이러한 판단에 기초해 미국은 1949년 12월에 채택한 NSC(국가안전보장회의)-48/2를 통해 동남아 냉전 전략의 기초가 되는 안들을 구상하였다. 그리고 이 안을 토대로 동남아 지역에 본격 개입하는 방안을 검토하기 시작했다.

이 과정을 통해 미국이 구상한 방식들은 미국의 기술 지원을 통해 동남아 각국의 경제성장을 도모하는 'Point IV Program', 세계은행과 수출입은행을 통한 경제 지원 프로그램 등이 있었다. 이 제안 가운데 상호방위원조협정으로 중국과 동아시아 전체에 배정한 7,500만 달러를 조기에 집행할 수 있어야 한다는 권고가 포함되었다. 그리고 이

---

087 Michael Schaller, "Securing the Crescent: Occupied Japan and the Origins of Containment in Southeast Asia", *The Journal of American History*, Vol. 60, No. 2(September, 1982), pp. 401~402.

지원금을 중국이 아니라 인도차이나, 인도네시아, 그리고 태국에 우선 배당해야 한다고 주장했다. 이 지역에 원조를 시급히 제공해야 정치적 안정이 빠르고, 일본과 무역 관계를 회복해 경제 안정도 도모함으로써 공산주의에 경도되지 않을 수 있는 토대가 구축된다는 것이었다. 트루먼 행정부는 이 정책에 따라 동남아에 경제, 군사원조를 지속적으로 확대하였다.

2. 추진 과정

미국은 샌프란시스코 평화회의를 마무리하고, 한반도에서도 정전협정으로 전쟁을 매듭지으면서 동남아시아조약기구 창설 준비에 박차를 가하기 시작했다. 미국은 1954년 초에 인도차이나반도에서 호치민(胡志明)을 비롯한 공산권이 세력을 확장하자 이 지역 국가들과 공동 대응 방안을 시급히 마련할 필요성을 느꼈다. 이를 위해 당시 국무장관이었던 덜레스는 영국과의 협의를 통해 집단방위체제 설립을 본격적으로 논의하기 시작했다.

애초 미국이 이 기구에 가입시키려 한 나라들은 영국, 프랑스, 호주, 뉴질랜드, 태국, 필리핀과 인도차이나반도 연합 3국(라오스, 캄보디아, 남베트남)이었다. 그러나 영국이 동남아 국가인 인도네시아와 버마도 포함할 것을 강력히 요구해 Colombo Powers(인도, 버마, 인도네시아, 실론, 파키스탄) 국가들에도 가입을 권고하였다.[088]

그러나 이 조직이 이 지역의 공산 세력 억제를 직접 목표로 삼고 있었기에 여기에 가입한다는 것은 동·서 양 진영 가운데 어느 한쪽을

---

088 Memorandum by the Regional Planning Adviser in the Bureau of Far Eastern Affairs to the Acting Assistant Secretary of States for Far Eastern Affairs, July 23, 1954, FRUS, 1952-1954, Vol. 7, Part 1. p. 664.

선택하는 것을 뜻하였다. 이에 동남아 소속 국가들은 각자 처한 환경과 이해관계에 따라 다른 선택을 하였다. 필리핀, 태국[089], 파키스탄은 미국의 집단안보체제에 신속히 참여하였다. 반면 인도네시아, 버마[090], 실론(스리랑카) 등은 미국과 영국이 적극적으로 설득하였음에도 미국 편에 서는 것을 거절하였다.[091]

미국 NSC는 1954년 5월 15일 인도차이나반도의 위기 상황을 해결하기 위한 '지역 연합(regional grouping)'이 필요하다고 주장했다. 이후 미국은 영국과 함께 개별 협상, 물밑 협상을 거쳐 1954년 9월 마닐라 회의에 8개국(미국, 영국, 프랑스, 호주, 뉴질랜드, 필리핀, 태국, 파키스탄) 외무장관을 참여시킬 수 있었다. 이때 참석한 8개국 외무장관은 일련의 협의 과정을 거쳐 태국에 본부를 두는 집단방위기구 설치에 합의하였다. 이에 1954년 9월 8일 8개국 대표가 마닐라에 모여 SEATO(The Southeast Asia Treaty Organization, 동남아시아조약기구)를 출범시켰다. SEATO 협약은 1955년 2월 19일을 기점으로 발효되었다.[092]

미국은 이 기구의 설립도 주도했다. 여기에는 미국의 경제적 지원과 군사적 안전보장이 수단으로 활용되었다. 미국은 당시 미국의 지원이 절실했던 가입국들을 대상으로 이 기구 설립 이전에 개별적으로

---

089 태국은 당시 북쪽 국경 지역에서 공산 베트남군과 중국 공산당의 움직임에 위협을 느꼈기 때문이다. Memorandum of Conversation, by the Officer in Charge of Thai and Malayan Affairs, May 5, 1953, FRUS, 1952-1954, Vol. 7, Part 2. p. 664.

090 중국과 오랫동안 국경분쟁을 겪어 왔고, 1950년 중국이 버마의 북쪽 지역을 중국의 영토로 포함하는 지도를 발간했고, 1953년에는 국경 지역에 중국 군대가 출현해 긴장을 고조시키는 일이 발생한다.

091 이들 모두는 2차 세계대전의 종전과 함께 독립을 쟁취한 나라들이었고 국내적으로 경제적, 정치적 안정을 필요로 하고 있었다. 대외적으로도 자력으로 안전을 보장받을 수 없는 상태였다. 그럼에도 그들은 미국에 일방적으로 기대는 방식을 거절하였다.

092 *United States-Vietnam Relations, 1945-1967: A Study Prepared by the Department of Defense*(Washington D.C. 1971), Part IV, pp. 10~15.

양자 간의 일대일 협약을 맺었다. 이 때문에 SEATO도 개별 동맹의 연장으로 볼 수 있다. 이는 힘에서 월등한 차이를 보이는 국가가 일대일로 맺은 양자 관계가 집단적 형태를 띤다고 해서 본질이 달라지지 않는다는 것을 뜻한다.[093]

이렇게 SEATO는 1950년대 초반 미국이 추진한 일련의 집단 동맹체제 가운데 하나로 동남아에서 출범하였다. 1949년 4월 4일 창설된 NATO를 시작으로 1950년 9월 1일 미국과 호주-뉴질랜드와의 ANZUS(The Australia, New Zealand, United States Security Treaty, 태평양안전보장조약), 1955년 11월 5일 창설된 바그다드 조약기구로 이어지는 미국의 봉쇄정책의 일환으로 등장하게 된 것이다. 이로써 미국이 구상한 아시아의 대소, 대공산주의 봉쇄선 구축이 일차 완료되었다. 그리고 이는 아시아 지역의 냉전체제가 본격적으로 가동되기 시작하였음을 의미했다.

---

[093] 동아시아에서 집단방위체제 형성이 안 된 원인에 대하여 현실주의 국제정치학자들은 미국과 동아시아 국가들의 실질적인 힘의 격차와 미국이 양자 동맹체제의 형성을 선호하였기 때문이라 분석한다. Donal Crone, "Does Hegemony Matter? The Reorganization of the Pacific Political Economy", World Politics, Vol. 45, No. 4(July 1993); Victor D. Cha, "Powerplay Origins of the U.S. Alliance System in Asia", International Security, Vol. 34, No. 3(Winter, 2010).

5절
샌프란시스코 체제에 대한 북한의 대응

1. 북한의 중국 밀착과 공동 대응

샌프란시스코 평화회의가 종료된 뒤 북한은 다음 해 일본에서 조약문의 의회 비준이 끝날 때까지 미국이 추진한 '대일 강화'의 본질을 강조하며 비판을 이어갔다. 당시 공간물에서 6.25 전쟁의 전황(戰況)을 알리는 기사를 제외하면 미국이 강화조약 체결 이후 일본에서 추진하는 여러 군사 조치와 이에 반대하는 일본 인민이 투쟁을 소개하는 기사 비중이 가장 높았다.[094] 실제 전체 외신 보도에서 일본 소식이 차지하는 비중이 가장 높았다. 일본이 다시 강해질 때 가장 큰 위협을 받게 될 당사자로서 보인 당연한 반응이었다.

북한은 미국이 이 시기에 일본을 빠르게 미군의 군사기지로 변모시키고 있는 양상과 동시에 이 조치들이 일본 인민의 거센 반대에 부

---

[094] "대일 단독강화의 기민성 배격", 『로동신문』, 1952년 1월 30일; "일본의 군국주의는 이렇게 재생되고 있다", 『로동신문』, 1952년 3월 6일; "요시다 정부의 매국 정책에 대한 일본 인민들의 분노", 『로동신문』, 1952년 3월 30일. 샌프란시스코 평화조약 체결 1주년을 맞는 1952년 9월까지 미국과 일본에 대한 비판을 이어간다. 그러나 이 시기를 지나고 나면 대일강화에 대해 더 이상 관심을 기울이지 않는다.

딪히고 있는 점에 관심을 기울였다. 이러한 움직임이 미국을 저지할
순 없으나 일본 내에 북한을 지지하는 세력을 형성하는 데 기여할 수
있을 것이라 보았기 때문이다. 6.25 전쟁이 진행 중이었던 터라 한반
도에서 전쟁을 수행하는 미군을 위한 군수물자의 대부분이 일본에서
생산 조달되는 점도 감시 대상이었다. 북한은 일본이 조선 전쟁에 실
제로 개입하는 사례들을 찾아내고 이를 고발하는 데도 큰 관심을 기
울였다. 이 역시도 미국이 일본을 재무장시켜 조선반도에 미군 대신
일본 군대를 파견할까 염려하였던 까닭이다. 이렇게 북한은 1952년
내내 일본에서 벌어지는 일에 관심이 많았다.

유럽에서 추진되는 대독 강화조약, 북대서양조약기구의 강화 움직
임에도 관심이 많았다. 이 관심은 공간물에 실린 글들을 통해 확인된
다. 당시 독일 문제를 다룬 기사들은 동독 지역은 물론 서독 주변 국
가들이 대독 단독조약 체결을 반대한다는 내용이 많았다. 이 기사들
의 골자는 이 단독조약이 서독의 재무장을 촉진할 것이고, 이는 소비
에트 동맹 침략이 목적이기 때문에 평화를 지지하는 소련에 위협이
되리라는 것이었다. 그러나 소련은 이를 비판할 때 서독의 재무장이
과거 연합국들에 위협이 된다는 명분으로 이들 국가에서 일어나는 반
대 운동을 앞세웠다.[095]

이 시기부터 북한의 공간물에서 나툰 외신의 주류는 동아시아 소
식으로 바뀌었다. 이전과 다른 변화였다. 이전의 모든 외신의 단골
소재는 유럽이었는데, 이때부터는 아시아 비중이 높아진 것이다. 이
는 중국의 높아진 위상과 연결되었던 듯하다. 소련이 동아시아 문제
에 대한 책임을 점차 중국에 넘기면서 유럽 사정을 전하는 소식은 현

---

[095] "대독 단독 조약 체결을 각국 인민들 치렬히 반대", 『로동신문』, 1952년 6월 3일. 이
기사와 함께 당일 외신란에 덴마크, 영국, 네델란드, 프랑스 언론 등에서 대독 단독 조
약 체결을 반대하는 시위, 선언, 관련 기사 등을 배치하였다.

저히 줄었다. 소련과 직접 이해관계가 있는 정보 정도만 간헐적으로 보도될 뿐이었다. 그에 비해 중국과 아시아 소식은 북한의 해외 뉴스에서 점차 비중이 높아지기 시작했다. 이 시기에 보도된 외신기사 내용을 분석해 보면 소련이 미·영을 중심으로 하는 서구 자본주의 진영의 군사적 조치에 위협을 느끼고 있음을 알 수 있다. 그리고 미국과 소련의 대결이 전 지구적 영역에서 전개되고 있고 이 대결에서 소련이 미국과 대등한 위치에 있지 않다는 인상을 주고 있다.

1953년에도 이러한 경향이 지속된다. 외신의 중심은 여전히 일본이었다. 다만 미국에 협조하는 요시다 정부를 비판하는 기사 비중이 더 높아진 것이다.[096] 일본의 진보세력, 미군기지 주변 주민들의 저항 등의 소식도 빈도가 높았다. 무엇보다 이 기사들의 핵심은 미국이 일본의 재무장을 통해 군사력을 증강해 한반도를 포함 아시아 다른 지역으로 역할을 확대하지 않을까 하는 우려였다.[097]

1954년에 이르자 관심의 중심이 제네바 회의로 바뀐다. 북한은 소련 입장을 따라 소련이 중공을 국제무대에 등장시키려는 것을 적극 지지하며 미국, 소련, 영국, 프랑스 4국 외상 회의에 중공을 포함해 5국 회의가 되어야 한다고 주장했다. "중화인민공화국을 포함하는 회의는 그 자체가 렬강 등 간의 관계를 개선하고 국제 긴장상태를 가일층 완화하는 대로 나아가는 거대한 진전이 아닐 수 없다."[098] 이 기사는 중공의 제네바 회의 참여가 확정된 다음에 보도된 내용인데 소련

---

096 "일본 공산당에서 요시다 정부에 서한", 『로동신문』, 1953년 6월 7일; "일본 정부 또다시 미군에 새 군사 기지 제공 결정", 『로동신문』, 1953년 6월 17일 등이 대표적이다.
097 "동남아세아에서 미국의 전쟁 확장 계획", 『로동신문』, 1953년 9월 5일; "미국, 호주 및 뉴질랜드의 소위 '안주스 동맹'에 대하여", 『로동신문』, 1953년 9월 17일 자 기사 등이 대표적이다.
098 "사설: 국제 긴장상태 완화에의 진일보", 『로동신문』, 1954년 3월 11일.

이 중공을 국제무대에 등장시키려는 의도를 잘 드러낸다. 이제 소련은 서구 자본주의 진영의 공격에 새로이 강국으로 부상한 중국과 함께 맞설 수 있게 되었다는 것이다. 실제로 중국의 제네바 회의 참여는 향후 국제정치의 방향을 암시하는 상징적 사건이었다.

2. 대사회주의 포위망 비판

이 시기 아시아에서는 두 가지 군사적 사건이 일어났다. 모두 미국이 주도한 것이었다. 이 두 사건에 대한 북한의 인식을 『정치사전』과 『정치용어사전』을 통해 살펴본다.

북한은 미국이 대일강화 이후 1953년에 남한과 체결한 '한미상호방위조약'을 미국의 동북아시아군사동맹 조작(조직이라는 의미)의 일환이라 보았다. "미제는 이미 1951년 9월에 체결된 '일미안전보장조약'과 1953년에 체결된 '한미상호방위조약'을 리용하였다. 미제의 이 모든 책동은 일본 군국주의를 돌격대로 하여 남조선 괴뢰를 그와 결탁시켜 그것들을 중심으로 침략적인 동북아세아군사동맹을 조작하려는 데 있었다. … 미제는 일본 군국주의와 남조선을 제놈들에게 군사적으로 끌어들이고 다음에는 일본 군국주의와 남조선 괴뢰를 정치 군사적으로 결탁시켜 놓았다. 이렇게 하여 미제와 일본 군국주의, 남조선 괴뢰도당 사이에는 쌍무적 군사협정을 통하여 사실상 3각 군사동맹이 형성되었다."[099] 그리고 이를 통해 "필리핀, 타이(태국), 대만의 장제스를 비롯한 자기들의 추종 국가들과 괴뢰들을 묶어 이 동맹(동남아세아조약기구)을 형성하려 하였다."[100] 이는 동북아 한·미·일 삼각

---

099 사회과학출판사, 『정치사전』(평양: 사회과학출판사, 1973), pp. 287~288.
100 같은 책, p. 288.

동맹이 샌프란시스코 평화조약의 직접적인 결과인데, 이 기구가 궁극에는 동남아시아조약기구를 추동하게 되리라는 것이었다. 이는 당시 북한을 포함하는 대항 동맹이 '대일평화조약의 자장(磁場)이 동남아시아조약기구에까지 미치고 있다'는 것을 인식하고 있음을 드러내준다.

북한은 『정치용어사전』에서 동남아시아조약기구를 "미제를 우두머리로 하는 제국주의자들이 아세아에서 사회주의국가들을 반대하며 새로 독립한 나라들을 침략하고 식민지 예속 국가 인민들의 민족해방투쟁을 탄압, 말살하기 위하여 조작한 침략적인 군사동맹"으로 정의한다.[101] "1954년 프랑스 침략군이 웰남(남베트남)에서 쫓겨나고 인도지나에 관한 제네바협정이 체결되자 미제는 프랑스 제국주의를 대신하여 이 지역에 대한 저들의 침략을 강화할 목적으로 그해 9월 영국, 프랑스, 오스트랄리아, 뉴질랜드, 필리핀, 타이, 파키스탄 8개국을 긁어모아 필리핀의 수도 마닐라에서 '동남아세아방위조약'을 조작하여 이 기구를 꾸며내었다. … 이 조약기구는 공산주의 침략으로부터 동남아세아에서의 평화와 안전을 보호한다는 구실 밑에 성원 국가들의 침략적 무력을 끌어들여 동남아세아 나라들을 군사, 정치, 경제적으로 예속시키고 우리나라를 비롯한 아세아의 사회주의국가와 신생독립국가들을 침략하려고 악랄하게 책동하고 있다."[102]

물론 동북아 삼각동맹이 공식적으로 맺어진 적은 없다. 하지만 북한과 대항 동맹이 이 세 나라가 맺는 관계의 본질을 그렇게 인식하고 있었다는 점이 중요하다. 이들이 동남아시아조약기구를 샌프란시스

---

101 조선민주주의인민공화국 사회과학원, 『정치용어사전』(평양: 사회과학출판사, 1970), p. 165.
102 같은 책, p. 165.

코 체제의 일부로 바라보았다는 사실도 중요하다. 이는 필자가 이 기구까지를 샌프란시스코 체제에 포함한 이유다. 북한은 이렇게 6.25 전쟁을 마치면서 동아시아 국가의 일원으로 자리 잡기 시작했다. 그리고 북한은 소련 대신 중국이 중심이 되는 국제정보질서에 편입될 것이었다.

6절
샌프란시스코 체제는
미국의 동아시아 대공산주의 봉쇄망

1952년에서 1954년까지 1945년에 '사전 조건'으로 주어졌던 동아시아의 세 가지 문제가 중국의 공산화와 강대국 부상, 한반도의 분단 확정, 일본의 독립과 미국의 군사기지화로 귀결되었다. 1945년에서 이 시기까지 9년간은 초기 2년의 형식적 협조 단계를 거쳐, 향후 3년 간의 균열, 그리고 이어진 결정적 국면으로서의 6.25 전쟁 발발, 이 전쟁의 발발로 촉진된 초기 포섭 과정(샌프란시스코 강화조약 체결), 분열된 동아시아의 한 축을 미국 중심으로 안정화하는 '유산' 국면으로 이어졌다. 이 균열의 제도화는 이미 사전 조건 국면에서부터 내장된 것이었다. 미·소는 전체주의와 싸우기 위해 일시적으로 동맹을 맺었을 뿐 본래부터 공존 불가능한 속성을 지니고 있었다. 이렇게 내장된 반대 속성이 이후 형성되는 제도에 경로의존성을 부여했다.

나는 여기서 샌프란시스코 체제를 하나의 제도로 보고, 이 제도의 형성 과정을 미·소의 길항(拮抗) 관계에서 파악하고자 하였다. 대립하는 둘은 결정적 국면을 거치며 영구적으로 분리되었고, 새로운 제도는 경쟁하는 두 세력 가운데 한 축인 미국이 중심이 되는 자유주의 진영만 참여하여 구축하였다.

이 제도는 월등한 상위 파트너와 열등한 하위 파트너들의 관계로 위계적으로 구축되었다. 이것이 '바퀏살 구조(hub-and-spoke)'[103]의 양자 동맹체제로, 비대칭 동맹 내에서 이뤄지는 헤게모니 동학(動學)의 전형적인 사례였다.[104] 미국은 동아시아에 유럽에서 시도했던 다자 안보 동맹과 구별되는 분리적, 배타적 제휴 방식인 이 바퀏살 구조를 고안하였다. 이 구조의 기반은 양자주의(bilateralism)였는데, 동아시아 지역의 전후(戰後) 구축 이면에 있는 '권력 게임(power play)'을 이론적 근거로 삼은 안보 구조였다. 여기서 권력 게임은 하위 동맹국들의 행동에 상위 파트너가 최대한 통제력을 발휘할 수 있도록 설계되었다.

이 바퀏살 구조에서는 중심국 미국과 동맹상대국 간의 구조적 위계성이 존재했다. 1950년대 초반 미국이 동아시아에서 연속적으로 맺은 양자 동맹 관계는 하위 파트너들의 역량이 각기 달라 미국이 바퀏살 구조의 중심국으로서 각자에게 기대한 역할의 수준과 정도가 달랐다. 이는 곧 나라별 관계에 따른 미국의 활용도 차이로 투사되었다. 미국은 상대 국가에 대한 중요도에 따라 달리 평가하였던 것이다. 이는 두 당사국 사이는 물론 미국과 양자 동맹을 맺은 국가들 간의 관계에서도 구조적 위계를 형성하였다.[105]

이 구조는 주변국이 중심국에 대해 갖는 일방적 의존성을 강대국

---

[103] 이는 다수 행위자 사이를 연결하는 망(網)의 한 가지 형태다. 이 구조는 덜레스가 최초로 설계한 미국의 전략으로 1950년대 전후 미국의 여러 외교 영역에서 사용하였다. 동아시아에서 대소(蘇) 방어 체제는 6.25 전쟁을 계기로 집중하는 지역이 동아시아로 바뀐다. 이에 미국은 한국, 일본, 호주, 필리핀 등과 연속적으로 양자 동맹을 맺고, 미국을 중심으로 하는 바퀏살 구조를 구축해 소련에 대응하려 했다. 김봉주. "한미·일 안보협력체제와 한국의 상대적 방기 위협: 동아시아 바퀏살 구조 내 한미·일 관계 변화에 따른 한국의 방기 위협의 증감에 대한 분석"(서울대학교 대학원 석사학위논문, 2017), p. 25.

[104] John G. Ikenberry, "American hegemony and East Asian Order", *Australian Journal of International Affairs*, Vol. 58. No. 3(2004), p. 353.

[105] 김봉주, "한미·일 안보협력체제와 한국의 상대적 방기 위협", p. 33.

이 허브에 위치하여 주변에 스포크(바큇살)로 위치한 동맹상대국을 관리하는 방식이었다. "이러한 구조는 초강대국에게 하나의 동맹상대국과 맺는 단일한 양자 관계보다 큰 이익을 제공한다. 그것은 강대국이 자국의 문제를 자국의 압도적 비대칭성과 스포크 간의 구조적 단절을 이용하여 집단적 안전보장 체제 차원의 문제로 치환하여 거대 공공의 적에 대항하고자 구조를 움직일 수 있기 때문이다."[106]

바큇살 구조는 허브에 속하는 중심국이 안보를 제공하고, 스포크에 해당하는 나라들은 정치적 자율성을 양보하는 비대칭적 구조였다. 아울러 스포크 국가 간의 소통은 반드시 허브 국가를 통해 이뤄지기 때문에 허브의 영향력이 큰 구조였다. 허브 국가와 스포크 국가들에 대한 이해관계의 차이에 따라 스포크 간의 위계도 형성되었다. 무엇보다 이 구조에서는 스포크 국가들이 미국으로부터 방기(abandonment)나 압박 위협을 일방적으로 느끼는 구조여서 미국의 영향력이 일방적으로 관철될 수 있었다. 이러한 위계적 양자 동맹구조 역시 이 제도의 경로의존성을 형성하였다.

이렇게 '유산 국면'은 미국 중심으로 새로 형성된 제도가 안정적이고 지속성을 갖도록 하기 위해 군사적 조치가 취해지는 시기였다. 이 안정화 조치는 동남아시아조약기구 출범을 마지막으로 완전한 골격을 갖추었다. 그리고 이 속성은 대항 동맹이 공격하고 있듯이 비자유주의 국가에는 격퇴를 위한 도구, 자유주의 진영 내에서는 민족해방 운동, 공산주의 운동에 경도되는 움직임을 제어하는 장치였다. 이 속성도 이 제도의 경로의존성을 구성하며 지금까지 작동하고 있다.

미국은 1951년 9월 일본과 평화조약, 미·일 안전보장조약을 체결하였고 이 조약이 발효되자마자 일본에 재군비를 재촉했다. 동시

---

[106] 같은 글, p. 28.

에 일본이 안보비용 부담을 늘리도록 압력을 가했다. 마침 이 시기는 한반도가 분쟁 중이어서 미군이 일본을 후방 기지로 사용하는 중이었다. 일본은 이 전쟁 덕에 경제 재건의 토대를 마련하던 터여서 미국의 요구를 거부할 수 없었다. 이에 일본은 미국의 재군비 방침을 수용하되 점진적으로 증강하는 방안을 선택하였다. 미국은 일본과 MSA 협정(미일상호방위원조협정)을 체결하고 일본의 부담을 공식화하였다. 일본은 이 협정에 따라 미국에서 제공하는 원조를 토대로 군비를 확장해 나갔다. 그리고 마침내 1954년 7월 1일 자위대를 창설하였다.

한반도에서는 정전 협상이 진행되고 있었다. 1952년 초 양측이 군사분계선에 합의하면서 이 선을 넘지 않는 상태에서 간헐적으로 전투를 벌였다. 정전 협상은 공산군 측에서 중국과 북한이, 유엔군 측에서는 미국이 참여하였다. 정전을 둘러싼 의제가 제법 많았으나 양측 모두 전쟁을 종결할 필요성을 느끼고 있던 터라 대부분 쉽게 타결되었다. 그러나 포로 송환 문제가 걸림돌이었다. 공산군 측에서 송환을 거부하는 군인과 민간인이 많았기 때문이다. 지루한 공방 끝에 양측은 자유송환 원칙에 합의하였다. 양측은 쟁점이 되는 안건들 대부분에 합의하고 군사 충돌을 중지하는 정전 협정에 서명하였다. 그러나 이는 군사협정이었기 때문에 한 급 높은 정치회담이 별도로 필요했다.

양측 합의에 따라 열린 제네바 회담은 양 진영을 대표하는 미국과 소련·중국이 한반도의 분단 현상을 유지하길 원해 진전되지 않았다. 무력으로 해결하지 못한 일을 대화로 해결하는 데 한계가 있었던 것이다. 이 회의에서 참가국들은 한국의 통일 방안에 대해 다양한 의견을 내놓았다. 가능한 모든 방안이 다 나왔다고 평가할 수 있을 정도였다. 그러나 이 방안은 당사자 남북은 물론 양측의 맹주 국가도 동의하기 어려운 것이었다. 동서 양측의 의견 대립이 심했지만 그래도 공산 측은 입장이 통일된 편이었다. 반면 서방 진영은 의견이 크게 갈렸다. 동서 간의 차이보다 같은 진영에서 이견이 더 컸다는 말이 참가국들로부터 나올 정도였다. 미국은 자기 진영 내에 존재하는 이견을 조정하다 사실상 합의가 불가능함을 인정하고 회의 종결을 서둘렀다. 이로써 한반도는 정전 협정 당시의 분단선 그대로 분단이 확정되었다. 또 다른 안건이었던 인도차이나 문제는 프랑스가 디엔비엔푸에서 패하면서 북위 17도 선을 경계로 남북 베트남으로 분단되는 것으로 귀결되었다. 이로써 1954년 6월 한반도와 인도차이나반도의 분단이 확정되었다. 그리고 이 분단선은 미국 입장에서는 그대로 대공산주의 봉쇄선이 되었다.

　동아시아의 대소, 대공산주의 봉쇄선이 차례로 구축되자 미국은 남아시아에서도 봉쇄선 구축을 서둘렀다. 미국은 이미 1949년 전후부터 이 지역에 개입을 시작하던 터였다. 미국은 이 지역의 필리핀과는 1951년 8월 30일 상호방위조약을 체결하였다. 같은 해 호주, 뉴질랜드와 ANZUS도 체결하였다. 인도네시아와 대국 같은 나라들과는 조약을 맺지 않았으나 미국 편에 설 수 있도록 원조를 제공하였다. 미국은 영국의 협조를 얻어 이 지역에 있는 나라들에 참여를 종용하였으나 인도, 인도네시아, 버마와 실론(현 스리랑카)은 끝내 참가를 거부하였다. 이에 기존의 호주, 뉴질랜드, 필리핀 외에 태국과 파키스탄이 집단 방위체제에 참여하였다. 이로써 1954년 9월 8일 동남아시아 집단방위조약이 체결되었다. 이 조약은 집단방위조약이었으나 참가국들이 사전에 미국과 개별적으로 협약을 맺은 바 있어 사실상 개별 동맹이었다. 이 조약의 조인을 통해 미국은 아시아 지역에서 추진한 대소, 대공산 봉쇄선 구축을 마무리하였다.

　미국은 마지막으로 비어 있던 중동 북부 지역의 터키, 이란, 이라크를 연결하여 1955년 바그다드 협정을 체결하였다. 이를 통해 NATO와 SEATO 사이를 잇고자 했다. 이로써 미국의 대소 봉쇄선 구축이 마무리되었다. 이는 냉전이 세계적 차원으로 확대되었음을 의미했다.

미국은 이렇게 동서양 전체에서 공산 세력을 봉쇄한다는 명분과 이념 아래 정치, 군사적으로 개입하여 1955년 2월 마침내 지구적 차원의 대공산주의 봉쇄선 구축을 마무리하였다.[107] 샌프란시스코 체제는 이 지구적 냉전체제의 일부로 미국이 동아시아에 구축한 대공산주의 봉쇄망으로 등장하게 된 것이다.

---

107 최영보 외, 『미국현대외교사』(서울: 비봉출판사, 1998) 참조.

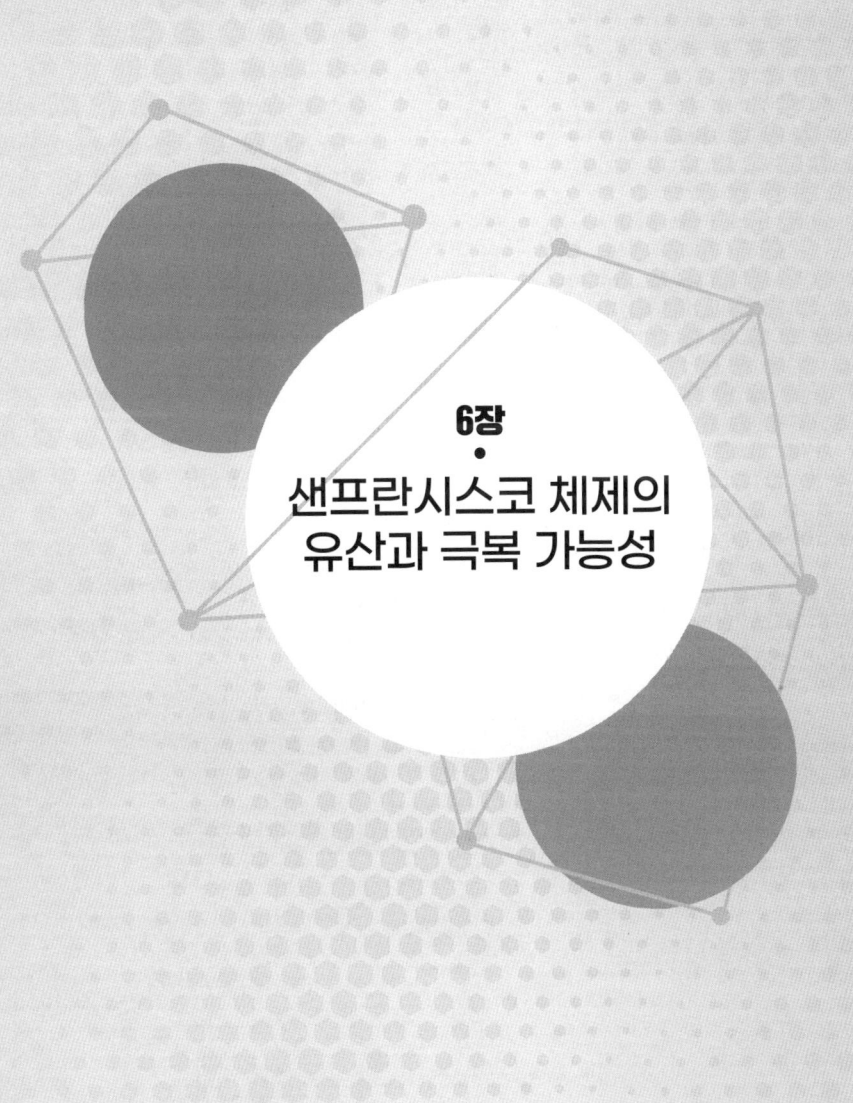

6장
샌프란시스코 체제의 유산과 극복 가능성

1절
샌프란시스코 체제 구축 과정 개괄

　필자는 역사제도주의에서 도출한 국면 분석틀을 이용하여 1947년에서 1954년까지를 대상 시기로 삼아 샌프란시스코 체제의 구축 과정을 분석적으로 서술하였다.[001]

　필자는 이 분석틀을 따라 '사전 조건'을 샌프란시스코 체제 형성 때 동아시아에 기본적으로 형성돼 있던 조건(상황)으로 보았다. 시기적으로는 제2차 세계대전 종전에서부터 동아시아에서 냉전이 시작되는 1947년까지다. 동아시아에서 사진 조건은 제2차 세계대전 종전으로 이미 형성된 상황이었다.

　중국은 종전 직후 내전에 돌입했다. 한반도는 미·소가 분할 점령하였다. 일본은 미국이 단독 점령하였다. 소련은 대일(對日)전에 참전하며 중요한 역할자로 동아시아에 복귀하였다. 미국은 제2차 세계대전 때 일시적으로 소련과 동맹을 맺었으나 양립 불가능한 이 상대와 함

001　이 국면 분석틀도 제도 결정론적 요소를 어느 정도 가지고 있다. 역사제도주의가 제도주의의 결정론을 극복하기 위해 나온 새 조류(潮流)이긴 하지만 경로의존성을 덜 강조할 뿐 이를 배제하는 것이 아니기 때문이다. 이 국면 분석틀도 '결정적 국면'에서는 제도주의와 결을 달리하지만 사전 조건, 초기 포섭이 그 이후 국면은 제도주의의 연장에 있다. 이러한 약점에도 이 틀을 동아시아에 적용하면 각 국면이 이 지역에서 실제 전개된 상황과 대체로 부합하는 것을 볼 수 있어 채택하였다.

께 동아시아의 전후 처리를 수행해야 했다. 이렇게 '사전 조건' 국면에는 이후 제도의 생성과 유지에 영향을 미치는 요소들을 선험적으로 내포하고 있었다.

'균열 구조' 국면은 출발 때부터 내장하던 균열 요소가 점차 강력해져 양측이 충돌 직전까지 가는 시기다. 동아시아에서는 1948년 초부터 6.25 전쟁이 발발하는 1950년 6월까지다. 이 국면에서는 전후 구축의 주요 역할자인 미국과 소련이 유럽과 동아시아에 걸쳐 대립하면서 지속적으로 상호 불신과 증오를 축적한다. 이 국면에서 냉전이 시작되었고 이전의 정치적 대결이 군사적 대결로 그 성격이 변하였다. 소련이 이 시기에 원자폭탄 실험에 성공했고 중국이 공산화되며 미국의 대중(對中) 위협 인식이 높아졌다.

'결정적 국면'은 이전 단계에서 누적된 불신과 증오가 무력 충돌 형태로 분출하는 시기다. 동아시아에서는 6.25 전쟁이 이 국면에 해당한다. 이 전쟁은 냉전체제 전체와 동아시아 국제질서 형성에 무시할 수 없는 영향을 미쳤다. '결정적 국면'은 "매우 중요하고 근본적인 결정이 이루어지는 시기이자, 급격한 변화가 이루어지는 시기"[002]인 만큼 충돌 이후의 진행 방향에 큰 영향을 미친다. 실제로 이 전쟁으로 전후 처리의 두 주체는 영구 분리되었고 이후 각자 자신을 중심으로 대항 진영 구축에 골몰하였다. 동아시아에서는 이 진영이 미국이 주도한 샌프란시스코 체제와 소련이 주도한 소비에트 동맹으로 나타났다.

'초기 포섭' 국면은 결정적 국면에서 발생한 문제들을 수습 또는 정리하기 위해 새로운 제도를 만드는 시기다. 자유주의 진영은 미국이 주도하여 샌프란시스코 평화회의를 통해 일본을 독립시켰고 독립한

---

[002] 김학재, "냉전과 열전의 지역적 기원", 신욱희·권헌익 엮음, 『글로벌 냉전과 동아시아』 (서울: 서울대학교출판문화원, 2019), p. 38.

일본과 방위조약을 맺어 안보와 경제를 매개로 자유주의 진영에 포섭하는 체제를 구축하였다. 이것이 이른바 샌프란시스코 체제였다. 소련, 중국, 북한은 각기 서로 우호조약을 체결하며 이에 대항하는 진영을 형성하였다. 이른바 소비에트 동맹이었다. 이렇게 형성된 체제를 하나의 제도로 볼 수 있는데 이 제도 형성은 결정적 국면에서 나타나는 위기 대응 방식이다.

'유산 국면'은 이렇게 형성한 제도가 지속성과 안정성을 띠도록 조치하는 시기다. 제도 형성의 주체들이 경쟁하는 대상으로부터 위협을 느끼지 않아도 될 만큼 상대방보다 강력하거나 최소한 균형을 맞추기 위해 노력하는 시기다. 동아시아의 경우 미국이 샌프란시스코 강화회의 이후 1954년까지 일본, 동남아시아 지역에서 취한 군사적 조치들이 이에 해당한다. 반면 소련은 중국에 동아시아를 맡기며 떠났다. 이로써 이 지역에서 중심 역할자는 미·소에서 미·중으로 바뀌었다.

하나의 제도가 형성될 때 이 제도를 구축한 핵심 역할자의 '내장된' 속성이 제도 형성 과정은 물론 제도 지체에도 핵신저 영향을 행사하다. 샌프란시스코 체제도 마찬가지였다. 따라서 미국과 소련이 이 체제 형성기에 가졌던 의도, 이전부터 가지고 있던 속성, 그리고 전후에 형성된 조건을 이해하는 것이 중요하다. 사전 조건에 해당하는 이 조건들이 갖는 특징을 다시 요약해 본다.

미국은 1945년 8월 일본을 단독 점령했다. 일본을 완전히 굴복시켜 얻은 단독 점령이 '전후 구축'을 용이하게 했다. 게다가 당시 미국의 일본 전후 구축 구상에 문제를 제기할 세력도 없었다. 실제로 미국과 다른 국가들 사이에 존재하는 힘의 비대칭(power asymmetries)은 역사상 유례가 없을 정도로 컸다.[003] 이 힘은 동아시아의 전후 구축에서 미국이 원하는 규칙과 질서를 강요할 수 있는 사전 조건이었다.

아이켄베리는 전후 주도국은 자신이 얻은 힘을 바탕으로 국제질서를 구축할 때 세 가지 방식 가운데 하나를 선택할 수 있고, 이 선택에 따라 국제질서의 성격을 결정할 수 있다고 하였다. 그가 말한 강대국의 선택은 세 가지다. "첫째, 직접 지배다. 새 패권국은 세력권 내에서 물리적 힘을 동원해 타국을 움직이고 이익 분배를 둘러싼 끊임없는 분쟁에서 우위를 차지한다. 둘째, 포기다. 세력권 내 전후기(戰後期) 분쟁에서 손을 떼고 자국으로 돌아가는 것이다. 제1차 세계대전 후 미국이 보였던 모습이다. 셋째, 변화시키는 것이다. 패권국이 전후기 세력권에서 차지한 유리한 입장을 영속적 질서로 고정하는 것이다. 다만 이 방법은 상대국이 수용할 수 있어야 하고, 약소국과 패전국의 불안을 해소할 수 있어야 한다는 전제가 있다."[004]

아이켄베리의 세 가지 선택론에 따르면 미국은 일본의 전후 구축에서 동시에 두 가지 방법을 사용하였다. 세 번째인 '장기 변화'를 목표로 하면서, 점령 단계에서는 첫 번째인 '직접 지배' 방식을 따른 것이다. 일본 학자들은 샌프란시스코 평화조약으로 점령이 끝난 지금까지 이 방식이 크게 달라지지 않았다고 본다.[005] 이는 미국의 이 전략적 선택을 이론적으로 뒷받침했던 케넌이 "1900년부터 1950년대까

---

[003] 1953년 공업 생산 비율에서 2위였던 소련은 10.7%, 3위였던 영국은 8.4%에 불과하였다. 경제 총생산에서 차지하는 비율도 2위인 영국이 14.1%, 3위인 소련이 7.1%였다. 1위와 2, 3위 간의 격차가 매우 컸다. John G. Ikenberry, *After Victory: The Origins, Crisis, and Transformation of the American World Order*, 강승훈 역, 『승리 이후: 제도와 전략적 억제 그리고 전후의 질서구축』(서울: 한울, 2008), p. 265.

[004] 같은 책, *p. 23*.

[005] 外岡秀俊 外,『日米同盟 半世紀: 安保と密約』, 진창수·김철수 역,『미·일동맹: 안보와 밀약의 역사』, 파주: 한울아카데미, 2006, 참조.

지 미국의 아시아 정책을 관통한 '붉은 실타래'는 국제정치에 대한 법률주의-도덕주의적 접근이 아니라 현실주의였다."고 했던 바와 같은 의미다.[006] 필자도 본 연구를 통해 미국이 샌프란시스코 체제를 구축하면서 이 두 가지 선택 가운데 첫 번째 선택인 '직접 지배'에 더 비중을 두었다는 점을 밝히려 하였다.[007] 이제부터 1장에서 제기한 질문에 대해 차례로 답해본다.

---

[006] G. Kennan, American Diplomacy, 유강은 역, 『미국 외교 50년』(서울: 가람기획, 2012), p. 53.
[007] "미국은 전후 일본에 대해 독점적 지위를 획득하면서 양자 간의 일방주의에 입각한 정책을 채택하였다. 아시아 지역의 전후 질서 구축에서 미국을 제외한 연합국은 그 이해관계가 독일에 비해 상대적으로 적었다. 미국은 일본을 점령하는 과정에서 영국과 소련의 도움을 거의 받지 않았다. 이에 전후 정책 수립에서 고려해야 할 나라들이 적었고 그에 따라 자국의 이해관계를 실현하기 좋은 조건을 가지고 있었다. 그리고 미국은 이 조건을 충분히 활용해 자신의 방식대로 전후 질서를 수립하였다." 차상철, "아이젠하워, 이승만, 그리고 1950년대 한미관계", 『미국사연구』 13집, 한국미국사학회, 2001. 참조.

2절

샌프란시스코 체제 연구 동향에서 제기된 질문에 대한 답변

1. 샌프란시스코 체제 형성에서 미국이 주도적 역할을 한 이유

본고의 연구 시기 동안 미국의 샌프란시스코 체제 구축 과정은 군사적 충돌 변수가 있기는 했지만 대부분 미국 의도대로 추진되었다. 이를 가능하게 한 조건은 크게 네 가지였다. ① 미국의 일본 단독 점령이었다. 미국은 단독 점령 후 소련이 간섭하려 들 때마다 노골적으로 소련의 대일(對日)전 기여도를 낮게 평가하며 소련이 미국의 대일 정책에 관여하려는 시도를 차단하였다.[008] 극동위원회도 사실상 거수기나 마찬가지여서 미국의 일방통행을 제어할 수 없었다. ② 동맹국인 영국조차 미국의 동아시아 전후 구축 구상에 영향을 행사할 수 없었다. 영국은 양차 세계대전을 거치면서 강대국의 지위에서 밀려났고, 전후 복구에서 미국의 경제 지원이 시급하여 미국의 의사를 거스

---

[008] "대일강화조약에 관하여 미국 정부에 보낸 쏘련 정부의 각서", 『로동신문』, 1951년 6월 14일. 이 기사에는 1951년 6월 10일 소련 정부가 미 국무부에 보낸 각서의 전체 내용이 실려 있다. 이 각서는 미국이 소련의 대일전 기여도를 낮게 평가하고 그 때문에 미국의 일본 점령 정책에 대해 소련이 관여할 권리가 없다는 점을 계속 주지시켰음을 확인시키고 있다.

를 수 없었다. 미국은 이를 이용하여 아시아에서 영국의 힘을 약화하는 조치도 병행하였다. 영연방국가인 오스트레일리아, 뉴질랜드와 태평양안전보장조약(ANZUS)을 체결하면서 두 나라도 영국 대신 미국의 영향 아래 두었다. 이렇게 아시아에서 전후 형성된 힘의 압도적 불균형은 미국의 독주를 가능하게 한 핵심 조건이었다. ③ 대항 동맹이 처한 현실적 조건이었다. 북한은 해방 후 국가 수립에 몰두하느라 외교에 관심을 기울일 여력이 없었다. 중국은 내전 중이었고, 공산화 이후에도 전후 복구가 더 시급해 국제 문제에 관여할 여력이 없었다. 게다가 6.25 전쟁에도 참전해야 했다. 소련도 전후 복구가 시급했고 유럽과 동아시아의 두 개 전선을 유지할 여력이 없었다. ④ 소련은 중국이 공산화되면서 세력을 확장할 수 있었으나 미국의 봉쇄로 아시아의 다른 지역으로 확장할 수 없었다. 동남아시아에는 유럽의 식민 종주국들이 아직 남아 있었다. 설사 이들 지역에서 소비에트 동맹에 편입을 희망하는 국가가 있었어도 이를 지원하고 유인할 수 있는 자원이 부족하였다. 이러한 조건들이 미국이 주도하는 전후 체제 형성 과정에서 소비에트 동맹이 동아시아에 소극적이었던 이유를 설명해준다. 실제로 이 시기에 북한의 공간물에 실린 기사들을 살펴보면 소비에트 동맹이 미국과 미국 동맹국들에 취할 수 있는 전략은 기껏해야 미국과 그 관련국에 자신들의 입장을 담은 각서를 전달하거나, 자국에서 대일 강화를 반대하는 군중 시위를 조직하는 정도에 불과하였다.[009] 이처럼 두 진영 간에 존재하였던 현저한 힘의 비대칭이 미국의 독주를 가능케 한 조건이었다.

---

009 "미제의 대일단독강화 음모와 일본의 재무장을 반대규탄!", 『로동신문』, 1951년 6월 26일; "조선인민은 대일강화조약체결에 반드시 참가하여야 한다", 『로동신문』, 1951년 6월 26일 등을 예로 들 수 있다.

2. 샌프란시스코 체제에 대해 관심이 적은 원인

샌프란시스코 체제에 대한 관심은 왜 거의 대부분 미국, 일본, 한국 연구자들만 갖는 것일까? 1장에서 살펴보았듯이 미국, 일본, 한국은 샌프란시스코 체제의 당사자이고 탈냉전 후 미·중 대결로 이 체제가 더욱 공고해질 조짐을 보이기 때문이다. 그만큼 이 체제에서 약자인 일본과 한국은 현상을 타파하려는 의지가 강할 수밖에 없다. 또한 과거 경험에서 교훈을 얻어 이 질서가 고착되는 것을 막고 자국에 유리한 조건을 새롭게 형성하길 바라기 때문이다. 현재는 일본과 한국 가운데 일본의 의지가 더 강해 보인다.

대항 진영에서는 이 체제의 중심이 미국이고, 나머지 하위 동맹에 속한 국가들은 미국의 추종 국가로서 자율성이 부족하기 때문에 미국의 움직임만 파악하면 된다고 생각해 관심을 기울이지 않았다. 미국과 동맹 간에 형성된 압도적 힘의 비대칭이 대항 동맹의 인식에도 영향을 주었던 셈이다. 이들은 일본과 한국의 샌프란시스코 체제 이탈 가능성을 낮게 보고 있다.

3. 북한의 샌프란시스코 체제 대응

본고의 연구 대상 시기에 '북한은 상대 진영의 움직임을 어떻게 파악하고 있었고, 그에 따라 어떠한 대응 전략을 취하였는가?' 북한은 국가 설립 이전에는 소련의 압도적 영향 아래 있었다. 이는 북한의 국제 정보 습득에도 영향을 미쳤다. 당시 사회주의 진영의 국제정보 질서 중심에는 소련이 있었다. 소련은 유럽을 비롯해 미국이 관여하는 지역 정보를 자국 정보원(情報員)을 통해 수집하여 사회주의 진영에 제공하였다. 이 시기에는 북한도 소련 중심의 국제정보질서에서 벗어날 수 없었다. 다만 일본과 남한에는 정보원(情報源)이 있어 독자 정보수집이 가능했다. 국가 수립 후에는 소련과 중국의 정보 채널을 활용하면서도 독자 채널을 가동하였다. 이후 북한은 1954년까지 이 두 채널을 가동해 국제 정보를 수집하였다. 북한은 조선인민민주주의공화국 정부 정강(7항)을 원칙으로 하여 두 채널을 통해 수집한 국제 정보를 선택적으로 수용하면서 선전에 활용하였다. 대응 양상은 공산주의 진영에 국한된 진영 외교를 펼치며 초기에는 소련과 보조를 맞추고, 6.25 전쟁에 중국이 참전하고 나서부터는 중국과 보조를 맞추는 방식으로 이어졌다. 이런 방식으로 대처한 사례가 정전 협상과 제네바 회의였다.

4. 샌프란시스코 체제 형성 과정에서 일본의 역할

'샌프란시스코 체제는 전적으로 미국이 주도하고 일본은 수동적 입장으로 끌려가기만 한 것인가?' 이에 대해서는 평가가 엇갈린다. 일본은 미국 요구를 대체로 수용하면서 그 한계 안에서 최대의 성과를 내는 방식으로 움직였다는 것이 중론이다. 일본은 일본에 파견되는 미국의 외교사절, GHQ(연합군 최고사령관 총사령부) 관계자들을 대상으로 활발하게 로비를 벌였고 실제로 로비 효과를 보았다. 이 로비 덕에 미국이 요구하는 큰 방향을 바꿀 순 없었어도 줄기와 가지에 해당하는 수준의 문제에는 자국의 입장을 반영할 수 있었기 때문이다. 일본의 이러한 외교 방식은 지금도 여전히 작동 중이다. 남한도 미국과의 관계에서 이 시기에 일본과 유사한 방식으로 움직였다. 이는 바큇살 구조의 양자 동맹 구조 안에서 하위 동맹국들(spokes)이 중심국(hub)의 의도대로만 움직이지 않는다는 것을 의미한다.

3절
샌프란시스코 체제의 기원과 형성

이리에 아키라는 샌프란시스코 평화조약을 통해 형성된 미·일 사이의 새로운 레짐(regime)을 샌프란시스코 체제라 불렀다. 캘더(Kent E. Calder)는 이보다 기원을 훨씬 이전으로 소급하여 제2차 세계대전 종전 직후부터 형성된 레짐으로 정의하였다.[010] 일부 연구자들은 미국이 종전 직전 수립한 전후 구상안을 기준으로 샌프란시스코 체제의 기점을 1930년대로 보기도 하였다. 이들은 당시 미국의 정책 수립자들이 자국이 공업 대국으로 살아남기 위해서는 유럽만으론 부족하고 아시아까지 확보해야 한다는 결론을 내린 것을 근거로 하였다. 그들은 이때 미국이 이 목표를 실현하기 위해서는 양쪽 지역에서 시장과 원료 조달을 안전하게 보장할 수 있는 장치가 필요하다고 보았던 점도 고려하였다. 그리고 이 장치의 핵심으로 미국의 국익 실현을 위해

---

010 다우어는 간단히 1951년 9월 8일 체결된 두 개의 조약에서 명명된 것이라 정의한다. 이 두 조약 가운데 하나는 일본과 48개 '연합국' 간에 맺은 다자간 평화조약이고, 다른 하나는 미국과 일본 양자 간의 안보조약이다. 다우어는 "이 두 조약을 통해 미국은 일본에 '일본 및 인근 지역에 군사력을 보유할 권리를 허용했고, 일본의 재무장을 지지하고 촉구했다."고 함으로써 기원을 1951년으로 보았다. John Dower, The San Francisco System: Past, Present, Future in U.S.-Japan China Relations, *The Asia Pacific Journal*, Vol. 12(February, 2014). p. 2.

이 두 지역을 적대적인 한 국가(아시아의 경우 일본) 또는 여러 제국주의 열강이 지배할 수 없게 만드는 방안을 구상했던 점도 고려했다.[011] 이 때문에 당시 동아시아 패권을 노리던 일본은 필연적으로 미국의 견제를 불러들일 수밖에 없었다.[012]

미국은 태평양 전쟁을 치르던 1940년대 초반 태평양 지역에 소재한 일본의 위임통치령 제도(諸島)와 일본의 남부 섬, 그리고 일본이 갖는 중요성을 확인하였다. 미국은 일본 본토를 점령하기 위해 이 섬들을 차례로 정복하는 과정에서 이 지역들이 일본의 방어뿐 아니라 일본 점령 후 미국의 방위를 위한 주요 전략 거점이 될 수 있다는 사실도 확인하였다. 이 섬들을 정복하기 쉽지 않았던 만큼 이를 확보한다면 다른 나라들도 일본을 공격할 때 같은 난관에 봉착할 수 있다는 점을 경험적으로 확인하였다.[013] 당시 군사 전략가들은 일본을 이 관점에서 보았다.[014] 미국이 전쟁에서 승기를 잡아갈수록 이 구상은 목

---

011 스파이크만은 미국 주변 지역인 서구(NATO 지역), 중동, 동남아, 한국, 만주 등을 대륙 세력(land power)과 해양 세력(sea powers)이 접촉하는 완충 지역으로 보았다. 그는 이 주변 지역을 지배하는 국가가 유라시아를 지배하고 유라시아를 지배하는 국가가 전 세계를 지배할 것이라 주장하였다. 미국과 같은 주요 해양 세력 국가가 주변 지역의 제 국가를 연합으로 묶고 또한 심장 지역의 주변 해양을 지배할 수 있다면 그들의 변두리 도서 요새를 가지고 심장 지역을 봉쇄할 수 있다는 것이 그의 신념이었다. 그래서 전시나 평시를 막론하고 심장 지역과 유라시아 주변 지역의 통합을 저지하는 것이 언제나 미국의 목표가 되어야 한다고 주장하였다. 특히 중심 지대는 강력한 주변 지역의 반월(半月) 지대 국가를 통해 밀봉할 수 있다는 그의 생각은 봉쇄 전략 개념과 유사하다. 최정준, "미국의 동아시아 냉전전략과 샌프란시스코 체제의 형성", p. 114.
012 Nicholas J. Spykman, *The Geography of the Peace*, 김연지 외 역, 『평화의 지정학』(서울: 섬앤섬, 2019) 참조.
013 이 지역들이 미국에 군사적으로 접근하기 위해서는 필수 거점이 된다는 뜻이다. 당시 전투(폭)기와 함선의 항속거리가 짧았기 때문에 이 섬들을 징검다리 삼아 가야 했다는 점을 고려해야 한다. 미군은 이 전략을 '섬 건너 뛰기 전략(frog leap strategy)'이라 불렀다.
014 미국이 일본의 단독 점령을 결정한 근본 이유는 일본이 가지고 있던 이 전략적 중요성 때문이었다. 미국은 일본을 1854년 개항 이후 급속한 산업화와 근대화를 이룬 아시아

전의 일이 될 가능성이 높았다.

미군의 이러한 경험은 맥아더의 도서방위전략으로 이어졌다.[015] 맥아더의 도서방위선은 다시 애치슨 라인(Acheson Line)으로 이어졌다. 애치슨 라인은 맥아더가 생각한 아시아 대륙 해안을 둘러싼 섬들의 연쇄선, 즉 필리핀에서 시작해 오키나와를 포함하는 류큐 군도, 일본과 알류샨 열도로 휘어져 알래스카로 이어지는 U자 선이었다.[016]

이 두 방위선 개념은 미국이 일본을 점령하였을 때 이 섬들과 일본을 자국 방위를 위해 어떻게 활용할 것인지 보여주었다. 이 두 방위선 개념은 샌프란시스코 체제의 군사적 측면을 구성하였다. 이렇게 보면 샌프란시스코 체제는 1930년대에 시작하여 태평양 전쟁을 거치며 1940년대 말에 구체화되었다고 할 수 있다.

그러나 국면 분석틀을 적용하면 샌프란시스코 체제는 냉전과 직접 연결돼 있고, 냉전은 미·소의 양강(兩強) 대결 구도로 형성·유지돼 온 것이어서 이 기원설은 타당하지 않다.

미국은 '사전 포섭' 국면에서 샌프란시스코 체제를 구축하였고, '유산 국면'에서 이와 연결하여 동남아시아조약기구와 바그다드 조약기

에서 가장 중요한 나라로 여겼다. 또한 지정학적으로도 해양 세력인 미국에게 일본 열도는 아시아로 통하는 관문으로서 핵심 전략적 가치를 갖는 곳이었다.

[015] 이 개념은 맥아더의 도서방위선(off-shore defense strategy) 구상에서 확인할 수 있다. 맥아더의 이 구상은 합참의 핀셔, 문라이즈 같은 비상전쟁계획으로 구체화되었다. 1948년 3월 케넌과 가진 회담에서 맥아더는 태평양을 보호하기 위해 알류샨 열도, 미드웨이, 일본의 위임통치하에 있는 섬들, 필리핀의 클라크 공군 기지, 오키나와를 포함하는 U자형 지역을 확보하는 것이 필요하다고 역설하였다. 맥아더는 소련과 전면전이 발생하면 동북아에서는 방어 전략을 취하면서 일본을 중심으로 일본에 이어진 섬들을 이어 해·공군력 중심으로 아시아 대륙을 공격한다는 계획을 가지고 있었다. 미국이 태평양에서 도서선을 연결하여 방위선을 구축한다는 이 구상은 1947년 태평양 지역에서 대소(蘇) 전쟁 계획에 반영되었다.

[016] Dean Acheson, National Press Club Address(January 12, 1950), FRUS 1950. East Asia and the Pacific Vol. VI, pp. 276~77.

구를 연이어 조직하며 1955년 5월에 대소, 대공산주의 봉쇄선 구축을 마무리하였다. 미주 대륙에는 1948년에 미주 기구(OAS)를, 서쪽으로는 북대서양조약기구(NATO), 동쪽으로는 미·일 동맹 중심의 샌프란시스코 체제, 동남아시아조약기구(SEATO), 바그다드 조약기구(CENTO)를 연결하여 전 지구적 대공산주의 봉쇄망을 구축하였다.[017] 이 전체 봉쇄망에서 샌프란시스코 체제는 북대서양조약기구 결성 후 순차적으로 구축한 지역 봉쇄망의 일부였다. 이렇게 보면 1945년 이전 기원설은 타당하지 않다.

군사적 측면에서 미국의 승리가 확실시되었던 1943년을 기점으로 보려는 학자들도 있다. 이들은 이미 이때 샌프란시스코 평화회의의 한 축이었던 '미·일 안전보장조약'의 기본 구도가 형성되었다는 것을 근거로 든다. 이들은 이 기본 구도를 실현하기 위해 미국이 일본을 중심으로 하는 지역통합전략을 수립한 것도 근거로 든다. 이 구상은 종전 후 일본이 빼앗긴 시장과 원료 공급지를 회복하기 위해 한국, 대만을 비롯해 동남아를 일본 시장과 원료 공급지로서의 성격을 갖는 배후지로 만드는 것이었다. 성병준에 따르면 미국이 이 정책을 선택했을 때 해결해야 할 과제는 두 가지였다. 하나는 동아시아 지역의 헤게모니를 누가 쥐게 할 것인가였다. 미국은 이에 대해 아시아 지역 전체는 미국이, 동아시아는 미국이 통제한다는 전제 아래 일본을 대리인으로 세우는 것으로 정리하였다. 다른 하나는 일본에 생산 원료를 조달하는 지역과 소비재 수출을 위한 배후지를 어떻게 설정할 것인가였다. 미국은 이에 대해 원료 조달과 시장은 동남아 지역, 배후지는 미국이 영향력을 행사할 수 있는 대만과 한국 정도를 생각하였

---

017 이 봉쇄선은 스파이크만이 말한 하트 랜드(Heart Land)를 둘러싸고 있는 림 랜드(Rim Land)와 일치한다.

다. 이를 통해 동아시아에 중심부, 반주변부, 주변부라는 수직적 위계질서(분업 질서)를 구축하려 했다.018

그러나 정치, 경제적인 측면까지를 고려하면 역시 1947년을 하한으로 보는 게 타당하다. 미국은 이때부터 일본 점령에 드는 비용 문제 해결, 유럽과 동아시아에서 점증하는 소련의 위협에 군사적으로 대처할 필요성을 염두에 두고 점령 정책을 전환하기 시작했기 때문이다. 이렇게 미국이 일본 점령을 끝내기 위해 구상한 두 가지 축 가운데 하나인 일본의 경제 부흥안도 1947년 이전에 구상되어 1947년부터 시행되기 시작했다.019 따라서 필자는 이를 근거로 이 체제의 기원을 1947년으로 보았다.

1. 샌프란시스코 체제 형성에서 미국 중심성의 배경

아이켄베리는 전쟁에서 승리하여 주도권을 쥔 국가의 선택에 따라 전후 체제의 성격이 결정된다고 하였다. 이 국가의 선택은 필자가 고려한 '사전 조건'의 구성요소인 '내장된' 속성과 유사하다. 이 선택의 속성이 체제의 속성을 결정하는 선험적 조건이라는 관점에서 아이캔베리의 분석을 따랐다.

그가 밀한 주노국의 세 번째 선택(장기 계획)처럼 미국은 샌프란시스코 강화회의를 통해 일본과 그 회의의 영향을 받는 지역을 자신이

---

018 정병준, "동서냉전체제와 6.25 전쟁", 역사학회 편, 『전쟁과 동북아의 국제질서』(서울: 일조각, 2006), p. 500.
019 이 체제의 기원을 1949년에서 결정적 국면이었던 1950년 즈음으로 보는 이들도 있다. '결정적 국면'은 말 그대로 '중요한 결정'이 내려지는 시기이기 때문에 이전에 어떤 사전 과정이 있었든 상관없이 가장 중요하게 고려해야 하는 시기이다. 실제로 1947년 처음 제안되어 지지부진했던 대일 강화가 이 결정적 국면을 지나면서 급물살을 탔다. 급조에 가까운 것이었다. 이를 고려하면 이 체제의 기원은 1950년일 수 있다.

의도하는 질서로 변화시켰다. 이어서 이렇게 변화시켜 구축한 질서를 '영속적으로 고정화'하려 했다. 이 작업은 일본의 단독 점령에서부터 시작되었다. 그럼에도 그는 이 체제의 등장이 강화회의를 계기로 시작되었다고 보았는데, 그것은 이 회의가 형식적이긴 했어도 미국의 일본 점령과 지배를 국제적으로 공인하는 의미가 있었기 때문이다.

미국은 6.25 전쟁을 계기로 소련을 배제하고 대일 단독강화(혹은 다수강화)를 추진하였다. 미국은 6.25 전쟁 직후 덜레스를 특사로 임명하여 일 년여의 준비를 거쳐 1951년 9월 8일 오전 조인식을 끝으로 평화조약을 체결했다. 그날 저녁에는 일본과 단독으로 미·일 안전보장조약을 체결했다. 미국은 이 조약을 준비하면서 일본의 전쟁 배상 책임, 타국이 일본에 청구할 수 있는 권리를 소멸시키는 방안을 앞세웠다. 이 조치는 당연히 태평양 전쟁기에 일본으로부터 피해를 본 주변국들의 반발을 샀다.

주변국들의 반발에도 미국이 이렇게 행동한 데는 두 가지 이유가 있었다. ① 일본에게 이 두 가지는 큰 동기 부여(incentive)의 요소였으므로 미국은 이를 일본에 제공함으로써 일본이 자기 의도대로 따라오길 기대했다. 이를테면 일본에서 미군의 계속 주둔, 일본 내의 기지 사용 권한 허용 등에서 일본이 미국의 의사를 거스를 수 없게 하고 싶었다. ② 배상을 기대하던 나라들로부터는 비난을 받겠지만 일본의 조속한 경제 부흥을 도와 자국의 점령 비용과 안보 비용을 줄이고자 했다. 이 두 가지는 미국이 1940년대 후반 이후 아시아에서 중국·소련에 대항해 자국의 영향력을 계속 유지하는 것을 보증하는 군사, 경제 세력을 형성하려는 전략의 일환이었다. 당연히 이 세력권의 중심은 일본이었다.[020]

---

020 정병준, "동서냉전체제와 6.25 전쟁", pp. 498~499.

당연한 일이지만 일본 제국주의의 침략을 경험한 나라들은 일본이 재군비 후 자신들을 침략하지 않을까 우려했다. 이들에게는 일본의 경제 부흥과 재무장이 대동아 공영권의 부활로 비쳤다. 이에 남한, 필리핀, 호주, 뉴질랜드가 미국에 안전보장을 요구했다. 일본의 재군비를 추진하되 자국의 안전을 지키는 수준에 머물러야 한다는 조건도 이행하도록 요구했다.[021] 미국은 이들의 강력한 요구에 밀려 강화조약 일 전후로 상호방위조약과 안전보장조약을 체결하였다. 애초 목표로 삼았던 일본에 대한 재군비 요구 수준도 낮췄다. 샌프란시스코 평화조약이 일본에서 발효되는 날에는 대만을 중국 대표로 인정하는 '중화민국과 일본 간의 평화조약'(1952년 4월 28일)을 체결하였다. 일본이 중국을 미래의 자국 상품시장이 될 것이라 기대하며 수교를 고려하고 있었기 때문이다. 이로써 미국은 주권국이 된 일본이 중립 노선이나 친공산주의 노선을 따르지 못하도록 차단하였다.[022] 미국의 이러한 선택은 오늘날까지 동아시아에서 다자주의 안보 체제의 발전을 저해하는 장애 요인이 되어 왔다.[023] 일본과 당시 피해국 간에 존재하는 역

---

[021] 자위대 출범 때도 자위대는 육상병력 중심으로 구성되었다. 해군과 공군은 미군에 의존하는 구조였다. 주요 안보를 미군에 의탁하는 방식이었다. 이는 두 사실을 의도한 것이었다. 첫째, 미국은 주변국의 우려와 불안을 불식하기 위해 일본이 공격 가능한 수준으로 군비를 증강하는 것을 억제해야 했기 때문이다. 둘째, 일본이 미국에 다시 도전하는 것을 막아야 했기 때문이다. 미국이 일본의 재군비를 추진하면서도 그 범위를 제한하는 이유다. 이 원칙은 여전히 유효하다. 미국과 안보 조약을 맺은 나라들 모두한테도 마찬가지다.

[022] 케넌은 "일본이 2차 대전에서 패함에 따라 아시아에서 소련을 억제하기 위해 미국이 의지할 수 있는 강대국이 사라졌다. 이런 사실은 미국이 유럽에서뿐 아니라 아시아에서도 봉쇄 구실을 떠맡아야 함을 의미했다."고 말했다. Kennan, *American Diplomacy*, p. 19.

[023] 마상윤, "글로벌 냉전과 동아시아", 신욱희·마상윤, 『글로벌 냉전의 지역적 특성』(서울: 사회평론, 2015), pp. 93~94.

사-심리적 간극도 지역의 평화를 위협하는 요인이 되었다.[024]

미국의 전후 구축 기본 구상은 샌프란시스코 체제를 통해 아시아에 위계적 분업 구도를 만드는 것이었다. 미국은 이에 그치지 않고 '안보-경제-관념'으로 관련국을 하나로 묶어 놓았다. 먼저, 미국은 일본의 지배를 제도화하는 수단으로 경제 제도를 활용했다. 브레튼 우즈 체제에 참여시킴으로써 미국이 구축한 경제 체계 안에 묶어 놓았다. 군사적 지배를 안정화하는 조치였다. 관념적 유대로는 자유 민주주의 질서를 선택하게 함으로써 냉전과 같은 이념적 대립 구도에서 서구 진영을 벗어나지 못하게 만들었다.[025] 미국의 이러한 의도는 동아시아에서 자유 진영을 선택한 국가에 공통적으로 적용되는 것이었다. 따라서 샌프란시스코 체제는 미국이 추구하는 자유주의적 자본주의를, 정체(政體)로는 민주주의를 이념적 기초로 삼았다. 이것이 내장된 속성을 구성했고 출범 후에는 경로의존성으로 기능했다.

2. 샌프란시스코 체제와 냉전, 6.25 전쟁과의 관계

필자는 샌프란시스코 체제가 미국과 '소련·공산주의 세력'과의 대결 구도인 냉전체제의 연장에 있어 미·소가 서로를 적으로 규정하고 적대하기 시작하는 1947년 말이 체제 기원의 하한이어야 한다고 보았다. 미국이 유럽에서 갖게 된 소련에 대한 부정적 인식, 분단된 한

---

024 이 체제는 냉전기에 등장한 계층적 분화의 한 형태로 이해가 가능하다. 이 체제는 조직자인 미국과 조력자인 일본의 역할을 바탕으로 미국에 의한 아시아·태평양 관리와 일본의 재무장을 내용으로 형성된다. 하지만 전후 처리 체계로서는 불완전해 영토나 역사 문제 같은 지역 내 갈등을 재생산했다. 전재성 편, 『동아시아 지역질서 이론: 불완전 주권과 지역갈등』(서울: 사회평론아카데미, 218), p. 111.

025 Ikenberry, 앞의 책, pp. 271~274.

반도에서 겪은 미·소 간의 불협화음, 중국 내전에서 마오쩌둥의 공산당군이 승기를 잡는 데 소련이 기여한 점이 복합적으로 얽히며 미국이 소련에 적대적이고 공격적으로 대응하기 시작한 시점이 1947년 말이었기 때문이다. 이 시기에 일본에서는 역코스가 일어났다.[026] 그러나 앞에서 결정적 국면이 유력할 수 있다고 하였는데 이를 기준으로 하면 1950년이 기점이 될 수도 있다. 어떻든 샌프란시스코 체제는 유럽에서 시작된 냉전의 자장 안에서 형성되었다. 지리적으로 볼 때도 샌프란시스코 체제의 영향권은 태평양 지역과 공산 중국을 둘러싼 동아시아에 한정돼 있다. 지구적 냉전 구도는 미주 대륙의 OAS, 유럽의 NATO, 동남아시아와 서아시아를 잇는 SEATO, NATO와 SEATO 사이를 잇는 바그다드 조약기구로 형성되는데 이 구도 안에서 이 체제는 동아시아에 한정돼 있다. 이를 고려하면 샌프란시스코 체제는 지구적 냉전 질서의 하위체제이다.

6.25 전쟁은 냉전의 결과이면서 이후에 전개될 동아시아의 냉전 성격을 규정한 사건이기도 했다. 6.25 전쟁을 냉전의 결과로 보는 관점과 냉전의 출발점으로 보는 견해가 대립하는데, 필자는 본고에서 6.25 전쟁의 원인 가운데 하나가 냉전이라는 입장을 취하였다.

6.25 전쟁이 이 체제 형성에 미친 가장 큰 영향은 강화조약이라는 형태로 태평양 전쟁의 선후 처리 작업이 신속하게 이뤄지고, 이를 바

---

[026] 신욱희는 냉전의 시작을 가늠하는 핵심 변수를 중국의 국내 상황 전개로 보았다. 그는 "내전 양상이 공산당에 유리하게 전개됨에 따라 점차 반식민주의 대 자유주의의 이념적 구도가 동아시아에 등장하였고, 이에 따라 일본에 대한 역코스 정책을 비롯한 미국의 동아시아 정책 구도 전환에 따라 1940년대 말에 동아시아의 냉전이 시작되는 것"으로 보자고 제안했다. 그는 또한 "동아시아에서 중요했던 것은 미·소 관계라기보다 미·중 관계이 문제였다고 할 수 있고, 결국 중국 내전이 종결되는 1949년이 전환점이 되는 것"이라고 주장하였다. 기점은 포괄적으로, 본격화하는 시기는 1949년으로 제시한 셈이다. 신욱희, 『삼각관계의 국제정치: 중국, 일본과 한반도』(서울: 서울대학교출판문화원, 2017), pp. 41~42.

탕으로 미·일 관계를 중심으로 하는 냉전기 동아시아의 국제관계 기본 축이 만들어진 것이다. 또한 6.25 전쟁을 통해 냉전의 미·소 대립 구도가 동아시아에서 미·중 대립 구도로 변화한 것이다. 이 대립 구도의 변화는 탈냉전 이후에도 동아시아에서 평화가 확보될 수 없게 만든 원인이었다. 이는 유럽과 동아시아의 냉전체제를 서로 구분 짓는 특징이기도 하다.[027]

---

027 같은 책, p. 44.

4절
샌프란시스코 체제의 부정적 유산과 극복 가능성

국내 연구자들은 샌프란시스코 체제의 영향을 주로 영토 문제, 역사 문제와 연결하여 다뤄왔다. 영토 문제는 역사적으로 한국 땅이 분명한 독도를 일본이 자국 영토로 주장하면서 비롯되었다. 이 때문에 다수 연구자가 독도 영유권 발생의 기원이 된 이 샌프란시스코 강화회의를 주목하였다. 역사 문제도 미국이 강화 조건으로 내건 관대한 조치 때문에 일어났다. 일본이 과거사에 대해 반성과 사과 대신 과거사를 정당화하는 발언을 하고, 식민지 시대의 배상이나 청구권을 부정하면서 불거졌다. 이 두 가지 모두 미국이 주도한 대일 강화가 졸속으로 이뤄지고 주변국을 배려하지 않았으며 자국의 이해관계만을 앞세워 일이났다.
 이 두 가지는 공교롭게도 강화회의에 초대받지 못한 나라와 끝까지 회의 결과에 승복하지 않은 나라들과 일본 사이에 발생하였다. 다우어는 이 점에 주목하였다. 그는 현재 동아시아에서 영토분쟁을 일으키는 다섯 개 지역 가운데 세 개가 일본과 연관돼 있고, 분쟁의 일차 원인이 국가의 자존심과 전략적 고려에 있다고 보았다. 실제 일부 영토분쟁은 최근 분쟁지역에서 해저 석유와 천연가스 등이 발견되면

서 더 격화하고 있다.[028]

 관건은 당시에도 분쟁의 소지가 있던 이 문제들을 평화회의 때 왜 정리하지 않았느냐 하는 점이다. 일부 학자들은 미국이 대일 강화를 서두르다 시간이 부족해 복잡한 쟁점은 강화 후 당사국끼리 해결하도록 미뤘기 때문이라고 본다. 반면 키미에 하라와 다우어는 이 영토분쟁을 미국이 쐐기(wedge)로 활용했기 때문이라고 주장한다.[029] 물론 이 주장들의 사실 여부는 여전히 논쟁 중이다. 분명한 사실은 미국의 단독강화 추진과 일본에 유리한 강화 원칙이 이러한 문제 발생의 원인이었고 앞으로도 이 구도하에서는 해결이 쉽지 않으리라는 점이다. 우리나라는 독도 영유권 문제와 식민지 배·보상 문제가 여기에 걸려 있다. 이 일에는 일본도 일본이지만 미국의 책임이 크다.

 다우어는 샌프란시스코 체제의 부정적 영향을 8가지 모순으로 표현한 바 있다. 그가 말한 샌프란시스코 체제의 태생적 모순은 "① 오키나와와 '두 개의 일본', ② 한국, 중국 등 이웃 나라들과의 영토분쟁, ③ 일본 내 미군기지,[030] ④ 일본의 재무장, ⑤ '역사 문제들', ⑥

---

028 John Dower, The San Francisco System: Past, Present, Future in U.S.-Japan China Relations, *The Asia Pacific Journal, Vol. 12*(2014), p. 6.

029 Kimie Hara, "Introduction: The San Francisco System and its Legacies in the Asia-Pacific", Kimie Hara ed., *The San Francisco System and Its Legacies: Continuation, transformation, and historical reconciliation in the Asia-Pacific*(New York: Routledge, 2015), pp. 4~7; Dower, ibid., p. 5.

030 다우어는 미국 전략가들이 주일 미군을 유지하는 이유로 세 가지를 들었다. 첫째, 가장 중요한 이유는 아시아 본토 및 러시아에 대한 미 군사력의 해외 발진 기지 역할이다. 둘째, 잘 알려지지 않은 이유인데 일본이 보다 자율적이 되거나 군사주의로 치달을 경우 이를 통제하기 위해서다(이러한 주장은 미국 등 서방 측에서 일본을 신뢰할 수 없다는 생각이 많았던 1950년대, 그리고 미·중 관계가 정상화된 1970년대에 자주 제기됐다). 셋째, 1951년 안보조약 1항에 있는 대로 주일 미군이 "극동지역의 평화와 안정을 도모하며 외부 침략으로부터 일본의 안보를 보호"하기 위해서다. 다우어는 일본 외 지역에서 진행되는 미군의 전투 임무를 지원하는 기능이 가장 실질적인 이유라 보았다. Dower, 같은 책, p. 10.

'핵우산', ⑦ 중국 봉쇄와 일본의 아시아로부터의 이탈, ⑧ 일본의 '예속적 독립' 등"이었다. 이 가운데 ②, ⑤ 문제는 앞에서 간단히 살펴보았다. 여기서는 일본에 관련된 ③, ⑥, ⑧을 제외한 나머지 유산의 영향만 살펴본다.

오키나와는 샌프란시스코 체제로 인해 분단이 고착한 나라들의 문제와 연결해 살펴야 한다. 오키나와는 본래 일본이 18세기에 강제로 점령한 곳이었다. 강화 협상 때는 본토 독립을 얻기 위해 사용한 협상 카드였다. 일본은 강화를 계기로 사실상 오키나와를 미국에 할양한 셈이었다. 1972년 미국이 오키나와를 일본에 반환하는 형식을 취하였으나 미국은 오키나와를 실효적으로 지배하고 있다. 일본 본토를 내주고도 지키려 했을 만큼 미국의 전략 요충이기 때문이다. 이를 감안하면 일본도 사실상 분단국가인 셈이다.

한반도도 이 체제에서는 분단이 지속될 수밖에 없다. 중국도 마찬가지다. 이처럼 동북아시아 세 나라 모두 분단과 불평등한 조약을 통해 불완전 주권 국가로 살아가는 것, 그리고 이 상태가 언제까지 지속될지 기약이 없다는 점이 이 체제의 가장 큰 부정적 영향이다.

일본의 재무장은 당시에도 주변국의 반대가 심했던 사안이다. 그런데 미국은 자국의 이익을 위해 주변국의 반대를 무릅썼다. 다우어는 일본의 재무장이 안고 있는 두 가지 문제를 다음과 같이 지적하였다. "첫째, 미군의 일본 주둔과 마찬가지로 일본을 미국의 전술 계획 및 전략 정책에 예속시켰다. 둘째, 일본의 재무장은 2차 대전 이전 일본군이 아시아에서 저지른 온갖 악행을 축소하고 왜곡하며 부정하는 결과를 초래했다."[031] 재무장은 일본 내에서 강화 때부터 쟁점이 된 사안이었는데 다우어는 일본이 재무장하면 할수록 미국의 전쟁 수행

---

031 Dower, 같은 책, p. 12.

능력에 실질적으로 더 많이 기여하라는 압박만 가중되는 것일 뿐이라고 보았다. 그런데도 일본은 이에 참여하고 있고, 최근에는 먼저 나서서 미국을 추동하는 측면도 있다. 이것이 지역 안보뿐 아니라 세계 평화에 부정적인 영향을 주고 있음은 잘 알려진 사실이다.

1. 중국 봉쇄와 일본의 아시아로부터의 이탈

6.25 전쟁 전후로 미국의 봉쇄 대상은 중국으로까지 확대되었고, 전후에는 중국이 중심이었다. 이러한 상황은 지역의 세력균형을 가져와 소극적 평화(negative peace)를 실현하는 데 기여했으나, '체제의 분절, 대립과 더불어 개별 단위 내 분절과 대립, 혹은 불완전성' 문제를 고착시켰다.[032] 게다가 중국 봉쇄는 유럽의 탈냉전 분위기에도 이 지역에서 냉전적 대립이 지속되는 원인이 되었다. 이러한 분절과 대립이 이 지역에 사는 동아시아인에게 미치는 영향은 헤아릴 수 없이 큰 것이다.

일본의 탈아시아적 경향은 이미 19세기 중반부터 나타나기 시작했다. 이 연장에서 최근 일본은 미국과 동맹을 강화하면서 자국 군대의 활동 범위를 세계로 확대하려 하고 있다. 아베의 제안을 미국이 수용한 인도-태평양 전략이 대표적이다. 이처럼 일본은 역내 국가들과 다자적이고, 협력적으로 살아가는 방법을 찾는 대신 이탈을 선택하고 있다. 이는 그동안 제기되었던 역사, 영토 문제 등의 해결을 지연시키고 냉전 구도를 해체하는 데도 방해가 되고 있다.

이 모든 문제가 강화회의 체결 당시 일본이 점령 상태에 있었고 단독강화로 사회주의권이 배제되었으며 미국의 국익만을 앞세워 주변

---

032 신욱희, 『삼각관계의 국제정치: 중국, 일본과 한반도』, p. 83.

국의 이해관계를 무시하였기 때문에 일어났다. 지역의 역사, 경험과 문화에 대한 이해 없이, 군사적 경제적 고려만 앞세워 이러한 문제가 일어났고 여전히 지속되는 것이다. 샌프란시스코 체제를 하루빨리 극복해야 하는 이유다.

2. 샌프란시스코 체제의 극복 가능성

이 질문은 아직 열린 질문이 될 것 같다. 다만 지금까지 살펴본 바 대로라면 이 체제는 아직 공고한 편이라 판단하는 게 현실적이다. 실제로 미국 쇠퇴론이 날로 설득력을 얻는 상황에서도 동북아에서 미국의 영향력은 거의 약화하지 않는 것처럼 보인다. 미국은 자국의 약화하는 힘을 일본과 한국에 지역 안보에 대한 기여도를 높이도록 압박함으로써 보완하려 하고 있다. 중국의 현상 변경 시도를 사전에 차단하기 위해 중장기 대응 전략도 추진 중이다. 이 때문에 한국과 일본은 미국의 영향력이 역내에서 감소하고 있다는 느낌을 받기 어렵다.

대항 진영의 도전이 미미한 점도 현상 변경의 가능성을 낮게 보게 만든다. 러시아는 현재 우크라이나와 전쟁을 치르며 국력을 소모하는 중이다. 러시아의 유럽 우선주의도 여전하다. 이 지역에 신경을 쓸 여력이 충분치 않다. 다만 중국, 북한과의 협력을 통해 대항 동맹 유지에 관여하고 있을 뿐이다. 중국은 미국의 견제를 버티느라 여념이 없다. 중국은 미국의 주 견제 대상이고 대항 동맹의 중심인 만큼 압박 강도가 세 국가 가운데 가장 크다. 미국과 치르는 이러한 전략 대결은 앞으로도 수십 년 동안 지속될 것이기에 중국도 중장기 대비책을 세우고 있다. 그러나 중국은 현상을 유지할 수 있을지언정 세력 전이에 성공할 수 있을 만큼의 힘은 비축하고 있지 못하다. 북한은 이 냉전적 대립 구도로 봉쇄와 압박을 받고 있어 대항 동맹을 강화하려고 한다. 하지만 이 세 나라로 구성되는 대항 동맹은 현상을 유지할 수 있을 정도이지 완전히 현상을 타파(변경)할 만큼 힘이 형성되어 있지 못한 상황이다. 그럼에도 이 지역에서 현상 변경의 가능성이 없는 것은 아니다. 여기엔 세 가지 근거가 있다.

첫째, 미국은 제2차 세계대전 종전 후 이 지역의 전후 질서를 구축할 때 한·중·일 세 나라 가운데 일본에서만 자기 뜻을 관철할 수 있었다. 세 나라 모두를 자기 진영에 포함하는 것이 본래 계획이었는데 절반만 성공했다. 한국 전쟁에서는 비겼다. 베트남전에서는 패배했다. 아프가니스탄에서도 패배했다. 러시아와 우크라이나 전쟁에서도 우크라이나를 앞세워 전쟁을 수행하는 중인데 사실상 패배하고 있다. 한국 사회에 팽배해 있는 '전능한 미국 이미지'와 사뭇 다른 모습이다. 이는 미국이 모든 문제에 해답과 능력을 갖고 있지 않다는 것을 뜻한다. 이 점이 우리에게 현상 변경을 꿈꿀 수 있는 근거가 된다.

둘째, 미국이 힘을 갖는 '허브 앤 스포크' 체제에서도 약자인 스포크 국가의 선택에 따라 강자인 허브 국가(미국)에 영향을 행사할 수 있다. 샌프란시스코 체제 형성 과정에서 일본이 미국에 취한 전략이 대표적인 사례다. 이 전략으로 일본은 기둥은 아니어도 줄기와 가지는 변경할 수 있었다. 지금도 이 같은 방식으로 줄기와 가지를 늘려 나가는 전략을 택할 수 있다. 더욱이 지금처럼 미·중 간에 전략 대결이 고조되는 시기에는 스포크 국가의 교섭력이 커질 수밖에 없다. 미국으로부터 양자택일을 요구받을수록 (과거와 달리) 협상력이 커지기 때문이다. 위축될 필요가 없다.

셋째, 미국의 글로벌 패권이 쇠퇴하는 상황이 기회다. 패권이 전이되는 동안에는 여러 변수가 발생하고 그런 만큼 위태로울 수 있지만 공고해 보이는 체제를 이완하거나 붕괴시킬 기회 또한 열린다. 구한말에는 힘이 약해 이러한 상황에서 나라를 잃었지만 백여 년이 지난 지금 우리는 강하다. 훨씬 유연하게 대처할 수 있는 조건과 능력을 갖추었다. 냉철한 분별력만 갖추면 새로운 기회를 만들 수 있다. 주눅이 들지 않고 자신이 가진 힘을 냉정하게 인식하고 행동할 때 샌프란시스코 체제에 균열을 낼 수 있다.

    다만 새로이 열린 시간과 공간을 기회로 삼으려면 체계적 연구가 필요하다. '아는 만큼 보이고 아는 것이 힘'이니 말이다.

참고문헌

1. 북한 문헌

가. 김일성 문헌
김일성, 『김일성 전집 8권』, 평양: 조선로동당출판사, 1994.

나. 단행본
김광운, 『북조선실록 1-43권, 105-114권』, 서울: Korea Data Project, 2019.
김근조 편, 『조선민주주의인민공화국 대외관계사 1』, 평양: 사회과학출판사, 1985.
김근조 편, 『조선민주주의인민공화국 대외관계사 2』, 평양: 사회과학출판사, 1987.
리영환·리훈혁·윤영애·김창호, 『조선통사(하)』, 평양: 사회과학출판사, 2016.
리훈혁·오명남·최영숙, 『죄악에 찬 일본군국주의의 조선침략사』, 평양: 과학백과사전출판사, 2013.
사회과학원 김일성주의연구소, 『대중정치용어사전』, 평양: 과학백과사전출판사, 2005.
사회과학원 력사연구소, 『조선전사 27』, 평양: 과학백과사전출판사, 1981.
사회과학출판사, 『정치사전』, 평양: 사회과학출판사, 1973.
　　〃　　, 『정치사전』, 동경: 사회과학출판사, 1971.
사회과학출판사 편, 『조선말대사전(증보판) 2』, 평양: 사회과학출판사, 2017.
　　〃　　, 『조선말대사전(증보판) 3』, 평양: 사회과학출판사, 2017.
조선민주주의인민공화국 력사연구소, 『력사사전(1)』, 평양: 사회과학출판사, 1971.
조선민주주의인민공화국 사회과학원, 『정치용어사전』, 평양: 사회과학출판사, 1970.
조선중앙통신사, 『조선중앙년감 1949』, 평양: 조선중앙통신사, 1949.
　　〃　　, 『조선중앙년감 1950』, 평양: 조선중앙통신사, 1950.

조선중앙통신사,『조선중앙년감 1951-52』, 평양: 조선중앙통신사, 1952.
　　　〃　　,『조선중앙년감 1954-55』, 평양: 조선중앙통신사, 1955.
차준봉,『누가 조선전쟁을 일으켰는가』, 평양: 사회과학출판사, 1993.
채병욱,『미제는 조선침략전쟁의 도발자』, 평양: 조선로동당출판사, 2016.
한석부 외 편찬,『국제법사전』, 평양: 사회과학출판사, 2002.

다. 논문

강길모, "붕괴되는 미제의 대외정책",『근로자』제7호, 1954년 7월.
레민 述· 오기찬 譯,『戰後 美國外交政策의 傾向』,『근로자』제7호, 1947년 7월.
석국, "米侵略政策을 反對하는 極東諸人民의 鬪爭",『근로자』제13호, 1948년 3월.
송성철, "최근 일본 정세에 대하여",『인민』(1950년 6월호) 제5권 6호, 평양 민주조선사, 1950.
송성철, "미제의 사수 하에 이승만 매국도당과 일본 군국주의자는 결탁하고 있다",『근로자』제8호, 1950년 4월.
신염, "日本에 對한 米國膨脹主義者들의 政策",『근로자』제13호, 1948년 3월.
　　　〃　, "쏘미 關係: 쏘米 양정부간의 서한교환에 관하여",『근로자』제17호, 1948년 7월.
에 쥬꼬브, "植民地體系의 危機의 尖銳化",『근로자』제13호, 1948년 3월.
조남호, "서부 독일과 일본에서의 미제의 재 무장정책",『인민』(1953년 10월호) 제8권 6호, 평양 민주조선사, 1953.

라. 기타

"전 세계 주목의 초점, 모로또브 동지의 국제정세 보고",『정로』, 1945. 11. 25.
"쏘, 미, 영 3국 외상 모스크바회의의 결과 발표",『정로』, 1946. 1. 3.
"북조선의 정세",『정로』, 1946. 6. 20.
"사설 미국정책의 개변을 요구함 인민의 항의를 보내며",『로동신문』, 1946. 9. 26.
"'새 전쟁'의 풍설에 대한 쓰딸린의 성명과 세계 여론",『로동신문』, 1946. 10. 23.
"사설 쏘련은 세계평화의 옹호자이다",『로동신문』, 1946. 11. 29.
"사설 련합국기구 총회와 세계 민주주의 력량",『로동신문』, 1946. 12. 25.
"원자무기 금지에 관한 문제에 대하여",『로동신문』, 1947. 3. 13.
"식민지해방운동과 쏘련",『로동신문』, 1947. 3. 16.

"일본의 군국화는 어떻게 실현되고 있는가", 『로동신문』, 1947. 4. 8.
"미제안 대일 강화조약 중국의 이익을 배반", 『로동신문』, 1947. 8. 30
"미국과 원자무기", 『로동신문』, 1947. 9. 12.
"대일강화조약문제에 대한 4개국회의를 제창", 『로동신문』, 1947. 9. 26.
"조미관계사에 나타난 미제국주의의 배신행위", 『로동신문』, 1948. 1. 10.
"쏘·미관계에 대하여", 『로동신문』, 1948. 5. 16.
"'서구동맹'과 '서북대서양쁠럭'은 뮨헨정책의 재생이다", 『로동신문』, 1948. 5. 23.
"일본은 무장하고 있다", 『로동신문』, 1948. 5. 28.
"쏘·미 관계와 마샬의 협잡", 『로동신문』, 1948. 6. 15.
"쏘·미 관계와 독일문제", 『로동신문』, 1948. 6. 18.
"와르샤와 8개국 외상회의 공동성명서", 『로동신문』, 1948. 7. 3.
"독일 문제와 일본 문제", 『로동신문』, 1948. 7. 11.
"인민들 간의 견고한 평화를 위한 쏘련의 투쟁", 『로동신문』, 1948. 8. 11.
"중·소우호동맹조약 체결 3주년을 맞이하여 논평", 『로동신문』, 1948. 8. 14.
"동아 제 인민들의 자유와 독립을 옹호하는 쏘련의 대외정책", 『로동신문』, 1948. 8. 15.
"미제국주의자들의 아세아 침략계획", 『로동신문』, 1948. 8. 26.
"매국노 리승만이는 조국과 민족을 팔아먹는 '한미군사협정'을 체결하였다", 『로동신문』, 1948. 9. 18.
"베를린의 현 정세에 대한 책임은 서부 렬강에 있다", 『로동신문』, 1948. 10. 15.
"소위 원동 '방공쁠럭'의 내막", 『로동신문』, 1948. 11. 4.
"전쟁을 강요하는 자들", 『로동신문』, 1948. 11. 16.
"전쟁 방화자들", 『로동신문』, 1948. 11. 19.
"일본제국주의의 소생은 아세아 제 인민의 평화와 안전을 위협하고 있다", 『로동신문』, 1948. 12. 28.
"사설 미국의 일본 재무장정책을 조선 인민은 거족적으로 배격한다." 『민주조선』, 1948. 12. 30.
"중국의 민주세력은 반드시 승리할 것이다", 『로동신문』, 1949. 1. 14.
"중국 정세에 관하여 중국 공산당수 모택동 성명", 『로동신문』, 1948. 1. 20.
"평화 조정을 위한 투쟁은 인민들의 안전을 위한 투쟁이다", 『로동신문』, 1949. 1. 21.
"북대서양 조약에 관한 쏘련 외무성의 성명", 『로동신문』, 1949. 2. 5.

"쏘련과 신민주주의 제 국가 간의 경제 협조는 강화되고 있다",『로동신문』, 1949. 2. 16.
"미국은 일본을 원동에 대한 침략적 도구로 전화시키고 있다",『로동신문』, 1949. 2. 24.
"미국 군사기지는 평화를 위협한다",『로동신문』, 1948. 3. 20.
"원동에서의 공고한 민주주의 평화 설정을 위한 쏘련의 투쟁",『로동신문』, 1949. 5. 8.
"리승만 매국도당들은 일본 제국주의자들과 결탁하고 있다,"『로동신문』, 1949. 5. 11.
"견고한 민주주의적 평화를 위한 원동 인민들의 투쟁",『로동신문』, 1949. 5. 24.
"태평양조약은 북대서양조약에 대한 보충이다",『로동신문』, 1949. 6. 15.
"소위 '맥아더 라인'의 정체",『민주조선』, 1949. 7. 14.
"미국 전쟁방화자들은 유엔을 훼손시키고 있다",『로동신문』, 1948. 8. 27.
"쏘련에서의 '원자폭발사건'에 관한 따스의 공식보도",『로동신문』, 1949. 9. 28.
"조·쏘 친선의 정치적 의의",『로동신문』, 1948. 11. 4.
"사설 파쇼를 재생시키려는 미·영 제국주의자들의 흉책을 절대 반대한다",『로동신문』, 1948. 10. 13.
"왜 미국은 원자에네르기에 대한 국제관리의 설정을 결렬시키고 있는가?",『로동신문』, 1949. 12. 3.
"중화인민공화국을 반대하는 어떠한 음모도 파탄될 것이다",『민주조선』, 1950. 1. 24.
"사설 일제의 재무장 용허는 원동 평화의 최대의 위험이다",『민주조선』, 1950. 1. 25.
"애치슨은 아무것도 연구하지 않았다",『로동신문』, 1950. 1. 26.
"미국은 무엇을 방위하려고「한미상호방위협정」을 조직하였는가?",『로동신문』, 1950. 2. 2.
"일본 전쟁범죄자들을 법정에 불러내자",『로동신문』, 1950. 2. 8.
"무엇 때문에 미국은 대일평화 조정을 반대하고 있는가",『로동신문』, 1950. 2. 10.
"동방 인민이 력사에 있어서의 일내사변",『로동신문』, 1950. 2. 17.
"쏘중 간 조약 및 협정의 체결은 쓰탈린적 대외정책의 표현이다",『로동신문』, 1950. 2. 20.

"요시다 반동정부는 미제의 방조자이다",『민주조선』, 1950. 2. 28.
"사설 공화국 청년들은 일본의 재무장화를 절대 배격한다",『민주청년』, 1950. 3. 12.
"애치슨의 광언망설은 미제의 침략정책을 더욱 폭로하였다",『민주조선』, 1950. 3. 25
"애치슨의 정책과 아세아 인민들",『로동신문』, 1950. 3. 28.
"미제가 조작하려는 태평양동맹은 반드시 파탄될 것이다",『로동신문』, 1950. 3. 30.
"학습 질의: '랭정전쟁'이란?",『민주청년』, 1950. 5. 4.
"'랭정전쟁' 정책의 위기",『로동신문』, 1950. 6. 27.
"근동에서 미영 제국주의자들의 팽창정책",『로동신문』, 1950. 9. 2.
"미제는 단독대일강화조약을 왜 조급히 체결하려고 하는가",『로동신문』, 1950. 4. 10.
"미제의 일본재무장획책은 침략뿔럭내의 모순 초래",『로동신문』, 1950. 4. 14.
"미국의 대일 단독 강화 음모",『로동신문』, 1950. 5. 4.
"대일강화조약에 관하여 미국정부에 보낸 쏘련정부의 각서",『로동신문』, 1950. 6. 14.
"제의 대일 단독강화 음모와 일본의 재무장을 반대규탄!",『로동신문』, 1950. 6. 22.
"대일 단독강화조약에 관하 달레스와 모리슨의 음모",『로동신문』, 1950. 6. 23.
"대일 강화조약 문제에 대한 조선민주주의 인민공화국 정부의 태도 쏘련 외무상에게 보내는 조선민주주의인민공화국 외무상의 각서",『로동신문』, 1950. 6. 28.
"〈대일 단독강화조약 체결은 아세아인민들을 반대하는 정책〉",『로동신문』, 1950. 7. 19.
"대일단독 강화조약은 미국의 침략음모이다",『로동신문』, 1950. 7. 22.
"미국은 왜 단독대일강화조약 체결을 조급히 서두르고 있는가",『로동신문』, 1950. 9. 2.
"미-일군사협정의 침략적 목적",『로동신문』, 1950. 9. 3.
"미 영의 대일강화조약은 전쟁 조약이다",『로동신문』, 1950. 9. 10.
"새 전쟁준비를 위한 미 영의 대일 강화조약 조인을 전체 조선인민은 절대 반대 배격한다",『로동신문』, 1950. 9. 13.
"미국 고관들의 빈번한 극동 려행의 목적은 무엇인가?,"『민주조선』, 1954. 1. 9.

"사설: 정치회의문제에 관한 쌍방회담은 시급히 재개되어야 한다". 『로동신문』, 1954. 1. 11.
"사설: 미국 측은 정치회의문제에 관한 쌍방회담 재개에 성의를 표시하여야 한다", 『조선인민군』, 1954. 1. 12.
"사설: 4렬강 외상회의는 평화의 리익에 부합되는 결과를 달성하여야 한다". 『로동신문』, 1954. 1. 29.
"사설: 쏘련의 공명정대한 외교정책의 표현". 『민주조선』, 1954. 2. 10.
"인도지나전쟁을 계속 확대하려는 미제의 새로운 음모", 『조선인민군』, 1954. 2. 26.
"사설: 국제 긴장상태 완화에의 진일보", 『로동신문』, 1954. 3. 11.
"누가 조선문제의 종국적 해결을 방해하고 있는가?", 『로동신문』, 1954. 3. 12.
"아세아에서의 평화를 방해하는 미제와 리승만의 책동", 『조선인민군』, 1954. 3. 16.
"사설: 집단적 안전체계 수립을 위한 쏘련의 진지한 노력", 『로동신문』, 1954. 4. 4.

2. 국내 문헌

가. 단행본

강상규, 『19세기 동아시아의 패러다임 변환과 한반도』, 서울: 논형, 2008.
강성학 외, 『동북아의 근대적 변용과 탈근대 지향』, 서울: 매봉, 2008.
강성현·배원담 편, 『종진에서 냉선으로: 미국 삼부조정위원회와 전후 동아시아의 신질서』, 진인진, 2017.
국민대학교 일본학연구소 편, 『GHQ시대 한일관계의 재조명』, 서울: 도서출판 선인, 2016.
구갑우, 『비판적 평화연구와 한반도』, 서울: 후마니타스, 2007.
구영록 외, 『미국과 동북아』, 서울: 서울대학교 미국학연구소, 1984.
국방군사연구소, 『Documents of the National Security Council: 미국가안전보장회의문서, 한국전쟁 자료총서 1. 2. 3』, 서울: 국방군사연구소, 1996.
국방군사연구소, 『Records of the Policy Planning Staff of the Department of State: 미국무부정책기획실 문서, 한국전쟁 자료총서 4-13』, 서울: 국방군사연

구소, 1997.
국방군사연구소 편, 『韓國戰爭』, 국방군사연구소, 1995.
국사편찬위원회, 『한일회담 관계 미 국무부 문서』, 1-7, 2007-2010.
군사학연구회, 『비교군사전략론』, 대전: 충남대학교출판문화원, 2014.
권용립, 『미국 외교의 역사: 1776-200』, 서울: 삼인, 2013.
김국신 외, 『미·일 동맹 강화에 따른 동북아정세 변화와 한국의 안보정책 대응 전략』, 서울: 통일연구원, 2007.
김귀옥 외, 『동아시아의 전쟁과 사회』, 파주: 한울 아카데미, 2009.
김기정, 『미국의 동아시아 개입의 역사적 원형과 20세기 초 한미관계 연구』, 서울: 문학과 지성사, 2003.
김명섭, 『전쟁과 평화: 6.25 전쟁과 정전체제의 탄생』, 서울: 서강대학교출판부, 2018.
김봉중, 『독트린의 역사—독트린으로 본 미국외교사』, 서울: 마로니에, 2017.
김성철, 『일본외교와 동아시아 국제관계』, 서울: 한울아카데미, 2015.
김성철 편, 『미·일동맹외교』, 성남: 세종연구소, 2001.
김시덕, 『동아시아. 해양과 대륙이 맞서다』, 서울: 메디치, 2015.
김영작 외, 『한국전쟁과 휴전체제』, 서울: 집문당, 1998.
김영흠, 『미국의 아시아 외교 100년사』, 서울: 신구문화사, 1988.
김원모, 『한미 외교관계 100년사』, 서울: 철학과 현실사, 2002.
김재철, 『중국. 미국 그리고 동아시아: 신흥 강대국의 부상과 지역실서』, 파주: 한울아카데미, 2015.
김웅진·김지희, 『정치학 연구방법론』, 서울: 명지사, 2012.
김철범·제임스 매트레이 엮음, 『한국과 냉전—분단과 파괴와 군축』, 서울: 평민사, 1991.
김태진 외, 『북한과 국제정치』, 서울: 늘품플러스, 2018.
김학재, 『판문점 체제의 기원: 한국전쟁과 자유주의 평화기획』, 서울: 후마니타스, 2015.
김학준, 『한국 전쟁 원인: 원인, 과정, 유전, 영향』, 서울: 박영사, 1989.
남기정, 『기지국가의 탄생: 일본이 치른 한국전쟁』, 서울: 서울대학교출판문화원, 2017.
남기정 편, 『일본 부활의 리더십: 전후 일본의 위기와 재건축』, 서울: 동아시아연구원, 2013.

다나카 아키히코, 『전후 일본의 안보 정책』, 서울: 중심, 2002.
문영일, 『미국의 국가안보전략사상사: 국가군사전략사상사 중심으로』, 서울: 을지서적, 1999.
문정인·김명섭 외, 『동아시아의 전쟁과 평화』, 서울: 연세대학교출판부, 2006.
박건영 편, 『현대 국제관계이론과 한국』, 서울: 사회평론, 2004.
박재규, 『냉전과 미국의 대아시아정책』, 서울: 박영사, 1980.
박창희, 『군사전략론: 국가대전략과 작전술의 원천』, 서울: 플래닛미디어, 2019.
박철희 외, 『일본 민주당정권의 성공과 실패』, 서울: 서울대학교출판문화원, 2014.
배정호, 『일본의 국가전략과 안보전략』, 서울: 나남출판, 2006.
백영서 외, 『동아시아의 지역질서: 제국을 넘어 공동체로』, 파주: 창비, 2005.
백원담 외, 『냉전 아시아의 탄생: 신중국과 한국전쟁』, 서울: 문화과학사, 2013.
서근구, 『미국의 세계전략과 분쟁개입』, 서울: 현음사, 2008.
서동만, 『북조선사회주의 체제성립사: 1945-1961』, 서울: 선인, 2011.
서병철, 『유럽 통일: 단일국가 형성과정』, 서울: 평민사, 1996.
서울대학교 국제문제연구소 편, 『동아시아의 보편성과 특수성』, 서울: 사회평론, 2015.
서울대학교 국제문제연구소 편, 『국제사회론과 동아시아』, 서울: 논형, 2009.
서정건·유성진·이재묵, 『미국 정치와 동아시아 외교정책』, 서울: 경희대학교출판문화원, 2018.
성공회대 동아시아 연구소 편, 『냉전 아시아의 문화 풍경 1: 1940-1950년』, 서울: 현실문화, 2008.
세종연구소 북한연구센터 엮음, 『북한의 대외관계』, 서울: 한울아카데미, 2007.
손 열 편, 『동아시아와 지역주의: 지역의 인식. 구상. 전략』, 서울: 지식마당, 2006.
신욱희, 『삼각관계의 국제정치: 중국. 일본과 한반도』, 서울: 서울대학교출판문화원, 2017.
신욱희 외, 『글로벌 냉전의 지역적 특성』, 서울: 사회평론, 2015.

신욱희, 『순응과 저항을 넘어서: 이승만과 박정희의 대미정책』, 서울대학교출판문화원. 2010.

신욱희·권헌익 엮음, 『글로벌 냉전과 동아시아』, 서울: 서울대학교출판문화원, 2019.

양영조, 『한국전쟁과 동북아 국가 정책』, 서울: 선인, 2007.

역사학회 편, 『전쟁과 동북아의 국제질서』, 서울: 일조각, 2006.

이근욱, 『냉전』, 서울: 서강대학교출판부, 2012.

이병한, 『붉은 아시아: 1945-1991 동아시아 냉전의 재인식』, 파주: 서해문집, 2019.

이삼성, 『한반도의 전쟁과 평화』, 파주: 한길사, 2018.

〃, 『세계와 미국』, 서울: 한길사, 2006.

이수형, 『북대서양조약기구(NATO)』, 서울: 서강대학교출판부, 2012.

이영형, 『지정학』, 서울: 앰-애드, 2006.

이영환, 『전후냉전체제와 한반도 문제』, 서울: 한국사회과학연구원, 1994.

이원덕, 『한일 과거사 처리의 원점: 일본의 전후처리 외교와 한일회담』, 서울: 서울대학교출판부, 1996.

이윤섭, 『일본 100년: 문호개방에서 55년 체제까지 일본제국주의 흥망사』, 서울: 아이필드, 2016.

이종학, 『동북아시아의 전쟁과 평화』, 대전: 충남대학교출판문화원, 2016.

이혜정, 『냉전 이후 미국 패권: 자본주의와 민주주의, 전쟁의 변수』, 파주: 한울아카데미, 2017.

이흥환 편저, 『미국 비밀문서로 본 한국 현대사 35장면』, 서울: 삼인, 2003.

임필수, 『일본 재무장의 새로운 단계: 미국의 태평양 지배를 위한 미·일동맹의 선택』, 서울: 사회운동, 2105.

임혁백, 『한반도와 동아시아의 안보와 평화: 불가능주의에서 가능주의로』, 서울: 한울, 2014.

장달중 외, 『북미 대립: 탈냉전 속의 냉전 대립』, 서울: 서울대학교출판문화원, 2011.

장영권, 『지속 가능한 평화론: 동북아의 평화체제 구축 모델과 방안』, 서울: 한국학술정보(주), 2010.

전웅, 『미국의 외교정책은 어떻게 만들어 지는가』, 서울: 한올출판사, 2007.

전재성 편저, 『동아시아 지역질서 이론: 불완전 주권과 지역갈등』, 서울: 사회평론아카데미, 2018.
전재성 편저,『미·중 경쟁속의 동아시아와 한반도』, 서울: 늘품플러스, 2015.
정광하,『일본방위정책의 이상과 현실』, 서울: 경남대 극동문제연구소, 1989.
정규섭,『북한외교의 어제와 오늘』, 서울: 일신사, 1997.
정덕구·추수롱 외,『기로에 선 북·중 관계: 중국의 대북한 정책 딜레마』, 서울: 중앙북스, 2013.
정병준,『샌프란시스코평화조약의 한반도관련 조항과 한국정부의 대응』, 서울: 국립외교원 외교안보연구소 외교사연구센터, 2019.
정용덕 외,『신제도주의 연구』, 서울: 대영문화사, 1996.
정재호 편,『평화적 세력전이의 국제정치』, 서울: 서울대학교출판문화원, 2016.
〃,『미·중 관계 연구론』, 서울: 서울대학교출판문화원, 2014.
조세영,『봉인을 떼려하는가: 미·일동맹 중심으로 본 일본의 헌법 개정 문제』, 서울: 아침, 2004.
주재우,『팩트로 읽는 미·중의 한반도 전략』, 서울: 종이와 나무, 2018.
〃,『한국인을 위한 미·중관계사: 6.25한국전쟁에서 사드 갈등까지』, 파주: 경인문화사, 2017.
최명해,『중국·북한 동맹관계: 불편한 동거의 역사』, 서울: 오름, 2009.
최문형,『한국을 둘러싼 제국주의 열강의 각축』, 서울: 지식산업사, 2001.
최영진,『동아시아 국제관계사: 제2차 세계대전 이후 미·중 관계를 중심으로』, 서울: 지식산업사, 1996.
최태강,『러시아와 동북아: 1990년대 초 이후 러시아의 대 중·일·한·북 외교』, 서울: 오름, 2004.
하영선,『신흥 무대의 미·중 경쟁: 정보세계정치학의 시각』, 파주: 한울아카데미, 2018.
한국정치외교사학회,『제2차 세계대전후 열강의 점령정책과 분단국의 독립·통일』, 서울: 건국대학교출판부, 1999.
한상일,『일본 전후 정치의 변동: 점령통치에서 새 체제의 모색까지』, 서울: 법문사, 1997.
한용섭 외,『미·일·중·러의 군사전략』, 파주: 한울아카데미, 2018.
한중일3국공동역사편찬위원회,『한중일이 함께 쓴 동아시아 근현대사 1』, 서울: 후마니스트, 2017.
한표욱,『이승만과 한국외교』, 서울: 중앙일보사, 1996.

허은 편, 『냉전 분단시대 한반도의 역사 읽기: 분단국가의 수립과 국제관계 (1)』, 서울: 도서출판 선인, 2015.

홍석률, 『분단의 히스테리-공개문서로 보는 미·중관계와 한반도』, 파주: 창비, 2012.

NEAR재단 편저, 『동북아시아의 파워 매트릭스』, 서울: 도서출판이새, 2017.

나. 논문

(1) 학술지 논문

강나영, "한국전쟁과 중미관계의 변화: 미국의 중국 이미지를 중심으로", 『동아시아연구』 제8호, 고려대학교 BK21 동아시아교육연구단, 2004.

강병근, "샌프란시스코 평화조약에 따른 'Korea/조선'의 독립승인과 한일 간 청구권 해결에 관한 일 고찰", 『동북아법연구』 제10권 3호, 전북대학교 동북아법연구소, 2017.

강진아, "중국의 부상과 세계사의 재조명: 캘리포니아 학파에서 글로벌 헤게모니론까지", 『역사와 경계』 80호, 부산경남사학회, 2011.

곽노완, "그람시의 헤게모니 장치", 『마르크스주의연구』 Vol. 4 No. 2, 경상대학교 사회과학연구원, 2007.

권오국, "동아시아의 평화와 국제관계: 지정학적 고찰", 『한국평화연구학회 학술회의』, 2016 No. 7, 한국평화연구학회, 2016.

권오신, "아이젠하워 대외정책의 기조: 뉴룩(New Look) 정책과 아이젠하워 독트린", 『미국사연구』 21집, 한국미국사학회, 2005.

권오중, "제네바 한국평화회담(1954)의 진행. 결과 그리고 의미: 한반도 6자 회담의 원형?", 『통일정책연구』 14-2, 통일연구원, 2005.

김남균, "미국의 일본안보정책에 끼친 한국전쟁의 영향", 『미국사연구』 Vol. 4, 한국미국사학회, 1996.

김남은, "강화와 안보를 둘러싼 미·일교섭과 일본의 전략-요시다 시게루를 중심으로", 『일본근대학연구』 Vol. 56, 한국일본근대학회, 2016.

김명기, "밴프리트 귀국보고서의 대일평화조약의 준비작업 및 후속적 관행여부의 검토, 『독도연구』 19집, 영남대학교 독도연구소, 2015.

김명섭, "샌프란시스코 평화체제의 변동과 6자 회담", 『국방연구』 제50권 2호, 국방대학교 안보문제연구소, 2007.

김명섭, "서유럽의 통합과 동아시아의 분절: 냉전 초기 미국의 지정 전략을 중심으로",『국정치논총』제45집 2호, 한국국제정치학회, 2005.

김명희, "그람시의 헤게모니 개념에 관한 고찰",『언론 사회 문화』No. 7, 연세대학교 커뮤니케이션연구소, 1999.

김보영, "1954년 제네바정치회담과 외국군 철수 의제",『군사』95, 국방부군사편찬연구소, 2015.

김성욱, "미국과 중국의 동북아 안보정책 비교연구",『국제정치연구』Vol. 7 No. 1, 동아시아 국제정치학회, 2004.

김성원, "베르사유조약과의 비교를 통한 샌프란시스코조약의 비판적 검토".『동아법학』85, 동아법학연구소, 2019.

김성한, "동북아 세 가지 삼각관계의 역학구도",『국제관계연구』Vol. 20 No. 1, 고려대학교 일민국제관계연구원, 2015.

김숭배, "존 포스터 덜레스의 신념과 한·일 관계의 양가성",『국제정치논총』Vol. 57 No. 2, 한국국제정치학회, 2017.

김숭배, "명칭의 국제정치학: 샌프란시스코 평화조약과 한·일 관계를 중심으로",『한국정치학회보』51집 2호, 한국정치학회, 2017.

김연철, "1954년 제네바 회담과 동북아 냉전질서",『아세아연구』54-1, 고려대학교 아세아문제연구소, 2011.

김영준, "세력전이론의 전개. 진화. 그리고 적용에 대한 고찰",『국제관계연구』20(1), 고려대학교 일민국제관계연구원, 2015.

김일수, "트루먼과 아이젠하워 행정부의 대 한반도정책: 군사원조를 중심으로",『군사연구』137, 육군군사연구소, 2014.

김재철·박읍히, "대만 위기시 미-중 관세의 전개와 동아시아 및 한반도 안보에 대한 함의",『한국전략문제연구소 연구보고서』, 한국전략문제연구소, 2004.

김정배, "베트남 전쟁과 사회주의 진영. 그리고 냉전체제",『역사와 경계』76권, 경남사학회, 2010.

김정배, "마샬플랜의 결정과정: 마샬의 제안까지",『역사와 경계』31집, 부산경남사학회, 1996.

김진웅, "케넌의 봉쇄정책에 관한 논쟁",『역사교육논집』제13·14집, 역사교육학회, 1990.

김진웅, "케넌의 봉쇄정책의 대두",『환태평양연구』제1집, 경북대학교 환태평양연구소, 1988.

김채형, "샌프란시스코 평화조약의 법적 체제와 주요 국가의 입장분석", 『인문사회과학연구』, Vol. 17 No. 2, 부경대학교 인문사회과학연구소, 2016.

김태효, "일본 소극안보정책의 기원", 『한국정치학회보』 31(4), 한국정치학회, 1997.

김학성, "미·중관계의 변화 전망과 북한의 '자주적 생존전략'의 미래", 『세계지역연구논총』 제31집 1호, 한국세계지역학회, 2013.

김학재, "냉전과 열전의 지역적 기원: 유럽과 동아시아 냉전의 비교역사사회학", 신욱희·권헌익 엮음, 『글로벌 냉전과 동아시아』, 서울: 서울대학교출판문화원, 2019.

김학재, "동아시아 냉전의 세 가지 평화 모델-판문점, 제네바, 반둥의 평화기획", 『역사비평』 105, 역사비평사, 2013.

나종일, 『제네바 정치회담에 관한 연구』, 연구논문 시리즈 88-06, 서울: 일해연구소, 1988.

남기정, "동아시아 냉전체제 하 냉전국가의 탄생과 변형: 휴전체제의 합의", 『세계정치』 26.2, 세계정치학회, 2005.

남정옥, "미국 트루만 행정부의 대유럽 정책: 마샬 플랜을 중심으로", 『사학지』, Vol. 82 No. 1, 단국사학회, 1999.

노경덕, "얄타 회담 다시 보기", 『사총』, Vol. 87, 고려대학교 역사연구소, 2016.

노명환, "동·서 유럽의 분단과 마샬플랜의 기원에 대한 논쟁의 검토", 『동유럽발칸연구』, 한국외국어대학교 외국학종합연구센터 동유럽발칸연구소, 2005.

라종일, "제네바 정치회담: 회담의 정치", 『시민정치학회보』 1, 시민정치학회, 1997.

박진희, "전후 한일관계와 샌프란시스코 평화조약", 『한국사연구』 131호, 한국사연구회, 2005.

박태균, "한일회담시기 청구권 문제의 기원과 미국의 역할", 『한국사연구』, 한국사연구회, 2005.

박태균, "1950년대 미국의 대아시아 정책과 ECAFE", 『국제·지역연구』 12권 2호, 2003.

박흥영, "일본외교 50년의 정체성과 냉전 '문제'", 『아시아문화연구』 제48집, 가천대학교 아시아문화연구소, 2018.

배규성, "러·일간 쿠릴열도 분쟁과 미국의 입장", 『한국 시베리아 연구』 제18권 1호, 배재대학교 한국-시베리아센터, 2014.

브루스 커밍스, "냉전의 중심, 한국», 『아시아리뷰』 제5권 제2호(통권 10호), 2016.

서보혁, "근대 미국의 동북아 세력균형 정책: 대중정책을 중심으로», 『세계지역연구논총』, 한국세계지역학회, 2004.

서재만, "냉전초기 중동의 안보에 관한 연구», 『중동학회논총』, Vol. 24. No. 1, 한국중동학회, 2003.

손한별, "미·중관계와 한미동맹: 연루상황 하 약소국의 전략적 선택», 『신아세아』 제20권 제2호 통권 75호, 신아시아연구소, 2013.

신욱희, "미·중일 관계의 전망에 대한 이론적 검토-통합적 이론으로서 위협균형/위협전이론», 『아시아리뷰』 2(1), 서울대학교 아시아연구소, 2012.

신욱희, "일본문제에서 북한문제로: 한국전쟁을 통한 동북아시아에서의 위협전이», 『한국정치외교사논총』 38(1), 한국정치외교사학회, 2016.

심헌용, "제2차 세계대전 전후 동북아 영토의 귀속에 대한 소련의 입장», 『국가전략』 제24권 1호, 국가전략연구소, 2018.

안소영, "태평양전쟁기 미국의 전후 대일·대한정책 및 점령통치 구상: 이중적 대립축과 그 전환», 『한국정치외교사논총』 Vol 31. 2, 한국정치외교사학회, 2010.

양승모, "A. 그람시의 헤게모니 개념 연구», 『政正』Vol. 2 No. 1, 건국대학교, 1989.

오수열·김광수·류영규, "종전 후 중국 대륙의 형세와 미국의 전후 아시아 구상에 관한 연구», 『한국동북아논총』 81집, 한국동북아학회, 2016.

유지아, "전후 일본의 안보체제와 집단적 자위권: 안보조약과 신 안보조약을 중심으로», 『일본학』 Vol. 39, 동국대학교 일본학연구소, 2014.

유지아, "전후 대일강화조약과 미·일안보조약 과정에 나타난 미군의 일본주둔과 일본재군비 논의», 『일본학연구』 Vol. 41, 단국대학교 일본학연구소, 2014.

유희복, "국제질서의 다면성과 '자유주의 국제질서'의 미래: 중국의 시각을 예로», 『아태연구』 제25권 4호, 2018.

윤여일, "동아시아와 동북아의 내포와 외연에 관한 연구», 『아세아연구』 Vol. 58 No. 3, 고려대학교 아세아문제연구소, 2015.

이남주, "동아시아 질서의 변화와 새로운 지역협력의 모색: 샌프란시스코체제의 동학을 중심으로», 『경제와 사회』 2020년 3월호, 비판사회학회, 2020.

이삼성, "전후 동아시아 국제질서의 구성과 중국: '동아시아 대분단체제'의 형성 과정에서 중국의 구성적 역할», 『한국정치학회보』 제50집 5호, 한국정치학회,

2016.

이삼성 "동아시아의 20세기와 미국. 그리고 한국 민주주의", 『민주주의와 인권』 4(1), 전남대학교 5·18 연구소, 2004.

이수형, "한반도 평화통일 환경 조성전략을 위한 주요 전제 조건 검토", 『JPI 정책포럼』(2014. 9. 19. 발표자료).

이수훈, "헤게모니 퇴조와 동북아 지역정치", 『한국과 국제정치』 제29권 제1호(통권 80호), 한국국제정치학회, 2013,(2014.9.19. 발표자료).

이신철, "1954년 제네바 정치회담시기 남·북의 통일론", 『사림』 25, 수선사학회, 2006.

이종원, "샌프란시스코 체제의 지속과 변용", 서울대학교 아시아연구소 학술회의 『중국혁명, 한국전쟁, 동아시아 지역질서』, 2013.

이철순, "해방 이후 한국전쟁 이전까지의 미국의 대한정책(1945-1950) 재고", 『국제정치연구』 Vol. 18 No. 2, 동아시아국제정치학회, 2015.

이철순, "아이젠하워 정권의 뉴룩전략과 미국의 대한정책", 『동아시아 냉전과 한미·일관계』, 연세대학교 현대한국학연구소, 2002.

이혜정, "미국 패권은 예외적인가?: 아이켄베리의 자유주의 국제질서 이론 비판", 『한국과 국제정치』 제3권 4호 통권 103호, 경남대학교 극동문제연구소, 2018.

장달중, "한반도의 냉전 엔드게임과 북미대립", 『한국과 국제정치』 제25권 제2호, 경남대 극동문제연구소, 2009.

정병준, "동서냉전체제와 한국전쟁", 역사학회 엮음, 『전쟁과 동북아의 국제질서』, 서울: 일조각, 2006.

정병준, "영국 외무성의 대일강화조약 초안 부속지도의 성립(1951.3)과 한국: 독도 영유권의 재확인", 『한국독립운동사연구』 24집, 2005a.

정병준, "윌리암 시볼드와 독도분쟁의 시발", 『역사비평』 2005 여름호, 역사비평연구소, 2005b.

정성화, "샌프란시스코 강화조약과 한국·미국·일본의 외교정책", 『인문과학연구논총』 Vol. 7, 명지대학교 인문과학연구소, 1990.

정영신, "동아시아 분단체제와 안보분업구조의 형성", 『사회와 역사』 Vol. 94, 한국사회사학회, 2012.

정재민, "대일강화조약 제2조가 한국에 미치는 효력", 『국제법학회논총』 58(2), 대한국제법학회, 2013.

정준갑, "한국전쟁 직후 미국의 한반도정책(1953-4): 냉전 외교의 한계", 『미국사연구』제15집, 한국미국사학회, 2002.

정형아, "얄타회담 전후를 통해 본 중미관계", 『역사와 실학』제40집, 역사실학회, 2009.

조진구, "일본의 전후 아시아 '배상외교'와 역사인식", 『日本歷史研究』제51집, 일본사학회, 2020.

조진구, "일본의 아시아외교, 영토 그리고 독도문제", 『통일정책연구』14권 1호, 2015.

조현진, "한미동맹과 조·중동맹의 제도화 경로: 국가형성기 국면별 접근을 중심으로", Vol. 30 No.1, 조선대학교 동북아연구소, 2015.

주재우, "미-중의 동아시아지역 질서관 비교 분석", 『아태연구』제20권 제1호, 경희대학교 국제지역연구원, 2013.

차상철, "아이젠하워, 이승만, 그리고 1950년대 한미관계", 『미국사연구』13집, 한국미국사학회, 2001.

채오병, "이행과 번역: 한국사회사의 역사사회학", 『한국사회학』Vol.4 5 No. 5, 한국사회학회, 2011.

최정준, "미국의 동아시아 냉전전략과 샌프란시스코 체제의 형성", 『동아연구』제30권 1호, 서강대학교 동아연구소, 2018.

최철영, "샌프란시스코 평화조약과 국제법원의 영토주권법리", 『독도연구』21, 영남대학교 독도연구소, 2016.

최철영, "전후법으로서 정전협정의 역할과 한계", 『민주법학』No. 43, 민주주의법학연구회, 2010.

하종문, "천황제, 두 교과서, 샌프란시스코 강화조약: 일본식 '과거극복' 과정의 세 계기", 『아세아연구』44호(2), 고려대학교 아세아문제연구소, 2001.

허정, "동아시아론의 재검토와 정전연구", 『동북아 문화연구』Vol. 23, 동북아시아문화학회, 2010.

현무암, "샌프란시스코 체제의 전환과 한미·일 의사 동맹 관계", 『황해문화』Vol 83, 새얼문화재단, 2014.

홍석률, "이승만 정권의 북진통일론과 냉전외교정책", 『한국사연구』Vol. 85, 한국사연구회, 1994.

홍용표, "1954년 제네바회의와 한국 전쟁의 정치적 종결 모색", 『한국정치 외교사논총』28-1, 한국정치외교사학회, 2006.

홍완석, "러일 북방영토 문제: 그 역사와 전망", 『동북아연구』 5권, 경남대 극동문제연구소, 2000.

황영배, "군사동맹의 지속성-세력균형론과 세력전이론", 『한국정치학회보』 29-3, 한국정치학회, 1996.

황인수, "한국전 이후 쟁점과 제네바 협정", 『시민정치학회보』 3, 시민정치학회, 2000.

長澤裕子, "일본 패전 후의 한반도 잔여주권(殘餘主權)과 한일 '분리': 신탁통치안 및 대일강화조약의 '한국포기' 조항을 중심으로", 『아세아연구』 Vol. 55 No. 4, 고려대학교 아세아문제연구소, 2012.

(2) 학위 논문

고영자, "6·25 전쟁과 전후 일본: 미점령기의 강화 문제와 독립회복", 경희대학교대학원 박사학위논문, 2010.

김경희, "A.F.K. Organski의 The Power Transition Theory와 21세기 미국의 패권정책 논리", 서강대학교 대학원 석사학위논문, 2005.

김남은, "일본 외교와 전후 아시아주의: 요시다 노선과 반요시다 노선을 중심으로", 고려대학교 대학원 박사학위논문, 2016.

김봉국, "1945-1953년 한국의 민족·민주주의론과 냉전담론", 전남대학교 대학원 박사학위논문, 2017.

김봉주, "한미·일 안보협력체제와 한국의 상대적 방기 위협: 동아시아 바깥살 구조 내 한미·일 관계 변화에 따른 한국의 방기 위협의 증감에 대한 분석", 서울대학교 대학원 석사학위논문, 2017.

김수현, "전후 일본 안보정책결정의 국내정치요인 분석: 1950년대와 탈냉전기 비교", 고려대학교 대학원 박사학위논문, 2005.

김정배, "트루먼 행정부의 서유럽 정책과 냉전의 기원", 부산대학교 박사학위논문, 1997.

김현일, "해양력과 동북아시아의 전쟁 발생: 1860-1993", 연세대학교 석사학위논문, 2003.

박진희, "제1공화국의 대일정책과 한일회담연구", 이화여자대학교 박사학위논문, 2006.

서용선, "미국의 한국전쟁 개입정책에 관한 연구", 단국대학교 박사학위 논문, 1998.

서인원, "일본 정치의 우경화와 영토정책의 변화, 그리고 동북아 안보: 한중로 영토에 대한 정치적 쟁점화를 중심으로", 한국외국어대학교 국제지역대학원 박사학위논문, 2016.

오승희, "인정투쟁의 중일관계:'하나의 중국'에 대한 일본의 외교정책", 이화여자대학교 대학원 박사학위논문, 2016.

오오타 오사무, "한일 청구권교섭 연구", 고려대학교 사학과 박사학위논문, 2000.

유나영, "월츠의 세 가지 이미지로 본 냉전의 기원에 관한 연구: 한반도 분단, 동북아 냉전, 6·25 전쟁의 분석을 중심으로", 성신여자대학교 박사학위 논문, 2013.

유의상, "한일 청구권 협정에 대한 재평가", 광운대학교 대학원 박사학위논문, 2015.

이윤식, "탈냉전기 북한 대미전략 변화의 다차원적 요인 분석", 고려대학교 대학원 박사학위논문, 2009.

이종판, "한국전쟁 당시 일본의 역할에 관한 연구", 한양대학교 국제대학원 박사학위논문, 2007.

이학재, "한국전쟁과 자유주의 평화기획", 서울대학교 대학원 박사학위논문, 2013.

진활민, "인도네시아와 태국의 외교안보전략과 SEATO의 형성: 1949-1954", 서울대학교 대학원 석사학위논문, 2014.

최은미, "미국의 외교정책이 전후처리에 미친 영향 연구." 고려대학교 대학원 석사학위논문, 2009.

長澤裕子, "日本의『朝鮮主權保有論』과 美國의 對韓政策: 韓半島 分斷에 미친 影響을 中心으로(1942-1951년)", 고려대학교 대학원 박사학위논문, 2007.

3. 외국문헌

가. 단행본

Acheson, Dean A. Present at the Creation: My Years in the State Department. New York: Norton, 1969.

Acheson, Dean A. Strengthening the Forces of Freedom: Selected Speeches and Statements of Secretary Acheson. Washington D.C.: GPO,

1950.

Adams, Robert. Liberal International Order. Penguinbooks. 2014.

Asahi Shinbun "150 years in Esat Asia" reporting Team. REKISH WA IKTTEIRU. 백영서·김항 역. 『동아시아를 만든 열가지 사건』. 파주: 창비, 2008.

Athan, Theoharis. The Yalta Myths. 1945-1955. Columbia : University of Missouri Press, 1970.

Baldwin, Richard E. The Spoke n Trap: Hub and Spoke Bilateralism in East Asia. Korea Institute for Interantional Economic Policy. Seoul: KIEP, 2004.

Beal, John Robinson. John Foster Dulles : A biography. Harper. 1957.

Bethke, Elshtain Jean. Just War against Terror: The Burden of American Power in a Violent World. N.Y. Basic Books, 2003.

Boniface, Pascal. Le Grand livre de la géopolotique. 정상필 역. 『지정학에 관한 모든 것』. 서울: 레디셋고. 2016.

Buckley, Roger. The United States in the Asia-Pacific since 1945. New York: Cambridge University Press, 2002.

Bueno de Mesquita., Bruce. Principles of International Politics. 김우상 외 역. 『세계정치론: 전쟁과 평화 그리고 세계질서』. 서울: 카오스북, 2015.

Calder, Kent E. Pacfic Defense : Arms. Energy and America's Future in Asia. New York: Morrow, 1996.

Cha, Victor D. Powerplay: The Origin of the American Alliance System. Princeton Univ, 2016.

Cha, Victor D. Alignment Despite Antagonism: The United States-Korea-Japan Security Triangle. 김일영 외 역. 『적대적 제휴: 한국·미국·일본의 삼각 안보체제』. 서울: 문학과지성사, 2004.

Clinton, David W. ed. The Realist Tradition and Contemporary International Relations. Baton Rouge. Louisiana State Univ. Press, 2007.

Cohen, Paul. China and Christianity. Cambridge. MA: Havard University Press, 1963.

Cohen, Warren I. America's Response to China: A History of Sino-American Relations. 하세봉·이수진 옮김. 『미국은 동아시아를 어떻게 바라보는

가』. 서울: 문화디자인, 2008.

Dannreuther., Roland. Liberal Democracy and International Order. New York: Oxford University Press, 1997.

Donnelly, Jack. Realism and International Relations. Cambridge: Cambridge Univ. Press, 2000.

Dougherty, James E. et al. American Foreign Policy: FDR To Reagan. 이수형 역. 『미국외교정책사: 루스벨트에서 레이건까지』. 서울: 한울 아카데미, 1997.

Dulles, John Foster. War Or Peace. New York: The Macmillan Company. 1950.

Dulles, Rhea Foster. American Policy Toward Communist China. 1949-1969. New York: Crowell, 1972.

Dulles, Rhea Foster. America's Rise to World Power 1898--1954. New York: Harper, 1955.

Eijii, Takemae. GHQ. 송병권 역. 『GHQ 연합국 최고사령관 총사령부』. 서울: 평사리, 2011.

Finn, Richard B. Winners in Peace: MacArthur. Yoshida. and Postwar Japan. Berkeley: University of California Press, 1992.

Frank Dikötter. The People's Trilogy. Volume 2: The Tragedy of Revolution. 고기탁 역. 『해방의 비극. 중국혁명의 역사 1945-1957』. 파주: 열린 책들, 2016.

Freedman, Lawrence. The Evolution of Nuclear Strategy New York: St. Martin's Press.

Friedberg, Aaron L. A Contest for Supremacy: China. America. and the Struggle for Mastery in Asia. 안세민 역.『패권경쟁: 중국과 미국. 누가 아시아를 지배할까?』. 서울: 까치, 2012.

Gaddis, John Lewis. Strategies of Containment. 홍지수·강규형 역.『미국의 봉쇄전략』. 서울: 비봉출판사, 2019.

Gaddis, John Lewis. The Cold War: A New History. 정철·깅규형 역. 『냉전의 역사』. 서울: 에코리브르, 2014.

Gaddis, John Lewis. We Now Know: Rethinking Cold War History. Oxford Uiv. Press, 1997.

Gaddis, John Lewis. The Long Peace: Inquries into the History of the Cold War. New York: John Wiley and Sons, 1978.

Gabriel Kolko. The Limits of Power 1945-1954. NewYork : Harper & Row, 1972.

George, Kennan F. American Diplomacy. 유강은 역. 『미국 외교 50년』. 서울: 가람기획, 2012.

George, Kennan F. Memoirs: 1925-1950. Boston: Little Brown and Company, 1967.

Gilbert, Rozman. Northeast Asia's Stunted Regionalism. 이신화 외 역. 『동북아시아 지역주의』. 서울: 박영사, 2007.

Gramsci, Antonio. Quaderni del carcere. 이상훈 역. 『옥중수고 1』. 서울: 거름, 1986.

Gramsci, Antonio. Selections from the prison notebooks of Antonio Gramsci Quaderni del carcere. 이상훈 역. 『옥중수고 2』. 서울: 거름, 2007.

Green, Michael J. et al. Measuring the Health of Liberal International Order. Rand Corporation, 2017.

Guerrier, Steven W. NSC-68 and the Truman Rearmament: 1950-1953. The Doctoral Dissertation of the Univ. of Michigan, 1988.

Hammond, Paul Y. The Cold War Years: American Foreign Policy Since 1945. New York: Harcourt, 1969.

Harper, Alan D. The Politics of Loyalty. 1946-952. Westport. Conn. : Greenwood, 1969.

Herman, Edward S. & Peterson, David. The Politics of Genocide. 『학살의 정치학』. 서울: 인간사랑, 2011.

Hook, Steven W. U.S. Foreign Policy: The Paradox of World Power. 이상현 역. 『미국외교정책: 강대국의 패러독스』. 서울: 명인문화사, 2014.

Hunt, Michael E. Ideology and U.S. Foreign Policy. 이현휘 역. 『이데올로기와 미국 외교』. 부산: 산지니, 2007.

Ikenberry, John G. After Victory: The Origins. Crisis. and Transformation of the American World Order. New Jersey: Princeton Univ. Press, 2011.

Irye, Akira. Partnership: The Unites States and Japan. 1951-2001. Kodansha Amer Inc, 2001.

Irye, Akira. China and Japan in Global Setting. Cambridge: Havard University Press, 1992.

Irye, Akira. The Cold War in East Asia: A Historical Introduction. Englewood Cliffs: Prenticehall, 1974.

Jensen, Kenneth M.(ed.). Origins of the Cold War: The Novikov, Kennan, and Roberts 'Long Telegrams' of 1946. Washington D.C. Unites States Institute Peace Press, 1993.

John, Dower W. et. al. "Japan at a Turning Point-Pax Americana? Pax Asia?. Routledge, 2013.

John, Dower W. et. al. War without Mercy: Race and Power in THE PACIFIC WAR. New York: Pantheon Books, 1986.

John, Mearsheimer J. Tragedy of Great Power Politics. N.Y.: W.W. Norton, 2014.

Kimie, Hara. The San Francisco System and Its Legacies: Continuation, Transformation and Historical Reconciliation in the Asia-Pacific. Routledge, 2015.

Kimie, Hara. Cold War Frontiers in the Asia Pacific: Divided territories in the San Francisco System. Routledge, 2007.

Johnson, Turner. Ideology. Reason, and the Limitation of War: Religious and Secular Concepts. 1200-1740. Princeton Univ. Press, 1981.

LaFaber, Walter. America. Russia, and the Cold War 1941-1947, New York: Columbia University Press, 1972.

LaFaber, Walter. ed. America in the Cold War: Twenty Years of Revolution and Response. 1947-1967. New York: John Wiley & Sons, 1969.

Lim, Timothy C. Politics in East Asia: Explaining Change and Continuity. 김계동 역. 『동북아 정치: 변화와 지속』. 서울: 명인문화사, 2015.

Mackerras, Colin. Western Images of China. rev. ed.. Oxford: Oxford University Press, 1999.

Marks Ⅲ, Frederik W. Power and Peace: The Diplomacy of John Foster Dulles. Westport: Praeger, 1995.

Mattox, John Mark. Saint Augustine and the Theory of Just War. Continuum. London, 2006.

McDougall, Derek. Asia Pacific in World Politics.『동아시아 국제관계』. 서울: 명인문화사, 2019.

McGlothlen., Ronald L. Controlling the Waves: Dean Acheson and U.S. Foreign Policy in Asia. New York: W.W. Norton & Company, 1993.

Michael J. Green. More Than Providence. 장휘·권나혜 역.『신의 은총을 넘어서: 1783년 이후 미국의 아시아 태평양 대전략』. 서울: 아산정책연구원, 2018.

Michael, Yoshitsu. Japan and the San Francisco Peace Settlement. New York: Columbia University Press, 1983.

Neumann, William L. America Encounters Japan. Baltimore: John Hopkins Press, 1963.

Nagai, Yonosuke et al.. The Origins of the Cold War in Asia. New York: Columbia University Press, 1977.

Nye, Joseph S. Is the American Century Over?. 이기동 역.『미국의 세기는 끝났는가?』. 서울: 프리뷰, 2015.

Plokhy, Serhii. Yalta. 허승철 역.『얄타: 8일간의 외교전쟁』. 고양: 역사비평사, 2020.

Rees, David. The Age of Containment: The Cold War. New York: St Martin's Prss, 1967.

Schalle, Michaele. The American Occupation of Japan: The Origins of the Cold War in Asia. New York: Oxford University Press, 1985.

Schonberger, Howard B. Aftermath of War: Americans and the Remaking of Japan. 1845-1952. Ohio: Kent State University Press, 1989.

Sebald, William J. With MacArthur in Japan: a personal history of the occupation. New York: W.W.Norton, 1965.

Shin, Wookhee. Dynamics of Patron-Client State Relations: The United States and Korean Political Economy in the Cold War. Seoul: American Studies Institute, 1993.

Sodei, Rinjiro. Dear General MacArthur. Rowman & Littlefield. 2001.

Spanier, John W. American Foreign Policy Since World War II. 11th edition. Washington D.C.: Congressional Quaterly Press, 1988.

Spykman, Nicholas J. America's Strategy in World Politics: The United States and the Balance of Power. New York: Harcourt, 1944.

The Geography of the Peace. New York : Brace and Company, 1942.

Suh, Jae-Jung. Power, Interest, and Identity in Military Alliances. 이종삼 역. 『한미동맹은 영구화하는가: 군사동맹과 군사력, 이해관계 그리고 정체성』. 서울: 한울 아카데미, 2007.

Takemae, Eijii. GHQ. 송병권 역. 『GHQ: 연합국 최고사령관 총사령부』. 서울: 평사리, 2011.

Ted, Piccone. Five Rising Democracies: And the Fate of the International Liberal Order. Brookings Institution Press, 2016.

Theda, Skocpol. Vision and method in historical sociology. 박영신 외 역. 『역사사회학의 방법과 전망』. 서울: 대영사, 1986.

Tilly, Charles. Big Structures. Large Processes. Huge Comparison. 안치민·박영신 역. 『비교역사사회학: 거대구조, 폭넓은 과정, 대규모 비교』. 서울: 일신사, 1998.

Ukeru, Magosaki. Sengoshi No Shoutai 1945-2012. 양기호 역. 『미국은 동아시아를 어떻게 지배했나』. 서울: 메디치, 2013.

Winks, Robin W. The Cold War: From Yalta to Cuba. New York: The Macmillan Company, 1964.

Yonosuke, Nagai & Iriye, Akira ed.. The Origins of the Cold War in Asia. Tokyo: Columbia University Press, 1977.

Vladislav, Zubok & Constantine Pleshakov. Inside the Kremlin's Cold War: From Stalin to Khrushchev. Cambridge: Havard University Press, 1996.

Weinstein, Martin. Japan's Postwar Defense Policy. 1947-1968. New York. Columbia University Press, 1971.

西村態熊. 『サンフランツスコ 平和條約·日米安保條約』. 東京: 中公文庫, 1999.

鹿島平和研究所 編. 『日本外交史 27: サンフランツスコ 平和條約』. 東京: 恒文社. 1999.

明中明彦. 『安保政策』. 東京: 讀書新聞社. 1997.

外岡秀俊 外. 『日米同盟 半世紀: 安保と密約』. 소토카 히데토시 외. 진창수·김

철수 역.『미·일동맹: 안보와 밀약의 역사』. 파주: 한울아카데미. 2006.
　下斗米伸夫.『アジア 冷戰史』. 정연식 역.『아시아 냉전사』. 대구: 경북대학교출판부, 2017.
　下斗米伸夫.『モスクワと金日成:冷戰の中の北朝鮮 1945-1961年』. 이종국 역.
　　　〃　.『모스크바와 김일성: 냉전기의 북한 1945-1916』. 서울: 논형, 2012.
　和田春樹.『北朝鮮』. 서동만·남기정 역.『북조선』. 서울: 돌베개, 2012.
　入江 昭.『日本の外交』. 이성환 역.『日本의 外交』. 서울: 푸른미디어. 2002.
　竹前榮治.『占領前後史』. 東京: 岩波書店, 1992.
　小島晉治·丸山松幸.『中國近現代史』. 코지마 신지 외. 박원호 역,『중국근현대사』. 서울: 지식산업사. 2016.
　岸本美緒 外.『東アジアの中の中國史』. 기시모토 마오 외. 정혜중 역.『동아시아 속의 중국사』. 혜안. 2015.
　波多野澄雄.『サンフラソツスコ 講和條約體制 と 歷史問題』. 심정명 역.『샌프란시스코 강화조약 체제와 역사문제』. 서울: JNC, 2014.
　牛軍.『冷戰與新中國外交的緣起 1949-1955』. 박대훈 역.『냉전과 신중국 외교의 형성: 1949-1955년 중국의 외교』. 서울: 한국문화사. 2015.
　沈志華.『모택동, 스탈린과 조선전쟁』. 제3개정판. 김동길 역.『조선 전쟁의 재탐구: 중국·소련·조선의 협력과 갈등』. 서울: 도서출판 선인, 2014.

나. 논문

Calder, Kent E. 'Securing Security through Prosperity: The San Francisco System in Comparative Perspective'. The Pacific Review. 17/1. 2004.

Dower, John. The San Francisco System: Past. Present. Future in U.S.-Japan China Relations. The Asia Pacific Journal. Vol. 12. 2014.

Emma, Chanlett-Avery et al.. Emerging Trends in the Security Architecture in Asia: Bilateral and Multilateral Ties Among the U.S.A. Japan. Australia. and India. CRS Report for Congress. 2008.

Ikenberry, John G. "American hegemony and East Asian Order." Australian Journal of International Affairs. Vol. 58. No. 3. 2004.

Ikenberry, John G. "The Myth of Post-Cold War Chaos." Foreign Affairs 75-3. May/June. 1996.

Jervis. R.. 'The Impact of the Korean War on the Cold War.' The Journal of Conflict Resolution. 24 December. 1980.

Kimie, Hara. "Rethinking the Cold war in the Asia Pacific." The Pacific Review. 12. No. 4. 1999.

Krasner S.. "Sovereignty: An Institutional Perspective." Comparative Political Studies. 21/1. 1988.

Langan, John. 'The Elements of St. Augustine's Just War Theory." The Journal of Religious Ethics. Vol. 12. No. 1(Spring. 1984). 19-25.

Powell, Beckyl. "The Orogins of George F. Kennan's Theory of Containment: Stalin's Russia and the Failure of U.S. Foreign Policy." Rice University. 2017.

Price J.. Cold War Relic: The 1951 San Francisco Peace Treaty and the Politics of Memory. Asian Perspective. 25/3. 2001.

Swenson, Wright J.. Unequal Allies: United States Security and Alliance Policy and Japan. 1945-1960. Stanford University Press. 2005.

Tucker, Nancy B. "China and America. 1949-1991." Foreign Affairs. Winter. 1992/1993.

Zhai, Quiang. "China and the Geneva Conference of 1954."The China Quarterly. No. 129(Mar). 1992.

다. 문서자료

FRUS 1945. The British Commonwealth. The Far East Volume VI

FRUS 1946. The British Commonwealth. The Far East Volume VIII

FRUS 1945. The British Commonwealth. The Far East Volume VI

FRUS 1948-1949 The Far East and Australia. Volume VI. VII Part 2

FRUS 1950. East Asia and the Pacific. Vol VI

FRUS 1951. East Asia and the Pacific. Vol VI. Part 1

FRUS 1950. Korea. Volume VII

FRUS 1951. Volume VII. Korea and China two parts) Part 1

FRUS 1952-1954. China and Japan. Volume XIV. Part 2

FRUS 1952-1954. Korea. Volume XV. Part 1. 2

Ministry of Foreign Affairs documents B'4003 Treaty of Peace with Japan Relations The First Dulles Visit to Japan Relations

Ministry of Foreign Affairs documents B'4004 Treaty of Peace with Japan Relations Processes from Dulles Visit to Japan to the second negotiations

Ministry of Foreign Affairs documents B'4007 Security Agreement negotiations dossier

Ministry of Foreign Affairs documents B'4007 Treaty of Peace with Japan Relations

Ministry of Foreign Affairs documents B'4008-2 Opinions about the issue of security

National Security Archive(http://www.gwu.edu/~nsarchiv/coldwar/documents/)

Records of the National Security Council(NSC) RG 273

SWNCC 76-79. 101. 115. 150. 176

Wilson Center Digital Archive International History Declassified 'Cold War Origins'